Adolph Speyer

Deutsche Schmetterlingskunde für Anfänger

bremen
university
press

Adolph Speyer

Deutsche Schmetterlingskunde für Anfänger

ISBN/EAN: 9783955620295

Auflage: 1

Erscheinungsjahr: 2013

Erscheinungsort: Bremen, Deutschland

@ Bremen-university-press in Access Verlag GmbH, Fahrenheitstr. 1, 28359 Bremen. Alle Rechte beim Verlag und bei den jeweiligen Lizenzgebern.

Cover: Foto © Beentree (Wikipedia)

bremen
university
press

Deutsche Schmetterlingskunde

für

Anfänger.

Nebst einer Anleitung zum Sammeln.

Von

Dr. A. Speyer.

Dritte, gänzlich umgearbeitete und verbesserte Auflage.

Mit 13 Abbildungen im Texte und 228 Abbildungen auf 16 Tafeln in naturgetreuem Farbendruck nach Original-Aquarellen

von

Philipp Klier.

Leipzig,
Alfred Oehmigke's Verlag
(Moritz Geißler).

Vorwort.

Die Fortschritte, welche auf dem Gebiete der Lepidopterologie seit dem Erscheinen der letzten Auflage dieses Werkchens gemacht worden sind, zumal die Veränderungen, welche die Systematik erlitten hat, ließen es nothwendig erscheinen, dasselbe fast gänzlich umzuarbeiten, wenn es dem gegenwärtigen Stande unserer Kenntnisse und seinem Zwecke fernerhin entsprechen sollte. Dieser Zweck war und ist: den Anfänger in die Schmetterlingskunde, zunächst die vaterländische, theoretisch und praktisch einzuführen, soweit das innerhalb der hier im Interesse der Unbemittelten einzuhaltenden, ziemlich eng bemessenen Grenzen thunlich war. Diese Grenzen sind indessen mit Bewilligung des Herrn Verlegers sehr beträchtlich weiter gezogen worden als in der frühern Auflage, und der Verfasser hofft, durch Knappheit im Ausdruck, Weglassung alles dem Anfänger Entbehrlichen (wie literarischer Nachweise u. s. w.) und Anwendung einiger leicht verständlichen Abbreviaturen im systematischen Theile den zur Disposition stehenden Raum so benutzt zu haben, daß man nichts Wesentliches vermissen wird.

Die Uebersicht der deutschen Falterfauna ist bei den Makrolepidopteren bis auf die Gattungen herab vollständig durchgearbeitet, das Bestimmen soweit möglich durch diagnostische Tabellen und, mit Rücksicht auf das Bedürfniß des Anfängers, dadurch erleichtert worden, daß thunlichst nur solche Merkmale benutzt wurden, welche sich ohne besondere Schwierigkeit dem Auge darbieten. Von den dem Flügelgeäder entnommenen Kennzeichen wurde deshalb nur ein mäßiger Gebrauch gemacht und, wo ein solcher nicht zu umgehen war, fast nur das ohne vorherige Entschuppung deutlich Wahrnehmbare zu Hülfe gezogen. Die Arten konnten natürlich nicht sämmtlich beschrieben werden, es ist dies aber mit allen denen geschehen, welche in irgendeiner (wissenschaftlicher, ökonomischer u. s. w.) Beziehung bemerkenswerth sind, und mit der großen Mehrzahl derjenigen, welche dem Anfänger während der ersten Jahre seines Sammelns in die Hände zu fallen pflegen. Die zahlreichen Abbildungen bringen ihm einen Theil derselben unmittelbar zur Anschauung und erleichtern die Bestimmung aller, indem sie ihn mit dem Habitus der wichtigsten natürlichen Gruppen des Systems vertraut machen. Bei den Mikrolepidopteren, welche von Anfängern selten mit Eifer gesammelt zu werden pflegen, habe ich mich des Raums wegen auf eine engere Auswahl des Wichtigsten beschränken müssen. In der Bearbeitung derselben bin ich fast ganz dem Heinemann-Wocke'schen Werke gefolgt. Der Anordnung der Noctuinen und Geometriden liegt (wie in Staudinger's bekanntem Kataloge) das Lederer'sche System zu Grunde.

Ueber Fang und Zucht der Schmetterlinge konnte hier nur das für den Anfang Nothwendigste Platz finden. Wer sich eingehender über diese Gegenstände unterrichten, manche zweckmäßig abgeänderte Einrichtung bei der Raupenzucht und die neuerlich construirten Apparate zum Selbstfange der Schmetterlinge kennen lernen will, findet hierüber Belehrung in H. Borgmann's Anleitung zum Schmetterlingsfang und zur Schmetterlingszucht u. s. w. (Kassel 1878). Da zur Zeit des Erscheinens dieses Schriftchens die betreffenden Abschnitte des vorliegenden Buchs bereits gedruckt waren, konnte es für dieselben nicht mehr benutzt werden.

Rhoden, im Februar 1879.

Dr. Speyer.

Inhalt.

Einleitung.

Die Schmetterlinge haben sich von jeher der Gunst des jungen und alten Naturalien sammelnden Publikums zu erfreuen gehabt. Und in der That hat sie die Natur mit Eigenschaften ausgestattet, die eine solche Vorliebe ebenso leicht erklären als rechtfertigen. An Pracht der Farben, Mannigfaltigkeit und Zierlichkeit der Zeichnung, einem Formenreichthum, der bei allem unendlichen Wechsel stets in den Grenzen der Schönheit bleibt, an anmuthiger Leichtigkeit und Schnelligkeit der Bewegungen werden sie von wenigen andern Thieren erreicht, von keinem übertroffen. Wenn solche Vorzüge geeignet sind, die Aufmerksamkeit anzulocken, so mangelt es nicht an andern, die die einmal erwachte Neigung für die Dauer fesseln. Als Objecte für die Sammlung lassen sie fast nichts zu wünschen übrig. Ohne eine künstliche Präparation conserviren sie sich eine lange Reihe von Jahren hindurch in fast unverminderter Schönheit und Frische, und ihre luftigen Körper werden durch das Eintrocknen so wenig verändert, daß sie als Leichen zu wissenschaftlichen Untersuchungen kaum weniger tauglich bleiben, als sie es im Leben waren. Eine Schmetterlingssammlung liefert deshalb ein viel vollständigeres Material und hat eine verhältnißmäßig größere wissenschaftliche Bedeutung als etwa eine Sammlung ausgestopfter Thiere oder getrockneter Pflanzen. Wenn die Schmetterlinge diesen Vorzug der leichten und vollkommenen Erhaltung mit mehreren Insektenordnungen theilen, so haben sie andere und wichtige auch vor diesen voraus. In erster Linie steht hier die Leichtigkeit, ihrer Eier und Raupen habhaft zu werden und sie zu erziehen. Die wunderbaren Vorgänge der stufenweisen Entwickelung und Verwandlung, die sich bei den meisten übrigen Thieren in geheimnißvolles Dunkel hüllen, bieten sich hier der Beobachtung fast ohne Schwierigkeit dar. Dazu kommt, daß die Jugendzustände der Schmetterlinge in Formen= und Farbenreichthum alle andern Insektenordnungen weit übertreffen und darin kaum dem ausgebildeten Falter selbst nachstehen, während die Beobachtung ihrer Sitten, ihrer Lebensweise und Kunsttriebe das Interesse jedes Denkenden in immer neuer Weise anregt.

Es gibt endlich unter den Schmetterlingen keine Art, welche durch ihren Aufenthalt oder ihre Nahrung widerwärtig wäre — der Lepidopterolog braucht sich nicht mit Aas und Excrementen zu befassen, wozu der Käfersammler durch den schlechten Geschmack vieler seiner Lieblinge genöthigt ist. So vielen Licht= stehen freilich auch einige Schattenseiten gegenüber. Der Fang flüchtiger Tag= schmetterlinge in der Sonnenglut des Mittags und dazu oft auf sehr schwierigem Terrain, und dann der Aerger, nach enormem Schweißverlust ein abgewischtes, zersetztes Exemplar erjagt zu haben, das nichts als das Wegwerfen werth ist, ist dem Coleopterologen erspart. Die leichte Verletzbarkeit des zarten Schuppen= kleides unserer Jagdthiere macht deren Erziehung aus der Raupe auch für viele solcher Arten nöthig, die nicht, wie eine große Zahl von Nachtschmetterlingen, bei Tage so versteckt leben, daß sie nur durch die Zucht gewonnen werden können. Diese Zucht nun ist ein zwar lohnendes, aber viel Mühe und viel Zeit in Anspruch nehmendes Geschäft. Auch die Präparation der Schmetter= linge für die Sammlung, das Spannen, erfordert größere Sorgfalt als das der Käfer und anderer Ordnungen. Diese Schwierigkeiten dürfen den nicht ab= schrecken, dem es Ernst um die Sache ist, mag er nun mehr durch den Reiz, welchen Jagd und Zucht der Schmetterlinge gewähren, angezogen werden und durch den Besitz einer vollständigen, kostbaren Sammlung sich befriedigt finden, oder in der Beobachtung der lebenden und der Untersuchung der todten Thiere nur die Förderung der Wissenschaft im Auge haben. Bei den Meisten wird Beides sich vereinigen und, wenn nicht von vornherein, doch allmälig das Eine zum Andern führen. Aus dem Sammler erwächst bei einiger Anlage sicher der Beobachter und Entdecker. Das kindische Spiel des den bunten Faltern nachjagenden Knaben führt schließlich den Mann zum ernsten Forschen nach den ewigen Gesetzen des Lebens, die dieselben sind im kleinsten Organismus wie im größten.

Schmetterlinge, Lepidoptera (d. h. Schuppenflügler), sind eine Ord= nung der Insekten, welche, wenigstens im männlichen Geschlechte, vier mit Schuppen (zuweilen nur mit kurzen Härchen) bedeckte häutige Flügel besitzen und deren Unterkiefer zu einem fadenförmigen, spiralig aufgerollten (wenn nicht verkümmerten oder fehlenden) Saugorgane umgewandelt sind. Sie haben eine vollkommene Verwandlung, wurmförmige, meist 10—16füßige Larven (Raupen) und eine ruhende Puppe.

Alle Schmetterlinge sind getrennten Geschlechts; jede Art, species, besteht aus Männchen und Weibchen, deren Nachkommenschaft den Eltern gleicht und in gewissen wesentlichen, zur Unterscheidung von andern Arten dienenden Kenn= zeichen mit ihnen übereinstimmt. Normale Zwitter (Hermaphroditen), wie es z. B. die Schnecken sind, gibt es nicht unter den Schmetterlingen. Was man bei diesen und den Insekten überhaupt Zwitter nennt, sind Produkte eines abnormen Bildungsvorgangs, infolge dessen Männliches und Weibliches in verschiedener Weise zu einem Individuum verschmolzen ist. Manche derselben sind genau in der Längsachse nach dem Geschlechte getheilt, sodaß sie in eine männliche und eine weibliche Hälfte zerfallen (halbirte Zwitter); bei andern sind männliche und weibliche Eigenheiten über beide Seitenhälften vertheilt und in sehr mannigfacher Art unter einander gemischt, bald mit Vorwiegen des einen, bald des andern Geschlechts. Immer bleiben solche zwitterartige Bildungen sehr seltene und auch ihres wissenschaftlichen Interesses wegen werthvolle Erscheinungen.

Zur Fortpflanzung der Art bedarf es in der Regel des Zusammenwirkens beider Geschlechter. In seltenen Ausnahmefällen entwickeln sich auch wohl ein= mal aus unbefruchteten Eiern Räupchen; ein regelmäßiger, Parthenogenesis genannter Vorgang ist dies aber nur bei einigen kleinen, zu den Sackträgern gehörigen Schmetterlingen (Solenobia, Epichn. helix). Die unbefruchteten Bruten dieser Thierchen bestehen aber ausschließlich aus Weibchen und liefern immer wieder nur Weibchen (parthenogenetische Form). Sollen auch Männchen entstehen, so muß eine Befruchtung vorangehen.

Eine andere abnorme und seltene (am öftersten bei den Zygänen beobachtete) Erscheinung sind Paarungen des Männchens der einen mit dem Weibchen einer andern Art. Liefern dieselben Nachkommenschaft, so pflegt diese Mittelformen zwischen Vater und Mutter darzustellen, welche Bastarde (species hybridae) genannt werden.

Verschiedenheiten, welche sich bei Individuen derselben Art finden, heißen Abänderungen oder Varietäten. Man kann sie in solche unterscheiden, die eine gewisse Beständigkeit zeigen und deren Entstehung auf bekannte Ursachen zurückzuführen ist, und in unbeständige, zufällige, welche bei einer und derselben Brut vorkommen können. Die erstern hat man neuerdings (Staudinger) allein Varietäten, die andern dagegen Aberrationen genannt, während diese letztere Bezeichnung früher nur auf besonders auffallende, einzeln und selten vorkommende Abweichungen angewandt wurde.

Klimatische Einflüsse, Temperatur- und Feuchtigkeitsverhältnisse der Oertlichkeit, welche die Art bewohnt, sind die wirksamsten Agentien zur Hervorrufung constanter Varietäten (Localvarietäten); auch die verschiedene Nahrung der Raupe kann solche erzeugen (Nahrungsvarietäten). Die Temperatur, welcher die Puppe vor ihrer Entwickelung zum Schmetterlinge ausgesetzt ist, wirkt bei manchen Arten sehr merklich abändernd ein; sie verleiht der Sommerbrut doppelbrütiger Arten zuweilen ein ganz anderes Kleid als das, welches die aus überwinterten Puppen hervorgegangene Frühlings-(Winter-)Brut trägt. Varietäten dieser Art werden Saison- oder Zeitvarietäten genannt. Ein auffallendes Beispiel davon gibt Van. levana-prorsa.

Die Eigenschaft einer Art (wie die der genannten, der Ap. ilia-clytie u. a.), constant in zwei nach Farbe, Zeichnung, auch wohl Größe und Flügelschnitt verschiedenen Formen aufzutreten, bezeichnet man überhaupt als Dimorphismus, und es finden sich davon nicht allein unter den Schmetterlingen, sondern auch unter den Raupen (Acher. atropos, Not. dictaea u. a.) zahlreiche Beispiele, selbst von drei oder noch mehr verschiedenen Formen (tri- und polymorphe Arten).

Das System faßt eine Anzahl nächstverwandter Arten, welche gewisse gemeinschaftliche Eigenthümlichkeiten (Charactere) besitzen, in eine Gattung, genus, zusammen, die auch wohl noch in Untergattungen, subgenera, getheilt wird. Eine Anzahl nächstverwandter Gattungen bildet die Familie, familia. Zwischen beiden Abtheilungen steht die Zunft oder Gruppe, tribus.

Wie viele Schmetterlingsarten überhaupt existiren, wissen wir nicht, da kaum ein Land der Erde vollständig, ein großer Theil derselben so gut wie gar nicht erforscht ist. Deutschland und die Schweiz, welche unter die am besten durchsuchten Gebiete gehören, zählen über 3500 Arten und es ist sicher, daß diese nicht den zehnten, und wahrscheinlich, daß sie kaum den zwanzigsten Theil der Gesammtsumme ausmachen.

Schmetterlinge sind über die ganze Oberfläche der Erde verbreitet, aber in sehr ungleicher Dichtigkeit, indem diese im Allgemeinen von den Aequatorialgegen die Polargegenden abnimmt. Wo ein heißes Klima, mit hinreichender

Feuchtigkeit verbunden, eine üppige Vegetation hervorruft, da finden sich meist auch die Schmetterlinge in der reichsten Fülle und Schönheit. So vor allem im tropischen Amerika, zumal in Brasilien, und in einigen der tropischen Gegenden Asiens. Wie es Schmetterlinge gibt vom Aequator bis in die Nähe der Pole, so reichen sie auch von der Tiefebene bis zur Schneelinie der Gebirge. Und wie nach wagerechter Erstreckung die Zahl der Arten gegen die Pole hin allmälig abnimmt, so hier in ähnlichem Verhältniß vom Fuß der Berge gegen die Gipfel. Nur wenige Arten der Ebene reichen bis zur Baumgrenze hinauf; dafür erzeugt die alpine Region eine Anzahl eigenthümlicher Alpenthiere, wie sie ähnliche klimatische Verhältnisse auch in den arktischen Gegenden hervorbringen. Nächst dem Klima und der Erhebung über die Meeresfläche üben die chemische und physikalische Beschaffenheit des Bodens und seine Pflanzendecke einen wichtigen Einfluß auf die Falterfauna einer Gegend aus. Sie bestimmen zumal die Wohnplätze (Standorte) der einzelnen Arten. Wie es Bergthiere und Thiere des Tieflandes unter ihnen gibt, so findet sich auch ein Unterschied zwischen der Bevölkerung des Kalt-, Sand- und Schieferbodens, des trockenen und feuchten, des Feld-, Wiesen-, Wald- und Felsenreviers. Waldwiesen, blumenreiche Abhänge und Lichtungen, auch Moore sind besonders günstige oder durch eigenthümliche Produkte bevorzugte Fundorte. Aber keiner Lokalität fehlen sie ganz, selbst dürre, sterile Sandflächen finden ihre Liebhaber unter den Schmetterlingen. Wie wenig begünstigt also auch das Jagdgebiet, auf welches ein Sammler angewiesen ist, im Verhältniß zu andern sei, es wird ihm immer Gelegenheit bieten, einiges Interessante aufzufinden, einige anderswo seltene oder ganz fehlende Arten zu sammeln, durch deren Austausch er seine Sammlung, durch ihre genaue Beobachtung die Wissenschaft bereichern kann.

Die größten Schmetterlinge finden sich in den heißen Erdstrichen und erreichen eine Flügelspannung von mehr als 200 Millimetern, wie Attacus atlas in Südasien und Thysania agrippina in Südamerika. Bei uns und in Europa überhaupt sind das große Nachtpfauenauge (Saturnia pyri) und der Todtenkopf (Acherontia atropos) die größten Schmetterlinge; die kleinsten sind blattminirende Motten der Gattung Nepticula, welche mit ausgespannten Flügeln kaum 4 mm. messen.

Im großen Haushalt der Natur spielen die Schmetterlinge eine keineswegs unwichtige Rolle. Neben den übrigen blumenbesuchenden Insekten, besonders den Bienen und Hummeln, ist vor allem ihnen das wichtige Amt anvertraut, die Befruchtung jener zahlreichen Pflanzen zu vermitteln, deren Fruchtkeime der Fremdbestäubung (Bestäubung durch den Pollen anderer Individuen ihrer Art) bedürfen, wenn sie vollkommen oder überhaupt zur Reife gedeihen sollen. Sorglos von Blume zu Blume flatternd und Nektar naschend, trägt der Falter den sich an seinen Rüssel anhängenden Samenstaub von der einen zur andern und ersetzt, was sie ihm an Nahrung gespendet, durch eine noch werthvollere, für die Existenz der Pflanze unentbehrliche Gabe. Neben dieser activen und wichtigsten ist dem Schmetterlinge die minder angenehme Rolle zugefallen, zum Unterhalte zahlreicher Mitgeschöpfe zu dienen. Die Zahl seiner Feinde ist groß. Fledermäuse richten große Verheerungen unter den bei Nacht fliegenden Arten an; Vögel, besonders aus der Ordnung der Singvögel, und Raubkäfer vertilgen sie massenweise; die schlimmsten Feinde unserer Lieblinge aber sind Schmarotzer-Insekten aus den Ordnungen der Hymenopteren und Dipteren, die von dem Blute der Raupen zehren. Winzige Pteromalinen-Larven bewohnen sogar schon die Eier der Schmetterlinge und zerstören sie. Den Raupen hängen manche äußerlich an und saugen sie aus, die meisten aber leben im Innern der Raupen oder Puppen, bis sie ihre volle Größe erreicht haben, sich herausbohren und verpuppen, zum Theil, wie die kleinen Microgasteren, zu ganzen Haufen auf dem Körper der sterbenden Raupe selbst. Die Tachinen kleben ihre Eier äußerlich auf die Haut der Raupen und man kann diese durch Zerquetschen der Eier mit einer Pincette retten, so lange die schmarotzende Brut das Ei noch nicht verlassen und sich in den Körper der Raupe eingebohrt hat. Ebenso verfährt man mit den äußerlich anhängenden Larven, wenn man sie frühzeitig genug entdeckt. Für den Schmetterlingsfreund ist es immerhin verdrießlich, statt des erwarteten Falters eine Schlupfwespe oder Fliege auskriechen zu sehen; er erhält aber dadurch Gelegenheit, Beiträge zur Naturgeschichte dieser interessanten Schmarotzerthiere und den sich mit denselben beschäftigenden Collegen sehr willkommene Geschenke für ihre Sammlungen zu liefern.

Für den Menschen sind die Schmetterlinge ein Schmuck der Natur, wie die Blumen; sie verkünden den Frühling und bringen buntes, fröhliches Leben in die Nähe seiner Wohnplätze, wie in die Einsamkeit des Waldes und der Haide. Directen Nutzen liefern nur die Seidenraupen, desto zahlreicher ist die Schaar der Verwüster in Garten, Feld und Wald. Im Verdacht der Giftigkeit stehen die meisten Raupen mit Unrecht; nur einige wenige verursachen oberflächliche Hautentzündungen, wenn ihre brüchigen, mit Widerhäkchen versehenen Haare mit der Haut in Berührung kommen. Die gefährlichsten von diesen sind die Processionsraupen (Cnethocampa); die übrigen einheimischen, der Gattung Gastropacha angehörig (Gastr. quercus u. a.), sind ziemlich unschuldig und bewirken nichts als ein bald vorübergehendes Brennen und Jucken der Haut. Schlimmer sind einige außereuropäische Giftraupen. Viel größer ist der Nachtheil, welchen die Gefräßigkeit mancher Arten hervorbringt, wenn sich dieselben in ungewöhnlicher Menge einfinden. Die Raupen des Kiefernspinners und die der Nonne erscheinen in manchen Jahren in unglaublicher Zahl und können ganzen Nadelwäldern den Untergang bringen. Die wenigen von thierischen Stoffen lebenden Raupen werden durch Zerstörungen an Kleider- und Möbelstoffen sehr schädlich, besonders Tinea pellionella und Tineola biselliella, und in den Bienenstöcken richtet die Wachs- oder Bienenmotte (Galleria mellonella) mitunter arge Verwüstungen an.

Aeußerer Bau.

1. Der Schmetterling: Fig. 1—8.

Die genaue Kenntniß des äußern Baus aller Theile des Schmetterlings-körpers und der für dieselben gebräuchlichen Kunstausdrücke (Terminologie) ist die Grundlage unserer Wissenschaft, mit welcher Jeder sich vertraut machen muß, der sich eine etwas gründlichere Einsicht erwerben und zumal die systematische Anordnung der Schmetterlinge verstehen will, welche fast ganz darauf beruht.

Der Körper des Schmetterlings zerfällt, wie der aller eigentlichen Insekten, in drei Haupttheile: Kopf, Brustkasten und Hinterleib. Alle drei sind, sowie die Gliedmaßen, mit einer festen, hornähnlichen, aber aus einem eigenthümlichen, Chitin genannten Stoffe bestehenden Hülle bekleidet, welche nur da, wo die Theile beweglich mit einander verbunden sind, durch eine weichere Haut (Gelenk-haut) ersetzt ist. Ihre Oberfläche ist zum größten Theile mit Haaren oder Schuppen bedeckt, Gebilden, welche im Wesentlichen dieselbe Beschaffenheit haben und nur in der Form verschieden sind. Aber auch diese geht vielfach in ein-ander über und diese Mittelformen heißen dann Haarschuppen oder Schuppenhaare.

Der vorderste und kleinste Körperabschnitt ist der Kopf (caput), der Sitz der Freßwerk-zeuge und Sinnes-organe, mit dem Rumpfe durch einen kurzen, häu-tigen Hals beweglich ver-bunden. Seine Seiten nehmen die großen, meist halbkugeligen Augen ein; der Raum zwischen diesen heißt zu oberst Scheitel (vertex), zu unterst Ge-sicht (epistomium), da-zwischen Stirn (frons).

Die Augen, Fig. 1a, sind aus einer großen Anzahl (bis zu mehreren Tausenden) einzelner fa-cettenartiger, dicht neben

Fig. 1.

einander stehender, kleiner, sechseckiger Aeuglein zusammengesetzt und heißen des-halb zusammengesetzte oder Netzaugen (oculi compositi). Meist sind sie nackt (nudi), öfters aber auch durch zwischen den kleinen Aeuglein stehende Wimpern behaart (pilosi). Ihr Rand (orbita) ist zuweilen durch eigenthümliche Farbe und Belleidung ausgezeichnet; trägt er längere, mehr oder minder überhängende Haare, so heißen die Augen bewimpert (ciliati). Die Augen stellen meist große Halbkugeln dar, seltener sind sie länglich geformt, die der Männchen etwas, zuweilen beträchtlich größer als die der Weibchen.

Wenn von Augen schlechthin die Rede ist, so sind darunter immer die zusammengesetzten Augen zu verstehen. Viele Schmetterlinge besitzen aber außer diesen noch ein Paar kleine, einfache Nebenaugen oder Ocellen (ocelli), Fig. 1o. Dieselben stehen am obern Rande der großen Augen, zwischen diesen und der Fühlerwurzel, und erscheinen als kleine, meist nur mikroskopisch sichtbare, krystallklare Tröpfchen, öfters auf einer schwarzen Erhabenheit.

Die Fühler oder Fühlhörner (antennae), Fig. 1f, g, sehr wahrscheinlich die Organe des Geruchs, entspringen zwischen Stirn und Scheitel, haben meist cylindrische Grundform und bestehen aus vielen (bis weit über 100) einzelnen

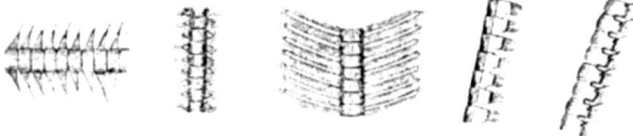

Fig. 2—6.

Gliedern. Ihre Länge ist sehr verschieden, die kürzesten (Hepiolus) sind kaum länger als der Kopf, die längsten übertreffen das Ausmaß der ausgespannten Flügel (Adela). Ihre äußere Fläche ist fast immer mit Schuppen bekleidet, die innere behaart oder kahl. Die Behaarung besteht bald in einem nur mikroskopisch sichtbaren Flaume, bald in längern, abstehenden Härchen (gewimperte Fühler, ant. ciliatae), Fig. 2, 4, 5, welche sich nicht selten zu Büscheln oder Pinseln gruppiren, Fig. 3. Sehr oft trägt jedes Fühlerglied ein Paar längere und stärkere Börstchen, Fig. 2. Diese letztern kommen bei beiden Geschlechtern vor, während sonst die ausgebildetere Behaarung dem männlichen Schmetterlinge allein eigen ist.

Das Wurzelglied (articulus basalis) zeichnet sich häufig durch größere Länge und Stärke aus. Im Gegensatze zu ihm heißt der übrige Theil des Fühlers die Geißel (flagella). Sie ist fadenförmig (filiformis), häufiger gegen die Spitze allmälig sich verdünnend: borstenförmig (setacea), Fig. 1g; seltener spindelförmig (fusiformis), keulenförmig (clavata), Fig. 1f, oder geknopft (capitata), wie bei den Tagfaltern; etwas prismatisch geformt, wie bei den Schwärmern oder zusammengedrückt (compressa).

Verlängert sich jedes Fühlerglied fast nach seiner ganzen Dicke etwas nach unten, sodaß der dadurch gebildete Vorsprung von seinen Nachbarn nur durch einen ziemlich schmalen Einschnitt getrennt ist, so heißt der Fühler eingeschnitten (incisa), Fig. 2, 3. Der eingeschnittene Fühler geht in den geblätterten (a. lamellata) über, wenn sich jedes Glied in einen breitern und dünnern quergestellten Fortsatz verlängert, wie bei Trochilium apiforme.

Tragen die Fühler seitliche Fortsätze, so heißen sie gekämmt oder kammzähnig (pectinatae), Fig. 4, wenn die Fortsätze lang und cylindrisch geformt

sind, gezähnt (dentatae), Fig. 5, wenn sie kürzer und schnell zugespitzt, gekerbt (crenatae), wenn sie kurz und stumpf sind. Aehneln die Fortsätze den
Zähnen einer Säge, so heißt der Fühler sägezähnig (serrata), Fig. 6. Fast
immer sind beide Seiten der Glieder mit Fortsätzen besetzt, die Fühler müßten
deshalb eigentlich doppelt gekämmt (bipectinatae) ꝛc. heißen; da aber die ein-
seitigen Fortsätze seltene Ausnahmen bilden, so versteht man unter der Bezeichnung
„gekämmt" ꝛc. immer die gewöhnliche Form.

Alle diese Fortsätze der Fühlerglieder sind der Regel nach beim Männchen
gewimpert, beim Weibchen kahl und nur mit Endbörstchen besetzt. Immer sind
sie beim Männchen viel ausgebildeter, sehr oft nur bei diesem vorhanden.

Die Mundtheile sind beim Schmetterlinge nur zur Aufnahme flüssiger
Nahrung, zum Saugen, eingerichtet, demzufolge die bei der Raupe sehr ausgebildeten
Oberkiefer und die Oberlippe verkümmert. Die Unterkiefer (maxillae) bilden das
eigentliche Saugorgan: den Sauger (Saugrüssel, Rollzunge, haustellum oder lingua
spiralis), Fig. 1s, indem sie sich zu zwei hohlen, drehrunden, hornigen oder
häutigen, in der Ruhe spiralig aufgerollten Fäden verlängern. Sie münden
in den Anfang der Speiseröhre, lassen sich durch einen Muskelapparat ausstrecken oder einrollen und sind an ihrer innern Seite concav und jeder meist
mit einer dichten Reihe elastischer Börstchen besetzt, welche in einander greifen,
wenn beide sich an einander legen und so einen dritten, mittlern Kanal bilden.
Die Länge und Stärke des Saugers ist sehr verschieden; bei vielen Schwärmern
und Eulen ist er lang genug, um diese Thiere in den Stand zu setzen, den
Nektar auch aus den tiefsten Kelchen der Blumen schwebend zu saugen; am
längsten unter den europäischen Arten bei Sphinx convolvuli. Auch die Tagfalter haben starke, wohl ausgebildete Sauger, bei vielen andern Schmetterlingen
dagegen ist das Organ wenig entwickelt, auf ein Paar kurzer, weicher Fädchen
reducirt, oder fehlt auch wohl ganz, wie bei manchen Spinnern und Motten.

Die Palpen oder Taster (palpi) sind gegliederte, mit Schuppen oder
Haaren bekleidete Anhänge der Mundwerkzeuge. Von den beiden Paaren derselben, welche die Insekten in der Regel besitzen, ist bei den Schmetterlingen
gewöhnlich nur das untere, an der Unterlippe (labium) eingelenkte, die Labialpalpen oder Lippentaster (p. labiales), Fig. 1t, wohl entwickelt, und wenn von
Palpen schlechthin die Rede ist, sind immer die Labialpalpen gemeint. Das
obere, an der Wurzel des Saugers befestigte Paar, die Maxillarpalpen oder
Kiefertaster (p. maxillares), Fig. 1k, auch wohl Nebenpalpen genannt, ist bei
den meisten Schmetterlingen sehr klein und versteckt. Bei den Zünslern jedoch
ist es in der Regel wohl entwickelt und liegt frei zu Tage, und bei einigen
Gruppen der Motten und den Mikropteryginen sind die Maxillarpalpen sogar
länger als die Labialpalpen, 5—6gliederig und zusammengeschlagen. Die Labialpalpen sind fast bei allen Schmetterlingen vorhanden, meist dreigliederig und
groß, übrigens von sehr verschiedener Form und Richtung, aufgekrümmt (recur-
vati), aufsteigend (adscendentes), vorgestreckt (porrecti) oder hängend (penduli).
Die Verschiedenheit der Form rührt von ihrer Bekleidung her; wenn diese entfernt wird, erscheinen die Glieder gewöhnlich cylindrisch.

Der zweite Hauptabschnitt des Körpers, der Brustkasten oder das Brust-
stück (thorax), besteht, wie bei allen Insekten, aus 3 ursprünglich ringförmigen
Theilen, dem pro-, meso- und metathorax, deren obere Fläche der Rücken

(in pro-, meso- und metanotum zerfallend), die untere die Bruſt (pectus) heißt. Sie ſind (mit Ausnahme des Vorderrückens) unbeweglich mit einander verbunden und nur durch Furchen (Nähte) getrennt. Am Vorderbruſtſtück ſind die Vorder= beine eingelenkt; ſein oberer Theil, der Vorderrücken (pronotum), Fig. 1v, iſt bei den Schmetterlingen ſchmal, kragenförmig und wird deßhalb Halskragen (collare) genannt. Er iſt ſehr gewöhnlich in zwei ſeitliche Hälften getrennt. Das Mittelbruſtſtück (mesothorax) iſt der größte Abſchnitt des Bruſtkaſtens, an welchem ſeitwärts die Flügel, unten die Mittelbeine befeſtigt ſind. An ſeinem vordern Seitenrande hängt jederſeits eine bewegliche, meiſt ſtumpf dreieckige, etwas gewölbte, oberwärts dicht beſchuppte oder behaarte Platte, welche die Wurzel der Vorderflügel bedeckt: das Schulterblatt (scapula, patagium). Der hintere Theil des Mittelrückens heißt Schildchen (scutellum) und iſt zuweilen durch beſondere Färbung oder Bekleidung ausgezeichnet. Das Hinterbruſtſtück (metathorax) trägt ſeitlich die Hinterflügel, unten die Hinterbeine. Alle dieſe Theile des Bruſtkaſtens ſind mit Haaren oder Schuppen bekleidet, welche auf dem Rücken häufig auffallende Wülſte, Schöpfe oder Kämme bilden, deren ver= ſchiedene Form für die ſyſtematiſche Eintheilung, zumal die der Noctuinen, von Wichtigkeit iſt.

Die 3 Paar Beine (pedes) beſtehen, wie bei den Inſekten überhaupt, aus je 5 durch Gelenkhäute beweglich unter ſich verbundenen Theilen.

Die Hüfte (coxa), Fig. 1n, verbindet das Bein mit der Bruſt, iſt nur an den Vorderbeinen länger und beweglich, an den übrigen mit der Bruſt ver= wachſen.

Der Schenkel (femur), Fig. 1r, nächſt der Hüfte der dickſte Theil des Beins und länger als dieſe, iſt meiſt von drehrunder oder keulenförmiger Ge= ſtalt. Zwiſchen ihm und die Hüfte iſt der Schenkelring (trochanter) ein= geſchaltet, ein kleines, bei den Schmetterlingen wenig ausgezeichnetes Gelenkſtück.

Die Schiene (tibia), Fig. 1q, iſt meiſt dünner als der Schenkel, häufig etwas zuſammengedrückt, an den Vorderbeinen meiſt kürzer als Schenkel und Fuß, an den Hinterbeinen länger. Sie iſt häufig durch verſchiedene Anhänge, Haarpinſel, Dornborſten u. dgl., ausgezeichnet, von denen die Sporen und das Schienblättchen die conſtanteſten ſind. Die Sporen (calcaria, spinae), Fig. 1c, welche nur ſehr wenigen Schmetterlingen fehlen, ſind dornförmige, längere oder kürzere, oft ungleiche, nackte oder beſchuppte Anhänge, von denen je 1 Paar am Ende der Mittel= und Hinterſchienen ſitzt (Endſporen). Letztere tragen oberhalb deſſelben häufig noch ein zweites Paar (die Mittelſporen). Das Schienblatt (epiphysis cruralis), Fig. 1b, kommt nur an den Vorderſchienen vor und fehlt vielen Schmetterlingen ganz. Es iſt ein meiſt länglicher, lanzett= oder flach dornförmiger Anhang, nur an ſeiner Wurzel mit der innern Seite der Schiene verbunden, außen häufig von einem Schuppenbüſchchen verdeckt, beim Männchen meiſt entwickelter als beim Weibchen, zuweilen bei jenem allein vorhanden, in Größe, Form und Farbe übrigens ſehr verſchieden. Eine ſeltener vorkommende Eigenthümlichkeit der Vorderſchienen beſteht darin, daß ſie in eine ſcharfe, mehr oder minder gekrümmte Kralle (unguis), auch wohl in zwei derſelben auslaufen. Dieſe Krallen bilden ſich immer auf Koſten der Länge der Schiene. Die Dorn= borſten (spinae), mit welchen zuweilen alle, am häufigſten die Mittelſchienen beſetzt ſind, ſind kurze, ſtarke, nackte, ſcharf geſpitzte Borſten, am gewöhnlichſten in den Familien der Hesperiden und Noctuinen.

Der Fuß (die Fußglieder, tarsus), Fig. 1i, beſteht aus 5 Gliedern, deren erſtes länger als die andern zu ſein pflegt. Das letzte trägt am Ende eine aus zwei, zuweilen geſpaltenen und gezähnten, hornigen Haken gebildete Kralle, dazwiſchen oft ein häutiges, geſtieltes Haftläppchen (arolia). Die Sohle (planta) der Fußglieder iſt in der Regel mit kurzen Dornborſten in dichten Reihen beſetzt.

Zuweilen ſind einzelne Fußpaare oder Theile derſelben mehr oder minder verkümmert, an den Hinterbeinen beſonders die Fußglieder, welche auch ganz fehlen können. Bei einer Abtheilung der Tagfalter ſind die Vorderbeine im Ganzen unvollkommen ausgebildet, verkürzt, krallenlos und zum Gehen unbrauchbar (Putzpfoten).

Die Flügel (alae), ſtets 2 Paar: Vorder= und Hinterflügel (al. ante-riores oder anticae und posteriores oder posticae), ſind durch Gelenkhäute und Sehnen mit dem Bruſtkaſten verbunden. Sie beſtehen aus einer doppelten, von feſten, hornigen Adern durchzogenen trockenen Haut, welche auf beiden Flächen dicht mit dachziegelförmig an einander liegenden farbigen Schüppchen (squamae) bedeckt iſt, die dem bloßen Auge als Staub erſcheinen, unter dem Mikroſkop aber mannigfache zierliche Formen zeigen. Sie ſind durch einen kurzen, dünnen Stiel in die Flügelhaut eingepflanzt und zuweilen von ſcharfkantigen Leiſten durchzogen, deren beide Seiten nicht immer gleich gefärbt ſind und dadurch ein Schillern erzeugen (Schillerfalter). Bei einigen Gattungen ſind die Flügel oder Theile derſelben von Schuppen entblößt, glashell (hyalinae); bei andern nehmen die Schuppen ganz oder theilweiſe die Form kurzer Härchen an.

Man unterſcheidet an den Flügeln 3 Ränder: den Vorderrand (margo anterior), der bei ausgeſpannten Flügeln nach vorn ſieht, den dieſem gegenüber-liegenden Innenrand (m. interior) und den beide verbindenden Hinterrand (m. posterior) oder Saum (limbus). Die Stelle, wo der Flügel am Körper befeſtigt iſt, heißt die Wurzel (basis). Von den durch das Zuſammenſtoßen der Ränder gebildeten Winkeln heißt der zwiſchen Vorder= und Hinterrand Vorderwinkel oder Flügelſpitze (angulus anterior oder apex), der zwiſchen Hinter= und Innenrand Hinter= oder Innenwinkel (ang. posterior oder interior), bei den Hinterflügeln auch wohl After= oder Schwanzwinkel. Die Grenze der häutigen Flügelſubſtanz bildet die Saumlinie (linea limbalis), und die über dieſe hinausragenden verlängerten Schuppen heißen Franſen (ciliae).

Die Geſtalt der Flügel (der Flügelſchnitt) hängt von der Form und Länge ihrer Ränder ab, und unter dieſen zeigt der Hinterrand die meiſten Verſchieden-heiten. Die Saumlinie iſt bald gerade (recta), bald bogenförmig oder bauchig (arcuata), convex nach außen, bald ausgeſchweift oder geſchwungen (sinuata), d. h. bogig ein= und wieder ausgebogen, oder ſichelförmig (falcata), wenn die Flügelſpitze zugleich ſcharf iſt; gezähnt (dentata), Fig. 8, d. h. mit einer Reihe eckiger Vorſprünge beſetzt: ſind dieſe Vorſprünge ungleich und wie ausgefreſſen, ſo heißt der Saum ausgenagt (erosus); ſind es gerundete, gleich-förmige Ein= und Ausbiegungen: gewellt (undulatus), Fig. 7. Die Winkel der Flügel ſind bald ſcharf oder ſpitz (acuti), bald ſtumpf oder gerundet (obtusi, rotundati).

Das der Wurzel nächste Drittel der Flügelfläche heißt Wurzelfeld (area basalis), das folgende Mittelfeld (a. media oder discus), das letzte Saum= feld (a. postica oder limbalis). Merkmale, welche sich am Vorderrande befinden, werden durch das Beiwort costalis, solche, welche sich am Innenrande befinden, durch dorsalis bezeichnet.

Die Zeichnungen der Flügel bestehen in Flecken (maculae), Punkten (puncta), Wischen (liturae, Längsflecken ohne scharfe Begrenzung), Linien (lineae), Striemen (vittae, breiten, der Länge nach verlaufenden Linien), Streifen (strigae, solchen der Quere nach verlaufenden), Binden oder Bän= dern (fasciae, sehr breiten Querstreifen), Mondflecken (lunulae, halbmond= förmigen Flecken), Augenflecken (ocelli, runden dunklen Flecken mit hellem Mittelpunkt, ohne letztere heißen sie blind, coeci). Die zur Bezeichnung der Form der Linien gebräuchlichen Ausdrücke wurden schon bei der Saumlinie er= wähnt. Besonderer bei den Noctuinen und verwandten Gruppen vorkommender Zeichnungen wird unten bei der systematischen Beschreibung dieser Abtheilungen gedacht werden.

Die Flügeladern oder Rippen (venae, costae, unpassend auch Nerven nervi, genannt), sind hohle, von festen, durchscheinenden Wänden eingefaßte

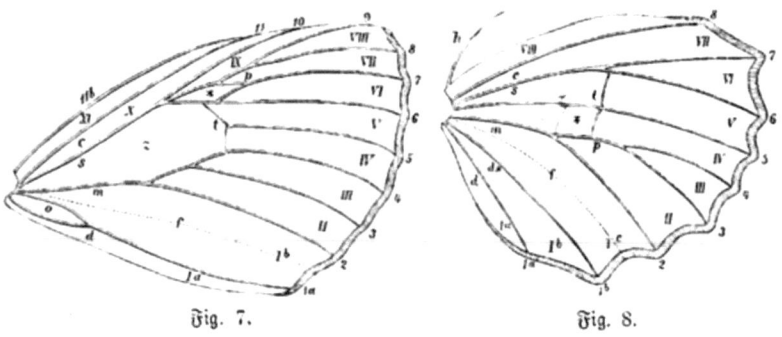

Fig. 7. Fig. 8.

Kanäle, welche von Luftröhren durchzogen und unmittelbar nach dem Ausschlüpfen aus der Puppe vom Blute durchströmt werden, später aber austrocknen. Sie entspringen mit mehreren starken Stämmen am Thorax. Wegen ihrer Wichtigkeit für die Systematik bedürfen sie einer genauern Auseinandersetzung. Man unter= scheidet bei den meisten Schmetterlingen an der Wurzel der Vorderflügel 4 Ader= stämme. Der dem Vorderrande nächste und vor der Flügelspitze ungetheilt in ihn auslaufende heißt die Costalader (vena costalis), Fig. 7 u. 8c. Viele Heteroceren besitzen außerdem eine im Vorderrande selbst verlaufende äußere Costalader, Fig. 7, 11b, welche aber bisher für die Systematik noch nicht benutzt worden ist. Auf die Costalader folgt nach innen die Subcostalader (v. subcostalis, auch äußere Mittelrippe genannt), s; sie läuft anfangs der Costal= ader ziemlich parallel und theilt sich dann in mehrere Aeste, welche in den Vorder= rand, die Flügelspitze und den Saum auslaufen. Der dritte Aderstamm ist die Medianader (v. mediana, innere Mittelrippe), m, welche nahe der Flügelmitte verläuft und 3 (selten 4) lange Gabeläste zum Hinterrande schickt. Der letzte, dem Innenrande nächste Stamm ist die Dorsalader (v. dorsalis, Innenrands= rippe), d. Sie bleibt fast immer ungetheilt, entspringt aber zuweilen mit dop= pelter Wurzel (gabelförmig), Fig. 7o. Manche Schmetterlinge besitzen zwei Dorsal= adern, von denen die hinzutretende innere zwischen der äußern und der Median= ader in der sogenannten Flügelfalte f verläuft.

Diese 4 Hauptadern werden auch wohl allein Adern (venae) genannt, die aus ihnen entspringenden Adern dagegen Aeste (rami). Eine kurze, oft ge= bogene oder gebrochene Ader verbindet in der Regel etwa in der Mitte der Flügellänge den letzten Ast der Medianader mit der Subcostalader: die Quer= ader oder der Querast (ramus transversus), t. Hierdurch wird ein bis zur Wurzel sich erstreckender Raum eingeschlossen: die Mittel= oder Discoïdal= zelle (cellula media), z. Aus der Querader selbst entspringt ebenfalls ein zur Mitte des Hinterrandes laufender Ast: der Mittelast, 4. Bei manchen Nacht= schmetterlingen wird die Mittelzelle noch durch 1—2 meist schwache Adern der Länge nach getheilt, Fig. 8*). Oefters trennen sich in (Fig. 8*) oder an der Mittelzelle noch kleinere geschlossene Räume ab, Nebenzellen, besonders an der vordern Ecke derselben, indem sich hier zwei Adern berühren oder schneiden, oder ein kleiner Verbindungsast von der Mittelzelle zur Subcostalader läuft. Diese der Vorderecke der Mittelzelle gleichsam anhängende Nebenzelle heißt Anhangs= zelle (c. appendicularis), Fig. 7*. Fehlt der Querast, welcher die Mittelzelle saumwärts schließt, so heißt diese offen (aperta). Ein Ast, der mit einem andern auf gemeinsamem Stamme aus der Mittelzelle entspringt, heißt gestielt (petiolatus), p.

Die Hinterflügel haben einen im Allgemeinen dem der Vorderflügel ana= logen Adernverlauf. Ihre Costalader läuft zuweilen eine Strecke weit der Sub= costalader sehr nahe oder verschmilzt auch mit ihr zu einem einzigen Aderstamme und trennt sich erst im weitern Verlauf als Ast von derselben. Die Subcostal= ader spaltet sich nur in 2 Aeste. Eine äußere Costalader besitzen die Hinterflügel nie, führen dagegen meistens 2 (Fig. 8d u. d*), oft sogar 3 einfache, ohne Verbindung mit einander verlaufende Dorsaladern. Der Querast fehlt nicht selten, oft auch der Mittelast. Die Zahl der den Saum erreichenden Adern ist auf den Hinterflügeln fast immer geringer als auf den Vorderflügeln, höchstens 8. Nur zwei Familien, die Hepialiden und Mikropteryginen, machen hiervon eine Ausnahme.

Eine besondere Eigenthümlichkeit der Hinterflügel bei den meisten Nacht= schmetterlingen ist die Haftborste (Flügelhaken, Flügelfeder, retinaculum), Fig. 8h, eine von der Wurzel des Vorderrandes entspringende starke, pfriemenförmige Borste, welche in eine entsprechende, verschieden geformte Vorrichtung auf der Unterseite der Vorderflügel eingreift und dadurch eine Verbindung zwischen beiden Flügeln herstellt, welche das Auseinanderweichen derselben im Fluge verhindert. Beim Männchen ist sie stärker und stets einfach, beim Weibchen kürzer und wenigstens aus zwei, gewöhnlich aber aus einem ganzen Bündel feinerer Börstchen zusammen= gesetzt. Sie bildet dadurch eins der sichersten Unterscheidungsmerkmale der beiden Geschlechter. Bei den Tagfaltern und andern Schmetterlingen, denen sie fehlt, ist dafür der Vorderrand an der Wurzel stärker gewölbt und von einem (zu=

weilen mehreren) aus der Coſtalader entſpringenden gebogenen Aederchen durchzogen.

Der Kürze wegen und da es zuweilen ſchwer iſt, zu entſcheiden, ob ein Aſt aus dem einen oder andern Aderſtamm entſpringt, bezeichnet man (nach Herrich=Schäffer) die Adern durch Ziffern, der Reihe nach, wie ſie in den Saum auslaufen, ohne auf ihren Urſprung Rückſicht zu nehmen. Man fängt dabei vom Innenrande zu zählen an. Die Dorſalader heißt Ader (Rippe) 1; ſind ihrer zwei oder drei, ſo werden ſie doch nur für eine gerechnet und mit 1a, 1b, 1c bezeichnet. Der nächſte Aſt der Medianader iſt Ader oder Aſt 2, und ſo fort bis zur Coſtalader, welche immer die höchſte Nummer erhält (gewöhnlich 11 oder 12 auf den Vorder=, 8 auf den Hinterflügeln). Der Mittelaſt erhält immer die Ziffer 5 und wird auch mitgezählt, wo er fehlt. Die durch die Adern und Aeſte eingeſchloſſenen, auf dem Hinterrande ſtehenden Räume werden Rand= zellen oder auch Zellen ſchlechthin (cellulae) genannt und wie die Adern durch Ziffern bezeichnet, ſodaß die zwiſchen dem Innenrande und der Dorſalader be= findliche Zelle 1a, die folgende, zwiſchen der Dorſal= und Medianader, 1b (oder, wenn zwei Dorſaladern vorhanden ſind, 1b und 1c), die nächſte, zwiſchen Aſt 2 und 3, Zelle 2 heißt, und ſo fort bis zum Vorderrande. Vergleiche Fig. 7 und 8.

Die Art, wie die Flügel in der Ruhe getragen werden, die Flügel= haltung, iſt ſehr verſchieden und für viele Gruppen charakteriſtiſch. Die Tag= falter tragen die Flügel ſenkrecht aufgerichtet (alae erectae), die Nachtfalter ent= weder flach ausgebreitet (patulae) oder mehr oder minder ſtark gegen den Boden geneigt, am gewöhnlichſten dachförmig (deflexae), wobei ſich die Hinterflügel unter den zurückgebogenen Vorderflügeln meiſt ganz verſtecken und zu dem Ende der Länge nach gefaltet werden. Seltener liegen die zurückgebogenen Flügel wagerecht auf dem Körper (Agrotis). Bei den Lithoſien und vielen Zünslern und Motten werden die Flügel ſo dicht an den Körper angeſchloſſen, daß ſie ihn faſt röhrenförmig umfaſſen (al. convolutae).

Mehr oder minder verkümmerte, zum Fliegen unbrauchbare Flügel kommen nur bei den Weibchen mancher Nachtſchmetterlinge vor, die faſt alle den Familien der Spinner, Spanner und Motten angehören. Die Weibchen der Pſychiden und einiger ſacktragenden Motten ſind ganz ungeflügelt.

Der letzte Hauptabſchnitt des Körpers, der Hinterleib (abdomen), ſtößt mit breiter Wurzel an den Bruſtkaſten, iſt walzen= oder walzenkegelförmig und aus 6—9 durch Gelenkhäute verbundenen Segmenten oder Ringen (segmenta, annuli) zuſammengeſetzt. Urſprünglich ſind immer neun Segmente vorhanden, von denen aber das letzte, an welchem ſich der After (anus) und darunter die Fort= pflanzungsorgane befinden, häufig verkümmert und äußerlich nicht ſichtbar iſt. Beim Weibchen kann ſich dieſe Verkümmerung auch auf das vorletzte, ja dritt= letzte Segment erſtrecken. Der männliche Hinterleib iſt ſchlanker als der weib= liche und meiſt ſtärker behaart. Als äußere Hülfsorgane der Geſchlechtstheile bemerkt man an ſeinem Ende zwei ſehr verſchiedenartig, oft löffelförmig geſtaltete zangenartige Theile: die Afterklappen oder Haltzangen, welche bei der Paarung die weibliche Hinterleibsſpitze umklammern; ferner einen einfachen oder zuſammengeſetzten, ebenfalls in der Form ſehr mannigfach wechſelnden hornigen Haken über dem After, das Triangelſtück. Dieſe Theile ſind häufig durch einen

Busch langer Haare oder Schuppen, den Afterbusch, verhüllt, besonders beim Männchen. Der größere und plumpere Hinterleib des Weibchens endigt bei manchen Arten in eine cylindrische, zurückziehbare Legeröhre (Legestachel), welche zuweilen auf Kosten der letzten Segmente sehr lang wird und aus einigen sich fernrohrartig in einander einschiebenden Gliedern besteht. Sie dient zum Absetzen der Eier in Rindespalten, den Raupensack u. dgl. Bei den Weibchen mehrerer Spinner, Spanner und Motten ist das Hinterleibsende mit dichtem Wollenhaar bekleidet, welches zur Bedeckung der abgelegten Eier verwandt wird.

Die Luftlöcher (spiracula, stigmata), die äußern Mündungen der Athemorgane, sind kleine rundliche Oeffnungen, von welchen 2 Paar in den Seiten des Thorax sehr versteckt liegen, die übrigen 7 Paar in den Seiten der Hinterleibsringe.

Der Unterschied zwischen den beiden Geschlechtern einer Art in Bau und Färbung ist dem Grade und der Art nach außerordentlich verschieden. Constant ist nur der plumpere Hinterleib des Weibchens, der schlankere des Männchens, und manche Arten zeigen, abgesehen von den Sexualtheilen, kaum eine weitere Differenz. In der großen Mehrzahl der Fälle ist das Männchen kleiner als das Weibchen: es ist leichter, aber flugkräftig gebaut, hat größere Augen, bei den Heteroceren meist entwickeltere Fühler und, wo sie vorhanden, eine stärkere, stets einfache Haftborste. Alles das dient dazu, es für das Hauptziel seines Lebens und Strebens, den Gewinn einer Gattin, angemessen auszurüsten. Neben diesen allgemein verbreiteten finden sich aber bei vielen Gruppen und Arten noch mannigfache andere, dem Männchen allein zukommende Besonderheiten, von denen es wahrscheinlich ist, daß sie ebenfalls mit dem erwähnten Lebenszwecke in Verbindung stehen. Dahin gehören namentlich Haarpinsel und Schuppenbüschel an den Beinen und am Hinterleibe, lange Haarflocken, abweichend beschuppte oder behaarte oder mit einem eigenthümlichen, filzartigen Ueberzuge bekleidete Flecken, Gruben oder Falten der Flügel. Von einigen dieser Gebilde ist es festgestellt, daß sie einen selbst für menschliche Nasen deutlich wahrnehmbaren, oft moschusähnlichen Geruch ausströmen (Duftschuppen), welcher vermuthlich der umworbenen Schönen wohlgefällig ist. Es gäbe also auch unter den Schmetterlingen parfümirte Stutzer.

2. Das Ei (ovum).

Die Eier der Schmetterlinge sind von einer festen, nackten Schale umgeben. Ihre Gestalt ist nach den einzelnen Gattungen und Familien sehr verschieden; es gibt kugelige, halbkugelige, kegelförmige, länglichrunde, eiförmige u. s. w. Ihre Oberfläche ist meist glatt, oft aber auch mit regelmäßig oder unregelmäßig gestellten Erhabenheiten und Vertiefungen besetzt, gekörnelt, gerippt oder gegittert. Die meisten sind einfarbig, weiß, gelb, grün, bläulich, grau, braun oder schwarz in allen Nüancen; manche führen einen dunkeln Gürtel und Mittelpunkt.

3. Die Raupe (larva).

Der Körper der Raupen ist im Allgemeinen von walzenförmiger Gestalt und besteht aus dem Kopfe und 12 durch seichtere oder tiefere Einschnitte (incisurae) getrennten Ringen oder Segmenten.

Der Kopf ist aus fester Hornsubstanz gebildet, von rundlicher Gestalt, durch eine Längsfurche in zwei völlig gleiche Seitenhälften, die Halbkugeln, getheilt, zwischen welche vorn eine flache dreieckige Platte eingeschoben ist, das Stirndreieck, dessen unteres Ende das Kopfschild (clypeus) bildet.

Die Mundtheile sind zum Beißen eingerichtet und bestehen aus der Ober= und Unterlippe, den Ober= und Unterkiefern und deren Anhängen. Die Oberlippe (labrum oder labium superius) deckt die Mundhöhle von oben und besteht aus zwei flach gewölbten Seitenlappen, welche durch einen tiefen Einschnitt getrennt werden, der beim Fressen der Raupe den Rand des Blattes aufnimmt. Die Oberkiefer (Kinnbacken, mandibulae oder maxillae superiores) schließen die Mundhöhle von der Seite, bewegen sich wagerecht gegen einander und haben einen aus der festesten Hornsubstanz gebildeten, wie eine Kneipzange gestalteten und wirkenden Beißrand. Sie sind die eigentlichen Beißorgane, während die Unterkiefer (Kinnladen, maxillae) mehr zum Festhalten des Bissens zu dienen scheinen. Die Unterkiefer bestehen aus einem dicken, fast walzenförmigen Grund= stück und vier nach oben sich verjüngenden cylindrischen Gliedern, welche einwärts mit einigen starken Borsten besetzt sind. An ihrer äußern Seite sitzen die 2—3= gliederigen Maxillarpalpen oder Kiefertaster. Die Unterlippe (labium) bildet, seitwärts von den Unterkiefern umfaßt, den Boden der Mundhöhle; ihre obere, con= vexe Fläche ist bei vielen Raupen weichhäutig und mit Wärzchen besetzt, sodaß sie mit Wahrscheinlichkeit als Geschmacksorgan (Zunge) angesehen werden kann. Nach unten ragt von der Unterlippe in der Mitte ein schnabelförmiges Stück herab: die Spindel (fusulus), das Spinnorgan. An seiner schief abgestutzten Spitze mündet der Ausführungsgang der Spinngefäße. Zu beiden Seiten der Spindel sitzen die 2—3gliederigen dünnen, cylindrischen Labialpalpen oder Lippentaster.

Die Fühler der Raupe ähneln in ihrem Bau den Tastern. Sie bestehen aus 4—5 cylindrischen Gliedern, von welchen die obern dünner und retractil sind, und sind dem untern vordern Theile der Halbkugeln dicht neben den Man= dibeln eingefügt. Die Augen sind flach, gleichen den Nebenaugen des Schmetter= lings (ocelli) und liegen, 6 auf jeder Seite, in einem unregelmäßigen Bogen auswärts neben den Fühlern.

Die 12 Ringe, welche den Rumpf der Raupe zusammensetzen, sind im Allgemeinen von ähnlicher Form, nur der letzte weicht etwas ab; an ihm befindet sich die von einer dreieckigen oder halbmondförmigen Duplicatur der Rückenhaut, der Afterklappe, bedeckte Afteröffnung. Die Afterklappe ist oft von einer Horn= platte bedeckt, dem Afterklappenschild (scutellum anale). Ein ähnliches führt auch häufig der erste Ring: das Nackenschild (scutellum cervicale). In den Seiten jedes Ringes, auf der Grenze zwischen Rücken= und Bauchfläche, liegt je 1 Luftloch; nur am 2., 3. und 12. Ringe findet sich keins. Die Luftlöcher bestehen aus einer contractilen Membran, welche einen senkrechten Spalt zeigt und von einem ovalen Hornringe eingefaßt ist.

Die Haut der Raupen ist bald nackt (larvae glabrae), bald behaart (l. pilosae). Aber auch die für das bloße Auge nackten Raupen führen fast immer einzelne, sehr kurze Härchen oder Börstchen, welche auf mehr oder minder deutlich hervor= tretenden Wärzchen stehen. Diese Wärzchen (verrucae) finden sich, meist in noch größerer Ausbildung, auch bei den behaarten Raupen, und ihre Größe, Form und Anordnung (Rücken=, Seiten=, Bauchwärzchen) zeigt viele für die natürlichen Abtheilungen des Systems charakteristische Verschiedenheiten. In ihrer größten Entwickelung bilden sie halbkugelige Vorragungen (Knöpfe, tabercula), welche gewöhnlich mit borstigen Haaren sternförmig besetzt sind (Stern- oder Knopfhaarraupen, z. B. bei den Lipariden, Acronycta u. a.). Außer den Wärzchen und zum Theil an deren Stelle finden sich mannigfache andere Hautauswüchse und Anhänge: Dornen (spinae), Scheindornen (spinae spuriae), Höcker (tubera), Hörner (cornua), Schwanzgabeln (bei Cerura), retractile Nackenhörner (bei Papilio) u. dgl. mehr.

Höchst mannigfach ist die Behaarung; die Haare stehen bald einzeln, bald zu Büscheln, Bürsten, Pinseln vereinigt, dichter oder dünner. Man unterscheidet hiernach Bärenraupen (Arctia), Bürstenraupen (Orgyia), Pelzraupen (Gastropacha) u. a. Nicht minder verschieden ist die Gestalt der einzelnen Haare selbst; sie sind bald einfach, bald gefiedert (pili pinnati), geknopft, ruderförmig, spießförmig, selbst büschelförmig getheilt.

Die Füße der Raupen sind 3 Paar echte, Brust- oder Klauenfüße (pedes veri), welche, wie bei den Schmetterlingen, an den 3 vordern Ringen sitzen, und 2—3 Paar unechte, Haut- oder Bauchfüße (pedes spurii). Die erstern bestehen aus 4 hornartigen, cylindrischen Gliedern, verjüngen sich nach unten und endigen in eine scharfe einfache Klaue. Die Bauchfüße sind dicke, walzenförmige, muskulöse Hautanhänge, mit flacher, mit Hakenkränzen besetzter Sohle. Sie sind nach zwei verschiedenen Typen geformt, welche wir Klammerfüße und Kranzfüße genannt haben.

Die Klammerfüße (p. semicoronati) haben eine mehr oder minder deutlich zweilappige, breite Sohle, welche nur an ihrer äußern Seite mit einer einfachen oder doppelten Reihe regelmäßig geordneter Hornhäkchen besetzt ist. Die Concavität derselben ist einwärts gerichtet, die ganze Sohle sehr beweglich und dadurch in den Stand gesetzt, sich anzuschmiegen und dünnere Gegenstände wirklich zu umklammern. Solche Klammerfüße finden sich ausschließlich bei Makrolepidopteren und sind am ausgebildetsten bei den frei auf Bäumen lebenden Raupen der Lipariden, Sphingiden u. a.

Die Kranzfüße (p. coronati) unterscheiden sich sogleich durch vollständige oder fast vollständige, die Sohle ringförmig umgebende Hakenkränze. Die Sohle ist ein rundes Fleischpolster, unfähig zum Umklammern, die Häkchen krümmen sich auswärts, sodaß immer nur ein kleiner Theil derselben eingreifen kann. Diese Art von Füßen findet sich bei allen Mikrolepidopteren, unter den übrigen Familien nur bei solchen Raupen, welche beständig im Innern von Pflanzentheilen, im Holz und Marke leben.

Die Anzahl der Füße schwankt, mit sehr wenigen Ausnahmen, zwischen 5 und 8 Paaren. Hierdurch lassen sich die Larven der Schmetterlinge leicht und sicher von denen der übrigen Insektenordnungen unterscheiden, welche bald nur 6, wie die meisten Käferlarven, bald mehr als 16 Füße haben, wie die Blattwespenlarven (Afterraupen), oder aber fußlos sind, wie die Maden der Fliegen u. a. Da die 6 Brustfüße stets vorhanden sind, so findet eine Verschiedenheit in der Zahl und Stellung der Füße nur an den Bauchfüßen statt. Der 4., 5., 10. und 11. Ring sind ohne Ausnahme fußlos, bei den 16füßigen Raupen stehen daher die Bauchfüße am 6., 7., 8., 9. und 12. Ringe; die letztern werden auch wohl Nachschieber genannt. So findet es sich bei allen

Tagfaltern, Schwärmern, den meisten Mikrolepidopteren und überhaupt bei der großen Mehrzahl aller Schmetterlinge. Auch die in tragbaren Röhren lebenden Raupen (Sackträger) sind eigentlich 16füßig, aber ihre Bauchfüße so unvollkommen ausgebildet, daß man sie nur bei genauer Betrachtung wahrnehmen kann. Bei andern 16füßigen Raupen sind die vordern Bauchfußpaare, am 6. und 7. Ringe, kürzer als die hintern und werden beim Kriechen nicht benutzt, wodurch der Gang derselben etwas Eigenthümliches erhält, welches dem der eigentlichen Spanner sich nähert; man nennt sie deshalb Halbspanner, z. B. die Raupen der Catocalen und Brephiden. Dasselbe ist der Fall bei den 14füßigen Raupen, welchen das Fußpaar am 6. Ringe, und den 12füßigen Raupen, welchen die beiden vordern Bauchfußpaare ganz fehlen, wie den Raupen der Hypenen und Plusien. Am ausgebildetsten ist diese Gangart aber bei den Spannern (Geometriden), 10füßigen Raupen, welche nur am 9. und letzten Ringe Bauchfüße besitzen. Ihre Fortbewegung, wobei sie abwechselnd den Körper bogenförmig krümmen und wieder ausstrecken, ähnelt dem Spannen, womit man eine Länge ausmißt. Einen spannerförmigen Gang besitzen übrigens nur die klammerfüßigen Raupen mit verkürzten oder fehlenden mittlern Bauchfüßen, die 14füßigen Kranzfüßler kriechen wie gewöhnlich. — Vierzehnfüßig durch Mangel der Nachschieber sind nur einige Gruppen der Spinner; ohne alle Bauchfüße endlich sind nur die Cochliopoden und einige blattminirende Tineinen. Unter diesen letztern finden sich sogar ein paar Gattungen mit ganz fußlosen Raupen.

Als Hautzeichnungen, welche bei vielen Raupen in ähnlicher Weise wiederkehren, werden unterschieden: die Rückenlinie (linea dorsalis), eine Längslinie mitten über den Rücken; der Seitenstreif (linea s. vitta lateralis), welcher längs der Reihe der Luftlöcher zwischen Rücken= und Bauchfläche hinzieht, und eine Längslinie zwischen Rücken= und Seitenstreif, die obere Seitenlinie (l. subdorsalis). Geriefelt (irrorata) nennt man Raupen, deren Haut mit unregelmäßigen, zum Theil in einander fließenden Pünktchen und Strichelchen bedeckt ist, bald hell auf dunklem Grunde (Taen. instabilis, gothica), bald dunkel auf hellerem Grunde (Cat. nupta).

4. Die Puppe (chrysalis).

Die Puppe hat schon ganz die Gestalt des künftigen Schmetterlings, dessen Glieder aber noch unvollkommen entwickelt, angeschlossen und unter einer Hornhülle versteckt sind. Diese Hornhülle, welche nichts Anderes ist als die verhärtete Oberhaut, umgibt die einzelnen, äußerlich sichtbaren Theile des Puppenkörpers gleichsam scheidenförmig; Kirby hat dieselben daher Scheiden oder Futterale (thecae) genannt.

Am Kopf und Thorax sind alle Theile unbeweglich mit einander verwachsen und nur durch Furchen oder erhabene Linien angedeutet. Am Kopfe erkennt man deutlich die Augen und Fühlerscheiden, weniger deutlich die Mundwerkzeuge. Nur die Saugerscheide ist bei den Arten mit langem Sauger in der Mittellinie der Brustseite herablaufend deutlich sichtbar und löst sich bei einigen Schwärmerpuppen sogar als besonderer kolbiger oder henkelförmiger Theil völlig ab, oder springt am Ende als freier Fortsatz über die ersten Bauchringe vor, wie bei den Cucullien, Plusien und Pieriden. Die Fühlerscheiden laufen vom Scheitel nach hinten und abwärts, ihre Form und Länge stimmt schon mit der des Schmetterlings überein und läßt das Geschlecht der Puppe erkennen, wenn Männchen und Weibchen bedeutende Verschiedenheiten im Fühlerbau besitzen. Die Flügelscheiden schlagen sich vom Rücken gegen die Bauchseite um den Körper der Puppe herum, sodaß die Vorderflügel die hintern fast ganz bedecken. Zwischen den Flügeln und Fühlern laufen an der Bauchseite die Beinscheiden herab.

Der neunringelige, kegel= oder mehr walzenförmige Hinterleib zeigt deutliche Einschnitte, von welchen die 2—3 mittlern bei den meisten Puppen beweglich sind. Die Beweglichkeit ist am größten bei den Puppen mancher Holz=, Mark= und Wurzelraupen und wird bei diesen, wie bei vielen Wicklern, durch Dorn= gürtel, welche die Ringe des Hinterleibs umgeben, erhöht. Ganz unbeweglich sind die Puppen der Lycäniden, Lithosien und einige andere. Der letzte Hinter= leibsring wird durch eine Querfurche in zwei Theile geschieden, deren hinterer, das Aftersegment, meistens in einen verschieden geformten Fortsatz ausläuft: die Schwanzspitze (cromaster). An derselben oder, wo sie fehlt, am Aftersegment selbst finden sich meistens Häkchen, Börstchen oder Dornen von verschiedener Zahl und Form. Sie dienen zur Befestigung der Puppe in den Seidenfäden des Gewebes und geben oft gute Kennzeichen zur Unterscheidung der Arten ab.

Die männliche Puppe führt genau in der Mitte der Bauchfläche des letzten Ringes ein paar kleine, durch eine Längsfurche getrennte Höckerchen; an der weiblichen Puppe ist diese Stelle eben und geglättet, und erst über der Mitte des 8. Ringes, nahe dem Einschnitte zwischen diesem und dem 7., findet sich eine seichte, kurze Längsfurche, zuweilen mit erhabenen Lippen, zuweilen undeutlich oder fehlend. Diese Unterschiede entsprechen der verschiedenen Lage der innern Fortpflanzungsorgane bei den beiden Geschlechtern und machen es möglich, die= selben schon in der Puppe sicher zu erkennen.

Die Luftlöcher sind von ähnlichem Bau wie bei der Raupe, aber von nicht ganz beständiger Zahl, 6, 7 oder 8 Paare. Das vorderste (Bruststigma) liegt zwischen Vorder= und Mittelrücken und weicht oft in der Form von den übrigen ab. Der 4. Ring ist stets ohne Luftlöcher und die am 11. Ringe sind oft nur angedeutet oder fehlen auch ganz.

Bei weitem die meisten Puppen sind nackt, wenigstens für das unbewaff= nete Auge; deutlich behaart sind die Puppen einiger Thecla-Arten, Spinner und Pterophoriden. Manche Puppen sind mit einer Art Mehlstaub überzogen (bereift, pruinosae), welcher zuweilen als gelber Puder das ganze Gewebe, in welchem die Puppe ruht, durchdringt (Gastr. neustria u. a.).

Eine von der gewöhnlichen abweichende Beschaffenheit zeigt sich bei den in festen Gehäusen eingeschlossenen Puppen der Zygänen und besonders der Cochlio= poden darin, daß die Gliederscheiden derselben nicht zu einer gemeinsamen, starren Hülle verkleben, sondern weich und ganz oder theilweise gesondert bleiben.

Das Leben des Schmetterlings.

Den Lebenslauf des Schmetterlings bilden vier scharf geschiedene Perioden, in denen er abwechselnd das Bild scheintodähnlichen Schlafs und lebendigster

Thätigkeit darbietet. Diese Entwickelungsvorgänge, der Uebergang aus dem Ei zur Raupe, aus der Raupe zur Puppe, aus der Puppe zum Schmetterling, treten anscheinend so plötzlich ein und gestalten nicht allein die Lebenserscheinungen, sondern auch die äußere Form des Thieres so auffallend um, daß man sie von jeher Verwandlungen (Metamorphosen) genannt hat.

Fast nur ein Lebensbedürfniß ist allen Entwickelungsstufen gemeinsam: das der Sauerstoff-Aufnahme, das Athmen. Schon das im Ei sich entwickelnde Räupchen stirbt ab, wenn die Poren des Eies luftdicht verschlossen werden. Raupe, Puppe und Falter athmen durch die an den Seiten des Körpers befindlichen Luftlöcher, welche die Luft den eigentlichen Athemorganen, den durch den ganzen Körper verzweigten Lufttröhren (Tracheen), zuführen. Nur ein paar im Wasser lebende Zünslerraupen (Parapoynx) sind durch fadenförmige Anhänge, Kiemen, die den im Wasser enthaltenen Sauerstoff aufsaugen und den Lufttröhren zuführen, auch zur Wasserathmung eingerichtet. Das Athembedürfniß steigt und fällt übrigens sehr merklich mit dem Grade der körperlichen Thätigkeit. Es ist sehr gering während des Puppenstandes und bei den in Winterschlaf verfallenen Insekten, am höchsten gesteigert bei dem fliegenden Falter.

Die Eier werden von dem befruchteten Weibchen immer an einem Platz abgelegt, wo die junge Brut leicht zu ihrer Nahrung gelangen kann; bald jedes einzeln, bald haufenweise, selten lose, meist durch einen klebrigen Saft an die Unterlage, auch wohl unter einander befestigt. Die Sackträger (Psychidae) legen sie in die kaum verlassene, im Sacke steckende Puppenschale ab. Sonst liegen die Eier meist nackt an der Luft, nur die Weibchen mancher Spinner und Tineen (Liparides, Gastr. lanestris u. a.) bedecken sie mit dem an ihrem Hinterleibsende befindlichen dichten Wollenhaar. Die Anzahl der Eier, welche ein Weibchen legt, ist sehr verschieden, von einigen Dutzenden bis zu mehreren Hunderten. Ebenso verschieden ist bei den einzelnen Arten und nach der Jahreszeit, in welcher die Eier abgesetzt sind, der Zeitraum, binnen dessen die Entwickelung des Räupchens zu Stande kommt. Im heißen Sommer bedarf es dazu oft kaum einer Woche, während die im Herbst gelegten Eier mancher Arten erst nach 6—8 Monaten auskriechen. Immer ist dazu ein bestimmter Temperaturgrad erforderlich und fast für jede Art ein anderer, wie dies in ähnlicher Weise auch bei der Entwickelung des Schmetterlings in der Puppe der Fall ist.

Hat endlich das Räupchen sich unter der Eischale vollkommen ausgebildet, so sprengt es sein enges Gefängniß, kriecht hervor und sucht bald nach Nahrung, verzehrt auch wohl zunächst die verlassene Eierschale selbst. Es zeigt gleich nach der Geburt die wurmförmige Gestalt, welche es bis zur Verpuppung behält und die dem geflügelten Thiere, dem es sein Dasein verdankt, so durchaus unähnlich ist. Während seines Raupenstandes scheint der Schmetterling keine andere Aufgabe zu haben, als Stoffe aufzunehmen, zu wachsen. Eine wirkliche Zunahme an Körpermasse findet nur in diesem seinem Jugendalter statt; die Puppe hat nicht einmal Werkzeuge, um Nahrung einzunehmen, der ausgebildete Schmetterling bedarf ihrer wenig oder gar nicht. Der Raupe also liegt es ob, nicht allein so viel Nahrungsstoff aufzunehmen und zu verarbeiten, als nöthig ist, um den eigenen Körper um das Tausendfache zu vergrößern, sondern noch einen Ueberschuß anzusammeln, welcher, als Fett abgelagert, Nahrung während des Puppenschlafs und Material für die neu zu bildenden Theile des Schmetterlings-körpers darbietet. Das Leben der Raupe zeigt deshalb wenig andern Wechsel als den zwischen Fressen und Ausruhen, um zu verdauen. Zu dem Ende ist sie mit der entsprechenden Organisation ausgerüstet, mit kräftigen Kinnbacken, einem großen, weiten Magen und einer gewaltigen Verdauungskraft. Bei reichlicher Nahrung und in der warmen Jahreszeit geht denn auch ihr Wachsthum außerordentlich schnell von statten und ist bei vielen Arten in wenigen Wochen vollendet. Aber mit den weichen Theilen können die verhornten Bedeckungen des Körpers im Wachsen nicht Schritt halten; sie werden zu eng, sterben ab, und es bildet sich unter ihnen eine neue Haut mit allen ihren Anhängen und Bekleidungen, Haaren, Dornen u. s. w. Sobald dieselbe vollendet ist, sprengt die Raupe durch anhaltende, angestrengte Contractionen die alte Haut, welche sich mit einem Riß hinter dem Kopfe der Länge nach öffnet, drängt den von seiner alten Hülle befreiten Kopf und den Vorderleib hindurch, zieht allmälig den übrigen Körper nach und erscheint nun in neuem, zuweilen in Farbe und Bekleidung von dem frühern sehr verschiedenen Kleide. Dieser Vorgang, die Häutung, wiederholt sich während des Raupenlebens zu mehreren, gewöhnlich vier Malen. Die Raupe scheint dabei krank, sitzt still und fastet, da sie mit den alten, abgestorbenen Freßwerkzeugen keine Nahrung mehr zu sich nehmen kann. Nach der Häutung wartet sie einige Zeit, bis die anfangs weiche neue Haut, besonders am Kopfe und den Füßen, die nöthige Festigkeit gewonnen hat, und geht dann mit verstärktem Appetit an ihre gewöhnliche Beschäftigung, das Fressen.

So sehr in diesen allgemeinen Zügen das Leben der Raupen übereinstimmt, so mannigfache Verschiedenheiten zeigen sie sonst in Lebensweise und Sitten. Viele leben einsam, andere in großen Gesellschaften, manche in der Jugend gesellige im erwachsenen Alter zerstreut. Wie unter den Schmetterlingen, gibt es auch unter den Raupen Tag- und Nachtthiere, wovon die letztern nur bei Nacht auf Nahrung ausgehen, auch wohl bei Tage sich in die Erde vergraben. Manche gesellig lebende Arten wohnen in großen, aus Seidenschichten zusammengesetzten Nestern, welche sie zu gewissen Zeiten verlassen, um zu fressen und dann wieder in sie zurückkehren. Die Processionsraupen marschiren bei diesen Wanderungen in regelmäßig geordneten Reihen. Viele Raupen leben frei, viele andere im Innern der Gewächse, im Holz, im Mark, in den Wurzeln, Früchten, zwischen den Blatthäuten (Minirraupen). Noch andere verfertigen sich eine Wohnung aus einem oder mehreren in mannigfacher Weise, oft sehr kunstvoll zusammengezogenen oder gerollten Blättern (Blattwickler). Die Sackträger weben sich eine tragbare Röhre, die sie oft mit allerlei Abfällen bekleiden und ihr ganzes Leben lang mit sich herumschleppen, um sich schließlich auch in ihr zu verpuppen. Zum Schutz gegen Feinde dient manchen Raupen schon ihr versteckter Wohnort, andern ihre Farbe, welche den Blättern, oder ihre Gestalt, welche kleinen Baumzweigen täuschend ähnlich sieht, wie bei vielen Spannern. Manche lassen sich bei drohender Gefahr blitzschnell an einem Faden herab oder fallen zusammengerollt zu Boden. Einige spritzen ihren Feinden einen scharfen Saft entgegen, der aus einer Spalte unter dem Kopfe kommt, wie die Raupe von Cer. vinula, oder strecken weiche häutige Fortsätze hervor, die wahrscheinlich einen widerwärtigen Geruch verbreiten, wie die Raupen der Ritter und der Gabelschwänze.

Zur Nahrung dienen den Raupen fast alle Theile der Pflanzen, nur wenige Gallerien und Tineen leben von thierischen Stoffen. Die Blattfresser bilden die überwiegende Menge, Blüten= und Frucht=, Holz=, Mark= und Wurzelfresser sind weniger zahlreich. Manche Raupen sind auf eine einzige Pflanzenspecies oder doch auf die Arten einer einzigen Pflanzengattung angewiesen und verhungern lieber, als daß sie eine andere berührten (monophagische Raupen): andere fressen mehrere (eniophagische R.), noch andere viele und sehr verschiedenartige Pflanzen (polyphagische R.). Einige, aber nur sehr wenige Arten fressen fast alle Pflanzen, die man ihnen vorlegt, z. B. die Raupen von Gastr. rubi und Arctia caja.

Bis nach der letzten Häutung, mit welcher die Raupe in ihr erwachsenes Alter tritt, bleibt ihre innere Organisation wesentlich unverändert, wenn auch in Form und Färbung der äußern Theile schon im Raupenstande merkliche Veränderungen vorgegangen sind. Nach dieser Häutung frißt das Thier anfangs besonders eifrig und wächst in entsprechendem Maße. Der Körper erhält durch die im Innern angesammelten Fettmassen ein pralles, feistes Aussehen. Mehrere Tage vor der Verpuppung beginnen nun die Vorgänge im Innern des Raupenkörpers, welche jene völlige Umgestaltung des ganzen Thieres anbahnen, in der es Puppe genannt wird. Sobald sie einen gewissen Grad erreicht haben, hört die Raupe auf zu fressen, entledigt sich ihres Unraths und läuft unruhig umher, um einen passenden Platz zur Verwandlung aufzusuchen. Viele graben sich in die Erde oder legen sich unter Moos, in Rindespalten, Astwinkeln und andern geschützten Orten ihr Verpuppungslager an; viele bleiben an freier Luft, befestigen sich an Zweigen, auf Blättern u. dgl., dem Regen wie dem Sonnenscheine ausgesetzt. Nur wenige verwandeln sich ohne weitere Vorbereitung am Boden; die meisten befestigen ihren Körper, ehe sie die Raupenhaut abstreifen, auf mannigfache Weise und mit mehr oder weniger Sorgfalt und Kunstfertigkeit. Sie entwickeln dabei nicht nur eine Fülle von Kunsttrieben, sondern geben auch durch die Art, wie sie unvorhergesehene Hindernisse und Schwierigkeiten, die man ihnen bei der künstlichen Zucht willkürlich bereitet, zu besiegen suchen, wie sie in solchen Fällen mit geringen Mitteln zum Zweck zu kommen, sich in eine Lage, die in der freien Natur nie vorkommen kann, zu finden und darnach ihren Bau zu modeln wissen, zu erkennen, daß sie eines gewissen Grades von Ueberlegung fähig sind. Das Material, dessen sich alle bedienen, ist der klebrige, an der Luft schnell erhärtende Inhalt der Spinngefäße, die Seide. Daraus weben die einen kunstreiche Gehäuse (Cocons) von mannigfacher Form und Festigkeit, welche oft durch hineingewebte fremde Stoffe, Erdkörnchen, Holzspäne u. dgl. verstärkt und mit den eigenen Haaren der Raupe vermischt werden. Andere geben sich nicht so viel Mühe und ziehen nur einige starke Fäden unordentlich um sich herum oder kleben sich ein Blätterhaus zusammen. Viele Tagfalterraupen befestigen sich nur mit den Häkchen der Schwanzspitze in ein Häufchen Seidenfäden und hängen senkrecht herab, oder weben außerdem noch eine feste Schlinge um die Mitte ihres Leibes. Die Sackträger verpuppen sich in ihren Säcken, die Holz= und Markfresser gewöhnlich da, wo sie als Raupe gewohnt haben, in einer der Oberfläche nahen Höhle, welche mit einem zu dem Ende ausgenagten und durch einen seidenen Deckel geschlossenen Flugloche versehen ist. Sobald das Verwandlungslager vollendet ist, schrumpft der Körper der Raupe,

der schon vorher seine lebhaften Farben verloren hatte, zusammen, liegt einige
Zeit still — bald nur wenige Tage, bald mehrere Wochen oder Monate —
sprengt dann in ähnlicher Weise wie bei den früheren Häutungen die abge-
storbene Raupenhaut und erscheint nun als Puppe.

An der Puppe lassen sich schon alle Theile des vollkommenen Insekts
erkennen. Die 3 Brustringe haben sich zum Thorax ausgebildet, die zusammengesetzten Augen, die 3 Beinpaare, die Flügel sind entwickelt, die beißenden Mundtheile haben sich in einen Saugapparat verwandelt, die Bauchfüße der Raupe
sind verschwunden. Nicht minder hat der innere Bau eine völlige Umgestaltung
erfahren. Aber keins dieser neu gebildeten Organe hat seine letzte Vollendung
erreicht, sie sind zum Gebrauche unfähig. Es scheint, als ob die Natur nicht
in einem Sprunge eine so totale Umschaffung wie die der Raupe zum Schmetterlinge erreichen könne, sondern dazu einer Uebergangsform, wie sie die Puppe
darstellt, und einer Pause äußerer Ruhe zur fernern innern Entwickelung bedürfe.

Unmittelbar nach dem Abstreifen der Raupenhaut erscheint die Puppe
noch unförmlich, langgestreckt, walzenförmig. Bald aber zieht sich der gedehnte
Hinterleib zusammen, der Vorderleib erweitert sich, die anfangs abstehenden Gliedmaßen fügen sich zusammen, die weiche, feuchte, durchscheinende Oberhaut er-
härtet zu einem festen Panzer und die Puppe zeigt nun ihre bleibende, jeder
Art eigenthümliche und charakteristische Gestalt. Alle äußere Thätigkeit ruht
während des Puppenstandes, höchstens daß das Thier sich im Gewebe hin und
herschiebt oder bei Beunruhigungen den Hinterleib bewegt, sich wälzt oder um
sich schlägt. Die Puppe bedarf zum Leben nichts als Luft zum Athmen und
eines gewissen Grades von Feuchtigkeit, letztere auch nur, wenn sie in der
Erde liegt. Die äußere Ruhe contrastirt mit der innern Thätigkeit, sobald
einmal die weitere Entwickelung des vollkommenen Insekts begonnen hat. Dies
geschieht oft sogleich, zumal im Sommer, oft erst nach Wochen und Monaten.
Die überwinternden Puppen liegen bis zum Frühling oder Sommer in einem
scheintodähnlichen Schlafe, ja sie überspringen zuweilen den ersten Sommer und
schlafen bis zum zweiten, in seltenen Fällen sogar bis zum dritten, ehe sie sich
zum Schmetterlinge entwickeln. Hat aber einmal die innere Entwickelung begonnen, so schreitet sie ununterbrochen fort bis zur völligen Ausbildung des
Schmetterlings. Man erkennt dies an den Farbenveränderungen, welche dünnschalige Puppen erleiden. Schmetterlinge, welche im ersten Frühlinge (Februar bis
April) fliegen, sind, wie man auf diesem Wege beobachten kann, immer schon
im Herbst zuvor vollständig unter der Puppenschale ausgebildet, ohne diese doch
vor der bestimmten Zeit zu durchbrechen.

Die Veränderungen, welche beim Uebergange der Raupe zur Puppe und
der Puppe zum Schmetterlinge vor sich gehen, bestehen theils in Umformung
und weiterer Ausbildung schon bei der Raupe vorhandener Theile, theils in
Neubildungen. Der Stoff dazu wird theils durch Umschmelzung der ältern
Organe gewonnen, theils liefert ihn der Fettkörper. Manche Organe der Raupe
schwinden gänzlich, weil sie der Schmetterling nicht bedarf, wie die Bauchfüße
und Spinngefäße, andere verkümmern, wie die Oberlippe und die Kinnbacken.
Dafür entwickeln sich der Sauger und die Flügel, die Keime der Fortpflanzungsorgane erhalten ihre vollständige Ausbildung, der Verdauungsapparat, das Nerven-

und Muskelsystem, das Hauptskelett mit den Beinen, Fühlern, Tastern und Augen erfährt eine durchgreifende Umgestaltung. Mit ihrer Vollendung ist aus einem wurmförmigen, an den Boden gefesselten, auf grobe Kost angewiesenen Thiere ein leicht beschwingtes buntfarbiges Luftthier geworden, das vom Nektar der Blumen lebt, wenn es überhaupt einer Nahrung bedarf.

Der Schmetterling, das ausgebildete, fortpflanzungsfähige Insekt (insectum declaratum, imago), sprengt die Puppenschale, welche ihn zuletzt nur als abgelöste Hülle umschließt, durch wiederholte Dehnungen und Zusammenziehungen des Körpers, die dieselbe endlich in der Mittellinie des Thorax zum Platzen bringen. Ist er außerdem von einem dichten Gewebe umgeben, so erweicht er dasselbe zunächst durch ein aus dem Munde tretendes wasserklares Tröpfchen und durchbricht es mit dem Kopfe, befreit dann den Vorderleib, streckt die Beine hervor, stemmt sich an und zieht den Rest des Körpers nach. Die Flügel sehen anfangs aus wie weiche, feuchte Läppchen: um sie auszudehnen, kriecht er am nächsten Baumstamm oder dergleichen in die Höhe, sodaß die Flügel herabhängen können, sitzt dann still und treibt durch leise Muskelzusammenziehungen das Blut in die Flügeladern. Die Läppchen dehnen sich dabei und wachsen sichtlich, während sie an Dicke verlieren, was sie an Umfang gewinnen. Störungen während dieses Vorgangs werden leicht verderblich, die einmal unterbrochene Entfaltung kann nicht wieder in Gang gebracht werden und das Thier bleibt ein Krüppel. Wenn die Ausdehnung einen gewissen Grad erreicht hat, erheben sich die Flügel tagfalterartig und nehmen erst später die jeder Art eigenthümliche Haltung an. Dann sitzt der Schmetterling still, bis unter Einwirkung der Luft alle äußern Theile des Körpers trocken und fest geworden sind, entleert aus dem After einige Tropfen farbiger, schnell erhärtender Flüssigkeit, welche sich während des Puppenlebens im Darmkanal angesammelt hatte, und ist nun geschickt, sein sorgenfreies, nur dem Vergnügen und der Liebe geweihtes Leben zu beginnen. Die Männchen haben nichts Angelegentlicheres zu thun, als sich nach einer Gattin umzusehen, und lassen sich dabei (wenigstens die Nachtschmetterlinge) mehr durch den Geruch leiten als durch das Gesicht. Ihre Geruchsorgane, die Fühler, sind deshalb entwickelter als die der Weibchen, besonders bei solchen Gattungen, wo die Weibchen keine Flügel besitzen oder zu träge sind, um von denselben Gebrauch zu machen, wie bei vielen Sackträgern und Spinnern. Manche Spinnermännchen mit stark gekämmten Fühlern, z. B. A. tau. haben eine so feine Witterung, daß sie aus bedeutenden Entfernungen herbeifliegen, wenn man Weibchen in verschlossenen Schachteln an ihre Flugplätze bringt, und sind so begierig, daß sie auf den Gefängnissen ihrer Schönen umherkriechen, ohne sich durch die Gegenwart des Sammlers irre machen zu lassen; ja sie fliegen wohl in die Zimmer, wo man Weibchen ihrer Art erzogen hat. Letztere sind immer träger und unlustiger, viel umherzufliegen, als die Männchen; erst nach der Paarung, auf welche bei diesen sehr bald der Tod folgt, suchen die geflügelten Weibchen eifrig nach einem passenden Ort zum Absetzen ihrer Eier. Mit der Beendigung dieses Geschäfts ist dann auch ihr kurzer Lebenslauf geschlossen. Er ist bei manchen Arten, z. B. den Psychiden, auf einen einzigen Tag beschränkt, bei den meisten scheint er eine oder einige Wochen zu dauern, um so länger, je später die Paarung zu Stande kommt. Am längsten dauert er deshalb bei den Schmetterlingen, welche der Winter überrascht, ehe sie dies Ziel ihres Lebens haben erreichen können. Sie verbringen die kalte Jahreszeit an Orten, die sie einigermaßen gegen die Unbilden der Witterung schützen, in scheintodartiger Erstarrung, aus welcher sie erst die Frühlingssonne erweckt. Es sind aber nicht viele Arten geeignet, der Winterkälte unseres Klimas zu trotzen; unter den Tagfaltern besonders der Citronfalter, die Vanessen (Frühlingsherolde), einige Eulen, ein paar Spanner; von den Wicklern besonders die Toras-Arten, von den Motten die Depressarien und einige andere.

Das Nahrungsbedürfniß des Schmetterlings ist ungemein gering. Viele haben nicht einmal Organe dazu, die übrigen naschen nur den Honigsaft der Blumen oder sammeln sich im heißen Sonnenschein an Pfützen, um ihren Durst zu löschen. Jede Art hat ihre bestimmten Wohnplätze und fliegt nur zu bestimmten Stunden, während sie den Rest des Tages verschläft. Die echten Tagfalter, die Zygäniden, Sesien und andere, fliegen nur am hohen Tage und auch dann nur bei Sonnenschein; manche fast nur in den Vormittagsstunden. Die meisten Sphingiden, manche Eulen, viele Spanner und Mikrolepidopteren lieben die Dämmerung, die übrigen sind nächtliche Thiere. Nur wenigen, wie den Crambinen, scheint Tageszeit und Wetter ziemlich gleichgültig zu sein. Die langrüsseligen Arten suchen manche Blumen mit Vorliebe auf, besonders solche mit röhrigen Kronen. Die Zygänen hängen gern an Scabiosen und Disteln, Schwärmer und Eulen besaugen schwebend die Blüten des Geißblatts, des Flieders, des Echium vulgare u. a. Wo viele honigreiche Gewächse blühen, sammeln sich auch viele Schmetterlinge, und Waldwiesen, blumige Raine und Abhänge, auch Sumpfwiesen sind deshalb die bevölkertsten Flugplätze. Die Weibchen halten sich mehr in der Nähe der Nahrungspflanze ihrer Raupen auf und ziehen dann auch ihre Männchen dahin.

Die Flugkraft mancher Schmetterlinge ist bewundernswürdig. Sie richtet sich mehr nach der kräftigen Muskulatur des Thorax und der Stärke der Flügeladern als nach dem Umfange der Flügel. Die besten Flieger sind manche Nymphaliden, besonders die Schillerfalter, die Schwärmer, manche Spinner und Eulen, der beste von allen wohl der Sternkrautschwärmer (Macr. stellatarum), dessen Bewegungen das Auge kaum zu folgen vermag, wenn er schwebend die Blüten besaugt und stoßweise von der einen Pflanze zur andern fliegt.

Jagd.

Das einfachste und zweckmäßigste Instrument zum Fange der Schmetterlinge, mögen sie fliegen oder sitzen, ist der Hamen oder das Netz, Fig. 9, ein etwa 1/2 Meter langer, nach unten sich verengender, aber stumpf und ohne tiefe Nahtfalte endigender Sack von Gaze oder einem ähnlichen durchsichtigen und nicht rauhen Stoffe. Er wird an einem mit Leinwand umnähten, 22— 24 Centimeter im Durchmesser haltenden Ring von starkem Eisendraht befestigt, dessen schraubenförmig zusammengewundene Enden in einen 1/2 — 2/3 Meter langen, nicht zu schwachen hölzernen Stiel fest eingeschraubt werden können. Dem gefangenen Falter verschließt man, sobald er sich in den verengten Theil des Sacks begeben hat, mit der linken Hand den Ausweg und drückt ihm, falls es ein größerer Tagfalter ist, mit der rechten in einem Moment, wo er die Flügel zusammengeschlagen hat, von unten her die Brust schonend so weit zusammen, daß die Flügel gelähmt werden, schüttelt ihn heraus und spießt ihn an. Kleine Tagfalter und alle Nachtfalter er= fordern aber ein anderes Verfahren, wenn sie und besonders die Bekleidung ihres Brustkastens unbe= schädigt bleiben sollen. Am zweckmäßigsten ist es, sie durch den Dunst von Chloroform oder Schwe= feläther zu betäuben, wo man sie dann in Ruhe und ohne sie mit den Fingern berühren zu müssen, an die Nadel bringen kann. Man be= dient sich zu dem Ende eines kleinen Glasfläsch=

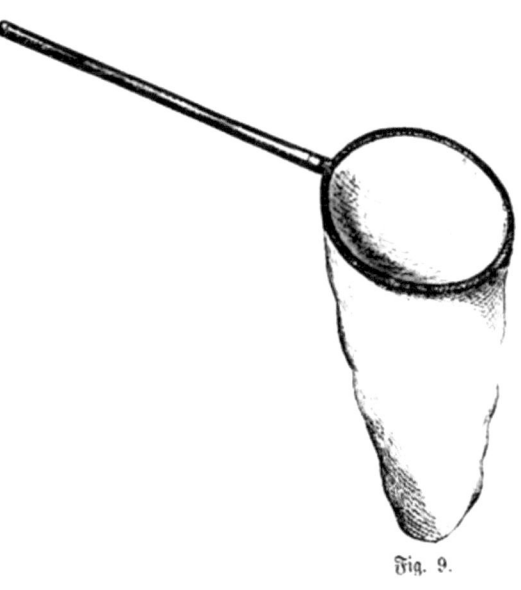

Fig. 9.

chens, Fig. 10, mit sehr weiter Mündung, etwa von der Form eines Opodel= dok=Gläschens, dessen Inneres frei von Rauhigkeiten sein und immer sehr trocken und rein gehalten werden muß. Der breite Korkstöpsel (a), welcher es verschließt, ist in der Mitte durchbohrt, um einen genau in das Lumen passenden starken Gänsefederkiel (b) aufzunehmen, dessen oberes, geschlossenes Ende man lang genug vor= ragen läßt, um bequem gefaßt werden zu können. Das untere, offene Ende ragt etwa 5 mm tief in den Bauch des Gläschens hinein und dient zur Aufnahme eines Stückchens Feuerschwamm (c), welches so darin befestigt wird, daß sein Ende ein paar Millimeter weit frei vorsteht. Statt des Federkiels kann man auch ein oben geschlossenes Blechröhrchen von entsprechender Länge und Dicke benutzen. Man deckt nun die Mündung des Glases, nach abgenommenem Stöpsel, auf den im Netze gefangenen Falter, treibt ihn hinein und schließt das Glas. Hierauf wird der Federkiel herausgezogen, das Schwämmchen an dessen Ende mit dem Betäubungs= mittel benetzt und der Kiel dann rasch wieder durch den Kork bis zu der angegebenen Tiefe in das Glas

Fig. 10.

hineingeschoben. Nach wenigen Augenblicken ist dann, wenn man sich des Chloro= forms bedient, der Gefangene betäubt und kann herausgenommen und angespießt werden. Der Aether wirkt etwas langsamer und verflüchtigt sich noch schneller als das Chloroform, hat dagegen den Vorzug, die Thiere nicht so schnell völlig zu tödten, starr und brüchig zu machen, wie jenes. Im Chloroformdunst darf man sie daher höchstens einige Minuten lang liegen lassen. Das Betäubungsmittel führt man in einem kleinen Arzneigläschen mit engem, durch einen sehr genau und fest schließenden Stöpsel geschlossenem Halse bei sich.*) Ruhig sitzende Thiere, zumal Nachtfalter, lassen sich auch, ohne Hülfe des Netzes, mit dem Glase unmittelbar einfangen. Man führt immer wenigstens zwei Gläschen bei sich. Das einmalige Benetzen des Schwämmchens reicht für mehrere Betäubungen aus, wenn man das Gläschen immer rasch wieder schließt. Es liefert die reinsten Exemplare für die Sammlung und ist besonders zur Conservirung der Bekleidung des Thorax ganz unentbehrlich. Der einzige Uebelstand dieser Fangmethode ist der Zeitverlust, den sie verursacht.

Schneller zum Ziele kommt man mit einem andern Fanginstrumente: der Scheere oder Klappe. Es besteht dieselbe aus zwei scheerenartig verbundenen Handgriffen von Eisen, deren kurze, sich weit öffnende Arme ein paar genau mit den Rändern zusammenschließende, etwa 15 cm im Durchmesser haltende Tellerreifen tragen. Diese sind mit Gaze oder auch mit feinem Drahtnetz überzogen. Die Scheere wird nur mit einer Hand geführt und um den sitzenden Schmetterling zusammengeklappt, der dann, von der Gaze (nöthigenfalls durch Anspannen derselben) oder dem Drahtnetze festgehalten, unmittelbar mit der Nadel durchbohrt werden kann. Fliegende Falter sind aber mit der Scheere schwer oder gar nicht zu erlangen.

Die nöthigen Nadeln sind unter den Namen Insektennadeln bekannt und an vielen Orten in mehr oder minder empfehlenswerther Qualität zu haben. Gute Nadeln müssen fest, elastisch, gut zugespitzt und etwa 37—40 mm lang sein. Ihre Stärke muß sich der Körpergröße der Thiere anpassen, also eine sehr verschiedene sein, doch reicht man mit 6—8 Sorten völlig aus. Man hat auch geschwärzte Nadeln, die keinen Grünspan ansetzen (aber auch minder elastisch sind), und thut gut, sich solcher wenigstens für diejenigen Falter zu bedienen, welche dem Uebelstande der Grünspanbildung besonders unterworfen sind, z. B. die Sesien. Die kleinsten Motten (Nepticula u. a.) spießt man, statt an Nadeln, besser an kürzere Stückchen sehr feinen Silberdrahts. Man trägt die Nadeln, nach den Sorten zusammengesteckt auf einem kleinen Kistchen mit festen, pappenen Wänden bei sich, welches durch eine Schnur in ein Knopfloch festgeschlungen werden kann. Beim Anspießen muß man darauf achten, daß die Mitte des Thorax genau getroffen und senkrecht von der Nadel durchbohrt wird.

Zur Unterbringung der Beute dienen gut schließende, feste Schachteln von Holz, Pappe oder Blech, deren Boden mit Kork, Torf oder dergleichen ausgelegt und mit feinem Papier überzogen ist. Die Schachteln müssen so hoch sein, daß flatternde Thiere den Deckel mit den Flügelspitzen nicht erreichen und sich so beschädigen können. Das Flattern wird übrigens ziemlich sicher dadurch ver-

---

*) Statt des Chloroforms benutzt man jetzt auch vielfach das Cyankalium, dessen Dunst die Schmetterlinge schnell betäubt und tödtet. Es bietet manche Vortheile, darf aber seiner höchst giftigen Eigenschaften wegen nicht in die Hände gegeben werden. Erwachsene, die sich seiner bedienen wollen, können damit hergerichtete Fanggläschen bei Insektenhändlern bekommen.

hütet, daß man die Thiere zunächst ganz niedrig an die Nadel steckt, denn sie flattern nur, wenn sie mit den Füßen den Boden nicht erreichen können. Zu Hause und jedenfalls ehe sie trocken geworden sind, werden sie dann an der Nadel bis zu der erforderlichen Höhe hinaufgeschoben, um so getödtet und präparirt zu werden. Diese Höhe muß bei allen die gleiche sein und zwar eine solche, daß die Mitte des Thorax in etwa $1/3$ der Nadellänge (von oben) zu stehen kommt, sodaß der Nadelknopf weit genug über den Rücken vorragt, um bequem gefaßt werden zu können. Nur die an Silberdraht gespießten Möttchen kommen niedriger zu stehen, nur etwa 8 mm hoch über dem Boden.

Ist man verhindert, die eingefangenen und getödteten Thiere sogleich zu präpariren, so steckt man sie in ein bis zur erforderlichen Höhe mit feuchtem Sande gefülltes, durch einen Deckel geschlossenes breites Gefäß von Porzellan oder Steingut, auf schmale Korkstreifen, mit welchen die Oberfläche des Sandes belegt ist. In diesem Gefäße halten sich die Thiere mehrere Tage lang weich und spannbar, doch thut man wohl, sie nicht ohne Noth länger als 1—2 Tage der feuchten Luft ausgesetzt sein zu lassen. Dem Schimmeligwerden läßt sich dadurch vorbeugen, daß man 2—3 Tropfen Kreosot auf den Sand gießt. Dieses Gefäßes bedient man sich auch zum Aufweichen trocken gewordener Schmetterlinge.

Die kleinsten Mikrolepidopteren bringt man lebendig nach Hause, da sie schnell eintrocknen und sehr behutsam an die feinsten Nadeln oder den Silberdraht gebracht werden müssen. Man führt zu dem Ende in einem dazu eingerichteten Futterale ein größere Anzahl kleiner, den Probirgläschen der Apotheker ähnlicher (nur kürzerer,) cylindrischer, oben offener, unten geschlossener Gläschen bei sich, treibt das im Netz gefangene Thierchen in eins derselben und verschließt die Oeffnung mit einem Korkstöpsel. Zu Hause werden dann die Gefangenen mit Hülfe des gewöhnlichen Fangglases vor dem Anstecken betäubt. Andere bedienen sich statt der Probirgläschen sehr kleiner Schächtelchen von Pappe, deren Boden und Deckel herausgenommen und durch Glastäfelchen ersetzt ist.

Für den Fang der eigentlichen Tagfalter wählt man am besten die Vormittags- und Mittagsstunden sonniger, windstiller Tage, oder doch Lokalitäten, die vor dem gerade herrschenden Winde geschützt sind. Um Sonnenuntergang werden viele Mikrolepidopteren munter und können noch vor Einbruch der Dunkelheit eingefangen werden. Tagscheue Eulen und Spanner verbergen sich bis zum Einbruch der Nacht gern in den Winkeln alter Bretterzäune, wo man sie an schattigen Stellen frühmorgens aufsucht. Man kann auch absichtlich an geeigneten Stellen dicht über einander gelehnte Bretter aufstellen und wird seine Mühe häufig durch seltene Eulen, welche sich zwischen denselben einquartiert haben, belohnt sehen.

Zum nächtlichen Betriebe der Schmetterlingsjagd hat man verschiedene Methoden. Die einfachste ist die, die Stellen, wo viele honigreiche Blumen, Seifenkraut, Geißblatt, Echium u. dergl. blühen (und die man sich zu dem Ende bei Tage merken muß), mit Einbruch der Nacht aufzusuchen und die an den Blumen saugenden Schmetterlinge bei Laternenschein mit Hamen oder Scheere einzufangen. Viel ergiebiger aber ist die Jagd mit dem Köder. Viele Schmetterlinge, besonders Eulen, lassen sich durch zuckerhaltige Flüssigkeiten anlocken und saugen so begierig daran, daß sie bequem gefangen werden können. Eine sehr zweckmäßige Art, diesen Fang zu betreiben, ist (nach P. Maaßen) die folgende. Den Köder bilden gewöhnliche getrocknete Aepfelschnitzel, welche zu je 2 und 2 an etwa 1 Fuß lange Bindfäden befestigt und deren Enden dann zusammengeknüpft werden. Eine Anzahl (20—30) solcher Anreihungen legt man dann einige Stunden vor dem Gebrauche in einen Topf, worin sich durch Zucker oder Sirup stark versüßtes, nicht bitteres Bier befindet, damit sie von dieser Flüssigkeit gehörig durchtränkt werden. So präparirt hängt man die Schlingen an geeigneten Plätzen kurz vor Sonnenuntergang in bequemer Höhe an Bäume und Sträucher und befestigt daneben ein Stück weißes Papier, um nach eingebrochener Dunkelheit die Stellen leicht wiederfinden zu können. Sobald die Dämmerung stärker wird, bedecken sich unter günstigen Umständen die Schnitzel mit saugenden Faltern. Zum Fange derselben bedient man sich eines mit Henkel und Deckel versehenen Bierglases (Seidels), in welchem eine ganz kleine, mit einigen kleinen Löchern im Deckel versehene Pappschachtel durch einen um den Henkel des Glases geschlungenen Zwirnsfaden befestigt ist. In der Schachtel liegt ein Schwämmchen, welches unmittelbar vor dem Fange mit Chloroform getränkt wird. Nun wird das geöffnete Glas dicht unter die Schnitzel gehalten, worauf die durch den Chloroformdunst betäubten Schmetterlinge hineinfallen oder erforderlichen Falls hineingestoßen werden. Der Deckel wird dann rasch zugeklappt und dieselbe Procedur an der nächsten Schlinge wiederholt, nachdem die erste Beute entleert, das davon Brauchbare angespießt und in die mitgenommene Schachtel gesteckt worden ist. So werden alle Schnitzel nach und nach abgesucht und der Rundgang wiederholt, solange noch Falter sich einfinden. Von Zeit zu Zeit muß das Schwämmchen von neuem mit Chloroform getränkt werden, doch reicht die erste Tränkung gewöhnlich für eine Stunde aus, wenn das Glas nicht zu häufig geöffnet worden ist. Nach beendigter Jagd werden die Schnitzel abgenommen und können wiederholt benutzt werden, nachdem sie, um nicht zu sehr zu erweichen, vorher getrocknet worden sind. Auch das Bier kann mehrere Tage hinter einander gebraucht werden, wenn es hinlänglich versüßt ist.

Statt sich der Aepfelschnitzel zu bedienen, kann man auch an den Stämmen der Bäume handgroße oder größere Stellen mit einer aus gleichen Theilen gewöhnlichen Sirups und eines malzreichen, nicht bittern Bieres bestehenden Mischung anpinseln. Im einen wie im andern Falle ist es gut, wenn zwei Sammler sich bei diesem Fange unterstützen können, von denen der eine die natürlich nothwendige kleine Laterne trägt. Geeignete Plätze sind Waldsäume, Lichtungen, Alleen rc., die vor dem Winde geschützt sind. Am ergiebigsten ist der Fang an warmen, trüben, besonders gewitterschwülen Abenden, selbst ein wenig Regen schadet nicht. Bei heiterem Himmel und Mondschein fliegt meist wenig oder nichts.

Wem ein Zimmer zur Verfügung steht, dessen Fenster ins Freie, auf Wald, Wiese oder wenigstens einen großen Garten sehen, der kann die Neigung der Schmetterlinge, nach dem Lichte zu fliegen, zu einem bequemen und mitunter sehr ergiebigen Fange nicht von Eulen allein, sondern von allen Arten von Nachtschmetterlingen benutzen. Eine an das Fenster gestellte, möglichst lichtstarke Lampe, die ihren Schein weit ins Freie wirft, lockt besonders in dunkeln, feuchten, warmen Nächten ganze Schaaren von Schmetterlingen herbei, welche entweder von den Fensterscheiben mit dem Fangglase abgenommen oder nach geöffnetem Fenster in der Stube eingefangen werden können. In ersterem Falle schiebt man ein Kartenblatt zwischen die Scheibe und die Mündung des Glases, um das Entwischen des Gefangenen, ehe der Kork aufgesetzt werden kann, zu verhüten.

Um auch große Schmetterlinge in dieser Weise einfangen zu können, müssen dabei ein paar größere Fangfläschchen mit sehr weiter Mündung bereit stehen.

Die Jagd auf Raupen ist nach dem Aufenthalt derselben eine verschiedene. Auf Bäumen und Sträuchern lebende Raupen bringt man durch Beklopfen der Zweige mittelst eines starken und langen Wanderstabes (echte Ziegenhainer eignen sich am besten dazu) zum Herabfallen. Wo der Boden unter den Zweigen nicht frei ist, wird ein ausgespannter Regenschirm verkehrt untergehalten. Sollen kleine Raupen nicht verloren gehen, so ist dies für alle Fälle nöthig. Junge Bäume erschüttert man durch einen Fußtritt oder besser durch Anschlagen mit einer kurzen eisernen Keule, welche mit dicken Polstern von Kautschuk oder Guttapercha versehen ist, um Beschädigungen der Rinde zu verhüten.

Mühsamer ist das Aufsuchen der an Kräutern und Stauden lebenden Raupen. Bei hochstengeligen Gewächsen, Gräsern und niedrigen Gesträuchen, wie Haidekraut und Heidelbeeren, bedient man sich mit Vortheil des Kötschers oder Raupenschöpfers, Fig. 11, eines fußtiefen Sacks von starker Leinwand, welcher an einen festen, halbmondförmigen, eisernen, mit Leder eingefaßten Bügel befestigt ist. Die vordere, gerade Seite desselben ist etwa 38 cm breit, die hintere, bogenförmige wird in der Mitte in einen 60 cm langen hölzernen Stiel eingeschraubt oder auch in den zu dem Ende mit einer Schraubenmutter versehenen Wanderstab. Der Boden des Sacks muß fast so breit als die obere Oeffnung sein und seine vordere Wand senkrecht herablaufen. Mit diesem Instrumente streift man in raschen, kurzen Zügen die Halme und kleinen, nachgiebigen Sträucher ab, sodaß die darauf sitzenden Raupen hineinfallen. Es liefert an geeigneten Plätzen reichliche Beute, besonders an jungen Raupen, welche man in kurzen Pausen, nach Entfernung der sie verdeckenden Blätter und sonstigen Abfälle, auf dem Grunde des Sacks aufsuchen und mittelst eines Theelöffels herausnehmen muß.

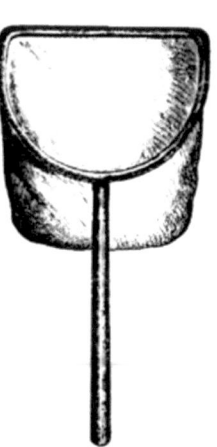

Fig. 11.

Im ersten Frühling findet man viele Eulenraupen an der Erde unter früh grünenden oder nicht ganz abgestorbenen Kräutern, z. B. Schlüsselblumen, Ampferarten, Kletten, Geum urbanum u. a., deren angefressene Blätter sie verrathen. Bei Tage verstecken sie sich gern unter welkem Laube, welches man deshalb mit der Hand oder einem kleinen eisernen Härkchen dicht vom Boden wegrafft, in den Kötscher oder Schirm wirft und tüchtig durchschüttelt, damit die Raupen auf den Boden des Sacks fallen und nach Entfernung des Laubes gefunden werden können. Daß man außerdem überall suchen kann und muß, wo Raupen zu vermuthen sind, versteht sich von selbst. Zusammengesponnene Blätter und Blüten verrathen die Blattwickler, braune Flecke und Gänge auf den Blättern die Minirraupen. Die im Innern von Pflanzentheilen, in der Rinde, dem Holz oder Marke lebenden Raupen sind schwerer zu entdecken. Raupen, welche Rohrstengel u. dergl. bewohnen, verursachen ein Welkwerden der obern Pflanzentheile und pflegen ihre Excremente durch ein Loch im Stengel herauszuwerfen. Auch Wurzelraupen werden durch das Absterben der obern Blätter der Pflanze verrathen, die man dann mit der Wurzel aushebt und nachsucht. Auch in Rindespalten, an und unter Moos und Flechten, unter flach liegenden Steinen findet man nicht selten willkommene Beute. Zur Unterbringung derselben führt man einige größere und kleinere gutschließende Schachteln und Büchschen bei sich, in deren Deckel eine durch einen Kork oder Blechschieber verschließbare Oeffnung angebracht ist, groß genug, um auch dickleibige Raupen hindurchzulassen. Man vermeidet dadurch das öftere Abheben des Schachteldeckels, wobei leicht Raupen verloren gehen oder gequetscht werden. Der Grund der Schachteln und Büchschen ist mit fest angedrücktem Moose belegt. Einige sperrige Aestchen, an welche sich die Raupen anklammern können, und etwas frisches Futter wird vor der lebendigen Einquartierung in die Behälter gebracht. Mordraupen, wie die von C. trapezina, Scop. satellitia u. a., müssen natürlich abgesondert werden. Man kann sich für dieselben kleiner Zündholzbüchschen bedienen oder größere Schachteln in gesonderte Fächer abtheilen lassen.

Puppen, die nicht frei in die Augen fallen, wie die der Tagfalter, Zygänen u. a., findet man besonders im Spätherbst und den ersten Frühlingsmonaten unter dem Moose und in der Erde, welche den Fuß größerer, einzeln stehender Bäume umgibt, an Waldrändern, in Alleen ꝛc. Auch unter den den Stamm bekleidenden Flechten und Moosen ist nachzusuchen. Die gefundenen Puppen werden in kleinern, ganz mit weichem Moose gefüllten Büchschen nach Hause gebracht.

Zucht.

Die Pflege der in ihrem Jugendzustande gefundenen Schmetterlinge ist zugleich das mühsamste und das lohnendste Geschäft des Sammlers. Viele im geflügelten Zustande sehr verborgen lebende Arten sind überhaupt nur, alle auf diesem Wege am reinsten und schönsten zu gewinnen. Die Erziehung gibt dabei Gelegenheit, das Thier auf allen seinen Entwickelungsstufen, nach allen seinen mit dem Lebensalter so wunderbar wechselnden Formen kennen zu lernen, seine Sitten und Kunsttriebe zu beobachten und so neben dem Gewinn für die Sammlung die wissenschaftliche Kenntniß der Schmetterlinge durch werthvolle Erfahrungen zu fördern.

Die große Verschiedenheit der Raupen nach Nahrung, Aufenthalt und Lebensweise macht eine ebenso verschiedene Behandlungsart derselben in der Gefangenschaft nöthig. Hier kann nur das Allgemeinste davon Platz finden. Für die meisten, besonders die auf Holzgewächsen und hochstengeligen Kräutern lebenden Raupen passen viereckige hölzerne Kästen von etwa 35 cm Höhe, 40—45 cm Länge und 30 cm Breite (Fig. 12). Sie haben einen oben offenen, mit starker Gaze, besser noch mit feinem Drahtnetz überzogenen, 10 cm hohen Deckel, der mittelst eines gut schließenden Falzes eingesetzt wird. Auch die vier Seitenwände haben große, mit Gaze oder Drahtnetz bezogene Fenster, von denen eins zweckmäßig als Thür eingerichtet werden kann. Nur die letzten 8—10 cm über dem Boden sind solid. Da viele Raupen sich in der Erde verpuppen, so theilt man den Boden durch ein 7 cm hohes Querbrettchen in eine kleinere und größere Hälfte und füllt jene bis an den Rand des Brettchens

mit loderer, gesiebter, sandiger Erde, welche mit einer leichten Schicht von
Moos bedeckt und stets in einem sehr mäßig feuchten Zustande erhalten, von Zeit zu Zeit also mit Wasser besprengt werden muß. In die andere Hälfte bringt man, was sonst etwa die Raupen zur Verpuppung bedürfen: Stücken morschen Holzes, in welches manche Raupen sich einbohren, Moos u. dergl. Das Futter, Stengel oder Zweige der Nahrungspflanzen, so groß, als es der Raum gestattet, stellt man in breite, niedrige Arzneigläschen, die mit Wasser gefüllt

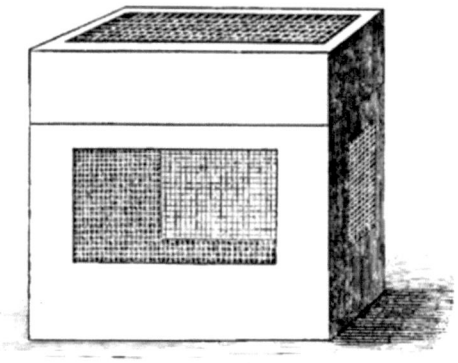

Fig. 12.

und deren Hals zwischen den Futterzweigen fest mit Werg oder dergleichen verstopft wird, damit die Raupen nicht hineinkriechen und ertrinken. Beim Futterwechsel vermeide man jede unnöthige Störung der Raupen, entferne sie nicht gewaltsam von den welken Zweigen, sondern lasse diese so lange an das frische Futter angelehnt stehen, bis die Raupen sie verlassen haben. Die meisten Pflanzen halten sich in dem (öfters zu erneuernden) Wasser mehrere Tage hindurch frisch und die Raupen gedeihen gut dabei. Es gibt aber einige, die das Einstellen ihrer Nahrung in Wasser nicht vertragen können, ihren Genuß zwar nicht verschmähen, aber daran erkranken und sterben. Dahin gehören besonders die an Haidekraut und Heidelbeeren lebenden Raupen. Sollen solche Raupen trotzdem gedeihen, so muß man den Nachtheil, welchen die allzusehr verwässerte Nahrung stiftet, dadurch auszugleichen suchen, daß man die Raupen im Uebrigen sehr trocken, warm und luftig hält. Man stellt ihren Behälter ans offene Fenster, läßt ihn auch wohl einige Zeit von den Strahlen der Morgensonne bescheinen und öffnet fleißig den Deckel. Die Erde im Kasten bleibt trocken und die Raupen selbst werden nie mit Wasser besprengt. So gelingt es öfters, besonders bei warmer Witterung, auch diese Raupen zur Verpuppung zu bringen.

Niedrige, rasenartig wachsende Kräuter lassen sich nicht gut in die Gläschen stellen. Man sticht besser den Rasen mit dem anhängenden Erdballen aus, legt ihn auf die Erde im Behälter und beträufelt ihn, so oft nöthig, mit Wasser, wobei die Pflanze dann einige Zeit fortvegetirt. Für solche Raupen kann man auch niedrigere Kästen, die nur im Deckel eine mit Draht überzogene Oeffnung haben, verwenden.

Alle Kästen, in denen feuchte Erde aufgeschüttet ist, müssen aus starkem Holze fest gearbeitet und, wenigstens am Boden, nicht allein geleimt, sondern auch genagelt sein. Leichter gearbeitete Zuchtkästen kann man für jene Raupen benutzen, die sich über der Erde verpuppen, wie die der Tagfalter, Zygänen, vieler Spinner u. a. Ueberhaupt aber bedarf man stets einer größern Anzahl von Behältern, kleinern und größern, wie es gerade die Umstände verlangen, und wird auch an der Einrichtung derselben, je nach dem Bedürfnisse der darin zu pflegenden Raupen, öfters zweckentsprechende Modificationen vornehmen müssen.

Wurzelraupen muß man mit ihrer Nahrungspflanze in Töpfen erziehen, die mit einer fest anschließenden Haube von Drahtsieb oder über ein Gestell gezogener Gaze bedeckt werden. Flechtenfressenden Raupen legt man ihre Nahrung mit dem Rindenstück vor, auf welchem sie wächst, und erhält sie durch tägliches Besprengen mit Wasser frisch. Schwierig ist die Zucht vieler Holz= und Mark= fresser. Man läßt sie womöglich in dem Pflanzentheil, in dem man sie findet, und stellt diesen, wenn es ein Zweig oder der Schaft einer Staude ist, auf feuchten Sand. Manche fressen dann weiter und verpuppen sich ohne Schwierig= keit, andere aber, wie die Sesien, gehen meist zu Grunde. Solche Arten trägt man deshalb erst zu einer Zeit ein, wo sie der Verpuppung nahe oder schon zu Puppen geworden sind. Die Raupen der Holzbohrer (Cossus) lassen sich in mit Sägespänen und Stücken morschen Holzes gefüllten Einmachgläsern oder Blechbüchsen erziehen.

Ueberwinternde Raupen bringt man im Spätherbst, wenn keine Nahrung mehr für sie zu haben ist, in größere, fest gearbeitete und mit einem Drahtsieb im Deckel versehene Kästen, deren Boden 5 cm hoch mit Erde gefüllt und darüber mit Moos, trockenem Laube, flachen Steinchen u. dergl. bedeckt ist. Die letzte Nahrung oder womöglich etwas frische legt man dazu. Die Kästen werden den Winter hindurch entweder im Freien, doch vor Regen und Schnee geschützt, oder am offenen Fenster eines ungeheizten Zimmers (wo sie die Sonne nicht treffen kann) aufbewahrt. Sobald im Frühjahr die Erde wieder frostfrei wird, erneuert man das Futter oder vertauscht es mit andern früh grünenden Pflanzen, wie Taubnessel, Löwenzahn, Vogelmieren, Schlüssel= blumen u. a. Die meisten dieser Raupen sind keine Kostverächter und nehmen mit allerlei Kost fürlieb, wenn sie nur zart und saftig ist. Man entfernt die welken Blätter nicht, da sie im Anfange von vielen Raupen gern benagt werden. Die meisten überwinternden Eulenraupen lieben besonders die Knospen und das erste, noch nicht völlig entfaltete Laub mancher Holzgewächse, wie der Stachel= beeren und Ahlkirschen (Prunus padus), und gedeihen gut dabei. Monophagische Raupen erwachen meist nicht eher aus dem Winterschlafe, als bis ihre Nahrungs= pflanzen im Freien zu grünen beginnen. Raupen, die völlig ausgewachsen über= wintern und keiner Nahrung mehr bedürfen, wie Gastr. rubi, H. rectilinea u. a., kann man schon im Januar oder Februar in ein mäßig geheiztes Zimmer bringen, wo sie sich dann in der Regel bald zu verpuppen pflegen. Sie müssen aber, und dies gilt für alle Raupen beim ersten Erwachen aus dem Winterschlafe, vorher mittelst einer kleinen Bürste mit weichem Wasser besprengt werden, dessen Tröpfchen sie begierig aufsaugen. Für die ins warme Zimmer genommenen Raupen bedarf es einer von Zeit zu Zeit wiederholten Besprengung. Manche überwinternde Raupen gehen übrigens trotz aller Mühe, die man sich mit ihnen gibt, fast regelmäßig zu Grunde, wenn man die Erziehung nicht ganz im Freien durchführen kann.

Eine wesentliche Bedingung zum Gelingen der Raupenzucht ist, daß nicht zu viele Raupen zusammengesperrt werden und daß der Raum, wo die Behälter stehen, luftig und staubfrei ist. Womöglich stellt man sie an ein offenes Fenster, doch nicht in den unmittelbaren Sonnenschein. Für Reinlichkeit, zeit= weilige Entfernung der Excremente 2c. muß ebenfalls Sorge getragen werden.

Hat man nicht eine große Anzahl von Zuchtkästen, so ist man genöthigt, dieselben Behälter immer wieder für neue Einquartierung zu benutzen, und muß dann vorher die in demselben befindlichen Puppen entfernen, wenigstens die in der Erde liegenden. Man wühlt zu dem Ende die Erde vorsichtig durch und bringt die gefundenen Puppen in den Puppenkasten. Erdgespinnste, auf die man dabei trifft, müssen geschont und dürfen nicht geöffnet werden, da sie noch unverwandelte Raupen enthalten können. Werden die in nur leicht geleimten Erdhöhlen sich verwandelnden Raupen noch unverpuppt gefunden, so läßt man sie an Ort und Stelle, wenn sie noch mobil sind, oder bringt sie in einen Behälter, wo sie sich ungestört verpuppen können, wenn sie der Verwandlung nahe und unfähig zu kriechen geworden sind. Manche gehen dabei freilich zu Grunde. Es gibt Raupen, die 3—6 Wochen lang und länger unverwandelt in der Erde liegen, wie die Xanthia-, Xylina-, Calocampa-, mehrere Agrotis-Arten u. a., einige sogar den ganzen Herbst und Winter hindurch, wie Eriopus pteridis. Die an den Wänden des Kastens befestigten Puppen läßt man an ihrem Platze, wenn sie sich nicht ohne Zerstörung des Gewebes ablösen lassen, wie die Puppen der Tagfalter.

Für die Raupen der kleinern Mikrolepidopteren passen die gewöhnlichen Zuchtkästen nicht. Man bringt sie mit ihrem Futter in Biergläser von etwa 10 cm Höhe, die durch einen geleimten Papierring und Gaze sehr genau verschlossen werden müssen. Auf den Boden des Glases wird etwas Erde und Sand gethan. Um das schnelle Welken des Futters zu verhüten, legt man noch eine Glasplatte über oder stellt die Gläser in den Keller. Letzteres ist besonders auch für die kleinen Blattminirer zu empfehlen. Viele Kleinfalter, besonders Blattwickler, lassen sich übrigens ohne Mühe und in Menge erziehen, wenn man (zumal im Mai und Juni) Alles, was man an zusammengesponnenen Blättern und Blüten findet, abbricht und in große leere Zuchtkästen wirft. Die jüngern der eingesammelten Räupchen gehen dabei freilich aus Futtermangel zu Grunde, die erwachsenern aber entwickeln sich zu Schmetterlingen und können mit dem Gläschen eingefangen werden.

Eier, welche man im Freien findet oder von eingefangenen befruchteten Weibchen erhält, geben zuweilen Gelegenheit, seltene Arten in ganzen Bruten zu erziehen. Man bringt sie, sobald die Räupchen auszuschlüpfen beginnen, auf einen Zweig der Futterpflanze, welcher frische, zarte Blätter hat, und mit diesem in ein sorgfältig und fest mit feiner Gaze überbundenes Einmachglas. Hier bleiben sie, bis sie die erste oder, wenn es kleine Arten sind, auch die zweite Häutung überstanden haben, und kommen dann erst in den gewöhnlichen Zuchtkasten. Sie bedürfen aber einer besonders sorgfältigen Pflege und im ersten Lebensalter zumal des zartesten Futters. Für die meisten auf niedern Pflanzen lebenden Arten kann man sich übrigens junger Lattichblätter als Universalfutters während der ersten Lebenstage mit Vortheil bedienen.

Zur Aufnahme der Puppen dienen kleinere Raupenkästen oder besondere Behälter von Holz mit nicht zu glatten innern Wänden, deren Boden mit festangedrücktem weichem Moose ausgelegt ist. Die über der Erde verwandelten Puppen bedürfen weiter keiner Pflege, die unterirdischen aber verlangen einen gewissen Grad von Feuchtigkeit, wenn sie nicht vertrocknen sollen. Um diesen herzustellen, bedeckt man die auf dem Moose liegenden Puppen zunächst locker mit einer zweiten dünnen Moosschicht und darüber mit einer vierfachen Lage

Löschpapier, deren oberstes Blatt von Zeit zu Zeit mit Wasser getränkt wird. Wie oft dies zu geschehen hat, hängt von der Temperatur ab; es darf immer nur ein sehr mäßiger Grad von Feuchtigkeit unterhalten werden. Sinkt die Temperatur bis nahe an oder unter den Gefrierpunkt, so wird das Anfeuchten ganz unterlassen. Im Winter, jedenfalls während der ersten Hälfte desselben, läßt man die Puppen in einem ungeheizten Raume. Scharfer Frost schadet ihnen durchaus nicht (nur die Puppen einiger Schwärmer, besonders die des Todtenkopfs, können ihn nicht vertragen), scheint manchen vielmehr von Nutzen zu sein. Ende Januar oder später mag man dann, wenn man eine frühere Entwickelung der Schmetterlinge wünscht, die Puppen in ein mäßig geheiztes Zimmer bringen, muß dann aber die Anfeuchtung wieder regelmäßig vornehmen.

Sehr kleine Puppen, wie die der Eupithecien, trennt man besser von den übrigen und legt sie in besondere kleinere Kästchen einfach auf Moos, welches man von Zeit zu Zeit mit Wasser beträufelt, doch so, daß die Puppen nicht selbst getroffen werden und nicht stärker, als nöthig ist, um das völlige Austrocknen zu verhüten.

Die Puppenkästen müssen während der Zeit des Ausschlüpfens mehrmals täglich, besonders frühmorgens und abends revidirt, die ausgekrochenen Falter, sobald sie vollständig ausgebildet und trocken geworden sind, gleich an Ort und Stelle angespießt oder, falls sie unruhig werden sollten, vorher mit dem Gläschen eingefangen werden.

Sollen die Beobachtungen und Erfahrungen, welche der Sammler im Freien und bei der Zucht macht, für ihn selbst und das Bemerkenswerthe davon für die Wissenschaft nicht verloren gehen, so müssen sie in ein Tagebuch eingetragen werden. Man kann solchen entomologischen Tagebüchern verschiedene Einrichtungen geben, die Hauptsache aber bleibt, daß sie mit gewissenhafter Genauigkeit geführt werden, daß nur sicher Beobachtetes und dieses frisch, unmittelbar oder doch noch an demselben Tage zu Papier gebracht wird. Auf sein Gedächtniß darf man sich dabei nicht verlassen.

Zubereitung für die Sammlung.

Die angespießten Schmetterlinge müssen, nachdem sie in die erforderliche Höhe an der Nadel gebracht worden sind, zunächst getödtet und dann in eine Lage gebracht werden, wo sie mit horizontal ausgebreiteten Flügeln trocknen, d. h. gespannt werden.

Das Tödten geschieht dadurch, daß man den Knopf der Nadel dem untern (bläulichen) Theile einer Lichtflamme möglichst nahe bringt, ohne doch die Flamme selbst zu berühren (weil sonst die Nadel erweicht), und ihn in dieser Lage so lange erhält, bis das Thier kein Lebenszeichen mehr wahrnehmen läßt, wo es dann sogleich zurückgezogen wird, um nicht einzutrocknen. Der Moment des Todes kündigt sich gewöhnlich durch Ausstrecken des Saugers an. Sehr kleine Falter darf man nur einen Augenblick der Flamme nähern, bei sehr großen, dickleibigen dagegen vergehen einige Minuten, ehe der Tod eintritt. Will man ihn beschleunigen, so sticht man eine sehr lange, starke Stahlnadel von unten in die Mitte der Bruft und glüht deren Knopf unmittelbar in der Flamme. Zwischen den Thorax des Schmetterlings und den Nadelknopf bringt man, um das Versengen der Flügel zu verhüten, ein zu dem Ende mit einem kleinen Loche versehenes Kartenblatt oder beſſer noch eine Blechplatte. Große oder flatternde Thiere betäubt man vor dem Tödten durch einen Tropfen Chloroform, den man mit einem Pinsel auf den Kopf bringt. Das Tödten durch eine Auf= löſung von Nicotin (1 g auf 7 g Waſſer) oder anderer Gifte, von denen man etwas mittelſt einer Nadel in die Bruſt bringt, habe ich weniger zweck= mäßig gefunden.

Die getödteten Schmetterlinge müſſen geſpannt werden, ehe ſie ein= trodnen. Ungeſpannte, trodene Schmetterlinge können aber durch Aufweichen wieder ſpannbar gemacht werden. Man ſteckt ſie zu dem Ende in das bereits oben (S. 27) beſchriebene Gefäß auf feuchten Sand oder füllt einen Teller mit ſolchem und deckt eine Glasglocke darüber. Kleine Schmetterlinge erweichen hier ſchon nach einigen Stunden, ſehr große, ſtark eingetrocnete müſſen aber zuweilen mehrere Tage unter der Glocke ſtehen, ehe ſie geſpannt werden können. Manche Farben, beſonders die zart grünen, vertragen das Aufweichen nicht; die grünen Spanner, Phlog. ſcita u. a., müſſen deshalb immer friſch geſpannt werden.

Zum Spannen bedarf man des Spannbretts, Fig. 13. Es beſteht aus zwei ganz gleichen, glatt gehobelten Brettchen von weichem, aſtloſem Holze, 30—45 cm Länge, einer dem Flügel= maße der zu präparirenden Falter angemeſſenen Breite und einer der Körperſtärke derſelben entſprechenden Dicke. Letztere darf aber nie ſo gering ſein, daß ſich das Brett leicht biegt. Die untere Fläche der Brettchen bleibt horizontal, die obere wird aber ſo weit nach innen abgeſchrägt, daß beide in einem ſehr ſtumpfen Winkel gegen einander geneigt ſind, ihr äußerer Rand alſo etwas dicker iſt als der innere. Die Flügel des geſpannten Falters liegen demnach nicht völlig horizontal, ſondern ſind ein wenig in die Höhe ge= richtet. Es iſt dies zweckmäßig, weil ſie ſich nach der Ab= nahme vom Spannbrette etwas zu ſenken pflegen. Die Brettchen werden der Länge nach parallel neben einander auf drei 26 mm hohe Querklötzchen (eins an jedem Ende, eins in der Mitte) aufgenagelt, ſodaß zwiſchen ihnen eine der Körperbreite des Schmetterlings entſprechende leere Rinne übrig bleibt. Da die Größe der Schmetterlinge ſo verſchieden iſt, bedarf man alſo einer Anzahl Spannbreter von ebenſo verſchiedenen Dimenſionen. Unter die Rinne wird weicher Kork in dünnen Streifen oder Scheiben auf

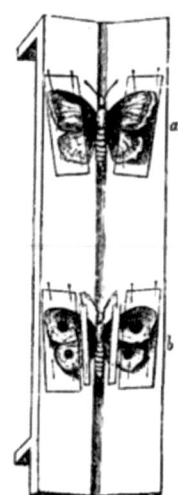

Fig. 13.

die untere Fläche der Brettchen feſtgeleimt. Der Schmetterling wird nun ſo tief durch den Kork geſteckt, daß die Flügelwurzel die Oberfläche des Brettchens be= rührt. Die Vorderflügel werden, um in die regelrechte Lage zu kommen, ſo ausgebreitet, daß ihre Innenränder ſenkrecht auf dem Körper ſtehen und mit einander eine gerade Linie bilden; die Hinterflügel werden etwas unter die Vorderflügel geſchoben, doch nur ſo weit, daß der Vorderwinkel frei bleibt. Zum Ausbreiten der Flügel bedient man ſich am beſten ſehr fein und ſcharf geſpitzter,

etwa 36 mm langer Stahlnadeln, kann aber auch dünne, gut gespitzte gewöhn=
liche Insektennadeln dazu benutzen, die nur den Fehler haben, sich leicht zu
biegen. Man faßt mit der Nadel zunächst den linken Vorderflügel nahe der
Wurzel, schiebt ihn in die entsprechende Lage und hält ihn in derselben durch
leichtes Eindrücken der Nadelspitze fest. Hierauf wird der Hinterflügel ebenso
durch eine zweite Nadel vorgezogen und befestigt, dann ein breites, die Flügel
bis über den Rand bedeckendes viereckiges Streifchen durchsichtigen Zeichenpapiers
(sogen. Pausepapiers) darüber gelegt, so weit angespannt, daß die Flügel in ihrer
Lage erhalten werden, und mit 3—4 scharfen Stecknadeln rings um dieselben
festgesteckt. Man zieht nun die Spannnadeln aus und verfährt mit dem andern
Flügelpaar auf gleiche Weise (Fig. 13a). Wenn die Spannnadeln fein genug
gespitzt sind, verursachen sie keine oder kaum sichtbare Bohrlöcher und verletzen
weniger, als es durch Schieben mit der Nadelspitze geschieht. Kleine Thiere
kann man wohl auch durch bloßes Blasen auf die Flügel und ein wenig Nach=
helfen mit der Nadel ausbreiten. Bei großen Schmetterlingen mit starken
Flügeladern ist es dagegen oft besser, in anderer Weise zu verfahren. Man
nimmt zunächst einen schmalen, angemessen langen Streifen glatten, aber festen
Papiers, steckt denselben über der Wurzel des Vorderflügels fest und schiebt nun
erst diesen, dann den Hinterflügel unter dem lose gehaltenen Streifen in die
gehörige Lage, spannt dann den Streifen an, daß er die Flügel festhält, und
befestigt ihn nahe dem Innenwinkel des Hinterflügels durch eine zweite Steck=
nadel. Hierauf erst wird ein Streif Pausepapier über die Saumhälfte der
Flügel gespannt (Fig. 13b); durch Erfahrung lernt man bald, wie und wo
man sich der einen oder andern Methode bedient, um am besten zum Zwecke zu
kommen. Nach der Befestigung der Flügel zieht man, wo nöthig, Fühler,
Vorder= und Hinterbeine etwas hervor und stützt den Hinterleib, wenn er herab=
hängt, durch ein Paar sägebockartig untergesteckte Insektennadeln. In dieser
Lage bleibt der Schmetterling, bis er völlig ausgetrocknet ist. Sehr kleine Thiere
können oft schon nach wenigen Tagen abgenommen werden, andere müssen mehrere
Wochen auf dem Spannbret bleiben, besonders bei niederer Temperatur. Falter
mit schwachem Körper, aber großen, zarten Flügeln, wie die Spanner, senken
die Flügel oft noch nach 4—5 Wochen.

Bei der Anfertigung der Spannbretter ist besonders darauf zu achten,
daß die geneigten Flächen der beiden Brettchen genau in gleicher Höhe liegen.
Die gespannten Falter werden in gut schließenden Schiebladen oder andern vor
Staub und Raubinsekten geschützten Räumen aufbewahrt. Von Staubläusen,
welche sich gern in die Spannbretter einnisten und die Schmetterlinge benagen,
befreit man sie, wenn sie gerade leer sind, durch wiederholtes starkes Abklopfen
auf einer schwarzen Tischplatte. Der schwarze Grund läßt die kleinen, sonst
schwer wahrnehmbaren Thierchen deutlich erkennen.

Will man auch die Eier, Raupen und Puppen der Schmetterlinge auf=
bewahren, so hat dies bei den ersten und letzten weiter keine Schwierigkeit.
Die Eier werden, nachdem sie durch Hitze getödtet sind, mit Gummi auf Karten=
blättchen geklebt, die Puppen ebenfalls durch Hitze oder Einlegen in Spiritus
getödtet und an Insektennadeln gesteckt. Raupen dagegen müssen ausgeweidet,
der leere Balg aufgeblasen und über Kohlenfeuer vorsichtig getrocknet oder besser
mit einer der Farbe der Raupe entsprechend gefärbten Masse ausgefüllt werden,

eine, wenn sie gut gelingen soll, schwierige Procedur, der sich Anfänger nicht leicht unterziehen werden.

Einrichtung und Aufbewahrung der Sammlung.

Wenn die von den Spannbrettern genommenen Schmetterlinge sich lange und unversehrt erhalten sollen, so müssen sie vor Licht, Feuchtigkeit, Staub und Raubinsekten durchaus sicher gestellt werden. Man bringt sie zu dem Ende in gut schließende Kästen, welche in zu ihrer Aufnahme eingerichtete, nicht minder sorgfältig gearbeitete Schränke wie Schiebladen eingeschoben werden. Die Kästen sind von leichtem (Tannen= oder dergleichen), aber vollkommen ausgetrocknetem Holze anzufertigen und müssen alle gleiche Größe haben. Die meinigen sind 49 cm lang, 39 cm breit und 7 cm hoch. In ihrem obern, 26 mm hohen, zum Abheben eingerichteten, ganz offenen Theil (Deckel) ist eine Tafel von weißem Spiegelglase eingekittet. Er schließt mittelst eines tiefen Falzes genau an den untern, höhern Theil des Kastens an. Da sich die Nadeln in das Holz nicht unmittelbar einstecken lassen, so muß der Boden des Kastens mit einem Material ausgelegt werden, welches zugleich weich und elastisch genug ist, um die Nadeln festzuhalten. Dünne Platten von gutem, weichem Kork erfüllen diese Bedingungen am vollständigsten, sind aber theuer. Minder hoch kommen gepreßter Torf und eine Art von dicker, weicher Pappe (Insektenpappe) zu stehen. Beide Materialien kann man, eigens zu diesem Zwecke angefertigt, jetzt an vielen Orten bekommen. Der damit belegte Boden wird dann mit feinem weißem Papier überzogen. In die so hergerichteten Kästen werden die Schmetterlinge in systematischer Ordnung reihenweise eingesteckt. Jede Species erhält ihren Namenszettel, jedes einzelne Exemplar außerdem ein kleines Zettelchen an die Nadel, auf welchem Ort und Datum des Fangs, soweit sie bekannt sind, mit möglichster Raumersparniß bemerkt werden. Letzteres ist für die wissenschaftliche Benutzung der Sammlung von besonderer Wichtigkeit. Auch ob das Exemplar ein gefangenes oder erzogenes ist, wird durch ein kleines f oder z angezeigt. Etwaige sonstige Notizen, wie der Name der Nahrungspflanze, falls er von Interesse ist, finden auf der Rückseite des Zettelchens Platz. Gattungs= und Familienzettel werden durch Größe und Farbe ausgezeichnet; die Namen der Varietäten kommen auf etwas kleinere Zettel als die der Arten. Man nimmt von jeder Species mindestens 1, besser 2 Paar (♂ und ♀) und außerdem alle erheblichern Abänderungen.

Die auf Silberdraht gespießten Möttchen werden, ehe sie in die Sammlung kommen, je ein Männchen und Weibchen zusammen, auf kleine, länglich viereckige Klötzchen von Hollundermark und diese an eine gewöhnliche Insektennadel gesteckt und so weit an derselben hinaufgeschoben, daß die Thierchen mit den übrigen Arten in gleiche Höhe zu stehen kommen. Der Silberdraht wird mit einer scharfen Scheere vorher bis zu 3 oder 4 mm Länge über dem Rücken abgeschnitten. Zum Fassen desselben bedient man sich einer Pincette.

Der zur Aufnahme der Kästen bestimmte Schrank hat am zweckmäßigsten eine staubdicht schließende Doppelthür und zwei Reihen auf schmalen Leisten möglichst dicht über einander eingeschobener Kästen, die zum Ausziehen vorn mit

Knöpfchen versehen sind. Schränke wie Kästen müssen von völlig ausgetrocknetem Holze und in jeder Weise sorgfältig gearbeitet sein. Ihre Größe und Zahl bestimmt das Bedürfniß. Anfänger, welche sich zunächst mit wenigen Kästen und einem kleinen Schranke begnügen wollen, thun wohl, den letztern so einrichten zu lassen, daß er durch einen gleichgeformten Aufsatz vergrößert werden kann, sobald die anwachsenden Vorräthe das verlangen.

Die Sammlung muß an einem trockenen und im Winter geheizten Lokale aufgestellt werden. Ist Letzteres nicht thunlich, so dürfen die Kästen im Winter nicht eher geöffnet werden, als bis sie in einem geheizten Raume gehörig durchwärmt worden sind; andernfalls setzt sich Schimmel an. Letzterer läßt sich übrigens, wenn er sich dennoch eingefunden hat, mittelst eines in starken Weingeist getauchten Pinselchens entfernen. Von Zeit zu Zeit, besonders im Frühlinge, revidirt man die Kästen, ob etwa Raubinsekten, Käferlarven, Staubläuse oder Milben sich eingenistet haben. Man erkennt dies an dem Staube oder Wurmmehl, welches unter den angefressenen Stücken sich ansammelt. Das Inficirte wird sogleich herausgenommen und in einer Schachtel mehrere Stunden lang auf dem Ofen oder Herde einer hohen Temperatur (bis 50° R.) ausgesetzt, die den Eindringlingen sichern Tod bringt, ohne den Schmetterlingen zu schaden. Als ein sicheres Mittel, die ungebetenen Gäste abzuhalten oder die schon eingedrungenen zu vertreiben, ist rohes Naphthalin zu empfehlen. Man füllt etwas (2 g) davon in eine leichte Papierhülse und steckt diese in dem Kasten fest.

Eine üble Eigenschaft vieler Schmetterlinge ist das sogenannte Oeligwerden, welchem besonders die Männchen der Holz-, Mark- und Rindefresser unter den Heteroceren unterworfen sind, doch auch manche andere, wie die Corura-Arten. Es geht immer vom Hinterleibe aus. Ist dieser noch allein ergriffen und nicht allzu groß, so bricht man ihn an der Wurzel ab und legt ihn (oder mehrere ölige Leiber zugleich) in einem mit Glasstöpsel versehenen Gläschen in reinen Schwefeläther, welcher das Fettige nach einigen Tagen vollständig ausgezogen hat. Ist doch noch etwas davon übrig geblieben oder zeigt es sich von neuem, so wird es durch nochmaliges, kürzeres Einlegen in Aether entfernt und der Leib dann mittelst einer dicken Auflösung von arabischem Gummi wieder angeklebt. Eine solche dient überhaupt, etwa abgebrochene Theile, Fühler ꝛc. wieder anzusetzen. Hat sich das Oelige schon über den Thorax und weiter verbreitet, so würde das Einlegen in Aether zu kostspielig sein. Man bringt solche Stücke auf das Spannbrett und bedeckt alle öligen Theile, nachdem der Körper vorher mit einem Tröpfchen reinen Terpentinöls angefeuchtet ist, mit einer dicken Schicht von fein gepulvertem weißem Bolus (Argilla), sodaß die Theile von allen Seiten gleichsam darin eingebettet sind. Nach einigen Wochen (bei hoher Temperatur auch schon früher) hat der Bolus das Fettige eingesogen und kann, soweit er dem Körper noch anhängt, durch Abklopfen und mittelst eines Pinsels entfernt werden. Bei sehr dickleibigen Arten kann es nöthig werden, die Procedur zu wiederholen.

Schmetterlinge, welche der Sammler nicht selbst fangen oder erziehen kann, muß er durch Kauf oder Tausch zu erwerben suchen. Man nimmt deshalb von seltenern oder weniger verbreiteten Arten Alles, was man an reinen Exemplaren davon auftreiben kann, und setzt sich mit Collegen in verschiedenen Gegenden in Tauschverbindung. Zur Versendung werden die Schmetterlinge in niedrige, mit Kork ausgelegte Schachteln oder leichte Kästchen möglichst eng (dachziegel= förmig) zusammen und recht fest eingesteckt. Der Boden der Schachtel kann zweckmäßig vorher mit einer dünnen, ebenfalls festzusteckenden Watteschicht bedeckt werden. Die Hinterleiber sehr großer und dickleibiger Arten werden außerdem mit Baumwolle umgeben und diese jederseits mit Nadeln festgesteckt. Die Schachteln kommen dann in ein festes Kistchen und der zwischen den beiden Behältern bleibende Raum wird mit Papierschnitzeln, Hobelspänen, Seegras, Baumwolle oder dergleichen dicht, aber nicht zu fest ausgefüllt. Je größer der so ausgefüllte Zwischenraum ist, um so gesicherter ist der zerbrechliche Inhalt. Werden mehrere Schachteln zugleich versandt, so kommt zwischen dieselben eine dünne Schicht des Füllungsmaterials, damit sie sich nicht unmittelbar berühren. In dieser Weise verpackt, vertragen die Schmetterlinge auch weitere Reisen in der Regel ohne Schaden.

Uebersicht
der wichtigsten schädlichen Raupen.

1. An Nadelholz.

Sphinx pinastri, der Kiefernschwärmer, an allem Nadelholz, besonders Kiefern (Föhren).

Ocneria monacha, die Nonne, an Fichten und Kiefern.

Gastropacha pini, der Kiefernspinner, an Kiefern.

Cnethocampa pityocampa und pinivora, Kiefernprocessionsraupen, an Kiefern.

Panolis piniperda, die Forl= oder Kieferneule, an Kiefern.

Macaria liturata, an Kiefern.

Bupalus piniarius, der Kiefernspanner, an Kiefern.

Eupithecia pusillata, an Fichten.

Dioryctria abietella, an Fichten und Kiefern.

Retinia turionona, resinella, buoliana, an Kiefern.

Grapholitha taedella und strobilella, an Fichten.

Coleophora laricella, die Lärchenmotte, an Lärchen.

2. An Laubholz.

Trochilium apiforme und

Sciapteron tabaniforme, an Pappeln.

Cossus ligniperda, der große Holzbohrer, an Weiden, Eichen und andern Bäumen.

Zeuzera aesculi, an Eschen und anderem Laubholz.

Dasychira pudibunda, der Rothschwanz, besonders an Buchen.

Leucoma salicis, an Weiden und Pappeln.

Ocneria monacha und dispar, an vielerlei Laubholz.

Cnethocampa processionea, die Eichenprocessionsraupe, an Eichen.

Phalera bucephala, der Lindenspinner, an Linden, Buchen und Eichen.

Hibernia defoliaria und aurantiaria, an vielerlei Laubholz.

Cheimatobia brumata, der Frostspanner, an vielem Laubholz, besonders Eichen.

Cheimatobia boreata, an Buchen und Birken.

Tortrix viridana, der Eichenwickler, an Eichen.

Carpocapsa splendana, an Eicheln.

Carpocapsa grossana, an Bucheckern.

3. An Stein= und Kernobstbäumen.

Vanessa polychloros, der große Fuchs, besonders an Kirschen.

Aporia crataegi, der Baumweißling, besonders an Steinobst.

Porthesia chrysorrhoea, der Goldafter, an Obstbäumen (auch Eichen und andern Bäumen).

Ocneria dispar, der Schwammspinner, an allen Obstbäumen.

Gastropacha neustria, der Ringelspinner, besonders an Kernobst.

Diloba caeruleocephala, der Blaukopf, an Stein= und Kernobst.

Cheimatobia brumata, der Frostspanner, an allen Obstbäumen.

Eupithecia rectangulata, an Apfelbäumen.

Carpocapsa pomonella, der Apfelwickler, der Wurm im Kernobst.

Grapholitha funebrana, der Zwetschenwickler, der Wurm im Steinobst.

Hyponomeuta malinellus, an Apfelbäumen.

Cemiostoma scitella, an Apfel= und Birnbäumen.

4. An andern Culturgewächsen in Garten und Feld.

Pieris brassicae, der große Kohlweißling, und

Pieris rapae, der kleine Kohlweißling, an Kohl und Rüben.

Hepiolus humuli, der Hopfenspinner, an Hopfen.

Agrotis segetum, die Wintersaateule, Agr. exclamationis und Agr. aquilina, an den Knollen, Wurzeln und Sprossen vieler Garten= und Feldgewächse.

Mamestra brassicae, die Kohleule, an Kohlarten.

Mamestra chrysozona, an Lattich.

Charaeas graminis, die Graseule, an Gräsern.

Neuronia popularis, an Gräsern.

Hadena basilinea, an Getreide.

Plusia gamma, die Gamma=Eule, an vielen Feldgewächsen.

Hypena rostralis, an Hopfen.

Abraxas grossulariata, der Stachelbeerspanner, an Stachel= und Johannis= beeren.

Orobena extimalis, an Rübsaat.

Ephestia elutella, an getrockneten Früchten u. dgl.

Tortrix bergmanniana, Grapholitha variegana, tripunctana u. a., an Rosen.

Conchylis ambiguella und Grapholitha botrana, an Weinreben.

Grapholitha nebritana und tenebrosana, an Erbsen.

Tinea granella, Kornmotte, an Getreidekörnern.

Gracilaria syringella, Fliedermotte, an Syringa vulgaris.

5. An thierischen Stoffen.

Galleria mellonella, Bienen= oder Wachsmotte, in Bienenstöcken.
Tinea pellionella, Pelzmotte, an Pelzwerk, wollenen Stoffen u. s. w.
Tinea tapeziella, Tapetenmotte, an Fellen, Federn u. dgl.
Tineola biselliella, an Krollhaar, Federn, Fellen u. s. w.

Systematische Uebersicht
der Schmetterlinge Deutschlands.

Die nachfolgenden Bogen enthalten eine beschreibende Uebersicht der in Deutschland vorkommenden Schmetterlinge in systematischer Reihenfolge. Bei den Makrolepidopteren sind nicht nur die höhern Abtheilungen des Systems, sondern auch alle Gattungen aufgenommen und charakterisirt worden; von den Arten fast alle allgemein verbreiteten, häufiger vorkommenden und alle, welche in ökonomischer Beziehung wichtig sind oder ein besonderes wissenschaftliches In- teresse in Anspruch nehmen. Der Anfänger ist dadurch in den Stand gesetzt, nicht nur seine Sammlung bis auf die Gattungen herab vollständig zu ordnen, sondern auch bei weitem die meisten Arten, welche ihm in den ersten Jahren seines Sammelns in die Hände fallen, ohne weitere Hülfe sicher zu bestimmen. Die Mikrolepidopteren, mit deren Studium sich Anfänger zudem nicht gern zu befassen pflegen, konnten nicht in gleicher Vollständigkeit behandelt werden; es sind indeß die Familien derselben ausführlich geschildert und die wichtigsten Gattungen und Arten charakterisirt worden.*)

Der Raumersparniß wegen sind folgende Abtürzungen gebraucht worden:

A. bedeutet Arten; d. A. = deutsche Arten.
Ab. = Aberratio.
Fam. = Familie.
F. = Fühler, Fn = Fühlern, Fspitze = Fühlerspitze, u. s. w.
Fl. = Flügel, Fln = Flügeln, Flspitze = Flügelspitze, u. s. w.
Gen. = Genus.
H = Hinter=, Hfl. = Hinterflügel, Hleib = Hinterleib, Hwinkel = Hinter- winkel, u. s. w.
MZ. = Mittelzelle.
P. = Palpen; Maxillarp. = Maxillarpalpen.
Pfl. = Pflanzen, n. Pfl. = niedere Pflanzen, u. a. Pfl. = und andere Pflanzen.

*) Eine vollständige und genaue Beschreibung der deutschen Schmetterlinge enthält H. von Heinemann's (nach des Verfassers Tode von Dr. Wocke beendigtes) Werk: Die Schmetterlinge Deutschlands und der Schweiz. Braunschweig 1859—76, in welchem besonders die Mikrolepidopteren ausführlich geschildert sind.

Q. = Quer=, Qstreif = Querstreif, Qader = Querader, u. s. w.

R. = Raupe, Rn = Raupen.

S. = Sauger.

Bar. oder Var. = Barietät, Varietas.

B. = Border=, Bfl. = Borderflügel, Brand = Borderrand, Bbeine = Borderbeine, u. s. w.

3. = Zelle.

Abgekürzte Namen der Autoren.

B. = Boisduval, Bgstr. = Bergsträsser, Bkh. = Borkhausen. Curt. = Curtis, Dup. = Duponchel, E. = Esper, F. = Fabricius, Fr. = Freyer, Gn. = Guenée, H. = Hübner, Haw. = Haworth, Hfn. = Hufnagel, HS. = Herrich-Schäffer, Hein. = von Heinemann, L. = Linné, Latr. = Latreille, Led. = Lederer, O. = Ochsenheimer, Rb. = Rambur, Rott. = von Rottemburg, Scop. = Scopoli, Sp. = Speyer, Stgr. = Staudinger, Stph. = Stephens, Thbg. = Thunberg, Tr. = Treitschke, Vill. = de Villers, Wallgr. = Wallengrén, WV. = Wiener Verzeichniss, Z. = Zeller.

Einige bei den Noctuinen und folgenden Familien vorkommende Abbreviaturen sind dort erklärt worden.

♂ (Mars) bezeichnet das Männchen, ♀ (Venus) das Weibchen.

Bei jeder Art ist der Beschreibung eine Zahl beigesetzt worden, welche die Größe derselben, d. h. die Entfernung der einen Flügelspitze von der andern bei regelrechter Spannung, in Millimetern ausdrückt.

Bei den Gattungen der Makrolepidopteren, deren Arten nicht sämmtlich beschrieben oder doch namhaft gemacht werden konnten, ist die volle Zahl der bekannten deutschen Arten (d. A.) am Schlusse der Gattungsdiagnose angegeben worden. Bei den Mikrolepidopteren konnte dies nur in Betreff der Familien geschehen.

Die Ordnung der Schmetterlinge zerfällt zunächst in zwei große natürliche Abtheilungen: Rhopalocera*) oder Tagfalter, und Heterocera**) oder Nachtfalter. Die erstern tragen ihren deutschen Namen mit Recht, da sie ausschließlich bei Tage fliegen: die letztern sind aber nur ihrer Mehrzahl nach Nachtthiere, nicht wenige fliegen auch in der Dämmerung (Dämmerungsfalter) oder selbst bei Tage.

Die Unterscheidung dieser beiden Hauptabtheilungen ist leicht: die Rhopaloceren haben an der Spitze verdickte, übrigens einfache, steife Fühler und dabei weder Nebenaugen noch eine Haftborste. Alle Schmetterlinge, welche diese Kennzeichen nicht besitzen, gehören zu den Heteroceren. Bei den letztern ist der Fühlerschaft der Regel nach borsten= oder fadenförmig, nur ausnahmsweise keulen= oder spindelförmig; in letzterem Falle ist aber immer eine Haftborste vorhanden, welche jede Verwechselung mit den Tagfaltern verhindert. Außerdem tragen die Tagfalter in der Ruhe ihre Flügel senkrecht aufgerichtet, die Nachtfalter (mit sehr wenigen Ausnahmen) flach, ausgebreitet oder herabgebogen.

*) Von ῥόπαλον, Keule, und κέρας, Horn.
**) Von ἕτερος, verschieden, und κέρας.

Der Zahl der Arten nach stehen die Rhopaloceren gegen die Heteroceren weit zurück, besonders in den kaltern Erdstrichen. In Deutschland wird kaum der sechzehnte Theil der einheimischen Schmetterlingsarten auf die Tagfalter fallen. Minder ungünstig stellt sich das Verhältniß für diese in den wärmern Ländern. Ihre reichste Entwickelung aber erreichen diese Wärme und Licht bedürfenden Thiere erst unter dem glühenden Sonnenstrahl der Tropen und erscheinen dort in einer Mannigfaltigkeit, Größe und Pracht der Farben, von der uns unsere heimischen Formen nur eine schwache Vorstellung geben.

Eine zweite, von einem etwas andern Gesichtspunkte ausgehende Eintheilung des gesammten Heeres der Schmetterlinge ist die in Macrolepidoptera oder Großschmetterlinge, Großfalter, und Microlepidoptera, Kleinschmetterlinge oder Kleinfalter. Dies ist nicht so zu verstehen, als ob alle größern Schmetterlinge zu den erstern, alle kleinern zu den letztern gehörten, wohl aber sind die Bezeichnungen insofern passend, als die Durchschnittsgröße der Makrolepidopteren die der Mikrolepidopteren weit übertrifft. Die größten der letztern erreichen nur die Mittelgröße der erstern und sie enthalten die kleinsten aller Schmetterlinge, wie jene die größten. Zu den Makrolepidopteren gehören die Tagfalter, Schwärmer, Spinner, Eulen und Spanner der ältern Systeme; zu den Mikrolepidopteren die Zünsler, Wickler, Motten (Schaben) und Federmotten oder Geistchen. Beide Abtheilungen halten sich nach der Zahl ihrer Arten fast die Wage. In Europa und vermuthlich in den kältern und gemäßigten Theilen der Erde überhaupt überwiegen zwar die Kleinfalter nicht unerheblich, es scheint aber, als ob zwischen den Wendekreisen ein umgekehrtes Verhältniß stattfinde.

Auch diese Eintheilung hat ihre gute Begründung, die sich besonders auf die Verschiedenheit des Flügelgeäders und den Bau der Raupenfüße stützt. Es ist aber die Grenze zwischen Groß- und Kleinfaltern nicht so leicht und bündig in wenigen Worten zu ziehen, als die zwischen Rhopaloceren und Heteroceren, weshalb wir hier auf das unten der Beschreibung der Mikrolepidopteren Vorausgeschickte verweisen müssen.

MACROLEPIDOPTERA.

I. Rhopalocera, Tagfalter.

F. am Ende verdickt; weder eine Haftborste noch Nebenaugen; Fl. in der Ruhe aufgerichtet; S. stark und lang. Flug bei Tage. R. 16füßig, träge.

Die in Deutschland vorkommenden Tagfalter gehören 8 Familien an, von denen die 7 ersten unter sich näher verwandt sind als mit der achten. Sie lassen sich folgendermaßen unterscheiden.

A. Ohne Haarpinsel an der Fühlerwurzel. Hschienen nur mit Endsporen.

    a. Vbeine bei beiden Geschlechtern unvollkommen, ohne Endkrallen, zum Gehen unbrauchbar. Puppe nur am Afterende aufgehängt (Tetrapoden).

        α. Einer, zwei oder drei der Aderstämme der Vfl. an der Wurzel aufgeblasen: 1. Satyridae.

        β. Kein Aderstamm aufgeblasen: 2. Nymphalidae.

b. Vbeine viel kleiner als die übrigen, beim ♂ ohne, beim ♀ mit End=
krallen (Heteropoden).

α. Vbeine des ♂ verkümmert; P. dreimal so lang als der Kopf,
schnabelförmig vorgestreckt: 3. Libytheïdae.

β. Vbeine des ♂ verkümmert; P. kurz, kaum die Stirn überragend:
4. Erycinidae.

γ. Vbeine des ♂ den übrigen ähnlich, in einen einfachen Haken en=
digend; P. aufgebogen, den Kopf überragend, mit dünnem, spitzem
Endgliede: 5. Lycaenidae.

c. Vbeine bei beiden Geschlechtern vollständig entwickelt. Puppe am Ende
und durch eine Rückenschlinge befestigt (Herapoden).

α. Ohne Schienblättchen; Hfl. mit 2 Dorsaladern: 6. Pieridae.

β. Mit Schienblättchen; Hfl. nur mit 1 Dorsalader: 7. Papilionidae.

B. Mit einem aus steifen Haaren gebildeten Pinsel unter der Fühlerwurzel:
8. Hesperidae.

1. Fam. Satyridae.

Fl. gerundet, ganzrandig oder gezähnt, schwarz, braun oder rothgelb, mit
hellern Binden und Flecken und meistens mit Augenflecken vor dem Saume.
Die Rn haben fast kugelige Köpfe, kurze Beine und einen nackten oder kurz
behaarten, in zwei Spitzen endigenden Körper. Die stumpfe Puppe hängt gestürzt
oder liegt ohne Befestigung auf oder in der Erde. Die Rn nähren sich sämmlich
von Grasarten.

Tabelle der Gattungen.

A. Augen nackt.

a. Nur die Costalader aufgeblasen.

α. Farbe schwarz und weiß: 1. Melanargia.

β. Schwarz, mit rostfarbigen Binden oder Flecken: 2. Erebia.

γ. Graubraun oder okergelblich mit lichterer Binde oder solchen Flecken:
3. Chionobas.

b. Zwei Aderstämme aufgeblasen.

α. Mittelschiene höchstens halb so lang als der Fuß, stark bedornt,
mit einer Endkralle: 4. Satyrus.

β. Mittelschiene viel länger als der halbe Fuß, schwach bedornt, ohne
Kralle. Hfl. am Afterwinkel seicht ausgeschnitten: 6. Epinephele.

c. Drei Aderstämme aufgeblasen: 7. Coenonympha.

B. Augen behaart: 5. Pararge.

1. **Melanargia** Meigen.

Die F. laufen in eine dünne Keule aus; Vbeine winzig klein, versteckt.
Nur 1 Art in Deutschland:

Galatea L. Taf. I. fig. 1. Die schwarz und gelblichweiß gescheckten Fl. führen
jeder einen großen, rundlichen weißen Fleck gegen die Wurzel, welcher diese nicht
erreicht. 47—53. Ueberall in Mittel= und Süddeutschland auf Waldwiesen und
Lichtungen nicht selten, von Ende Juni bis in den Aug.

2. Erebia Dalman.

Nur die Subcostalader mäßig angeschwollen. F. mit länglich=eiförmiger Keule. Körper und Fl. schwarz oder schwarzbraun, letztere mit rostfarbiger, oft in Flecke aufgelöster Binde im Saumfelde, in welcher meist schwarze, blinde oder weiß gekernte Augenflecken stehen. — Eine große Gattung, deren Arten sehr abändern und deshalb nicht leicht zu unterscheiden sind. Es sind lauter Gebirgsbewohner, von denen nur 2 in die Ebene herabsteigen. Die große Mehr= zahl findet sich nur in den Alpen. 21 d. A.

Medusa *F.* Einfarbig braunschwarz, unten etwas lichter (besonders das ♀), mit einer Reihe gekernter Augenflecken in rothgelben (selten bindenartig zu= sammengeflossenen) Ringen auf beiden Seiten aller Fl. 40—45. In Mittel= und Süddeutschland nirgends selten. Ende Mai und im Juni auf Waldwiesen.

Aethiops *E.* (Medea *H.*). Vfl. oben und unten mit rothgelber, gegen den Innenrand verschmälerter Binde, in welcher 2 oder 3 Augen stehen. Hfl. oben mit 3—5 rothgelben, oft nur durch die Adern getrennten Flecken; unten beim ♂ tief rothbraun, mit weißbestäubter Wurzel und solcher Binde vor dem breit rothbraun bleibenden Saume; beim ♀ trüb gelbbraun, Wurzel und Binde staubig graugelb. In der letztern stehen bei beiden Geschlechtern gewöhnlich 3—4 weiße, dunkel eingefaßte Punkte. 42—47. In Wäldern und auf Bergen der meisten Gegenden, von Ende Juli bis Anfang Sept. nicht selten.

Ligea *L.* Taf. I. fig. 2 a. b. Oben schwarz, mit rostfarbiger, nur durch die Adern unterbrochener Binde, in welcher auf jedem Fl. 3—4 Augen stehen. Die dunkle Wurzelhälfte der Hfl. ist auf der Unterseite am Brande weiß begrenzt. Franzen weiß, schwarz gefleckt. 44—52. Fast überall im gebirgigen Theile von Deutschland; im höhern Gebirge alljährlich, im Hügellande nur jedes zweite Jahr erscheinend. Juli, August.

Euryale *E.*, einer kleinen Ligea ähnlich und wohl nur Lokalform der= selben, bewohnt das Riesengebirge: **Stygne** *O.* den Schwarzwald und die Vo= gesen; **Epiphron** *Knoch* den Oberharz und das Altvatergebirge, auf welch letzterem auch noch **Melampus** *Füssly* gefunden wird. Alle diese Arten und dazu noch eine ganze Reihe anderer finden sich zusammen auf den Alpen.

3. Chionobas B.

Nur die Subcostalader mäßig verdickt. F. kurz, allmälig zu einer schwachen Keule anschwellend. Saum der Vfl. sehr schräg. Eine hochnordische Gattung, von der nur 1 Art die Alpen bewohnt:

Aëllo *H.* Okerbraun, mit sehr breiter, verflossener okergelber Binde vor dem Saume aller Fl., in welcher auf den Vfln 2 oder 3, auf den Hfln 1 oder 2 blinde oder gekernte Augenflecke stehen. ♀ lichter, größtentheils okergelb. Hfl. unten braun, weiß gesprenkelt und geadert. 47—60. Alpen, besonders an felsigen Stellen, im Juni und Juli.

4. Satyrus Latr.

Größere und die größten Satyriden, ausgezeichnet durch die verkürzten, stark bedornten und mit einer Klaue am Ende ausgestatteten Mittelschienen. Sie lieben meist trockene, warme Stellen und setzen sich gern an Baumstämme oder auf die Erde, selten auf Blumen. Ihre Rn sind nackt und verpuppen sich in oberflächlichen Erdhöhlen.

Circe *F.* (Proserpina *WV.*). Taf. I. fig. 3. Die größte Art der Familie. Fl. schwarz, mit breiter weißer Binde, welche auf den Vfln unter der Spitze unterbrochen ist und darunter (in Zelle 2 und 3) in 2 scharfe Ecken saumwärts vortritt. 68—80. Hier und da in Süddeutschland und im westlichen Mitteldeutschland, auf lichten Waldstellen. Juli, August.

Hermione *L.* F. mit kurz-eiförmiger Keule. Fl. schwarzbraun, mit beinfarbiger, auf den Vfln auswärts verfließender, beim ♂ rauchfarbig übergossener Binde. Hfl. unten mit dunkel marmorirter Wurzelhälfte, welche nach außen von einer saumwärts verwaschenen gelblichweißen Binde ununterbrochen scharf begrenzt wird. 63—76. Im südlichen Deutschland stellenweise häufig im Juli und August.

Alcyone *WV.* Von Hermione nur durch geringere Größe und durch weniger als bei dieser am Innenrande in die Länge gezogene Hfl. verschieden. Gewöhnlich ist auch die Binde der Hfl. unten reiner weiß, die Wurzelhälfte weniger stark gesprenkelt. 44—60. Im Osten und Süden gleichzeitig mit Hermione, besonders an dürren Stellen.

Briseïs *L.* F. mit breit ei=, fast scheibenförmiger Keule. Schwarzbraun, die Vfl. mit gelblichem Brande und gelblichweißer, durch die dickschwarzen Adern getheilter Binde, in welcher 2 oder 3 Augen stehen. Hfl. unten nebelgrau, beim ♀ ohne alle scharfe Zeichnung, beim ♂ mit lichter, in der Mitte bis zur Wurzel reichender und dadurch am Brande und Innenrande je 1 scharf begrenzten dunklen Fleck abschließender Binde. 45—60. In Mittel= und Süddeutschland an dürren, sonnigen Abhängen stellenweise häufig, von Ende Juli bis Anfang September.

Semele *L.* Schwarzbraun, mit rostgelber, durch starke dunkle Adern getheilter Binde, in welcher auf den Vfln 2 Augen stehen. 45—58. Fast überall häufig, an dürren Orten, im Juli und August.

Statilinus *Hfn.* F. mit kurz-eiförmiger Keule. Schwarzbraun, die Vfl. mit 2 Augen und zwischen denselben, in Zelle 3 und 4, mit 2 weißen Punkten. Hfl. ziemlich scharf gezähnt. 41—50. An dürren, sandigen Orten, besonders im Osten, stellenweise häufig. August, September.

Phaedra *L.* (Dryas *Scop.*). Taf. I. fig. 4. F. ganz allmälig in eine längliche, dünne Keule auslaufend. Schwarzbraun, mit 2 großen, blaugekernten Augenflecken auf den Vfln. 46—60. Im Süden und Osten, zerstreut. Juli, August.

Arethusa *E.* Mit rostgelber Fleckenbinde und 1 blinden Auge auf den Vfln. Hier und da im Süden. — **Cordula** *F.* in Südtirol.

5. Pararge H.

Durch die behaarten Augen von den übrigen Gattungen der Satyriden verschieden.

Megaera *L.*, der Mauerfuchs. Taf. I. fig. 5a—c. Rothgelb, mit zackigen braunen Binden. Durch die M3. der Vfl. laufen bei ♂ und ♀ (außer dem Strich auf der Oader) 2 dicke, scharf begrenzte schwarze Ostriche, zwischen welchen der Grund rein rothgelb bleibt. Hfl. unten mit 5—7 gekernten, scharf doppelt geringten Augen und zackigen, dunklen Olinien. 38—45. Ueberall gemein an sonnigen

Wegen, Rainen und Mauern, zuerst im Mai und Juni, dann von Ende Juli bis in den Herbst.

Maera *L.* Oben entweder ganz braun — rothgelb fast nur um den sehr großen Augenfleck der Vfl. und die 2 oder 3 Augen der Hfl. (Maera) — oder mit breiter rothgelber Binde und auch im Discus mehr oder weniger rothgelb (Var. **Adrasta** *H.*). Immer aber bleibt wenigstens die Wurzelhälfte der M3. braun gemischt und deshalb in derselben (außer dem Strich auf der Oader) höchstens 1 dunkler Oftrich deutlich abgegrenzt. 42—50. Fast überall im bergigen Theile des Gebiets, an felsigen Stellen. Juli, Aug.; in den wärmern Gegenden in 2 Generationen. Adrasta nur im Westen.

Hiera *F.* hat die Größe und Zeichnung der Megaera, aber die dunkle Grundfarbe der Maera. In den Alpen.

Egeria *L.* Braun, mit vielen bleichgelben Flecken: auf den Vfln 1 Auge, auf den Hfln 3—4, welche unten nur als gelbe Punkte in verloschenen dunklen Flecken erscheinen. 36—42. Fast allenthalben, an schattigen Orten, zuerst von Ende April bis in den Juni, dann von Mitte Juli bis in den Sept.

Dejanira *L.* (Achine *Scop.*). Olivenbraun, mit einer Reihe großer, gelbgeringter, blinder Augenflecke (auf den Vfln 5, wovon die obersten die kleinsten sind). Unten sind sie gekernt und wurzelwärts von ihnen läuft eine schmale, zackige weiße Binde. 43—50. Zerstreut, im Süden und Osten, in Gehölzen. Juni, Juli.

6. Epinephele H.

Durch die nackten Augen von der vorigen Gattung, durch die längern, krallenlosen Mittelschienen und den Ausschnitt der Vfl. über dem Innenwinkel von Satyrus verschieden. Letzterer ist aber nur seicht und bei Hyperanthus kaum merklich.

Hyperanthus *L.* Oben braunschwarz, mit 2—3 verloschenen (zuweilen fehlenden) Augenflecken auf jedem Fl. Unten gelbgrau oder braun mit (auf den Vfln meistens 3, auf den Hfln 5) lebhaften, scharf gelbgeringten Augen. Zuweilen finden sich statt der Augenflecke nur deren weiße Kerne: Ab. **Arete** *Müll.* 36—43. Ueberall häufig, auf Grasplätzen zwischen Gebüsch, von Ende Juni bis in den August.

Tithonus *L.* Rothgelb, mit breit braunem Rande und einem (zuweilen blinden) Doppelauge in der Spitze der Vfl. Der ♂ mit brauner Strieme im Discus. Hfl. unten gelblich und rostbraun, mit 2—5 weißen Augenpunkten. 34—40. In den meisten Gegenden. Juli, Aug.

Janira *L.* Der Wiesenfalter. Dunkelgraubraun, mit 1 Augenfleck in der Spitze der Vfl., welcher beim ♂ nur schmal gelb geringt ist, beim ♀ aber in einem großen okergelben Flecke steht. Hfl. unten gelbgrau, beim ♂ mit 2 schwarzen, licht eingefaßten Punkten in Zelle 1c und 3. 38—45. Allenthalben auf Wiesen gemein, Mitte Juni bis Aug.

Lycaon *Rott.* (Eudora *E.*). Der Janira ähnlich, aber der Augenfleck in der Flügelspitze beim ♂ ohne gelbe Einfassung, beim ♀ 2 Augen (in Zelle 2 und 5) auf den Vfln. 38—41. Im Osten und Süden an trockenen Stellen. Ende Juni bis August.

7. Coenonympha H.

Drei Aderwurzeln aufgeblasen. Die kleinsten Satyriden. Fl. ganzrandig oder kaum gezähnt. Hfl. über dem Innenwinkel etwas ausgeschnitten.

A. Hfl. unten ohne bleiglänzende Linie vor dem Saume.

Pamphilus *L.* Okergelb, gegen die Ränder der Fl. braun, grau bestäubt; Vfl. mit 1 auf der Oberseite meist blinden, oft verloschenen, auf der Unterseite gekernten Auge in der Spitze. Hfl. unten mit hellen Punkten in dunklen Nebel= kreisen an Stelle der Augenflecke. 25—31. Ueberall auf Grasplätzen gemein, von Mai bis Sept., in zwei Generationen.

Davus *F.* (Tiphon *Rott.*). Dem Pamphilus ähnlich, größer, die Hfl. unten mit einer Reihe hellgeringter, schwarzer, gekernter Augenflecke. 34—39. Auf sumpfigen Wiesen fast allenthalben. Ende Mai bis Anfang Juli.

B. Hfl. unten mit bleiglänzender Linie vor dem Saume (bei Iphis zuweilen undeutlich).

Iphis *W.V.* Okerbraun, das ♀ im Discus der Vfl. okergelb. Hfl. unten mit einer Reihe getrennter Augen in gelben Ringen und einer weißen, in Zelle 2 und 5 unterbrochenen oder doch stark verengten Binde. 30—34. Im Osten und Süden fast überall in lichten Gehölzen. Ende Juni, Juli.

Arcania *L.* Taf. I. fig. 6a. b. Dunkelgraubraun, mit breit rostgelbem Discus der Vfl. Hfl. unten mit breiter gelblichweißer Binde, welche ein einzelnes Auge am Brande von der Reihe der übrigen trennt. 32—37. Auf Waldwiesen und Lichtungen der meisten Gegenden häufig. Mitte Juni bis Anfang Aug.

Hero *L.* Schwarzbraun, die Hfl. mit einer Reihe oben blinder, unten gekernter Augenflecke, deren rostgelbe Ringe an einander stoßen; vor ihnen unten eine schmale, gezackte weiße Binde. 30—33. In Laubwäldern vieler Gegenden. Ende Mai bis Anfang Juli.

Oedipus *F.* bei Wien und Zürich auf Sumpfwiesen. — **Satyrion** *E.* der Arcania verwandt, auf den Alpen.

2. Fam. Nymphalidae.

Durch die nicht aufgeblasenen Aderstämme der Vfl. von den Satyriden verschieden. Meistens große Falter mit gezähnten oder eckigen Fln und leb= haften Farben. Die Rn sind mit Dornen oder weichern Fortsätzen besetzt; die Puppen hängen gestürzt, sind eckig oder tragen Reihen von kleinen, rundlichen Erhabenheiten. In diese Familie gehören viele unserer bekanntesten und schönsten Tagfalter, die deshalb auch deutsche Namen erhalten haben: der Trauermantel, das Pfauenauge, die Füchse, Perlmutterfalter, Schillerfalter u. s. w.

Tabelle der Gattungen.

A. Augen behaart: 3. Vanessa (und Limenitis sibylla).

B. Augen nackt.

    a. Die haardünnen F. endigen plötzlich in eine kurze, breit=eiförmige Keule.

        α. Mittelzelle der Hfl. offen; Hfl. unten rothgelb mit hellgelben Qbinden, ohne Silber: 1. Molitaoa.

γ. Mittelzelle der Hfl. durch eine feine Qader geschlossen: Unterseite der Fl. meistens silberfleckig: 2. Argynnis.

b. F. allmälig in eine längliche oder lang-eiförmige Keule anschwellend.

α. P. convergirend, zugespitzt, anliegend beschuppt: 6. Apatura.

β. P. überall abstehend behaart.

† Saum der Hfl. wenig kürzer als ihr Innenrand: 4. Limenitis.

†† Saum der Hfl. viel kürzer als ihr Innenrand: 5. Neptis.

1. Melitaea F.

Fl. gerundet, oben roth- oder braungelb, mit schwarzen, meist durch die gleichfalls schwarzen Adern gitterförmig verbundenen Fleckenreihen. Hfl. unten rothgelb, mit 3 hellgelben, schwarz eingefaßten Qbinden, deren innere oft in Flecke aufgelöst ist, während die äußere, vor dem Saume, meist aus halbmond-förmigen Flecken besteht. — Die Rn tragen 7—9 behaarte Scheindornen auf jedem Segment, nähren sich von niedern Pfl., Wegerich, Scabiosen u. s. w., überwintern und verpuppen sich im Frühjahr. Die Puppen sind stumpf, meist mit kleinen Knöpfchen besetzt.

A. Hfl. unten an der Wurzel hellgelb, mit 4—5 dicken schwarzen Punkten.

Cinxia *L.* Taf. II. fig. 1a—d. Oben trüb rothgelb, ♀ zuweilen grünlich, mit schwarzen Adern und Fleckenreihen. Die rothgelbe Grundfarbe auf der Unter-seite der Hfl. zwischen der Mittelbinde und den Randmonden wird von schwarzen Adern durchschnitten und führt eine Reihe schwarzer Punkte. 38—45. Von Mitte Mai bis Anfang Juli auf Waldwiesen nicht selten.

Phoebe *F.*, der Cinxia ähnlich, aber die Hfl. unten mit doppelter schwarzer Saumlinie (die äußere nicht immer deutlich) und die hellrothgelbe Qbinde hinter der Mitte von einer schwarzen, in jeder Zelle einen hohen Bogen bildenden Qlinie getheilt und rostgelb gefleckt. 40—46. Zerstreut in Süddeutschland, Juni bis August.

B. Keine schwarzen Punkte an der Wurzel auf der Unterseite der Hfl.

a. Auf den hellen Randmonden derselben sitzen andere (rothgelbe, schwarz eingefaßte) auf.

Didyma *O.* Oben rothgelb, beim ♀ trüber, schwarz gefleckt, ohne schwarze Adern. Die rothgelbe Grundfarbe auf der Unterseite der Hfl. zwischen Mittel-binde und Randmonden weder durch schwarze Adern getheilt, noch mit schwarzen Punkten. 38—47. Im Süden und Osten auf trockenen Waldwiesen nicht selten.

Trivia *WV.* Der Didyma ähnlich, kleiner und trüber gefärbt. In Oesterreich.

Athalia *F.* Der Raum zwischen den beiden schwarzen Saumlinien auf der Unterseite der Hfl. ist hellgelb; keine schwarze Punktreihe hinter der Mittel-binde derselben. P. blaßgelb, so und schwärzlich behaart. 33—41. Aendert in Gestalt, Farbe und Zeichnung unendlich ab. Ende Mai bis Juli auf Wald-wiesen, nirgends selten.

Parthenie *Bkh.* und **Aurelia** *Nickerl* sind kleinere, sonst der Athalia sehr ähnliche Arten, besonders durch die rothgelben, so und schwärzlich behaarten P. verschieden. Im Süden und Osten.

Asteria *Fr.* Die kleinste Melitaea. Auf den östlichen Centralalpen, im Juli.

Dictynna *E.* Oben schwarz mit rothgelben oder blaßgelben Fleckenreihen. Der Raum zwischen den beiden Saumlinien auf der Unterseite der Hfl. ist rothgelb; saumwärts von der Mittelbinde steht eine mehr oder minder vollständige Reihe schwarzer, hellgelb aufgeblickter Punkte. 35—42. Auf moorigen Wiesen, im Juni und Anfang Juli.

     b. Auf den hellgelben Randmonden sitzen keine andern (dunklen) auf.

Aurinia *Rott.* (Artemis *H.*). Hfl. unten rothgelb, mit blaßgelben Binden und doppelter, schwarzer, blaßgelb ausgefüllter Saumlinie; zwischen den beiden äußern hellen Binden eine Reihe schwarzer Punkte in hellgelben Dunstkreisen. 32—42. Aendert außerordentlich ab. Mitte Mai bis Ende Juni auf feuchten Waldwiesen der meisten Gegenden nicht selten. — Var. **Merope** *Prunn.*, kleiner, bleicher und rauhhaariger; auf den Alpen.

Maturna *L.* Hfl. unten bis zu den Fransen orangefarbig, die Flecken und Binden citrongelb, die mittlere Binde schwarz eingefaßt und von einer feinen, schwarzen, gebrochenen Linie der Länge nach durchzogen. 35—42. Zerstreut, besonders im Osten und Süden. Im Juni und Anfang Juli.

Cynthia *H.* Der Maturna ähnlich, aber das ♂ auf der Oberseite im Discus weiß; beide Geschlechter ohne schwarze Punkte auf den Hfln, deren Mittelbinde unten nicht von einer schwarzen Linie getheilt wird. Alpen, Ende Juni bis August.

2. Argynnis F.

    Die Hfl. und die Spitze der Vfl. unten bei den meisten Arten silberfleckig (Perlmutterfalter). Oberseite rothgelb, zuweilen ins Grünliche oder Schwärzliche, mit schwarzen Adern und Fleckenreihen. Die Rn führen 6 Reihen behaarter Dornen, auch 2, oft längere, auf dem ersten Segmente und leben meist auf niedern Pfl., besonders Veilchenarten. Puppe eckig. Die Falter fliegen in lichten Gehölzen und auf Waldwiesen.

    A. **Brenthis** *H.* Kleinere Arten.

Aphirape *H.* Unten gewöhnlich ohne Silber, mit einer Reihe hellgelber, schwarz geringter Flecke vor dem von einer schwarzen Zickzacklinie eingefaßten Saume. 37—41. In wenigen Gegenden, auf Sumpfwiesen, im Juni.

Euphrosyne *L.* Durch die Mitte der Hfl. unten eine scharf schwarz eingefaßte, nur durch die schwarzen Adern unterbrochene hellgelbe Binde mit einem einzigen großen Silberfleck in der Mitte. Wurzelwärts davon steht ein dicker schwarzer Punkt auf orangerothem Grunde; saumwärts ist der Grund hellgelb und zimmtroth gemischt, mit einer Reihe dunkler Fleckchen durch die Mitte. An der Wurzel und vor den Franzen Silberflecke. 36—44. Mai, Juni, fast nirgends selten.

Selene *WV.* Taf. II. fig. 2. Wie Euphrosyne, aber in der hellgelben Mittelbinde der Unterseite der Hfl. glänzen mehrere Flecke silbern und der Raum saumwärts von derselben ist zimmtbraun gemischt, die durchziehende Fleckenreihe schwarz. Aendert, wie Euphr., vielfältig ab. Fast überall auf Waldwiesen, besonders feuchten; Ende Mai bis Anfang Juli. Eine nicht jedes Jahr erscheinende Sommerbrut fliegt im August, ist kleiner und meist trüber gefärbt.

Dia *L.* Rand der Hfl. gerade abgeschnitten, ihre Grundfarbe unten rostgelb und veilröthlich, mit rostbraunen Wischen an der Wurzel. Die Mittelbinde schmal, aus rostgelben, in der Mitte rostbraun angeflogenen und silbernen Flecken zusammengesetzt und nahe dem Innenrande von der Grundfarbe unterbrochen. Saumwärts von ihr eine Reihe rostbrauner, zum Theil hell aufgeblickter Flecke; gegen die Wurzel ein kleiner hellgelber, schwarz eingefaßter Ringfleck. 32—36. Im Süden und Osten nicht selten. Mai, Juli und Aug.

Pales *W V.* Hfl. mit gerade abgeschnittenem Brande, auf Ast 4 etwas eckig, unten rostroth und gelb, mit ununterbrochener, auswärts nicht scharf dunkel begrenzter und nicht durch schwarze Adern getheilter Mittelbinde. An der Wurzel, im Discus und vor dem Saume silberne Flecken. 30—38. Auf den Alpen häufig; Juli, August. Sehr abändernd. Vielleicht auch nur eine Var. derselben ist

Arsilache *E.* Meist größer und lebhafter gefärbt als Pales, die Ufl. unten stark schwarz gefleckt (bei Pales gar nicht oder nur wenig und verloschen gefleckt). Hier und da auf den Mooren des Tieflandes, der Mittelgebirge und Alpen. Ende Juni und im Juli.

Amathusia *E.* Die größte Art dieser Abtheilung, mit deutlich wellenzähnigem Saum; oben stark schwarz gefleckt; die Hfl. unten zimmtroth und gelb, mit doppelter Saumlinie und schwarzen Pfeilflecken vor dem Saume. 42—48. Auf feuchten Wiesen in den Alpen, in Schwaben und Preußen. Juni, Juli.

Thore *H.* Oben schwarz bestäubt und stark gefleckt; Hfl. unten zimmtbraun mit gelber Binde, glänzend veilgrauen Wischen und solchen, fast zusammenhängenden, niedrigen Saumflecken. 37—42. Alpen. Juni und Anfang Juli.

B. **Argynnis.** Meist größere Arten.

Hecate *E.* Unten ohne Silber, mit 2 Reihen dicker schwarzer Punkte vor dem Saume der Hfl. 35—40. In Oesterreich.

Ino *Rott.* Die gelbe Binde vor der Mitte auf der Unterseite der Hfl. ganz ohne Silber; kein schwarzer Punkt oder Ring gegen die Wurzel; die äußere Flügelhälfte gelb, rostbraun und etwas veilröthlich gemischt, mit einer Dreihe gelber, braun eingefaßter Punkte. 33—40. Auf Sumpfwiesen in vielen Gegenden häufig. Ende Juni bis Aug.

Daphne *H.* Der Ino ähnlich, aber so groß wie Niobe, oben reiner und lebhafter rothgelb, die Außenhälfte der Hfl. unten fast ganz veilroth. Hier und da im Süden und Osten. Juni, Juli.

Latonia *L.* Saum in der Mitte des Außenrandes der Hfl. etwas vortretend, der der Vfl. etwas geschweift, auf allen Fln von einer doppelten schwarzen Linie eingefaßt. Hfl. unten rostgelb, mit vielen großen, stumpfeckigen Silberflecken und einer ununterbrochenen Reihe silberner, rostbraun eingefaßter Punkte hinter der Mitte. 36—42. Nirgends selten; im Mai und von Mitte Juli bis in den Herbst, besonders auf Brachäckern.

Aglaja *L.* Taf. II. fig. 3. Hfl. unten helllehmgelb, die Wurzelhälfte größtentheils grün, mit vielen rundlichen Silberflecken, ohne rostgelb eingefaßte Punkte. 48—57. Ueberall nicht selten, Ende Juni bis in den Aug.

Niobe *L.* Hfl. unten hellokergelb, mit vielen rundlichen Silberflecken und einer Reihe rostgelb eingefaßter Silberpunkte hinter der Mitte. Beim ♂ sind die Aeste der Medianader nicht oder nur wenig schwarz verdickt; beim ♀ geht die Grundfarbe gegen die Spitze der Vfl. ins Bleichgelbe über. 44—52.

4*

Der Ab. **Eris** *Meig.* fehlen die Silberflecke ganz oder größtentheils. Fast überall. Mitte Juni bis Ende Juli.

Adippe *L.* Der Niobe sehr ähnlich, schöner rothgelb; beim ♂ die beiden ersten Aeste der Medianader der Vfl. im Discus durch aufgeworfene schwarze Beschuppung stark erweitert, beim ♀ nichts Bleichgelbes in der Flügelspitze. Ab. **Cleodoxa** *O.* unten ganz oder fast ganz ohne Silber. 48—60. In den meisten Gegenden. Von Ende Juni bis in den Aug.

Laodice *Pallas.* Breitflügelig, hellrothgelb, mit schwarzen Fleckenreihen; Hfl. unten an der Wurzelhälfte grünlichgelb, an der Saumhälfte veilroth, durch die Mitte eine Qreihe weißer Fleckchen. Das ♀ mit einem schneeweißen Fleckchen oben in der Spitze der Vfl. 53—60. In Ostpreußen. Juli, Aug.

Paphia *L.* Der Silberstrich. Taf. II. fig. 4a—d. Hfl. unten grün mit weißlichvioletten, perlmutterglänzenden, nicht scharf begrenzten Qbinden und solchem Rande. Durch letztere ziehen zwei Reihen grüner Flecke. Beim ♂ sind 4 Adern im Discus der Vfl. durch schwarze Beschuppung stark erweitert. Eine Abänderung des ♀, **Valesina** *E.*, ist auf der Oberseite schwärzlichgrün bestäubt. 60—65. Allenthalben häufig. Mitte Juli bis Ende Aug.

Pandora *WV.* Der Paphia ähnlich, plumper gebaut, oben braungelb, grün bestäubt; die Vfl. unten hellpurpurroth, das Spitzendrittel grünlich. Bei Wien und Brünn. Juli, Aug.

3. Vanessa F.

Augen stark behaart; F. plötzlich in eine länglich-eiförmige Keule verdickt. Fl. gezähnt, meist geeckt, der Saum der Vfl. geschwungen. — Die Rn mit scharfen, ästigen Dornen besetzt; das erste Segment ohne Dornen. Puppe scharf eckig, oft mit Metallflecken.

A. **Araschnia** *H.* Die Mittelzelle der Hfl. offen. Hfl. mit vorspringender Ecke auf Ast 4. Die kleinsten Vanessen. R. mit bedorntem Kopfe, gesellig. Zwei Generationen, die erste aus überwinterten Puppen.

Levana *L.* Oben rothgelb, mehr oder minder dicht schwarz gefleckt, am dichtesten gegen die Wurzel; die Hfl. mit einer Reihe blauer Flecken vor dem Saume. Unten rostbraun und violett, lichtgelb gestreift und durch die gelben Adern gegittert. 30—35. In dieser Färbung erscheint die aus überwinterten Puppen im April und Mai sich entwickelnde Frühlingsgeneration. Sehr verschieden ist die unter dem Namen **Prorsa** *L.* früher für eine eigene Art gehaltene, vom Juli bis zum Herbst fliegende Sommerbrut: sie ist oben schwarz, mit einer weißen oder gelblichen, auf den Vfln unterbrochenen Qbinde und einer mehr oder minder deutlichen rothgelben Linie vor dem Saume; gewöhnlich auch etwas größer. Eine Mittelform zwischen Levana und Prorsa, Ab. **Porima** *O.*, entsteht, wenn die Puppen der Herbstbrut durch künstliche Wärme zur vorzeitigen Entwickelung gebracht werden. — Die R. lebt gesellig auf Nesseln (Urtica dioica), ist schwarz mit gleichfarbigen Dornen, deren auch der Kopf ein Paar trägt. In den meisten Gegenden.

B. Die Mittelzelle der Hfl. durch eine feine Qader geschlossen. Die Puppe überwintert nicht, sondern das Ei und häufig auch die Falter, welche dann durch die ersten warmen Frühlingstage aus ihren Winterquartieren hervorgelockt werden. Frische Exemplare erscheinen erst im Juni oder Juli und fliegen von da an bis zum Herbst.

a. Grapta. Fl. tief ausgeschnitten und gezackt, die Vfl. am Innenrande ausgeschweift. Die R. lebt einsam.

C album *L.*, der C=Falter. Taf. II. fig. 5. Oben roth= oder braungelb, schwarzbraun gefleckt und gerandet; unten dunkel marmorirt, mit weißem C in der Mitte der Hfl. 45. — R. vorn rothgelb, hinten weiß; auf Johannis= und Stachelbeeren, Hopfen u. a. Pfl. Nirgends selten.

b. Vanessa. Fl. eckig, Hfl. mit stark vorspringender Ecke auf Ast 4, ihr Innenrand gerade (nur bei V album schwach geschweift). Die R. lebt gesellig.

V album *WV.* Dem Polychloros ähnlich, aber mit einem weißen Fleck am Brande jedes Fls; Unterseite der von C album ähnlich. Die Fl. stark ge= zackt. Hier und da im Süden. — R. auf Ulmen und Birken. Selten.

Polychloros *L.* Der große Fuchs. Taf. III. fig. 1. Orangebraun, schwarz gefleckt; auf den Hfln eine Reihe blauer Mondflecke auf schwarzem Grunde vor dem Saume. In der Spitze der Vfl. steht vor der schwarzen Saumbinde ein gelber Fleck. 56—66. — R. auf Weiden, Pappeln, Kirsch= u. a. Bäumen. Nirgends selten.

Xanthomelas *E.* Der vorigen Art sehr ähnlich, lebhafter rothgelb und mit weißlichem Fleck vor der Spitze der Vfl., wo Pol. einen gelben hat. Der Saum stärker gezackt. Im Osten und Süden, selten. — R. auf Weiden.

Urticae *L.*, der kleine Fuchs. Taf. III. fig. 2a. b. Dem vorigen ähnlich; kleiner, ziegelroth, auf allen Fln blaue Randflecke, der Fleck vor der Spitze der Vfl. schneeweiß. 43—52. Allenthalben häufig. — R. auf der großen Nessel, schwärzlich und gelblichgrün gestreift.

Jo *L.*, das Pfauenauge. Taf. II. fig. 7. Braunroth, jeder Fl. mit einem großen, bunten Augenspiegel am Vwinkel. 52—60. — R. auf der großen Nessel, schwarz, dicht weiß punktirt. Gemein.

Antiopa *L.*, der Trauermantel. Taf. II. fig. 6a. b. Kirschbraun, alle Fl. mit breit gelbem Rande und einwärts davon mit einer blauen Fleckenreihe auf schwarzem Grunde. 66—76. Ueberall. — R. auf Weiden, Pappeln und Birken, schwarz, mit einer Reihe ziegelrother Rückenflecke.

c. Pyrameis. Hfl. ohne stark vorspringende Ecke auf Ast 4. Die Spitze der Vfl. schwarz, weiß gefleckt. — Die Rn leben einsam, in einem Blattgehäuse.

Atalanta *L.*, der Admiral. Taf. III. fig. 3. Tiefschwarz, die Vfl. mit einer zinnoberrothen, abgekürzten Schrägbinde; die Hfl. mit breiter, orangerother, schwarz punktirter Randbinde. 56—64. Gemein. — R. auf Brennnesseln.

Cardui *L.*, der Distelfalter. Taf. III. fig. 4. Ziegelroth, schwarz ge= fleckt und geadert; Hfl. unten braungelb und weiß marmorirt, mit 4 Augenflecken. 53—57. Allenthalben, bald häufig, bald selten. — R. besonders auf Disteln. — Der Distelfalter ist der Weltbürger unter den Schmetterlingen, über alle Welt= theile und Zonen und von der Ebene bis zur Schneelinie der Gebirge verbreitet.

4. Limenitis F

Augen nackt, nur bei Sibylla behaart. Vfl. kaum merklich, Hfl. deutlich gezähnt. Fl. oben schwarz, unten zimmtfarbig, mit weißem, auf den Vfln in

Flecken aufgelöstem (bei Populi öfters fehlendem) Obande. — Die Rn sind mit einzelnen Dornen oder Zapfen besetzt, überwintern jung und verpuppen sich im nächsten Mai oder Juni.

Populi *L.*, der große Eisvogel. Taf. III. fig. 5a—c. Schwarz=braun, mit einer Reihe orangegelber Mondflecke vor dem Saume der Hfl. Die weiße Binde ist bald sehr breit, bald schmal und verschwindet bei der Var. **Tremulae** *E.* völlig. 70—75. Fast überall, doch meist sparsam, in Laub=wäldern, besonders an Fahrwegen und feuchten Stellen. Juni und Juli. — R. auf Espen (Populus tremula).

Camilla *WV.* Schwarz, ohne orangegelbe Randmonde, aber mit einer Reihe blauer Punkte vor dem Saume der Fl. 46—57. Süddeutschland, bis zum Mittelrhein, sparsam. Juni, Juli. — R. auf Loniceren.

Sibylla *L.*, der kleine Eisvogel. Schwarz, weder mit orangegelben, noch mit blauen Flecken vor dem Saume. Augen behaart. 43—50. In Laubgehölzen der meisten Gegenden. Juni, Juli. — R. auf Geißblatt und Heckenkirschen (Lonicera periclymenum und xylosteum).

5. Neptis F.

Die Fl. lang gestreckt, mit kurzem, steilem Saume; schwarz, mit weißer, auf den Vfln in Flecke getheilter Obinde.

Aceris *E.* Vfl. mit einer Reihe weißer Fleckchen vor dem Saume, Hfl. mit zwei weißen Binden. 41—50. Bei Brünn. — R. auf Orobus vernus.

Lucilla *F.* Vfl. ohne weiße Randflecke, Hfl. nur mit e i n e r weißen Binde. 47—54. In Mähren und Oesterreich, einzeln auch in Oberschlesien gefangen. Juli. — R. auf Spiraea salicifolia.

6. Apatura F.

F. lang und stark, mit lang=eiförmiger Keule; P. convergirend, dick, zu=gespitzt. Große, breitflügelige, kräftig gebaute Falter, deren Fl. beim ♂ auf der Oberseite prächtig blau oder violett schillern (Schillerfalter). Farbe schwarz oder gelbbraun, mit weißen oder gelben Flecken auf den Vfln und einer solchen Binde auf den Hfln, in deren Afterwinkel ein meistens blinder Augenfleck steht. Die Rn führen zwei lange, am Ende zweitheilige Dornen auf dem Kopfe und zwei Spitzen am letzten Segment. Die Puppe ist zusammengedrückt, grün. Die Rn überwintern klein, verpuppen sich im Juni und die Falter fliegen zwischen Ende Juni und Anfang Aug., hoch und schwimmend, in Laubwäldern, besonders an Fahrwegen, und saugen gern an Pfützen und Viehdünger.

Iris *L.* Taf. III. fig. 6a. b. Die weiße Binde der Hfl. hat in der Mitte einen scharfen, saumwärts gerichteten Zahn; Vfl. ohne Augenfleck. Bei der seltenen Ab. **Jole** fehlt die weiße Binde. 60—72. Fast allenthalben, aber nicht häufig. — R. grün, die Kopfdornen gelb gerandet, vorn mit bläulichem Strahl; auf Sahlweiden (Salix caprea und aurita).

Ilia *WV.* Die Binde der Hfl. ohne Zahn; über dem Hwinkel der Vfl. in Zelle 2 ein blinder, rothgelb geringter Augenfleck. Erscheint in 2 Varietäten: bei der Stammform ist die Grundfarbe schwarzbraun, die Flecken und Binden sind weiß; bei der Var. **Clytie** *WV.* sind die Fl. braun und okergelb, die Flecken und Binden hellokergelb oder weißlich. 57—70. Im östlichen und südlichen Deutschland, stellenweise häufig. — R. grasgrün, die Kopfdornen mit schwärzlichem Strahl; auf Espen.

3. Fam. Libytheïdae.

Nur eine Gattung und Art:

Libythea F.

Vbeine des ♂ verkümmert, die des ♀ viel kleiner als die übrigen. Ausgezeichnet durch die sehr langen, schnabelförmig vorgestreckten, dicken und stumpfen P. Die Vfl. eckig und ausgeschweift, die Hfl. tief gezähnt. — R. dornlos, Puppe nur am Afterende befestigt.

Celtis *F.* Dunkelbraun, mit großen, eckigen, rothgelben Flecken. 36—42. In Südtirol. R. auf dem Zürgelbaum (Celtis australis).

4. Fam. Erycinidae.

Auch von dieser Familie besitzt Europa nur eine Gattung und Art:

Nemeobius Stph.

Vbeine wie bei Libythea; P. kurz, kaum über die Stirn vorragend, dünn behaart; F. dünn, mit eiförmiger Keule; Augen behaart, weiß eingefaßt.

Lucina *L.* Taf. IV. fig. 1a. b. Schwarzbraun, mit rothgelben Fleckenbinden; die Hfl. unten mit 2 weißen Fleckenbinden und schwarzen, hell aufgeblickten Punkten vor dem Saume. Fransen weiß und schwarz gefleckt. 26—28. In den meisten Gegenden, auf sonnigen Lichtungen und an Bergabhängen, Ende April bis Anfang Juni. — Die R. soll an Schlüsselblumen (Primula) leben, die Puppe am Afterende und durch einen Rückengürtel befestigt sein und überwintern.

5. Fam. Lycaenidae.

Vbeine den übrigen ähnlich, aber viel kleiner und beim ♂, statt der Krallen, mit einem einfachen, schwach gekrümmten, stumpfen oder spitzen Haken am Ende. F. dünn, geringelt, mit länglich-eiförmiger Keule (bei einigen Thecla-Arten stärker, indem sie sich allmälig verdicken). Augen länglich, von einem weißen Schuppenringe eingefaßt. P. etwas aufsteigend, das zweite Glied unten abstehend behaart, das Endglied dünn, geneigt. — R. beinahe eirund, auf dem Rücken gewölbt, unten flach, mit kleinem, retractilem Kopfe und sehr kurzen Füßen: Schildraupen. Die Puppen sind am After und durch einen Rückengürtel befestigt, kurz, stumpf und unbeweglich.

Die Lycäniden sind kleine Falter und zerfallen in 3 Gattungen, welche die deutschen Namen Bläulinge, Feuerfalter und kleinschwänzige Falter führen und sich wie folgt unterscheiden.

A. Augen behaart. Hfl. mit lappig vortretendem Innenwinkel und einem Schwänzchen (bei Rubi nur einem Zahne) auf Ader 1b. Unten ohne rundliche schwarze Flecken im Discus der Fl.: 3. Thecla.

B. Augen nackt oder behaart. Hfl. am Innenwinkel meist lappig vortretend. MZ. der Vfl. unten nie mit drei schwarzen, in einer Längsreihe stehenden

Flecken, aber faſt immer mit einem dergleichen auf der Oader und einer
Oreihe ſolcher lichtumzogener Flecke hinter derſelben: 1. Lycaena.

C. Augen nackt. Vfl. unten mit einer Oreihe rundlicher ſchwarzer Flecke
und drei dergleichen in einer Längsreihe in der MZ: 2. Chrysophanus.

1. Lycaena F.

Bläulinge. Die ♂ oben meiſtens blau, ſelten braun, die ♀ öfter braun
als blau. Die Unterſeite der Fl. führt in der Regel auf grauem oder bräun-
lichem Grunde viele rundliche, ſchwarze, hellgeringte Flecke (Augen). — Die Rn
leben meiſt auf Papilionaceen und freſſen gern deren Blüten und Früchte.
32 d. A.

A. Die Hfl. unten mit orangefarbigen Flecken vor dem Saume (wenigſtens
gegen den Innenwinkel), zwiſchen zwei Reihen ſchwarzer Flecke (die
innere gewöhnlich mondförmig, die äußere rund).

Argiades *Pallas* (Amyntas *II.*). Hfl. fein geſchwänzt, unten mit nur
zwei rothen Randflecken (über dem Schwänzchen). ♂ oben röthlichblau, ♀ ſchwarzbraun. 26—28. Erſcheint in zwei Generationen: zuerſt im Mai, dann im
Juli und Aug. Die Frühlingsbrut iſt nur halb ſo groß und wurde früher
unter dem Namen **Polysperchon** für eine verſchiedene Art gehalten. In den
meiſten Gegenden. — Geſchwänzt ſind außer Argiades nur noch die beiden
dem Süden angehörigen, dieſſeit der Alpen in Deutſchland nur ſelten beob-
achteten Lycänen: **Baetica** *L.* und **Telicanus** *Lang*.

Argus *L.* ♂ röthlichblau, mit ſchmalem ſchwarzem Rande; ♀ ſchwarzbraun, mit rothgelben Randmonden. Unten grau, vieläugig; die letzte Reihe
der Randflecke iſt ganz oder zum Theil ſchön grünſilbern angeflogen. Vſchienen
unbewehrt. 24—30. Juni, Juli; auf Waldwieſen der meiſten Gegenden.

Aegon *WV.* Wie Argus, aber kleiner, der ſchwarze Rand doppelt ſo
breit, das Blau weniger röthlich, die Vſchienen mit einem braungelben, dem
erſten Fußgliede anliegenden Dorne am Ende. 23—27. Ende Juni bis Anfang
Aug.; faſt überall häufig.

Optilete *Knoch.* ♂ dunkelblau, ♀ ſchwarzbraun; Hfl. unten nur am
Innenwinkel mit 2—3 rothen, glänzendblau beſtäubten Flecken. 23—26. In
wenigen Gegenden, auf Torfmooren.

Orion *Pallas* (Battus *II.*). Oben ſchwarz, blau beſtäubt; unten faſt
weiß, mit großen ſchwarzen Flecken und ununterbrochener rother Obinde zwiſchen
zwei Reihen derſelben auf den Hfln. Franſen weiß, ſchwarz gefleckt. 24—26.
Juli. Zerſtreut in Süd- und Mitteldeutſchland, an felſigen Orten, wo die R.
auf Sedum telephium lebt.

Baton *Bgstr.* (Hylas *II.*). ♂ röthlichblau, vor dem Saume ſchwärzlich
beſtäubt und gefleckt; ♀ dunkelbraun, blauſtaubig. Ein ſchwarzer Strich auf
der Oader aller Fl. Unten ♂ hellblaugrau, ♀ röthlichgrau, mit vielen Augenflecken und durch die Adern unterbrochener rothgelber Randbinde auf den Hfln.
Franſen weiß, in der Wurzelhälfte ſchwarz gefleckt. 19—23. Im Mai und
Aug. an warmen, trockenen Stellen; nicht überall.

Agestis *II.* (Astrarcho *Bgstr.*). Beide Geſchlechter ſchwarzbraun, mit
einem ſchwarzen Fleck auf der Oader und orangefarbigen Randflecken. Unten
aſchgrau, vieläugig, mit vollſtändiger Reihe großer orangerother Randflecke aller

Fl. Einer Var., **Allous** *H.*, fehlen die rothen Flecke auf der Oberseite. 20—25. Zuerst Ende Mai und im Juni, dann Ende Juli bis Anfang Sept. an sonnigen, kräuterreichen Stellen der meisten Gegenden.

Icarus *Rott.* (Alexis *H.*). Der gemeinste Bläuling. ♂ röthlichblau, mit schwarzer Saumlinie; ♀ schwarzbraun, mehr oder minder stark blau ange= flogen, mit rothgelben, oft unvollständigen Randflecken. Franſen innen grau, außen weiß, ungefleckt. 25—30. Ueberall häufig vom Mai bis Sept., in zwei Generationen.

Bellargus *Rott.* (Adonis *H.*). Taf. IV. fig. 4a—c. ♂ prächtig himmelblau, mit dicker schwarzer Saumlinie; ♀ wie Icarus-♀. Unten aschgrau, die Augen= flecken ziemlich groß. Franſen weiß, auf den Aderenden schwarz durchschnitten oder gefleckt. Eine Abänderung des ♀ ist oben blau mit rothen Randflecken: Ab. **Ceronus** *E.* 27—30. Ende Mai und Juni, dann im Aug. und Sept. In den meisten Gegenden, besonders auf Kaltboden, nicht selten.

Corydon *Scop.* ♂ silberblau, die Vfl. mit breit schwarzbraunem Rande, die Hfl. mit schwarzen Randpusteln; ♀ braun mit rothgelben Randfleckchen und mit oder ohne silberblaue Bestäubung. Franſen wie bei Bellargus. Unterseite der des Bellargus ähnlich, vieläugig, die schwarzen Flecke der Hfl. kleiner als die der Vfl. Eine Abänderung des ♀ ist oben dem ♂ ähnlich gefärbt: Ab. **Syngrapha.** 30—35. Juli, Aug. In den meisten Gegenden, besonders auf Kaltboden häufig.

Dorylas *H.* (Hylas *E.*) ♂ schön hellblau, mit schmal schwarzbraunem Rande; ♀ braun mit rothgelben Randflecken; die rothgelben Randfleckchen auf der Unterseite der Hfl. klein und ohne scharfe schwarze Einfassung gegen die Wurzel, Franſen weiß, ungefleckt. 25—32. Ende Juni, Juli. In vielen Gegenden, besonders im Gebirge.

B. Unten ohne rothgelbe Randflecke.

Damon *WV.* ♂ glänzend hellblau, mit breit schwarzbraunem Rande, ♀ dunkelbraun; Hfl. unten mit einem weißen Mittellängsstreif von der Wurzel gegen die Mitte des Saums. 28—34. In Mittel= und Süddeutschland stellenweise, besonders auf Esparsettefeldern. Ende Juni bis Anfang Aug.

Argiolus *L.* Hellröthlichblau, Vfl. beim ♂ mit schmalem, in der Spitze breiterem, beim ♀ mit sehr breitem schwarzem Rande. Unten bläulichweiß mit schwarzen, auf den Vfln. schief stehenden Fleckchen. 26—29. Im Apr. und Mai und wieder im Juli und Aug. Fast überall nicht selten.

Minima *Füssly* (Alsus *F.*). Schwarzbraun, beim ♂ mit blaugrünem Anfluge. Unten hellgrau, mit einer Reihe kleiner, auf den Vfln mit dem Saume fast parallel laufender Augenflecke. Der kleinste deutsche Tagfalter. 18—24. Mai, Juni, seltener im Juli. In den meisten Gegenden.

Semiargus *Rott.* (Acis *WV.*) ♂ dunkelblau mit schwarzem Rande, ♀ dunkelbraun. Unten grau mit einer geschwungenen Reihe von Augenflecken, die auf den Vfln und Hfln gleiche Größe haben; Hfl. nur an der Wurzel blaugrün angeflogen. 27—34. Juni, Juli. Auf Waldwiesen, allenthalben.

Cyllarus *Rott.* ♂ röthlichblau, mit schwarzem Rande, ♀ schwarzbraun, mit blauem Anfluge in der Wurzelhälfte und am Innenrande der Fl. Unten grau, die Hfl. bis zur Mitte oder weiter glänzend grünlichblau bestäubt, mit einer Bogenreihe kleiner (beim ♀ zuweilen fehlender) Augenflecke; auf den Vfln steht eine Reihe doppelt so großer. 30—35. Mai, Juni. In den meisten Gegenden.

Arcas *Rott.* (Erebus *F.*). Schwarzbraun, beim ♀ einfarbig, beim ♂ bis zum breit schwarz bleibenden Rande blau bestäubt, im Discus verloschen schwarz gefleckt. Unten kaffeebraun, mit einer zweimal gebogenen Reihe kleiner, schmal blaßgelb geringter Augenflecke durch alle Fl. 32—35. Mittel= und Süd=deutschland, auf Sumpfwiesen, wo Sanguisorba wächst. Juli, Aug.

Arion *L.* Taf. IV. fig. 5a. b. Blau, mit schwarzbraunem, beim ♀ sehr breitem Rande, schwarzem Fleck auf der Quader und einer (selten fehlenden) Bogen=reihe schwarzer Flecke dahinter. Unten aschgrau, vieläugig, mit 2 Reihen tief=schwarzer Flecke vor dem Saume. 34—40. Juni bis Aug. Fast überall.

Euphemus *H.* Dem Arion ähnlich; oben heller blau, die schwarze Fleckenreihe weniger geschwungen; unten nur die äußere Reihe der Randflecke tiefschwarz, die obere verloschen. Vorkommen und Flugzeit wie bei Arcas.

Alcon *F.* ♂ oben röthlichblau mit schwarzem Rande; ♀ schwarzbraun, mit blauem Anfluge in der Wurzelhälfte der Fl., schwarzem Strich auf der Quader und einer Bogenreihe verloschener schwarzer Flecke dahinter. Unten wie Euphemus, die schwarze Fleckenreihe hinter der Mitte stärker geschwungen. 32—38. Juni, Juli. Nicht überall.

2. Chrysophanus H. (Polyommatus B.)

Hfl. am Innenwinkel eckig vortretend. Farbe oben goldglänzend oder braun mit goldglänzenden (zuweilen fehlenden) Flecken, beim ♂ zuweilen mit blauem Schiller. Feuerfalter. Die Rn leben meist auf Ampferarten (Rumex). 8 d. A.

Virgaureae *L.* Taf. IV. fig. 6a—c. ♂ oben glänzend rothgolden mit schwarzem Saume; ♀ goldfarbig, schwarz gefleckt. Hfl. unten mit einer Reihe weißer Fleckchen hinter der Mitte. 29—34. In den meisten Gegenden, be=sonders im Gebirge. Ende Juni bis Aug.

Dispar *Haw.* (Hippothoë H.). Oben wie Virgaureae, ♂ aber mit schwarzem Strich auf der Quader; die Hfl. unten aschgrau, gegen die Wurzel breit grau=blau, ohne weiße Fleckchen. 36—39. In wenigen Gegenden, auf Sumpf=wiesen. Juli.

Hippothoë *L.* (Chrysëis Bkh.). Taf. IV. fig. 7a—c. ♂ oben rothgolden, mit schwarzem Strich auf der Quader und schwarzem, blauschillerndem Rande; ♀ schwarzbraun, im Discus mehr oder minder golden gemischt, verloschen schwarz ge=fleckt, mit rothgelben Saumflecken der Hfl. Unten röthlichgrau; die Vfl. im Discus rothgelb gemischt oder ganz rothgelb, mit einer Reihe schwarzer Flecken vor dem Saume und einer nicht paarweise abgesetzten Augenreihe; die Hfl. mit rothgelber Binde vor dem Saume. 29—35. In den meisten Gegenden auf feuchten Waldwiesen. Juni und Anfang Juli. — Var. **Eurybia** *O.* ♂ oben gold=roth, ohne blauen Schiller, ♀ einfarbig braun. Auf den Alpen.

Alciphron *Rott.* (Hipponoë *E.*). ♂ oben goldgelb, verloschen schwarz gefleckt und fast ganz blau übergossen; ♀ und Unterseite denen der vorigen Art sehr ähnlich, aber die Augenflecke hinter der Mitte paarweise gegen einander ab=gesetzt. 30—36. Im Osten und Süden auf feuchten Waldwiesen. Ende Juni, Juli.

Dorilis *Hfn.* (Circe *WV.*). Schwarzbraun mit schwarzen Flecken; das ♀ auf den Vfln größtentheils goldgelb, auf den Hfln nur mit solcher, schwarz gefleckter Randbinde. Unten gelbgrau, das ♀ auf den Vfln gewöhnlich orange= gelb, mit vielen dicken, schmal blaßgelb geringten, schwarzen Flecken und einer Doppelreihe schwarzer Saumflecke. 25—29. Nirgends selten. Zuerst im Mai und Juni, dann Mitte Juli bis Aug.

Phlaeas *L.* Vfl. goldglänzend mit breitem schwarzem Rande und solchen Flecken. Hfl. oben schwarz, mit gezähnter, goldfarbiger Saumbinde, unten braungrau, verloschen schwarz punktirt, mit einer Reihe matter röthlicher Mond= flecke vor dem Saume. 25—28. Ueberall gemein vom Frühling bis zum Herbst, in zwei Generationen. Die zweite, Var. aestiva, zeichnet sich durch stärker vorspringenden Zahn auf Ast 2 der Hfl. aus und ist zuweilen auf der Ober= seite fast ganz braun übergossen (Var. **Eleus** *F.*).

Helle *WV.* (Amphidamas *E.*). Fl. gerundet; Vfl. goldfarbig, schwarz gerandet und gefleckt, beim ♂ blau übergossen, beim ♀ blau gefleckt; Hfl. schwarz= braun mit rothgelber Saumbinde. Unten die Vfl. rothgelb, die Hfl. braun= grau, mit schwarzen Fleckenreihen und orangerother Binde vor dem Saume; die innere Reihe der schwarzen Saumflecke wurzelwärts weiß eingefaßt. Bei der Sommerbrut, Var. aestiva, ist die Oberseite fast ganz durch Braun verdüstert. 23—25. Im Osten und Süden, auf sumpfigen Wiesen, zerstreut. Mai, Juli und Aug. — R. auf Polygonum bistorta.

3. Thecla F.

Oben dunkelbraun, unten meist mit weißem, schmalem, oft abgesetztem Oftreif durch alle Fl. und rothgelber Binde oder Fleckenreihe vor dem Saume der Hfl. 8 d. A.

A. Die Hfl. ungeschwänzt, gezähnt.

Rubi *L.* Taf. IV. fig. 3a. b. Oben braun, unten grün; ♂ mit einem eirunden, grau beschuppten Grübchen auf der Oberseite der Vfl. unter der Mitte des Brandes. 24—27. Ueberall häufig. Ende April bis Juni. R. auf Ginster (Genista tinctoria).

B. Die Hfl. mit einem Schwänzchen auf Ast 2.

Spini *WV.* Hfl. unten in Zelle 1b vor dem Rande durchaus blau be= stäubt. 28—34. Juli. In vielen Gegenden. Die R. auf Kreuzdorn (Rham- nus cathartica), im Mai und Anfang Juni erwachsen.

W album *Knoch.* Die weiße Qlinie bildet unten auf den Hfln spitze Winkel auf Ader 1b und 2, fast wie ein W. 25—30. Verbreitet, doch nicht häufig. — R. auf Ulmen.

Ilicis *E.* Die rothe Randbinde auf der Unterseite der Hfl. besteht aus einzelnen, wurzelwärts von schwarzen Monden eingefaßten Flecken; ♀ oben mit großem, rothgelbem Fleck auf den Vfln. 29—34. Fast überall. Ende Juni, Juli. — R. Mitte Mai bis Mitte Juni an Eichenbüschen.

Pruni *L.* Hfl. unten mit ununterbrochener rother Randbinde, auf welcher wurzelwärts runde schwarze, einwärts schmal weißblau eingefaßte Flecke stehen. Oberseite mit verwischten rothgelben Randflecken. 29—31. Fast überall. Juni und Anfang Juli. — R. auf Schlehen.

Betulae *L.*, der Nierenfleck. Taf. IV. fig. 2a—c. Die größte Thecla.

Die Ränder der Vfl. oben mit dickem schwarzem, unten braunem und weiß ge=
säumtem Strich. Unterseite trüb orangegelb. ♀ oben mit großem rothgelbem
Fleck auf den Vfln. 34—38. Nirgends selten. Juli bis Sept. — R. vom
Mai bis Juli auf Prunus-Arten, besonders Schlehen.

      Quercus *L.* Schwarzbraun, ♂ oben bis zum schwarzen Saume dunkel=
violett schillernd; ♀ mit glänzend röthlichblauem Fleck auf den Vfln, welcher
die Mittelzelle und einen breiten Streif über dem Innenrande bedeckt. 32—34.
Allenthalben. Juli, Aug. — R. im Mai und Juni auf Eichen.

6. Fam. Pieridae.

      Weiße oder gelbe Falter von mittlerer Größe, mit gerundeten, ganz=
randigen (nur bei Gonepteryx geeckten) Flügeln, unter welche die bekanntesten
und gemeinsten aller Tagfalter, die Weißlinge, gehören und die einzigen,
welche durch ihre an Culturgewächsen lebenden Raupen schädlich werden. Letztere
sind kurz und dünn behaart, gegen beide Enden etwas verdünnt. Die Puppe
ist durch einen Rückengürtel und am Afterende befestigt, eckig, vorn in eine
Spitze auslaufend.

      Tabelle der Gattungen.

A.   Die Mittelzelle erreicht kaum ¼ der Flügellänge: 4. Loucophasia.
B.   Die Mittelzelle erreicht die Hälfte der Flügellänge oder darüber.
     a. Vfl. an der Spitze, Hfl. in der Mitte des Saumes scharf geeckt:
       6. Gonepteryx.
     b. Fl. gerundet.
       α. Fl. gelb (♀ zuweilen weiß), mit meist rothen Fransen; F. roth,
        kurz, mit abgestutzter Keule: 5. Colias.
       β. F. allmälig zu einer schwachen Keule verdickt, Schienen und Fuß
        mit starken schwarzen Dornborsten besetzt; Fransen äußerst kurz;
        Farbe weiß: 1. Aporia.
       γ. F. mit eiförmiger Keule, Dornborsten an Schiene und Fuß fein,
        hell. Fransen deutlich. Farbe weiß.
         † Vfl. mit 10—11 Adern, F. so lang wie der halbe Rand der
          Vfl. oder länger: 2. Pieris.
         †† Vfl. mit 12 Adern, F. kürzer als der halbe Rand; ein
          langer Stirnbusch: 3. Anthocharis.

1. Aporia H.

      Nur eine Art: **Crataegi** *L.*, der Baumweißling. Taf. V. fig. 1a. b. Weiß,
alle Adern scharf schwarz; das ♀ sehr dünn beschuppt. 50—60. Allenthalben, von
Anfang Juni bis in den Juli; in manchen Jahren selten, in andern in großer
Menge erscheinend. Die R. an Weißdorn, Schlehen und Obstbäumen, die sie zuweilen
verwüstet. Sie verläßt im Herbst das Ei, überwintert jung in einem gemein=
schaftlichen, an einem Baumzweige befestigten Gewebe und lebt gesellig bis einige
Zeit vor der im Mai oder Juni erfolgenden Verpuppung. Erwachsen ist sie
weichhaarig, in den Seiten grau, über den Rücken schwarz, mit 2 orangegelben,
breiten Längsstreifen; der Kopf schwarz. Die an Zweigen oder Baumstämmen
befestigte Puppe ist hell grünlichgelb mit zierlichen schwarzen Zeichnungen und

hochgelben Flecken. Um die R. zu vertilgen, zerstört man die Nester, in denen sie überwintert, im Herbst, sobald die Bäume ihr Laub verloren haben, wo sie dann leicht in die Augen fallen.

2. Pieris Schrank.

Weiß, die Spitze der Vfl. oben schwarz oder grau, unten, wie die Unterseite der Hfl., gelblich oder grünlich. Die Falter erscheinen in zwei Generationen, im Frühling und wieder im Sommer und Herbst, und überwintern als Puppen.

Brassicae *L.*, der große Kohlweißling. Taf. V. fig. 2a—c. Spitze der Vfl. tiefschwarz, weiß bepudert, die Schwärze zieht bis zur Mitte des Saums herab; ♂ oben außerdem ohne schwarze Flecke, ♀ mit 2 solchen im Discus (welche unten auch beim ♂ sichtbar sind) und einem schwarzen Längswisch am Innenrande. Hfl. unten gelblich, dünn schwarz bestäubt. 55—60. Einer der gemeinsten Schmetterlinge; zuerst im Mai und Juni, dann von Ende Juli bis in den Herbst. Die R., bläulichgrün mit schwarzen Pünktchen und Flecken und gelben Rücken- und Seitenstreifen, lebt auf allen Kohlarten und verwüstet dieselben, besonders im Spätsommer und Herbst. Durch wiederholtes Absuchen der goldgelben Eier, welche haufenweise auf die Unterseite der Kohlblätter gelegt werden, läßt sich diesen Verwüstungen vorbeugen.

Rapae *L.*, Der kleine Kohlweißling. Dem vorigen sehr ähnlich, aber kleiner, die Farbe der Flügelspitze mehr grau, nicht am Saume herabziehend oder höchstens bis zum Mittelast; ♂ oben in der Regel mit einem schwarzen Fleck in Z. 3 der Vfl. 40—46. Die Falter der Frühlingsbrut erscheinen Ende Apr., die der Sommerbrut im Juli. Ueberall gemein. — R. mattgrün, in den Seiten blasser, mit gelber Rückenlinie und gelben Seitenpunkten. Gleichzeitig mit der vorigen auf Kohlarten und Reseda, welche sie oft ganz entblättert.

Napi *L.* Hfl. unten gelb mit vielen schwarzen Atomen, welche längs der Adern Streifen bilden und den Raum zwischen denselben frei lassen. Oben die Flspitze und beim ♀ zwei Flecke im Discus bei der Frühlingsbrut grau, bei der Sommerbrut, Var. **Napaeae** *E.*, tiefschwarz. 36—43. Gleichzeitig mit Rapae, doch etwas früher, oft schon Anfang Apr. erscheinend. — R. auf Reseda, Erysimum und andern Schotengewächsen. Ueberall häufig.

Daplidice *L.* Vfl. mit schwarzer, weiß gefleckter Spitze und großem, eckigem, schwarzem (unten grün ausgefülltem) Mittelfleck. Die Hfl. unten grün, gelb geadert, mit 2 weißen Fleckenbinden. 39—45. Die Frühlingsbrut, Var. **Bellidice** *O.*, viel kleiner und in der Flspitze mehr grau. Fast überall, hier häufig, dort selten. Zuerst Ende Apr. und im Mai, dann häufiger vom Juli bis in den Sept., besonders auf Brachfeldern. — **Callidice** *E.* Alpen.

3. Anthocharis B.

Nur eine deutsche Art:

Cardamines *L.*, der Aurorafalter. Taf. V. fig. 3. Weiß, die Vfl. mit rundlichem schwarzem Mittelfleck, Hfl. unten mit vielen zerrissenen grünen Flecken. Beim ♂ ist die Außenhälfte der Vfl. orangeroth. 40—45. Ueberall nicht selten, von Ende Apr. bis in den Juli. — R. grün, in den Seiten weißlich; vom Juni bis Aug. besonders auf Turritis glabra. Die sonderbar gestaltete Puppe ist auf der Rückseite concav, das Kopfende in eine lange Spitze auslaufend.

4. Leucophasia Stph.

Körper schmächtig, Thorax klein, Hleib sehr lang und dünn, Fl. zart, länglich. Nur eine Art:

Sinapis *L.* Weiß, die Hfl. unten mit grauen Schattenbinden; die Spitze der Vfl. oben beim ♂ mit grauem (bei der Sommerbrut schwarzem) Fleck, beim ♀ nur grau angeflogen. Eine Abänderung des ♀, **Erysimi** *Bkh.*, ist ganz weiß. 34—40. Ueberall, zuerst im Mai und Anfang Juni, dann im Juli und Aug., in lichten Gehölzen. — R. auf Klee u. a. Papilionaceen.

5. Colias F.

Die Fl. orangegelb, hellgelb oder weißlich; die Vfl. mit schwarzem, die Hfl. mit lichtem Mittelfleck, alle oder nur die Vfl. mit breitem, schwarzem, oft gelb geflecktem Rande. 6 d. A.

Palaeno *L.* ♂ citrongelb, ♀ grünlichweiß, mit breit schwarzem, unge= flecktem Saume; die Hfl. unten mit kleinem, viereckigem, lichtem Mittelfleckchen. 44—46. Im Gebirge und dem östlichen Tieflande, zerstreut, auf Torfmooren, wo die R. ihre Nahrungspflanze, Vaccinium uliginosum, findet. Juni bis Aug.

Hyale *L.* Taf. V. fig. 5. ♂ schwefelgelb, ♀ grünlichweiß, die Spitze der Vfl. breit schwarz, gelb gefleckt; Hfl. oben mit orangegelbem, unten röthlich= perlmutternem, doppelt braun eingefaßtem Zwillingsfleck auf der Qader. 43—50. Im Mai und Juni und wieder von Mitte Juli bis Sept. überall häufig.

Phicomone *E.* Der Hyale ähnlich, aber oben schwarz bestäubt und der Mittelfleck auf der Unterseite der Hfl. einfach rostroth umzogen. Alpen.

Edusa *F.* Taf. V. fig. 4. ♂ und ♀ orangegelb (♀ zuweilen grünlichweiß: Ab. Helice *H.*), mit sehr breitem, beim ♂ ganz oder zum Theil gelb geadertem, beim ♀ gelb geflecktem Saume. Die Flecke der Unterseite wie bei Hyale. 43—48. Ueberall, aber in vielen Gegenden selten. Juli bis Herbst.

Myrmidone *E.* Wie Edusa, aber die Grundfarbe höher roth, der schwarze Saum beim ♂ ohne gelbe Adern, beim ♀ schwefelgelb gefleckt. Im östlichen Deutschland.

6. Gonepteryx Leach. (Rhodocera B.)

Nur eine Art: **Rhamni** *L.*, der Citronfalter. Taf. V. fig. 6. ♂ citron= gelb, ♀ grünlichweiß; jeder Fl. mit einem orangegelben Mittelfleckchen. 50—55. Allenthalben häufig. Ueberwinterte Exemplare fliegen schon im ersten Frühlinge, frische vom Juli bis in den Herbst. — R. auf Rhamnus cathartica und fran= gula, im Mai und Juni.

7. Fam. Papilionidae (Equites L.).

Große, stattliche Falter, deren Hfl. keine Rinne am Innenrande haben und den Hleib nicht umfassen.

Tabelle der Gattungen.

A. P. sehr klein, mit undeutlichem Endgliede; Hfl. geschwänzt: 1. Papilio.
B. P. vorstehend, deutlich gegliedert; Hfl. tief gezähnt: 2. Thaïs.
C. P. mit spitzem Endgliede; Fl. gerundet, ganzrandig: 3. Parnassius.

1. Papilio L.

Gelb, mit schwarzen Binden oder Flecken; die Hfl. am Innenwinkel mit einem bunten, augenartigen Fleck. Die nackten, dicken Rn mit einer in der Ruhe eingezogenen Fleischgabel hinter dem Kopfe. Die Puppe am Afterende und durch einen Rückengürtel befestigt, vorn mit zwei kurzen Spitzen.

Podalirius *L.*, der Segelfalter. Taf. V. fig. 7a. b. Hellgelb, mit schwarzen Cstreifen; die Schwanzspitzen sehr lang, am Ende hellgelb. 70—80. Fast überall, im Süden häufig, im Norden selten; hier nur einmal, im Mai und Juni, dort nochmals, im Juli und Aug. fliegend. — R. gelbgrün, mit rothen Punkten und gelblichweißen Schrägstrichen; im Juli und Aug. auf Prunus-Arten, besonders Schlehen.

Machaon *L.*, der Schwalbenschwanz. Taf. VI. fig. 1a. b. Gelb, schwarz gefleckt und breit schwarz gerandet; die Vfl. schwarz geadert; die Schwanzspitze kurz, bis ans Ende schwarz. 65—85. Allenthalben nicht selten. Zuerst im Mai und Anfang Juni, dann von Ende Juli bis in den Sept. — R. grün, mit schwarzen, roth punktirten Gürteln, im Juni und Juli, Sept. und Oct. auf Doldengewächsen, besonders Möhren (Daucus carota) Dill u. a.

2. Thaïs F.

Nur eine deutsche Art: **Polyxena** *WV.* Hellgelb, schwarz geadert und gefleckt; der schwarze Rand von einer tief ausgezackten gelben Linie durchzogen, vor demselben auf den Hfln eine Reihe hochrother Fleckchen. 50—60. Bei Wien und Brünn, im Apr. und Mai. Die R. lebt auf Aristolochia clematitis und ist mit mehreren Reihen fein behaarter Fleischspitzen besetzt; die P. am Ende und durch einen Gürtel befestigt.

3. Parnassius Latr.

Die Vfl. am Saume und alle Fl. auf der Unterseite sehr dünn bestäubt, besonders beim ♀. Letzteres trägt nach der Begattung einen taschenförmigen, hornartigen Anhang am Ende des Hleibes. Die Rn sind mit kurz behaarten Knöpfchen besetzt und tragen eine retractile Nackengabel, wie die der Gattung Papilio. Puppe stumpf, in ein leichtes Gewebe eingeschlossen.

Apollo *L.* Taf. VI. fig. 2. Weiß, schwarz gefleckt und bestäubt; Hfl. mit zwei großen rothen, schwarz eingefaßten und weiß gekernten Augenflecken. F. weißlich mit schwarzer Keule. 68—84. In Berggegenden der südlichen Hälfte Deutschlands, von den Alpen bis zum Riesengebirge und der untern Mosel. Juni bis Aug. R. auf Sedum album.

Delius *E.* Wie Apollo, aber kleiner, die F. weiß und schwarz geringelt, mit schwarzer Keule. 56—68. Nur auf den Alpen.

Mnemosyne *L.* Weiß, mit schwarzen Adern und zwei schwarzen Flecken (in der Mitte und am Ende der M Z.) auf den Vfln. 50—60. In Gebirgs-gegenden Süd- und Mitteldeutschlands und in Preußen. Juni.

8. Fam. Hesperidae.

Kleine, meist plump gebaute Falter mit verhältnißmäßig kleinen, steifen Fln und breitem Kopfe. Die F. sind an der Wurzel weiter von einander getrennt als bei den übrigen Tagfaltern. Unter derselben steht ein aus kurzen, steifen Haaren gebildetes längeres oder kürzeres Pinselchen oder Löckchen. Die Hschienen sind in der Regel doppelt gespornt, die Vschienen mit einem Anhange (Schienblättchen) versehen. Die Männchen mancher Arten führen an der Wurzelhälfte des Vrandes der Vfl. einen häutigen Umschlag (Costalfalte), andere einen tiefschwarzen Schrägstrich im Discus der Vfl. (Discoidalstigma), oder einen langen, gespreizten Haarpinsel an der Wurzel der Hschienen. Den Weibchen fehlen diese Auszeichnungen. — Die Ru sind fein behaart, fast nackt, mit kugeligem Kopf und kurzen Beinen, und leben meist zwischen zusammengesponnenen Blättern. Die Puppe ist stumpf und langgestreckt und ruht in einem leichten Gewebe. In dieser und mehreren andern Beziehungen nähern sich die Hesperiden den Nachtfaltern.

Tabelle der Gattungen.

A. Vschienen ohne Anhang (Schienblättchen).
    a. F. kürzer als der halbe Vrand der Vfl. Hschienen mit zwei Paar Sporen: 1. Cyclopides.
    b. F. halb so lang als die Vfl., Hschienen nur mit Endsporen: 2. Carterocephalus.

B. Mit Schienblättchen. Hschienen mit zwei Paar Sporen.
    a. Fteule dick, eiförmig, mit einem spitzen, abgesetzten Häkchen am Ende: 4. Pamphila.
    b. Fteule eiförmig oder länglich, ohne abgesetztes Endhäkchen.
        α. Endglied der P. lang, pfriemenförmig, aufgerichtet; Fransen nicht gescheckt: 3. Thymelicus.
        β. Endglied der P. kurz, kegelförmig; Fransen gescheckt.
        † Hschienen des ♂ ohne Haarpinsel: 5. Pyrgus.
        †† Hschienen des ♂ mit langem Haarpinsel: 6. Scelothrix.
    c. Fteule schlank, mondsichelförmig, Fransen nicht gescheckt: 7. Nisoniades.

1. Cyclopides H.

Körper schmächtig, mit kurzem Thorax und langem, spärlich behaartem Hleibe. Fl. groß und breit. Nur eine Art:

Morpheus *Pall.* (Steropes *W V.*). Oben schwarzbraun; Hfl. unten gelb, mit vielen großen, ovalen, weißen, schwarz eingefaßten Flecken. 30—33. In wenigen Gegenden des Ostens, besonders im Tieflande, auf Torfwiesen. Juli.

2. Carterocephalus Led.

Durch die nur mit einem Sporenpaar versehenen Hschienen von allen andern europäischen Hesperiden verschieden.

Palaemon *Pall.* (Paniscus *F.*). Taf. VI. fig. 3a. b. Violettschwarz, mit gesonderten gelben Flecken auf allen Fln. 27—28. In Mittel= und Süddeutschland fast überall, in lichten Gehölzen. Mai und Anfang Juni.

Silvius *Knoch.* Dem Palaemon ähnlich, aber die gelben Flecken beim ♀ zusammengeflossen; die Bfl. des ♂ fast ganz gelb. Hier und da im Nordosten.

3. Thymelicus H.

Oberseite rothgelb, am Saume verdunkelt; ♂ mit schwarzem Schrägstrich auf den Bfln. Die Rn auf Grasarten.

Thaumas *Hfn.* (Linea *F.*). Oben einfarbig rothgelb, das ♂ mit starkem schwarzem Schrägstrich, unten die Hfl. und die Spitze der Bfl. gelbgrau. Der kahle Fleck an der Fkeule rothgelb. 25—27. Auf Grasplätzen der Gehölze, Waldwiesen ꝛc. von Mitte Juni bis Anfang Aug. nirgends selten.

Lineola *O.* Der vorigen sehr ähnlich, aber mit schwarzem Fleck der Fkeule, das ♂ mit viel dünnerem, unterbrochenem Schrägstrich. Im Juli und Aug., in vielen Gegenden nicht selten.

Actaeon *Rott.* Trüb rothgelb, mit einer Bogenreihe matter lichterer Fleckchen hinter der Mitte der Bfl.; das ♂ mit langem und starkem schwarzem Schrägstrich. Unterseite lichter röthlichgelb. Der Fleck an der Fkeule rothgelb. 22—27. Juli, Aug.; an sonnigen Abhängen, nicht überall.

4. Pamphila F.

Farbe und Habitus wie bei Thymelicus; robuster gebaut und durch das Häkchen der Fkeule ausgezeichnet. Die Rn ebenfalls auf Gramineen.

Comma *L.* Taf. VI. fig. 4 a. b. Rothgelb, mit braunem Rande und lichtern Würfelflecken in demselben; ♂ mit starkem, von einer glänzenden Linie durchzogenen Schrägstrich der Bfl. Hfl. unten grün, mit eckigen weißen Flecken. 26—32. Nirgends selten; Ende Juli und im Aug.

Sylvanus *E.* Der vorigen ähnlich, aber die Hfl. unten mehr grünlichgelb, mit blaßrothgelben Würfelflecken; der schwarze Schrägstrich des ♂ ohne glänzende Mittellinie. 28—33. Auf grasreichen Lichtungen und Waldwiesen überall häufig, von Ende Mai bis in den Juli.

5. Pyrgus H.

Durch die weißen oder weißlichen, auf den Aderenden braun oder schwarz gefleckten Fransen von den vorigen Gattungen verschieden, von der folgenden durch den Mangel des Haarpinsels der Hschienen des ♂.

A. Hfl. tief wellenzähnig, Bfl. mit durchsichtigen Fleckchen; ♂ mit Costalfalte (gen. Spilothyrus Dup.)

Alceae *E.* (Malvarum *O.*). Taf. VI. fig. 5 a. b. Veilgrau, mit schwärzlichen Cbinden, unten staubgrau; in der M3. der Bfl. und saumwärts von ihr kleine, weiße, durchsichtige Fleckchen. 28—31. Im Mai, Juli und Aug. fast überall. — Die R. lebt auf allen Arten der Malve und auf Stockrosen (Alcea rosea) zwischen zusammengezogenen Blättern; die Herbstraupen überwintern erwachsen.

Althaeae *H.* Der vorigen ähnlich, aber die Hfl. mit einem weißen Mittelfleck und das ♂ mit einer Haarflocke auf der Unterseite der Bfl. gegen die Wurzel. Hier und da im Süden, nördlich bis Schlesien. Juni, Juli.

Lavaterae *E.* Bfl. blaß olivengrün, mit großen Glasflecken; Hfl. schwärzlich, mit weißen Fleckenbinden. 29—34. Hier und da im Süden.

B. Hfl. kaum merklich gezähnt, ♂ ohne Costalfalte.

Sao *H.* (Sertorius *O.*). Schwarz, mit weißen Fleckenreihen, die Hfl. unten zimmtroth, weiß gefleckt. Hleibsspitze röthlich. 22—25. Im Mai und Juni, Aug. und Sept. an sonnigen Stellen vieler Berg= und Hügelgegenden.

6. Scelothrix Rb.

Fl. ganzrandig, oben schwarz oder schwärzlich, mit weißen Würfelfleckchen (auf den Vfln einer in der M3. und eine unregelmäßige Oreihe hinter der= selben) und schwarz und weiß gescheckten Fransen. ♂ mit einer Costalfalte, einem langen Haarpinsel an den Hjschienen und zwei häutigen Fortsätzen an der Hbrust. Die Arten sehen sich fast alle sehr ähnlich, variiren dabei stark und sind deshalb nicht leicht zu unterscheiden. Die kleinste und gemeinste der 9 d. A. ist

Malvae *L.* (Alveolus *H.*). Taf. VI. fig. 6 a. b. Oben schwarz mit einer Reihe weißer (auf den Vfln nicht immer deutlicher) Fleckchen vor dem Saume; unten auf den Vfln an deren Stelle mit einem weißen Längsstrich zwischen je zwei Adern; die Flecke der Hfl. oben ebenso weiß als die der Vfl. Hfl. unten bräunlich, mit rostgelben Adern und weißen Flecken. Zuweilen sind die weißen Flecken der Vfl. zusammengeflossen: Ab. **Taras** Bgstr. 21—24. Ueberall häufig, von Ende April bis Ende Juni.

Carthami *H.* Die größte Art. Oben die weißen Flecke der Vfl. ziem= lich groß, viereckig, die Hfl. mit einer Reihe kleiner, verloschener weißer Flecke vor dem Saume, die Vfl. mit (oft theilweise ausbleibenden) weißen Längs= strichen vor demselben; die weißen Flecke der olivengrauen Hfl. dunkel einge= faßt. 27—33. Im Süden und Osten. Juni bis Aug.

Alveus *H.* Diese und die beiden folgenden Arten stehen sich sehr nahe und gehören vielleicht als Varietäten zusammen. Sie unterscheiden sich von Malvae durch die nicht rein weißen, sondern nur weißlichen, oft ganz verloschenen Flecke der Hfl. und den Mangel der Reihe weißer Saumfleckchen auf den Vfln; von Carthami durch minder große und viereckige weiße Flecke und den weniger weißen, einwärts nicht scharf begrenzten Saum der Unterseite der Vfl.; in der Regel fehlen hier auch die weißen Längsstriche zwischen den Adern. Alveus hat auf den Hfln oben nur ganz verloschene, schleierartige, lichtere Fleckenbinden; unten sind die Hfl. olivengelblich, dunkel bestäubt, mit kaum lichtern Adern, einer weißen, fast zusammenhängenden Fleckenbinde und rein weißem Brande. Der Fleck an der Fleule ist rostgelb. 26—29. Zerstreut, in Berggegenden. Juni, Juli, Aug.

Fritillum *H.* Flecke der Hfl. oben deutlicher, fast weiß, der an der M3. groß, wurzelwärts gerade abgeschnitten. Hfl. unten rostgelblich oder bräun= lich, dunkler bestäubt, mit rein rostgelben Adern. 25—27. Im Juni und Juli, Ende Aug. und Anfang Sept. In vielen, besonders Berggegenden.

Serratulae *Ramb.* Oben wie Alveus; Hfl. unten grünlichgrau, mit nicht lichtern Adern, weißlichem, grau bestäubtem Brande und weniger großen, stärker getrennten weißen Flecken; der in 3. 7 nahe der Wurzel stehende oval oder rund und isolirt. Der Fleck an der Fleule braun. 25—28. In Berggegen= den, zerstreut, besonders auf Kalkboden. Mitte Mai bis Ende Juni.

Cacaliae *Rb.* und **Andromedae** *Wall.* nur auf den Alpen.

7. Nisoniades H.

Die Franſen nicht geſcheckt; ♂ mit langer Coſtalfalte. Nur eine Art:

Tages *L.* Taf. VI. fig. 7 a. b. Oben ſchwarzbraun, weißlich beſtäubt, mit zwei ſchwärzlichen Fleckenbinden auf den Vfln und weißen Saumpunkten; unten gelbgrau. 27. Faſt allenthalben häufig im Mai und Juni, zuweilen nochmals Ende Juli und im Aug.

II. Heterocera, Nachtfalter.

Fſchaft borſten- oder fadenförmig, ſeltener ſpindel- oder keulenförmig — in letzterem Falle ſind die Hfl. ſtets mit einer Haftborſte verſehen. Die Fl. werden in der Ruhe (mit ſehr wenigen Ausnahmen) nicht aufgerichtet, ſondern liegen flach oder gegen den Boden geneigt, wobei ſich die Hfl. meiſt ganz oder größtentheils unter den Vfln verſtecken.

Von den Makrolepidopteren gehören hierher die Schwärmer, Spinner, Eulen und Spanner, welche aber jetzt, mit Ausnahme der letztern, mit Recht in mehrere natürliche Familien aufgelöſt worden ſind.

Die überwiegende Mehrzahl derſelben ſtimmt in folgenden Punkten überein: der Fſchaft iſt borſtenförmig: die Vfl. beſitzen nur eine Dorſalader, die Hfl. deren höchſtens zwei, eine Coſtalader und eine Haftborſte. Wenn in den Diagnoſen der Familien einer abweichenden Beſchaffenheit dieſer Theile nicht ausdrücklich Erwähnung geſchieht, ſo iſt dieſelbe die angegebene gewöhnliche.

Die **Schwärmer, Sphinges,** zeichnen ſich beſonders durch ihre ſtarken, meiſt von der Wurzel bis über die Mitte hinaus ſich allmälig verdickenden, keulen- oder ſpindelförmigen F. aus; nur bei wenigen ſind ſie dünn und fadenförmig. Die Vfl. ſind meiſt lang geſtreckt, die Hfl. faſt immer mit einer Haftborſte verſehen. Ihre Rn ſind 16füßig. Sie zerfallen in fünf Familien.

1. Fam. Sphingidae.

F. ſtark, ihr Wurzelglied nicht verdickt, der Schaft meiſt bis über die Mitte hinaus allmälig anſchwellend, an der Spitze ſich wieder verdünnend, letztere in ein Borſtenhäkchen auslaufend (außer bei Smerinthus). Bei dem ♂ haben die Fglieder eine faſt prismatiſche Form und ſind zweizeilig gewimpert. Keine Nebenaugen. Große, robuſt gebaute Thiere, mit kräftigen, geſtreckten Vfln und kleinen Hfln. Sie fliegen theils in der Dämmerung (Dämmerungsfalter), theils in der Nacht, oder auch bei hellem Sonnenſchein, wie die Tagfalter. Ihre Rn ſind nackt, dick, in der Regel mit einem Horn auf dem 11. Segment verſehen, meiſt lebhaft gefärbt. Die Puppe hat eine einfache Schwanzſpitze und ruht in oder auf der Erde.

Tabelle der Gattungen.

A. F. ohne Borſtenhäkchen an der Spitze; S. ſehr kurz und ſchwach: 5. Smerinthus.

B. F. mit einem Borſtenhäkchen; S. ſtark.
    a. S. kaum länger als der Kopf, aber ſehr ſtark: 1. Acherontia.

5*

b. S. lang.

    α. Hleib in den Seiten der letzten Segmente gebüschelt.

        † Fl. ganzrandig: 7. Macroglossa.

        †† Fl. ausgenagt: 6. Pterogonia.

    β. Hleib nicht gebüschelt.

        † Hleib mit einem breiten, von einer schwarzen Längslinie ge=
theilten Mittelstreif von der Grundfarbe; jedes Segment außer=
dem an der vordern Hälfte roth oder weiß, an der hintern
schwarz: 2. Sphinx.

        †† Hleib ohne schwarzen Mittellängsstreif, zierlich zugespitzt.

            o. Hleib mit abwechselnd schwarzen und weißen Seitenflecken
auf den ersten zwei oder drei Segmenten: 3. Deilophila.

            oo. Keine solchen Seitenflecken; Hwinkel aller Fl. scharf gespitzt
und etwas vorgezogen: 4. Chaerocampa.

1. Acherontia O.

F. kurz und dick. S. kurz, aber sehr stark und breit, vorn spitz, seine
beiden Seitenhälften schließen unten nicht zusammen. Fußkrallen sehr stark und
lang. Körper plump, dick wollig behaart. Nur eine Art:

    Atropos *L.*, der Todtenkopf. Taf. VII. fig. 1a. b. Vfl. und Thorax schwärz=
lich, letzterer mit einer gelblichen, einem Todtenschädel ähnlichen Zeichnung. Hfl. oker=
gelb mit zwei schwarzen Binden. 115—122. Dem Körper nach der größte euro=
päische Schmetterling. — Die R. lebt vom Juli bis in den Oct. an mehreren Pfl.,
besonders Kartoffeln und Lycium, wird gegen fünf Zoll lang und hat ein
rauhes, schwach s-förmig gebogenes Horn. Von Farbe ist sie gelb oder grün,
mit blauen, auf dem Rücken in Winkeln zusammenstoßenden Schrägstreifen; zu=
weilen auch braun, mit unzähligen weißlichen, braun gekernten Punkten. Die
Puppe ruht in einer Erdhöhle; der Falter entwickelt sich im Sept. oder Oct.,
selten erst im folgenden Frühling. Strenge Winterkälte tödtet die Puppen,
auch Feuchtigkeit können sie nicht vertragen. Der Falter fliegt in der Nacht.
Er soll in die Bienenstöcke eindringen, um dort Honig zu naschen, und der harte,
spitze S. scheint allerdings besser dazu geeignet, die Honigzellen zu durchstechen,
als den Nektar der Blumen einzusaugen. Beunruhigt läßt der Todtenkopf einen
ziemlich lauten, pfeifenden Ton hören, welcher wahrscheinlich ebenfalls mit dem
eigenthümlichen Bau des Saugers im Zusammenhange steht. Er findet sich
überall, in vielen Gegenden aber nur selten und nicht in jedem Jahre.

2. Sphinx L.

S. lang und stark, Hleib anliegend beschuppt, zugespitzt, Fl. ganzrandig.
Sie fliegen in der Dämmerung und saugen schwebend an Blumen. Die Rn
sind glatt, haben abgestutzte, eirunde Köpfe, Schräg= oder Längsstreifen und ein
ansehnliches Horn. Die Puppe ruht in einer Erdhöhle und hat eine abstehende
Saugerscheide. Die Rn leben vom Juli bis in den Oct., die Puppen über=
wintern in der Regel und geben den Falter im Mai oder Juni des folgenden,
zuweilen schon im Herbst desselben Jahres.

    Convolvuli *L.*, der Windenschwärmer. Grau, die Hfl. schwarz
bandirt, die vordere Hälfte der Hleibsringe rosenroth. S. außerordentlich lang,

länger als bei allen andern europäischen Schmetterlingen. 110—122. R. braun oder grün, mit okergelben Schrägstrichen; auf Aderwinden (Convolvulus arvensis). Die Saugerscheide der Puppe steht bogig ab. Der Windenschwärmer kommt überall, doch gewöhnlich nicht häufig vor, erscheint aber in warmen Jahren zuweilen in Menge im Spätsommer und Herbst und besaugt dann schwebend, mit hörbarem Gesumme, die Blüten des Geißblatts, der Phlox paniculata und anderer Röhrenblumen.

Ligustri *L.*, der Ligusterschwärmer. Taf. VII. fig. 2 a. b. Vfl. rehbraun, Hfl. rosenroth mit drei schwarzen Binden; die vordere Hälfte der Hleibsringe rosenroth. 100—117. — R. grün, mit weißen, violett begrenzten Schrägstreifen; auf Rainweiden (Ligustrum vulgare), Flieder (Syringa) und Eschen. Allenthalben, mehr oder minder häufig.

Pinastri *L.*, der Föhrenschwärmer. Taf. VIII. fig. 1 a. b. Aschgrau, die Hfl. einfarbig dunkel braungrau; die vordere Hälfte der Hleibsringe weißgrau. 76—90. — R. der Länge nach grün und gelb oder weiß gebändert, mit rothbraunem Rückenstreif und sehr großem, okergelbem, braun gestreiftem Kopfe. Auf Föhren (Pinus sylvestris), Tannen und Lärchen, nirgends selten.

3. Deilephila O.

Fl. kürzer als bei Sphinx, schärfer gespitzt und etwas ausgeschweift; Hfl. an der Wurzel schwarz und vor dem Saume mit einer solchen Binde, dazwischen größtentheils rosenroth. Die Rn haben kleine, kugelige Köpfe und farbige Seitenflecken, die Puppen keine abstehende Saugerscheide; sie ruhen auf dem Boden, zwischen Blättern u. dgl. in einem einfachen groben Gewebe eingesponnen. Lebensweise wie bei Sphinx.

Galii *Rott.*, der Labkrautschwärmer. Vfl. olivengrün, mit blaßgelbem Schrägstreif aus der Spitze; Unterseite graugelb. Hleib oben mit einer Längsreihe weißer Punkte über die Mitte; Schulterdecken am Außenrande weiß. 65—75. — R. olivengrün, mit gelbem Rückenstreif, einer Reihe runder, hellgelber, schwarz eingefaßter Seitenflecke und rothem Horne. Ueberall, hier häufig, dort selten.

Euphorbiae *L.*, der Wolfsmilchschwärmer. Taf. VIII. fig. 2 a. b. Der Galii ähnlich, aber die Vfl. in der Mitte breit bleichgelb oder röthlich, die Unterseite des Körpers und der Fl. rosenroth, der Hleib oben ohne weiße Punktreihe. — R. grünlichschwarz, weiß punktirt; Kopf, Füße und Rückenstreif roth; in der Seite jedes Segments ein paar länglichrunde gelbe Flecke. Sie lebt auf Euphorbia cyparissias und esula und ist überall, wo diese wächst, nicht selten.

Livornica *E.* Vfl. olivenbraun, mit hellgelbem Schrägstreif und scharf weißen Adern; Schulterdecken auch einwärts weiß gesäumt; die Einschnitte der Hleibsringe mit einem Gürtel von schwarzen und weißen Fleckchen. 70—82. — R. auf Labkraut (Galium verum) und dem Weinstock. Selten, mehr im Süden.

Hippophaës *E.* und Vespertilio *E.* nur in wenigen südlichen Gegenden. Die erste ist an einem schwarzen Punkte auf der Cader der Vfl. und der einfarbig olivengrünen hintern Hleibshälfte, die zweite an ihren grauen, zeichnungslosen Vfln kenntlich.

4. Chaerocampa Dup.

Der Hleib höchstens auf dem 1. Segment mit einem schwarzen Seiten=
fleck. Diese Gattung ist besonders durch ihre Rn ausgezeichnet, welche auf dem
4. und 5. Segment je zwei augenähnliche Flecke oder (Nerii) auf dem 3. Segment
einen solchen Doppelfleck tragen und den Kopf und die nach vorn sehr verdünnten
Brustringe rüsselartig ausstrecken oder in das verdickte 4. Segment zurückziehen
können. Puppe und Lebensweise wie bei Deilephila.

Elpenor *L.* Gelbgrün, der Körper rosenroth=, die Vfl. bläulichroth
gestreift, mit feinem weißem Mittelpunkt; die Hfl. rosenroth, ihre Wurzelhälfte
schwarz. 62—70. — R. jung grün, erwachsen meist schwärzlich, dunkel ge=
rieselt, mit kurzem Horne; die Augenflecke auf dem 4. und 5. Segmente mit
mondförmigen, bräunlichen Kernen. Auf Schotenweiderich (Epilobium hirsutum,
angustifolium) und dem Weinstock; nirgends selten.

Porcellus *L.* Körper einfarbig rosenroth; die Fl. gelbgrün, breit rosen=
roth gerandet; Hfl. mit weißen, dunkelroth gefleckten Fransen. 48—52. —
R. der von Elpenor ähnlich, aber ohne Horn; auf Labkraut (Galium verum,
mollugo), allenthalben.

Celerio *L.* Olivenbraun, die Vfl. mit glänzendem, weißlichem Schräg=
streif; die Hfl. an der Wurzel rosenroth, schwarz gestreift und geadert. 66—70.
— R. auf dem Weinstock, der von Elpenor ähnlich. Verbreitet, aber sehr selten,
vermuthlich nur als Zugvogel aus dem Süden erscheinend.

Nerii *L.*, der Oleanderschwärmer. Taf. VIII. fig. 3. Einer der schön=
sten Schmetterlinge. Grasgrün und blaßgrün gemischt, die Vfl. mit weißlichen
und rosenrothen Streifen und einem großen dunkelvioletten Längsfleck gegen den
Innenwinkel. 100—115. — R. auf Oleander (Nerium oleander). Ebenfalls
ein Zugvogel aus dem Süden, der sich in einzelnen warmen Sommern über ganz
Deutschland verbreitet und dann als R. auf den Oleanderbüschen der Gärten
hier und da zahlreich gefunden wird.

5. Smerinthus Latr.

F. fast fadenförmig, am Ende zugespitzt. Fl. ausgenagt oder tief gezähnt.
Die Haftborste bei einigen Arten schwach, bei Populi fehlend. Flug bei Nacht.
— Rn mit oben zugespitztem Kopfe, gekörnelt=rauher Haut und einem Horne auf
dem 11. Segment; grün, mit hellen Schrägstrichen. Sie leben vom Juli bis
in den Herbst auf Laubholz, verpuppen sich in einer Erdhöhle und entwickeln
sich im folgenden Mai oder Juni (ausnahmsweise schon im Sommer des ersten
Jahres) zum Schmetterlinge.

Tiliae *L.*, der Lindenschwärmer. Vfl. ausgenagt, sehr abändernd,
olivengrün oder rostfarbig, im Discus röthlich, mit zwei großen, unregelmäßigen,
zuweilen verbundenen dunklen Flecken; Hfl. okergelb. 63—75. — R. auf Linden,
seltener auf Eichen und Birken; sie hat ein blaues oder grünes Horn und unter
demselben ein hornartiges, rothes oder schwärzliches, von einem Kranze erhabener,
weißer oder gelber Körnchen umgebenes Schildchen. Nirgends selten.

Quercus, der Eichenschwärmer. Vfl. ausgenagt, blaß okergelblich und
braun; Hfl. lohfarbig, am Innenwinkel weißlich und braun gefleckt. 90—114.
— R. auf Eichen, bei Wien und in Südtirol, selten.

Ocellata *L.*, das Abendpfauenauge. Taf. VIII. fig. 4 a. b. Hfl. rosen=
roth, mit blauem, schwarz eingefaßtem Augenfleck. 80—88. — R. mit weißlichen
Schrägstrichen und bläulichem Horn; auf Weiden und Apfelbäumen, nirgends selten.

Populi *L.*, der Pappelschwärmer. Fl. tiefgezähnt, röthlichgrau, die
Vfl. mit braunen Binden, die Hfl. an der Wurzel braunroth. 75—92. — R.
mit hellgelben Schrägstrichen und gelbem Horn, oft auch mit runden rothen
Flecken; auf Pappeln, allenthalben häufig.

6. Pterogonia (Pterogon) B.

S. lang, F. dick, keulenförmig, der Körper plump, die Fl. tief ausge=
nagt. Nur eine Art:

Proserpina *Pall.* (Oenotherae *WV.*), der Nachtkerzenschwärmer.
Vfl. olivengrün, mit dunkler Mittelbinde, Hfl. gelb, schwarz bordirt. 42—46.
In Mittel= und Süddeutschland, sparsam. — R. ohne Horn, an dessen Stelle
ein glatter, gelber Fleck mit schwarzem Mittelpunkte steht; jung grün, erwachsen
braun, in den Seiten lehmgelb, gitterförmig gezeichnet und gerieselt. Im Juli,
Aug. und Sept. auf Schotenweiderich, besonders Epilobium hirsutum.

7. Macroglossa O.

F. dick, keulenförmig, S. lang, Körper plump, Hleib flach, mit breitem
Afterbusch, Fl. ganzrandig. Sie fliegen bei Tage, schnell und stoßweise und
besaugen schwebend die Blumen. — Die Rn grün oder braun, mit hellen Längs=
streifen.

A. Fl. dicht beschuppt.

Stellatarum *L.*, der Sternkrautschwärmer. Taf. VIII. fig. 5. Vfl.
schwärzlichgrau, Hfl. rostgelb. 45—52. Vom Juni bis in den Oct. nirgends
selten; Flug pfeilschnell; in Gärten besonders an Phlox. — R. auf Galium.

B. Fl. nur am Rande und auf den Adern dicht beschuppt, sonst locker
beschuppt, nach dem ersten Fluge glashell.

Bombyliformis *O.* Taf. VIII. fig. 6. Körper olivengrün, das 3. und
4. Segment des Hleibes und der breite Saum der Fl. purpurbraun; die Cader
der Vfl. dick beschuppt, die MZ. derselben von einer aderähnlichen Längslinie
getheilt. 40—48. Im Mai und Anfang Juni, besonders an den Blüten von
Syringa und Ajuga. — R. auf Geißblatt und Heckenkirschen (Lonicera) im Juli
und Aug. Fast überall, doch nicht häufig.

Fuciformis *L.* Körper gelbgrün, das 3. und 4. Segment des Hleibes
schwarz, gelblich gemischt, die beiden folgenden rostgelb. Fl. schmaler dunkel=
braun gerandet, die Cader kaum dicker beschuppt als die übrigen Adern, die
MZ. der Vfl. nicht getheilt. 36—40. — R. auf Scabiosa columbaria, im
Juli, bei Tage unter Blättern versteckt. Falter gleichzeitig und an denselben
Blüten mit Bombyliformis; überall, meist sparsam.

2. Fam. Sesiidae, Glasflügler.

Kleine oder kaum mittelgroße, wespenähnliche Schmetterlinge, mit langen,
sehr schmalen, abgerundeten Fln, welche größtentheils (die Hfl. immer) glashell
sind. F. meist spindelförmig; P. groß, aufsteigend, mit spitzem Endgliede.

Nebenaugen deutlich. Beine lang, stark gespornt. Hleib lang, glatt und glänzend beschuppt. Die Hfl. mit zwei oder drei Dorsaladern; ihre Costalader fällt mit dem Brande zusammen. — Die Rn sind beinfarbig, mit dunklerem Kopfe und Nackenschilde und leben im Holze, Mark oder der Wurzel der Pfl. Sie über=wintern (manche Arten zweimal) und verpuppen sich im Frühjahr an ihrem Aufent=haltsorte; die Puppe schiebt sich, um den Falter ausschlüpfen zu lassen, zur Hälfte aus ihrer Höhle hervor. Die Falter fliegen bei Tage im Sonnenschein.

Tabelle der Gattungen.

A.   F. mit einem Borstenbüschel am Ende.
    a. S. rudimentär, F. des ♂ geblättert: 1. Trochilium.
    b. S. lang, gerollt.
       α. F. des ♂ stark gezähnt, Vfl. größtentheils beschuppt: 2. Sciapteron.
       β. F. des ♂ nicht gezähnt, schwach eingeschnitten und bewimpert; Vfl.
          mit drei Glasfeldern: 3. Sesia.
B.   F. ohne Borstenbüschel am Ende, beim ♂ gekämmt: 4. Bembecia.

1. Trochilium Scop.

Die größten Sesien, von horniffenartigem Aussehen. Das ♀ ohne After=busch. Die Rn leben in Baumstämmen und überwintern zweimal.

Apiforme *L.* Taf. VIII. fig. 7a. b. Körper schwarzbraun; der Scheitel, die Schulterdecken vorn und die Ränder der meisten Hleibssegmente citrongelb; der Halskragen, die Rückenmitte und das 4. Hleibssegment braun. Die Fl. glashell, mit rostbraunen Adern, Brand und Fransen. 35—45. Die größte Art. Im Juni und Juli allenthalben an den Stämmen der Pappeln, in denen die R. lebt und an deren Fuße sie sich verpuppt.

Seltenere, in wenigen Gegenden vorkommende Arten sind **Crabroniforme** *Lew.* (Bembeciformis *H.*) und **Melanocephalum** *Dalm.* (Laphriaeformis *H.*). Die R. der erstern lebt in Sahlweiden (Salix caprea), die der zweiten in Espen (Populus tremula).

2. Sciapteron Stdgr.

Nur eine Art: **Tabaniforme** *Rott.* (Asiliformis *W. V.*). Körper schwarz, der Hleib des ♂ mit vier, des ♀ mit drei gelben Gürteln; Vfl. kaffeebraun, nur an der Wurzel etwas glashell. 26—32. — R. in den Stämmen der Pappeln; der Falter im Juni, überall, doch nicht häufig.

3. Sesia F.

Kleinere, schlank gebaute Sesien, mit großem Afterbusche. Sie fliegen im Sonnenscheine auf Blumen. 22 d. A.

Spheciformis *E.* Blauschwarz, das 2. Segment des Hleibs oben, das 4. unten mit fein weißgelbem Hrande; Afterbusch ganz schwarzblau; Vfl. mit breit schwärzlich violettem Vorder= und Außenrande und solchem Mittelfleck. 26—29. Im Mai und Juni, in den meisten Gegenden. — R. in den Stämmen der Erlen und Birken.

Tipuliformis *L.* Taf. IX. fig. 1. Blauschwarz, der Hleib mit vier (♂) oder drei (♀) gelben Gürteln und einfarbigem Afterbusch. Vfl. mit breiter, gold=

gelber, schwarz geaderter Saumbinde und dick schwarzem Mittelfleck. 16—20. Ueberall, im Juni. — Die R. im Mark der Johannistraubensträucher.

Asiliformis *Rott.* (Cynipiformis *E.*). Blauschwarz, der Innenrand der Schulterdecken und drei oder vier Hleibsgürtel gelb, der Afterbusch beim ♂ oben schwarz, beim ♀ gelb, in der Mitte und an den Seiten schmal schwarz. Saum= binde der Bfl. schmal, dunkelbraun; Mittelfleck auswärts mennigroth. 22—24. Juli. R. in Eichenstämmen. Verbreitet, aber sparsam.

Myopiformis *Bkh.* (Mutillaeformis *O.*). Blauschwarz, die Seiten der Brust orange, das 4. Hleibssegment oben mennigroth; beim ♂ die Unterseite der P. und die Segmente vier, fünf und oft auch sechs weiß. Bfl. mit dunkel= brauner, oft etwas goldglänzender, schwarz geaderter Saumbinde. 17—22. Juni. Fast überall. — R. in den Stämmen der Apfelbäume.

Culiciformis *L.* Blauschwarz, die P. unten und das 4. Segment des Hleibs überall orangeroth, Seiten der Brust orangegelb. Bfl. an der Wurzel rothgelb, ihre Saumbinde schmal, schwarzbraun. 22—26. Juni. Fast überall. — R. in den Stämmen der Birke.

Formiciformis *E.* Blauschwarz, die Unterseite der P., das 4. Hleibs= segment und die breite Saumbinde der Bfl. mennigroth. 20—24. Juni. Nicht überall. — R. in den Zweigen der Weiden.

Ichneumoniformis *F.* Hleib schwarz, mit hellgelben Gürteln um alle (oder die meisten) Segmente. Der Mittelfleck der Bfl. auswärts orange, ihre Spitze safrangelb, braun geadert. Afterbusch schwarz, hellgelb gestreift. 20—23. Juli; in den meisten Gegenden, aber sparsam. Die R. soll in den Wurzeln von Wicken= und Kleearten leben.

Empiformis *E.* (Tenthrediniformis *O.*). P. und Halskragen gelb, Hleib blauschwarz mit unbestimmten gelben Cflecken und gelblichweißen Hrändern des 3., 4. und 6. Segments; Afterbusch schwarz, gelb gestreift. Mittelfleck der Bfl. dick, schwarz; ihre Spitze hellgoldgelb, braun geadert und einwärts braun ge= randet. 16—19. Juni bis Aug.; verbreitet und an vielen Orten häufig. — Die R. in den Wurzeln von Euphorbia cyparissias.

4. Bembecia H.

P. kleiner, S. kürzer als bei Sesia, der Schaft der F. fast fadenförmig. Nur eine Art:

Hylaeiformis *Lasp.* Hleib schwarz, mit einem aufgerichteten Haarbusch auf dem 3. Segment, die drei oder vier letzten Segmente breit citrongelb ge= gürtelt. Bfl. mit breiten kaffeebraunen Rändern und schwarzem Mittelfleck. 22—29. Juli, Aug., in den meisten Gegenden. — R. in den Wurzeln der Himbeere, in manchen Jahren häufig. Im Frühjahr frißt sie das Mark der vorjährigen Stengel einige Zoll hoch über der Wurzel aus und verpuppt sich hier.

3. Fam. Thyrididae.

Kleine Schmetterlinge von zünslerartigem Habitus, ohne Nebenaugen. F. lang, fadenförmig, beim ♂ in der Mitte kaum merklich verdickt. S. stark. P. groß, Fl. ziemlich breit, ihr Saum doppelt ausgeschweift. Hleib des ♂ am

Ende spitz, mit lang vorstehendem, stielartigem Afterbusche. Nur eine deutsche Gattung und Art:

Thyris O.

Fenestrella *Scop.* (Fenestrina *WV.*). Taf. IX. fig. 2. Schwarzbraun mit goldgelben Zeichnungen und zwei weißen durchscheinenden, auf den Hfln zusammenstoßenden Flecken auf jedem Fl. 15—16. In vielen Gegenden Süd- und Mitteldeutschlands, wo der Falter im Juni und Juli um Clematis vitalba im Sonnenschein fliegt, die R. wicklerartig an deren Blättern vom Juli bis zum Sept. lebt. Puppe in einem Gewebe an der Erde.

4. Fam. Zygaenidae.

Vfl. mit zwei, Hfl. mit drei Dorsaladern. F. meist stark, spindel- oder keulenförmig endigend. Deutliche Nebenaugen. Fl. langgestreckt, die Vfl. mit schrägem, gerundetem Saume, einfarbig oder mit hochfarbigen Flecken oder Striemen. Die Schmetterlinge fliegen im Sonnenschein auf Blumen. Die Rn sind dick, etwas behaart, träge, überwintern und verpuppen sich im Frühlinge in einem Gespinnste über der Erde.

Tabelle der Gattungen.

A. S. ausgebildet, gerollt.
    a. Hschienen mit zwei Paar Sporen, F. einfach, am Ende spindel- oder keulenförmig; Vfl. bunt gefleckt oder gestreift: 1. Zygaena.
    b. Hschienen nur mit Endsporen, F. des ♂ gekämmt; Fl. einfarbig: 2. Ino.
B. S. verkümmert, F. bei beiden Geschlechtern gekämmt: 3. Aglaope.

1. Zygaena F.

Vfl. stahlblau, stahlgrün oder schwärzlich, Hfl. gewöhnlich roth. Die Vfl. mit fünf oder sechs paarweise unter einander gestellten rothen, gelben oder weißen, rundlichen Flecken, oder mit drei rothen Längsstreifen (Striemen). Die Falter fliegen in den Sommermonaten auf Waldwiesen und blumigen Stellen, sind träge und ruhen gern auf den Blüten der Scabiosen, Disteln u. a. Pfl., wo man sie oft in Begattung findet. Die Rn sind dick und kurz, faltig, licht gefärbt mit schwarzen Flecken- oder Punktreihen und leben meist auf Papilionaceen. Die Puppe ist weichschalig, mit zum Theil abstehenden Gliederscheiden, und ruht in einem pergamentartigen, spindel- oder eiförmigen, an Halmen, Stengeln oder dergleichen befestigten Cocon. 18 d. A.

Der Kürze wegen bezeichnet man die Flecke der Vfl. durch Ziffern: den obern des Wurzelpaars durch 1, den untern durch 2, das Mittelpaar durch 3 und 4, den auf der Qader stehenden Fleck durch 5 und den vor der Mitte des Saums stehenden durch 6.

Pilosellae *E.* (Minos *Il.*). Taf. IX. fig. 3. Fkeule dick und stumpf. Vfl. mit drei breiten rothen Striemen, deren mittlerer die MZ. größtentheils ausfüllt und sich hinter der Qader über Ast 4 hinaus beilförmig erweitert. 28—35. Juni, Juli. In den meisten Gegenden häufig.

Scabiosae *E.* F. lang, ganz allmälig in eine schlanke Keule auslaufend. Vfl. mit drei Striemen, die mittlere und untere in der Mitte eingeschnürt, jene am Ende rundlich, nicht beilförmig, erweitert. 28—31. Im Osten und Süden, zerstreut.

Achilleae *E.* F. mit dicker, am Ende kurz gespißter Keule. Vfl. schwarzblau oder grau, mit fünf karminrothen (zuweilen theilweise zusammen= fließenden) Flecken, von denen der fünfte der größte, bis in Z. 3 erweitert und gegen den Innenrand ausgehöhlt ist. 26—33. Verbreitet, besonders im Süden.

Meliloti *E.* F. mit schlanker, spindelförmiger Keule. Vfl. dünn be= schuppt, grauschwarz, mit fünf rothen Flecken (zuweilen zusammenfließend): Fleck 3 klein, oval, 4 groß, stumpf viereckig, 5 zuweilen mit einer Verlängerung gegen den Innenrand. Hleib zuweilen oben mit einem rothen Gürtel: Ab. **Stentzii** *Fr.* 26—28. In vielen Gegenden. Juli, Aug.

Lonicerae *E.* Fleule spindelförmig, schlank zugespißt. Vfl. mit ziemlich spißem Vwinkel und sehr schrägem Saum, ihre 5 rothen, rundlichen Flecke ge= trennt; Hfl. mit schwarzblauem Saum. 32—38. Im Osten und Süden überall häufig, im Nordwesten nur hier und da. Juli, Aug.

Trifolii *E.* Der Lonicerae sehr ähnlich: die Fleule plumper, die Spiße der Vfl. gerundet, die Flecke seltener getrennt (Ab. **Orobi** *H.*) als zusammen= geflossen, wenigstens 3 und 4, zuweilen alle (Ab. **confluens** *Stgr.*); sehr selten statt derselben drei rothe Striemen (Ab. **trivittata** *Sp.*). 29—36. Juni, Juli. Verbreitet, aber nur auf Sumpfwiesen.

Filipendulae *L.* Die gemeinste Zygäne. Fleule spindelförmig; Vfl. mit sechs karmoisinrothen Flecken, 3 und 4 nahe zusammen, ziemlich gerade unter einander gestellt; Unterseite dünn bestäubt, die Flecke hier blaßroth, nicht zu einer rothen, scharf begrenzten Scheibe verbunden. Hfl. schmal schwarzblau ge= säumt. Zuweilen sind die Flecke paarweise zusammengeflossen: Ab. **Cytisi** *H.* 30—38. Allenthalben häufig. Ende Juni bis Aug.

Transalpina *E.* Der Filipendulae ähnlich. Die Flecke mehr zinnober= roth, sehr scharf begrenzt, 3 und 4 weiter getrennt und sehr schräg unter einander gestellt; die Hfl. breiter und buchtig schwarz gerandet. Auf der Unter= seite sind die Flecke der Vfl. bei den diesseit der Alpen vorkommenden Form: Var. **Astragali** *Bkh.* (Hippocrepidis *O.*), Taf. IX. fig. 4, zu einer dicht roth beschuppten, wenigstens gegen den Vrand und die schwarzblaue Flipiße scharf begrenzten Scheibe zusammengeflossen. 28—34. Im Südwesten und in Sachsen.

Angelicae *O.* Die Vfl. nur mit fünf Flecken, sonst der vorigen sehr ähnlich und vielleicht nur Lokalvarietät derselben. Im Südosten.

Ephialtes *L.* Fleule spindelförmig, an der Spiße weiß; Hleib mit rothem oder gelbem Gürtel. Vfl. mit sechs Flecken, von denen der sechste zu= weilen ausbleibt; die Farbe derselben, wie die des Gürtels und der Hfl., ist bei der gewöhnlichsten Var.: **Peucedani** *E.*, roth. Bei den Var. **Ephialtes, Coronillae** und **Trigonellae** sind die Hfl. schwarz mit einem weißen Fleck. Ephialtes hat einen rothen Gürtel und weiße Flecke, nur 1 und 2 sind roth; Cor. und Trig. haben einen gelben Gürtel, die Flecke weiß, 1 und 2 gelb. Bei der seltensten Var.: **Aeacus** *E.* endlich sind Gürtel, Flecke und Hfl. gelb. Peucedani ist im Osten ziemlich verbreitet, Ephialtes einzeln und selten; die übrigen Var. fast nur in Oesterreich und den südlichen Alpenthälern. 32—38.

Fausta *L.* Fleule sehr dick und stumpf; Halskragen und die beiden vorlezten Hleibssegmente mennigroth. Vfl. schwarz, die Basis und vier große, mit den breitgelben Rändern zusammengeflossene Flecke mennigroth. 22—25. Hier und da im westlichern Deutschland, auf Kalkboden.

Carniolica *Scop.* (Onobrychis *WV.*). Fleule dick, an der Spitze weißlich; Halskragen und Schulterdecken schwarz, mit weißen Haaren gemischt; Hleib oft mit rothem Gürtel. Vfl. mit sechs großen, rothen, weißlichgelb gerandeten Flecken, 6 lang vor dem Saume herabziehend. Bei der Var. **Berolinensis** fehlt die lichte Einfassung der Flecke. 30—36. Im Süden und Osten, stellenweise häufig.

2. Ino Leach (Procris F.).

Körper schwächer und kürzer als bei Zygaena; die Fl. einfarbig, die hintern grau, dünnschuppig. Sitten wie dort. R. dick und kurz, mit behaarten Wärzchen besetzt; P. weichschalig, in einem länglichen Gewebe. Die ♀ sind kleiner und plumper als die ♂. 5 d. A.

Statices *L.* Taf. IX. fig. 5. F. des ♂ in eine abgerundete Keule endigend, bis zu derselben kurz und anliegend gekämmt; die des ♀ einfach, schwach verdickt. Vfl. goldgrün, zuweilen blau. 22—32. Nirgends selten, auf Waldwiesen. Ende Mai bis Juli. R. auf Ampfer (Rumex). — **Geryon** *H.* und die alpine **Chrysocephala** *Nick.* sind wohl nur kleinere Var. von Statices.

Globulariae *H.* Der Statices sehr ähnlich, aber mit dünnen, nicht kolbigen, sondern zugespitzten Fn. Hier und da, besonders im Süden. — R. auf Centaurea jacea und scabiosa.

Pruni *WV.* F. fadenförmig, gegen Wurzel und Spitze kaum merklich verdünnt, beim ♂ sehr lang, mit langen angedrückten Kammzähnen, beim ♀ sägezähnig. Vfl. umbrabraun, stahlgrün angeflogen. 20—25. Juni, Juli, in den meisten Gegenden. — R. auf Schlehen und Haidekraut.

3. Aglaope Latr.

Nur eine Art: **Infausta** *L.* Schwarz, dünn beschuppt; Halskragen, Wurzel der Vfl. am Brande und Innenrand der Hfl. roth. 22—23. Nur am Mittelrhein. Juli. Die R. im Juni auf Schlehen, die Puppe in einem eiförmigen Cocon an der Erde.

5. Fam. Syntomides.

Schlanke Schmetterlinge, ohne Nebenaugen, mit langen, dreieckigen Vfln und kleinen Hfln. Letztere ohne gesonderte Costalader, indem diese mit dem Brande der M3. zusammenfällt. Vfl. mit weißen, durchscheinenden Flecken. Die ♀ kleiner als die ♂. Sie fliegen schwerfällig bei Tage, im Juni und Juli. Die Rn tragen behaarte Wärzchen und verpuppen sich in einem Gewebe.

Tabelle der Gattungen.

A. F. über der Mitte schwach verdickt, Hleib mit gelbem Gürtel: 1. Syntomis.
B. F. borstenförmig, Hleib gelb, mit einer Reihe schwarzer Rückenpunkte: 2. Naclia.

1. Syntomis O.

Nur eine Art: **Phegea** *L.* Taf. IX. fig. 6. Schwarzblau oder schwarzgrün, alle Fl. mit weißen Flecken (bei Abänderungen auf den Hfln, selten auch auf den Vfln fehlend). Der Hleib auf dem 1. Segment mit gelbem Mondfleck, auf dem fünften mit solchem Gürtel. 33—40. Im Osten verbreitet, im Westen an wenigen Stellen. — R. auf vielerlei Kräutern, überwintert und verpuppt sich im Juni. Sie gleicht einer Bärenraupe und macht auch ein ähnliches Gewebe. Puppe lang und dünnschalig.

2. Naclia B.

Kleine Schmetterlinge mit zimmtbraunen Vfln. — R. spindelförmig, dünn behaart, flechtenfressend.

Ancilla *L.* Vfl. mit drei weißen Fleckchen gegen die Spitze; Hfl. beim ♂ braun, beim ♀ gelb mit brauner Saumbinde und brauner Einfassung der MZ. 22—25. Im Osten und Süden verbreitet, im Nordwesten an wenigen Stellen.

Punctata *F.* Kleiner, die Vfl. mit 5 Flecken, die Hfl. bei ♂ und ♀ gelb, mit braunem Saume. In Südtirol und im Elsaß.

Die nun folgenden Familien, 6. bis 18., enthalten die **Spinner, Bombyces,** der ältern Autoren. Ihren deutschen Namen verdanken sie der bei ihnen ziemlich allgemeinen und bei vielen zu einem hohen Grade von Kunstfertigkeit entwickelten Eigenschaft ihrer Rn, sich zum Schutz für die Puppe mit einem seidenen Gewebe zu umgeben, den lateinischen dem Maulbeerseidenspinner, Bombyx der Alten, der zu ihnen gehört. Im Uebrigen sind sie so verschiedenartig, daß sich eine allgemeine Charakteristik nicht geben läßt.

6. Fam. Lithosidae.

Kleinere oder kaum mittelgroße Nachtfalter, mit schwachem Körper, meist schmalen Vfln und sehr breiten, zarten Hfln, deren Ader 8 (Costalader) aus dem Brande der MZ. (der Subcostalader) entspringt. Von der folgenden Familie unterscheiden sie sich besonders durch den Mangel der Nebenaugen. Der S. ist meist deutlich, zuweilen sehr kurz oder fehlend. Die F. sind borstenförmig, nie gekämmt, ihre Glieder meist eckig vortretend, mit 1 Paar stärkerer Borsten an jedem Gliede, beim ♂ gewimpert; die P. kurz. Die Fl. sind ganzrandig, kurz gefranst. — Die Rn sind 16füßig, etwas spindelförmig, mit behaarten Wärzchen besetzt und nähren sich von Flechten. Die Puppen sind meist dickschalig, kurz und unbeweglich, in einem engen, spinnwebenartigen Gewebe eingeschlossen, über oder an der Erde.

Tabelle der Gattungen.

A. Vfl. mit 12 Adern, dreieckig, ihr Saum länger als der halbe Innenrand: 1. Setina.

B. Vfl. mit 10 oder 11 Adern, lang und schmal, ihr Saum kürzer als der halbe Innenrand: 2. Lithosia.

C. Vfl. länglich, fast elliptisch, wenig schmaler als die Hfl.; S. stark: 3. Calligenia.

D. Vfl. breit und kurz, gerundet, sehr zart und dünnschuppig: 4. Nudaria.

1. Setina Schrank.

S. kurz und weich, Vfl. stumpf dreieckig. Die ♀ sind kleiner als die ♂. Sie fliegen auf Waldwiesen und Abhängen, besonders im Gebirge, auch bei Tage, vom Juni bis in den Aug.

Mesomella *L.* (Eborina *H.*). Vfl. gelb oder weißlich, mit zwei schwarzen Punkten; Hfl. grau, mit gelben Fransen. 25—30. Nirgends selten.

Irrorella *L.* (Irrorea *W.V.*). Oker- oder hellorangegelb; der Körper schwarz, nur Halskragen, Schulterdecken, Hrücken und Afterbusch gelb. Vfl. mit drei Oreihen schwarzer Punkte (die letzte oft unvollständig), unten schwärzlich, mit gelben Rändern. Hfl. unbezeichnet oder nur mit 2—3 Punkten und Schatten= fleckchen. 22(♀)--32(♂). Nirgends selten.

Roscida *E.* Der Irrorella sehr ähnlich; kleiner, dichter beschuppt, orange= gelb, die schwarzen Punkte größer, die vor dem Saume zu Flecken erweitert, besonders auf den Hfln. Die Vfl. schmaler, unten gelb, im Discus dünn schwarz bestäubt. 19—25. Zerstreut, mehr im Süden.

Kuhlweini *H.* Wie Roscida, aber größer, lebhaft orange, der Hleib ganz oder größtentheils gelb. Im Nordosten.

Aurita *E.* und ihre Var. **Ramosa** nur auf den Alpen.

2. Lithosia F.

P. sehr klein; S. hornig; Körper und Beine anliegend beschuppt. Vfl. lang und schmal, Hfl. groß, in der Ruhe eng um den Körper gelegt. Flug bei Nacht. 12 d. A.

A. (Gnophria) **Rubricollis** *L.* Schwarz, der Halskragen orange, die letzten Hleibssegmente goldgelb. 30—36. Juni. — R. im Aug. und Sept. an den Aesten von Laub= und Nadelholz; fast überall. Die Puppe über= wintert.

B. (Oeonistis) **Quadra** *L.* Taf. IX. fig. 7a. b. ♂ und ♀ sehr verschieden: bei ersterem der Thorar und die Wurzel der gelbgrauen Vfl. dottergelb, letztere am Brande stahlblau; die Hfl. gelb. Das ♀ ganz gelb, mit zwei stahlblauen Flecken auf den Vfln. Die größte Lithoside. 40—58. Juli, August. — R. an Laub= und Nadelholz, alten Zäunen u. s. w., im Mai und Juni erwachsen. Allenthalben.

C. (Lithosia) **Sororcula** *Hfn.* (Aureola *H.*). Ganz dottergelb, der Hleibsrücken und der Discus der Vfl. auf der Unterseite bleigrau. Der Brand der Vfl. conver. 26—30. Ende April bis Anfang Juni. — R. an Laub= und Nadelholz; fast überall nicht selten.

Lutarella *L.* (Luteola *W.V.*). Dottergelb, die Vfl. schmal. Stirn, Brand der Hfl. oben und unten und Discus der Vfl. unten schwarzgrau. 24—27. Juli. — R. an Stein=, Wände= und andern Flechten, im Juni. In den meisten Gegenden.

Complana *L.* Vfl. schmal, bleigrau, ihr Brand bis zur Spitze in gleicher Breite, Kopf und Halskragen dottergelb. Die letzten Hleibssegmente gelb. 31—34. Juli, Aug. — R. an den Stämmen der Eichen und Buchen, im Mai und Juni erwachsen. Ueberall nicht selten.

Lurideola *Tr.* Der Complana ähnlich; die Vfl. breiter, ihr Brandstreif an der Spitze sehr verschmälert, der Halskragen in der Mitte grau, der Hleib nur an der Spitze gelb. Zeit und Nahrung wie bei Complana; fast überall.

Deplana *E.* (Depressa *E.*, Helveola *O.*). ♂ (Helveola) gelbgrau, die Hfl. lichter, alle Fl. mit braunem Schatten vor dem Saume und dottergelben Fransen, der Brand der Vfl. an der Wurzel dottergelb. ♀ (Depressa) röthlich=aschgrau, mit dottergelben Fransen und solchem gegen die Spitze verjüngtem Brandstreif der Vfl. 29—33. Juli, Aug. — R. an Nadel= und Laubholz; fast überall.

Griseola *H.* Vfl. breiter als bei den vorigen Arten, gelblich=bleigrau, mit sehr schmalem, gelbem Brandstreif und nur an der Außenhälfte gelblichen Fransen; Hfl. graugelb, mit bleichem Mittelmonde. 32—34. Juli, Aug. — R. an den Stämmen der Laubbäume, auch an Steinflechten. In den meisten Gegenden.

Muscerda *Hfn.* Hellaschgrau, die Vfl. mit einer abgebrochenen Reihe schwarzer Fleckchen. 25—30. Juli, Aug. In Erlbrüchen; nicht überall. — Die R. an den Flechten der Erle.

3. **Calligenia** Dup.

Nur eine Art: **Miniata** *Forst.* (Rosea *F.*). Taf. IX. fig. 8. Vfl. gelb=röthlich, am Brande und Saum breit zinnoberroth, mit einer tiefgezackten schwarzen Clinie hinter der Mitte und einer Reihe schwarzer Längsfleckchen vor dem Saume. 26—30. Juli. In Wäldern. — R. an den Stämmen der Eichen, Buchen und Birken, im Mai und Juni.

4. **Nudaria** Steph.

Der Brand der breiten Vfl. gewölbt, die Spitze stark gerundet.

Mundana *L.* Beinfarbig, schillernd, sehr dünn beschuppt. Vfl. mit zwei gezackten braunen Ostreifen, braunem Mittelpunkte und Schattenstreif vor dem Saume. 20. Juli. — R. an dem grünen Anfluge alter Mauern und Felsen, an schattigen Stellen, im Juni. In den meisten Gegenden.

Seltenere Arten sind: **Senex,** von der Größe der Mundana, und die viel größere **Murina.**

7. Fam. Nycteolidae.

Eine Gruppe kleiner oder kaum mittelgroßer Nachtfalter, welche früher theils zu den Zünslern, theils zu den Widlern gerechnet wurden, nach dem Flügelgeäder und der Form der Raupenfüße aber zu den Makrolepidopteren gehören. Das Geäder stimmt im Wesentlichen mit dem der Lithosiden und der folgenden Familie überein. Die Costalader der Hfl. entspringt aus dem Brande der M3. (nur bei Halias nahe der Wurzel); Vfl. ohne Anhangszelle. Flug bei Nacht. Uebrigens sind die hier vereinigten Gattungen ziemlich verschiedenartig, haben aber wenigstens eine gemeinsame Eigenthümlichkeit in der Form ihrer Puppengespinnste. Diese sind nämlich kahnförmig, aus fester Seide gewebt oder noch mit feinen Rindenstückchen bekleidet, an Zweige, Blätter u. dgl. befestigt.

Tabelle der Gattungen.

A. P. doppelt so lang als der Kopf, breit beschuppt, zusammengedrückt. Vfl. grau oder weißlich, mit eulenähnlicher Zeichnung (Nolidae).

  a. Vfl. stumpf dreieckig: 1. Nola.

  b. Vfl. trapezoidisch, wicklerförmig: 2. Sarothripus.

B. P. kürzer, spitz. Vfl. grün (Chloëphoridae).

  a. Hfl. mit Mittelast.

    α. Mit Nebenaugen; Thorax lang behaart: 3. Halias.

    β. Ohne Nebenaugen; Thorax anliegend beschuppt: 4. Chloëphora.

  b. Hfl. ohne Mittelast: 5. Earias.

1. Nola Leach.

Klein, mit breiten, stumpf dreieckigen Vfln, gerundeten, zeichnungslosen Hfln und breiten Fransen. Ohne Nebenaugen. S. ziemlich lang. Als besondere Auszeichnung tragen die Vfl. drei in eine Längsreihe gestellte rundliche Schuppenhöcker unter dem Vrande. F. des ♂ mit langen Wimperpinseln oder feinen Kammzähnen. — Die Ru sind breit, kurz, träge, mit langbehaarten Wärzchen besetzt und haben nur 14 Füße, indem das erste Paar der Bauchfüße fehlt. Der kahnförmige, enge Cocon ist außen mit feinen, abgebissenen Rindetheilchen zierlich bedeckt und an Baumstämme oder Zweige befestigt. 8 d. A.

Cucullatella *L*. (Palliolalis *H*.). Aschgrau, das Wurzelfeld der Vfl. braun, durch einen dicken, schwarzen Bogenstreif begrenzt. 18—21. Juni, Juli. — R. bunt, auf Schlehen und Obstbäumen, im Mai und Juni. Ueberall.

Strigulalis *H*. Vfl. weißgrau, braun gewässert, mit zwei schwarzen Ostreifen, der innere gezackt, der äußere gezähnt, und weißlicher, dreibuchtiger Wellenlinie. Ast 3 der Hfl. vor dem Saume gegabelt. F. des ♂ gekämmt. 20—22. Juni, Anfang Juli, an Eichenstämmen. — R. im Mai auf Eichen und Buchen. Nicht häufig.

Confusalis *HS*. Der vorigen ähnlich; heller gefärbt, der innere Ostreif der Vfl. bogenförmig, nicht gezackt, Ast 3 der Hfl. nicht gegabelt; die F. des ♂ statt der Kammzähne mit Wimperpinseln. An Baumstämmen, Ende April und im Mai. — Die bunte R. im Juli auf Eichen und Buchen; die Puppe überwintert.

2. Sarothripus Curt.

Nur eine Art: **Revayana** *WV.* Die Vfl. länglich viereckig, fast gleichbreit; die P. in doppelter Kopflänge vorgestreckt, ihr Endglied länger als die beiden andern, stumpf. Keine Nebenaugen. Vschienen mit einem langen Busch von Schuppenhaaren. Die Farbe und Zeichnung der Vfl. ungemein wechselnd (Ab. Undulana, Dilutana, Degenerana, Punctana, Ramosana *H*.); am standhaftesten ist ein rostfarbiger oder schwarzer runder Punkt (Schuppenhöcker) auf der Oader, die breite weißliche, bogig gezackte Wellenlinie und eine Reihe schwarzer Striche vor den Fransen. In der Regel ist die Farbe rindenbraun, öfters mit weißgrünlicher Mischung, und das Mittelfeld von zwei doppelten, gezackten, licht ausgefüllten Olinien durchzogen. 21—25. Ende Juni bis Sept. — Die R. auf Eichen und Sahlweiden, Ende Mai bis Juli; grün, mit einzelnen langen weißen Haaren; Cocon auf Blättern, weiß.

3. Halias Tr.

Nur eine Art: **Prasinana** *L.* Taf. IX. fig. 9. Körper ziemlich plump, der Thorax lang und dicht behaart. Vfl. trapezoïdisch, spitz, mit sehr schrägem Saume; grün, mit drei perlmutterweißen, mehr oder minder deutlichen Schräg=streifen und schmal rothen (♂) oder gelben (♀) Rändern; Hfl. gelb (♂) oder weiß (♀). 32—37. Mai, Juni. — R. nackt und dick, schön gelbgrün, gelbgerieselt, mit zwei gelben Seitenlinien und kettenförmigen gelben Zeichnungen: der erste Ring vorn gelb eingefaßt; auf den ausgestreckten Nachschiebern je ein rother Strich. Juli bis October. Auf Laubholz, besonders Eichen und Buchen, häufig.

4. Chloëphora Steph.

Nur eine Art: **Bicolorana** *Füssly* (Quercana *WV.*). Vfl. trapezoïdisch, mit fast rechtwinkeliger Spitze, schön grün, mit zwei feinen, scharfen, hellgelben Schrägstreifen; Fransen und Hfl. weiß. 40—45. Juni, Juli. — R. vom Herbst bis in den Juni auf Eichen, nackt, gelbgrün, mit gelblichen Schrägstrichen und solcher, doppelter Rückenlinie; das zweite Segment ist erhöht, mit einem kurzen Zapfen. Nicht so häufig als Prasinana.

5. Earias H.

Kleine, wicklerähnliche Schmetterlinge, ohne Nebenaugen. Ihre dicken, nach hinten verjüngten Rn wohnen zwischen den zusammengesponnenen Endtrieben der Weiden und Pappeln.

Chlorana *L.* Vfl. zeichnungslos, grün, am Rande weiß; Hfl. weiß, grün angeflogen. 20. April, Juli. — R. auf Weiden, besonders Salix vimi-nalis. Fast überall.

Vernana *H.* Vfl. weißgrün, mit zwei dunkelgrünen Qstreifen. 22. — R. auf Populus alba. Bei Wien und Stettin.

8. Fam. Arctiidae.

Große bis mittelkleine Spinner von meist reinen, lebhaften Farben, mit Nebenaugen. S. immer vorhanden, doch oft kurz und schwach. Ader 8 der Hfl. entspringt aus der Mittelzelle, Ast 4 und 5 aller Fl. dicht beisammen. Flhaltung dachförmig, Flug meist bei Nacht. — Die Rn, unter dem Namen Bären=raupen bekannt, sind (mit Ausnahme von Euchelia) mit halbkugeligen, lang behaarten Warzen besetzt, lebhaft und schnellfüßig. Sie nähren sich von kraut= und strauchartigen Gewächsen, meist polyphag, überwintern in der Regel jung und verwandeln sich im Frühling oder Sommersanfang in einem weichen Ge=spinnste über der Erde in dickleibige Puppen, aus denen der Falter sich nach einigen Wochen entwickelt.

Tabelle der Gattungen.

A. F. des ♂ einfach borstenförmig oder schwach gezähnt.
    a. Körper schlank.
        α. S. schwach und kurz, F. kurz, Thorax behaart: 2. Euchelia.
        β. S. stark und lang, Kopf und Thorax glatt beschuppt.

† Bfl. lang und schmal, ihr Saum kaum halb so lang als der Innenrand: 3. Deïopeja.

†† Bfl. breiter, Saum länger als der halbe Innenrand: 4. Callimorpha.

  b. Körper plump, Thorax glattschuppig, ♂ mit vorstehenden nackten Afterklappen: 5. Pleretes.

  c. Körper plump, Kopf und Thorax wollig behaart: 8. Phragmatobia.

B. F. des ♂ gekämmt, des ♀ sägezähnig oder gekerbt; S. weich und kurz.

  a. F. des ♂ außen kamm=, innen sägezähnig: 7. Estigmene.

  b. F. des ♂ doppelt gekämmt, Bschiene mit einer Kralle am Ende; ♀ kurzflügelig: 9. Ocnogyna.

  c. F. des ♂ doppelt gekämmt, Bschienen ohne Kralle.

    α. Bfl. lang und schmal, ihr Saum kaum halb so lang als der Innenrand, Körper schlank: 1. Emydia.

    β. Bfl. breiter, ihr Saum länger als der halbe Innenrand: 6. Arctia.

1. Emydia B.

Hfl. ohne Mittelast. — R. ziemlich kurz; Puppe dick, unbeweglich.

Grammica (Striata) *L.* Bfl. okergelb, zwischen den Adern mit schwarzen (beim ♀ schwächern oder fehlenden) Längsstreifen. Hfl. orangegelb, mit schwarzem Mittelmonde, Brande und Saum. 36—39. Juni. — R. im Mai erwachsen, auf Heidekraut, weichen Grasarten u. a. Pfl. Nicht überall.

Cribrum *L.* Bfl. weiß, mit vier Ereihen schwarzer Fleckchen, deren äußere strichförmig verlängert sind; Hfl. braungrau, mit weißen Fransen. 33—36. Juli. — R. auf niedern Pfl. Zerstreut.

2. Euchelia B.

Nur eine Art: **Jacobaeae** *L.* Taf. IX. fig. 12a. b. Schwarz, ein Streif längs dem Brande und zwei Saumflecke der Bfl. und die Hfl. purpurroth. Das ♀ etwas kleiner als das ♂. 34—39. Mai bis Juli. — R. schwarz und orange=gelb geringelt, nur mit einzelnen feinen Haaren auf kleinen Warzen besetzt; im Juli und Aug. auf Senecio jacobaea, welche sie zuweilen kahl frißt. Puppe unbeweglich, überwinternd. Gemein.

3. Deïopeja Steph.

Nur eine Art: **Pulchella** *L.* (Pulchra *W. V.*). Weiß, Kopf und Thorax schwarz= und orangegefleckt, Bfl. mit vielen schwarzen und scharlachrothen Fleckchen, Hfl. mit buchtiger schwarzer Saumbinde. 36—40. Hier und da, einzeln und selten.

4. Callimorpha Latr.

Schöne, schlanke, bei Tage fliegende Arten, deren polyphage Rn jung überwintern.

Hera *L.* Taf. IX. fig. 11. Bfl. glänzend schwarzgrün, mit hellgelben Ostreifen, deren äußere am Innenwinkel zusammenfließen; Hfl. zinnoberroth, schwarz gefleckt. Hleib rothgelb mit einer Reihe schwarzer Rückenpunkte. 52—56. Juli, Aug. An trockenen, felsigen Stellen in Süd= und Mitteldeutschland. —

R. graubraun oder schwarz, mit hochgelbem Rückenstreif, gelber oder weißlicher, abgesetzter Seitenlinie und rostgelb behaarten Warzen.

Dominula *L.* Vfl. schwarzgrün, glänzend, mit gelblichweißen und einigen gelben Flecken; Hleib und Hfl. karminroth, ersterer mit schwarzem Rückenstreif und Afterbusch, letztere mit schwarzem Brande und einer zerrissenen schwarzen Saumbinde. 48—53. Juni, Juli; überall, besonders in Wäldern und feuchten Thalgründen. — R. schwarz, mit drei gelben, weißpunktirten Längsstreifen und hellblauen Warzen.

5. Pleretes Led.

Nur eine Art: **Matronula** *L.* Die größte Art der Familie. Vfl. oliven= braun, längs dem Brande hellgelb gefleckt; Hfl. orangegelb, mit schwarzen, oft zusammenfließenden Fleckenreihen. Hleib roth, mit schwarzen Rücken= und Seiten= flecken. 80—90. Juni, Juli; zerstreut und meist selten. — Die R. über= wintert gewöhnlich zweimal, ist jung weiß, mit gelben, bräunlich behaarten, erwachsen schwarzbraun, mit rothbraun behaarten Warzen; sie verbirgt sich bei Tage.

6. Arctia Schk.

Die F. des ♂ doppelt gekämmt, des ♀ sägezähnig; Kopf und Thorax meist wollig behaart; die meisten Arten plump gebaut. — An polyphag. 17 d. A.

A. Nebenaugen groß, Körper schlanker; ♀ etwas kleiner und anders gefärbt als das ♂; Flug auch bei Tage; in Wäldern und auf Bergen (Nemeo- phila *Stph.*).

Russula *L.* Beim ♂ sind Bleib und Vfl. citrongelb, Hleib und Hfl. gelblichweiß, die Fransen rosenroth; auf den Vfln ein roth und schwarzer, auf den Hfln ein schwarzgrauer Mittelfleck; letztere mit schwärzlicher, mehr oder minder deutlicher Saumbinde. ♀ kleiner, ganz rothgelb, die Hfl. in der Innen= randhälfte und vor dem Saume schwarz, mit großem schwarzem Mittelfleck. 35(♀)—46. Ende Mai bis Juli, überall. — R. schwarzbraun, mit gelber, roth punktirter Rückenlinie, fuchsrothen, nach hinten verlängerten Haarbüscheln und weißen Luftlöchern. Im April und Mai erwachsen, auf Heidekraut u. a. Pflanzen.

Plantaginis *L.* Vfl. schwarz, mit hellgelben Streifen und Flecken; Hfl. gelb (♂), oder ziegelroth mit schwarzer Wurzel (♀), schwarz gestreift und gefleckt. Zuweilen sind die Hfl. des ♂ weiß, statt gelb: Ab. **Hospita** *WV.*, oder fast ganz schwarz: Ab. **Matronalis** *Fr.*; erstere fast überall, letztere nur im Hoch= gebirge. 35—38. In allen Berggegenden, von Ende Mai bis Juli. — R. schwarz, mit schwarzen, über den Füßen gelb gemischten, auf dem Rücken der sechs mittlern Segmente ziegelrothen, auf den letzten sehr verlängerten Haaren. Im April und Mai erwachsen; auf Wegerich u. a. Pfl.

B. Nebenaugen klein, Körper plump, Flug bei Nacht.

a. H= und Vfl. verschieden gefärbt, die erstern roth oder gelb, schwarz gefleckt. Die R. überwintert, verpuppt sich im Mai oder Juni und gibt den Falter nach einigen Wochen (Arctia).

Caja *L.*, der gemeine Bärenspinner. Taf. IX. fig. 10 a. b. Vfl. braun, mit weißen Flecken und Bindenstreifen; Hfl. zinnoberroth, mit stahlblauen, schwarz gerandeten, rundlichen Flecken. Hleib roth, mit schwarzen Rückenflecken. 63—80. Juli, Aug. — R. schwarz, die Wärzchen weißlich, mit auf den drei ersten Segmenten und in den Seiten rostfarbigen, übrigens schwarzen, an der Spitze weißlichen langen Haaren besetzt. Ueberall gemein.

Villica *L.* Vfl. schwarz, mit rundlichen gelblichweißen Flecken; Hfl. helldottergelb, mit schwarzem Bwinkel und schwarzen Flecken. 54—60. Juni, Juli; in vielen Gegenden häufig. — R. schwarz, glänzend behaart, mit braunrothem Kopf und solchen Beinen; auf vielen niedern Pfl.; erwachsen im Mai.

Purpurea (Purpurata) *L.* Vfl. gelb, braungrau gefleckt; Hfl. zinnoberroth, schwarz gefleckt. 44—48. Juni. — R. dunkelgrau, mit dunkelbraun oder gelb behaarten Rückenwarzen, hellgelb oder weißlich behaarten Seitenwarzen und gelblichem Rücken- und Seitenstreife. Auf Besenpfrieme u. a. Pfl.; erwachsen im Mai. Im Süden und hier und da im Norden.

Aulica *L.* Vfl. zimmtbraun mit hellgelben, Hfl. helldottergelb mit großen schwarzen Flecken. 31—36. Mai, Juni. — R. schwarz, die drei ersten Segmente schwarz, die Seiten rostfarbig behaart, die vier letzten Segmente mit sehr verlängerten Haaren; der Kopf glänzend schwarz; im April und Mai erwachsen; auf Wegerich u. a. Pfl. Zerstreut.

Maculosa, Casta und **Curialis** in wenigen, südlichen Gegenden: **Flavia** und **Quenselii** auf den Hochalpen Tirols.

b. Die Fl. gleichfarbig, weiß, gelb oder grau, mit schwarzen Punkten. Die unbewegliche Puppe überwintert. (Spilosoma *Stph.*)

Mendica *L.* Körper und Fl. einfarbig aschgrau (♂) oder weiß (♀), mit einzelnen schwarzen Punkten. 31—35. Mai, Juni. — R. im Juni, Juli und Aug. auf Ampfer u. a. Pfl., bräunlichgrün, hellrothbraun oder grau behaart, mit rostfarbigem Kopf und Brustfüßen; in den meisten Gegenden.

Lubricipeda *L.* Hellgelb (♂) oder weißlichgelb (♀), die Fl. mit schwarzen Punkten und Fleckchen; der Hleib hellorangegelb mit schwarzen Fleckenreihen. 34—40. Mai, Juni. — R. vom Juli bis October auf vielen Kräutern und Sträuchern, braungelb, mit rothgelben Warzen und breitem weißlichem Seitenstreif. Gemein.

Menthastri *E.* Weiß; Vfl. mit vielen schwarzen Punkten, Hfl. mit schwarzem Fleck auf der Cader und (wenigstens 1) Punkten oder Flecken vor dem Saume; Hleib hellorangegelb mit schwarzen Punktreihen, am Ende weiß. 40—44. Mai, Juni. — R. vom Juli bis October auf vielen niedern Pfl., dunkelbraun, glänzend schwarzbraun behaart, mit scharf rothgelbem Rückenstreif, glänzend schwarzem Kopfe mit rothgelbem Winkelzeichen und weißen Luftlöchern. Gemein.

Urticae *E.* Schneeweiß, auf den Vfln wenige oder keine Punkte, auf den Hfln höchstens 1 schwarzer Mittelpunkt; der Hleib wie bei Menthastri, die F. des ♂ kürzer gekämmt, die Fl. gestreckter als bei dieser. 40—45. — R. dunkelbraun mit rothgelbem Kopfe. Gleichzeitig mit Menthastri, doch seltener.

7. Estigmene H.

Plump, mit wolligem Thorax; P. und S. klein. Nur eine Art:

Luctifera *E.* Schwarz, nur der Afterwinkel der Hfl. und der Hleibsrücken gelb, letzterer mit einer Reihe schwarzer Fleckchen. 31—35. Im Süden und Osten, zerstreut. Juli. — R. auf niedern Pfl.

8. Phragmatobia Stph.

Nur eine Art: **Fuliginosa** L. Vfl. zimmtbraun, Hfl. dünnroth, alle mit 1—2 schwarzen Punkten auf der Quader, die Hfl. auch mit schwarzer Rand= binde; Hleib roth, schwarz gefleckt oder gestreift. 28—31. — R. schwarzbraun, fuchsroth, graubraun, dunkelbraun oder schwarz behaart, oft mit gelber Rücken= linie. Auf Labkraut u. v. a. Pfl. Sie überwintert erwachsen, verpuppt sich im April und gibt den Falter im Mai. Zuweilen findet auch noch eine Sommer= brut statt. Gemein.

9. Ocnogyna Led.

Kleine, plumpe Arctiiden, ausgezeichnet durch die Kralle an den Vschienen und die nur unvollkommen entwickelten Fl. des ♀. Nur eine deutsche Art: **Parasita** Il. Gelblichgraubraun, die Vfl. tiefschwarz gefleckt. 23(♀)— 31. Bei Wien (sehr selten) und in Wallis. März, April. — R. auf n. Pfl.

9. Fam. Hepialidae.

Schmetterlinge von sehr eigenthümlichem Bau, von allen andern Makro= lepidopteren durch die große Zahl der Adern der Hfl. abweichend, die dieselbe ist wie auf den Vfln. 12, während sie bei den übrigen nie 8 übersteigt. Die F. sind sehr kurz, meist kaum länger als der Kopf, bei ♂ und ♀ gleich geformt; P. sehr klein, S. verkümmert, keine Nebenaugen, Schienen spornlos; Fl. lang gestreckt, ohne Haftborste. — Die Rn sind beinfarbig, nackt, mit starkem Gebiß, glänzendem Kopf= und Nackenschilde, 16füßig. Sie leben in der Erde von Wurzeln, überwintern und verwandeln sich im Frühlinge in sehr geräumigen, ausgesponnenen Erdhöhlen, in welchen die sonderbar gestaltete, mit Dornkränzen am Hleibe ausgestattete Puppe sich ziemlich behend vor= und rückwärts schieben kann. Die Eier ähneln feinem Schießpulver. Flug abends. Nur eine Gattung:

Hepialus F.

Die F. einfach fadenförmig, nur bei Sylvinus geblättert. ♂ kleiner als ♀, beide aber in der Größe sehr wechselnd.

Humuli L., der Hopfenspinner. Taf. X. fig. 1. Die größte Art. ♂ oben einfarbig silberweiß, unten braungrau; ♀ hellokergelb, die Hfl. mehr grau, die Vfl. mit blaßziegelrothen Fleckenstreifen. 43—68. Juni, Juli. — R. an den Wurzeln des Ampfers, Löwenzahns, Hopfens u. a. Pfl., auf fettem, humosem Boden. Fast überall, besonders in Berggegenden.

Sylvinus L. Durch die Lamellen der F. von den übrigen Arten ver= schieden. Farbe sehr abändernd, zimmtroth (♂), rothbraun bis braungrau (♀); aus der Mitte des Innenrandes der Vfl. laufen zwei rechtwinkelig divergirende weißliche, ungleiche Streifen gegen die Wurzel und die Flspitze. 27—47. Aug., Sept.; fast überall.

Lupulinus L. Vfl. gelbbraun oder braungrau, mit zwei über dem Innenrande stumpfwinkelig convergirenden hellweißen Fleckenstreifen aus der

Wurzel und Spitze. 27—34. Mai, Juni. — R. an Gras= und a. Pflanzen=
wurzeln. Fast überall.

Hecta *L.* ♂ trüb röthlichgelb bis orange, die Vfl. mit zwei schrägen,
fast parallelen Reihen schwarz eingefaßter Silberflecke; ♀ braungrau mit zwei
lichtern Schrägbinden. Die Hschienen des ♂ sind zu einer gewölbten, birn=
förmigen Platte erweitert, die Fußglieder fehlen. 24—29. Juni, Juli; in
Wäldern, überall.

Velleda in wenigen Gegenden, die R. in den Wurzeln des Adlerfarrns
(Pteris aquilina). **Carna** und **Ganna** in den Alpen.

10. Fam. Cossidae.

Plumpe Spinner, mit langem Hleibe, das ♀ mit einer Legeröhre. Ohne
S. und Nebenaugen; P. sehr kurz; F. des ♂ gekämmt oder geblättert. Vfl.
mit zwei, Hfl. mit drei Dorsaladern, ihre Costalader frei aus der Wurzel ent=
springend. Flug bei Nacht. — Die Rn sind glatt, nackt, mit starkem Gebiß
und dunklem, glänzendem Nackenschilde, 16füßig. Sie leben und verwandeln
sich im Holz oder Mark der Gewächse. Puppe lang gestreckt, mit Dorngürteln
am Hleibe, mittelst deren sie sich vor dem Ausschlüpfen des Schmetterlings zur
Hälfte aus ihrem Gespinnste hervorschiebt.

Tabelle der Gattungen.

A. F. bis zur Spitze gekämmt oder geblättert, beim ♀ kürzer oder nur ge=
  zähnt; Hschienen mit 2 Paar Sporen.

  a. Bekleidung von Kopf und Thorax anliegend haarschuppig. Große
    Arten: 1. Cossus.

  b. Kopf und Thorax zottig behaart. Klein: 4. Endagria.

B. F. an der Spitze nackt, Hschienen nur mit Endsporen.

  a. F. des ♂ bis zur Mitte scheibenförmig gekämmt, des ♀ einfach, an
    der Wurzel wollig: 2. Zeuzera.

  b. F. bei ♂ und ♀ bis zu ⅔ gekämmt. Hleib so lang wie die Vfl.
    oder länger: 3. Phragmatoecia.

1. Cossus F.

Die Rn leben in den Stämmen von Laubholz, überwintern zwei= oder
mehrmals, verpuppen sich im Frühlinge und geben die Falter im Juni oder Juli.

Ligniperda *F.* (Cossus *L.*), der große Holzbohrer. Taf. X. fig. 2a. b.
Scheitel und Halskragen holzgelb; Vfl. schimmelgrau und braun, schwarzbraun
gewässert. Die F. geblättert, beim ♀ mit sehr kurzen Lamellen. 75—85. — Die
große R. ist bis zur letzten Häutung dunkelroth, nach derselben gelblich=fleischfarbig,
auf dem flachen Rücken dunkelroth, der Kopf schwarz, das Nackenschild schwarz
gefleckt. Sie lebt in den Stämmen alter Weiden, Eichen und anderer Bäume,
überwintert zweimal und wird, wo sie in größerer Zahl auftritt, schädlich.

Terebra *F.* Der vorigen ähnlich, aber Kopf und Halskragen dunkel=
grau, die F. des ♂ mit zwei Reihen ziemlich langer, beim ♀ sehr kurzer Kamm=

zähne. 62—70. Zerstreut und selten. — Die in den Stämmen der Espen und Pappeln lebende R. soll sich erst im vierten Jahre verpuppen.

2. Zeuzera Latr.

Nur eine Art: **Aesculi** (Pyrina) *L.* Taf. X. fig. 3. Weiß, der Thorax mit sechs, die Fl. mit zahlreichen rundlichen, stahlblauen oder stahlgrünen Flecken. 52—70. Juli, Aug. Ueberall, aber sparsam. — R. in den Stämmen von Laubbäumen, besonders Eichen; gelb, Wärzchen, Nackenschild und letztes Segment glänzendschwarz.

3. Phragmatoecia Newman.

Nur eine Art: **Arundinis** (Castaneae) *H.* Vfl. gelblichbraun, weißlich gemischt (beim ♀ lichter) und verloschen dunkler gesprenkelt. 40—55. In der nördlichen Tiefebene und einigen Stromthälern des Südens. — Die R. in den Stengeln des Rohrs (Phragmites), im April erwachsen; Falter im Juni.

4. Endagria B.

Nur eine deutsche Art: **Pantherina** *H.* (Ulula *Bkh.*). F. des ♂ gekämmt, des ♀ gezähnt. Vfl. olivengrau, weiß gefleckt. 20—23. Bei Kreuznach, Wien und in Südtirol. Juni, Juli.

11. Fam. Cochliopodae.

Ebenfalls eine sehr eigenthümliche, besonders durch ihre Rn ausgezeichnete, in Europa nur durch zwei Arten vertretene Familie. Kleine Spinner mit sehr breiten Fln; die Vfl. mit zwei, die Hfl. mit drei Dorsaladern und einer nicht aus der Wurzel, sondern aus der M3. (Subcostalader) entspringenden Costalader. Ohne Nebenaugen. S. sehr kurz und weich; F. einfach borstenförmig. Sie ruhen mit steil dachförmiger Flhaltung und aufgekrümmtem Hleibe. Die ♂ fliegen bei Tage in Wäldern, im Juni und Juli. — Die Rn sind kurz, stark gewölbt, länglichrund, nackt. Der kleine Kopf ist retractil, die Brustfüße sind kurz, die Bauchfüße fehlen und werden durch klebrige Wülste ersetzt, mittelst welcher die R. schneckenartig kriecht. Sie leben vom Juli bis in den Herbst auf Laubholz und spinnen sich zur Verwandlung ein enges, festes, eirundes Tönnchen, am Boden unter Moos oder dergleichen (Limacodes) oder an Zweigen befestigt (Asella), in welchem sie erst im folgenden Frühjahr zur Puppe werden. Diese hat das Eigenthümliche, daß die Gliederscheiden nicht zu einer gemeinsamen festen Hülle verschmelzen, sondern weich und gesondert bleiben. Nur eine Gattung:

Heterogenea Knoch,

deren zwei sehr verschiedene Arten besser besondere Gattungen bildeten.

Limacodes *Hfn.* (Testudo *W V.*). Taf. X. fig. 4a. b. Ostergelb, die Vfl. mit zwei gegen den Innenrand stark aus einander tretenden schwärzlichen Ostreifen und einem kurzen solchen vor dem lichtern Innenwinkel. ♂ auf den Vfln braungrau bestäubt, mit fast ganz braungrauen Hfln. 23—30. — R. gelb-grün, mit gelblichweißen Punkten und durchscheinenden Wärzchen bestreut; der bogenförmig gewölbte Rücken wird von den Seiten durch zwei hellgelbe, rothpunktirte Längslanten getrennt. Kopf und Füße werden in der Ruhe unter die wulstartige Seitenkante zurückgezogen. Häufig, auf Eichen und Buchen.

Asella *W. V.* ♂ braun, einfarbig, ♀ mit gelbbraunen Vfln und grauen Hfln; Fransen trüb okergelb, in der Spitze der Vfl. und am Innenwinkel der Hfl. schwärzlich. 15—18. — R. gelblichgrün, der Rücken in Form eines breiten Kreuzes roth oder gelb. Auf Buchen und anderem Laubholz. Sparsam.

12. Fam. Psychidae.

Kleine, unscheinbare, aber durch Lebensweise und Entwickelungsgeschichte merkwürdige Nachtfalter, deren breitflügelige Arten im Habitus den Spinnern (Lipariden) gleichen, während andere sich eng an die Motten (Solenobia, Talaeporia) anschließen und kaum von diesen zu trennen sind. Die ♂ haben gerundete, meist schwärzliche, zeichnungslose, höchstens schwach gegitterte Fl., gekämmte F. und weder Nebenaugen, noch S. und P., oder letztere sind in der langen Behaarung des Kopfes verborgen. Die Vfl. haben eine, die Hfl. drei Dorsaladern, wie die Mikrolepidopteren. Die ♀ sind vollkommen flügellos. — Die Ru stecken in aus Seide gewebten, äußerlich oft mit Blattstückchen u. dgl. bekleideten tragbaren Röhren (Säcken) und heißen deshalb Sackträger. Zum Kriechen bedienen sie sich nur der stark entwickelten Brustfüße, die Bauchfüße sind verkümmert. Die Verwandlung geschieht innerhalb des Sackes, nachdem derselbe mit dem vordern Ende an einen Baumstamm, Stein od. dgl. festgesponnen ist. Vor der Verpuppung kehrt sich die männliche R. um, damit der Schmetterling durch das offene hintere Ende des Sackes auskriechen kann. Wenn dies geschehen soll, drängt sich die Puppe bis über die Mitte aus dem Sacke hervor. Die weibliche Puppe bleibt stets im Sacke verborgen, in welchen das ♀ auch seine Eier ablegt. Die Ru überwintern, bei manchen Arten zweimal, verpuppen sich im Frühling und geben die Falter zwischen Mai und Juli. Die ♂ sitzen mit dachförmiger Flhaltung und fliegen schwerfällig bei Tage, manche nur in den Morgenstunden.

Tabelle der Gattungen.

A. Die Dorsalader der Vfl. spaltet sich saumwärts in zwei lange Gabeläste; Hfchienen mit nur 1 Paar sehr kurzer Sporen.
    a. Hfl. mit 7 oder 8 Adern: 1. Psyche.
    b. Hfl. mit 5 Adern: 2. Oreopsyche.
B. Die Dorsalader der Vfl. nicht gegabelt, Hfchienen mit 2 Paar Sporen.
    a. Fl. nur mit Härchen bekleidet, durchscheinend; das ♀ verläßt den Sack nicht: 3. Epichnopteryx.
    b. Fl. dicht beschuppt; das mit Gliedmaßen und langer Legeröhre versehene ♀ kriecht aus dem Sacke heraus: 4. Fumea.

1. Psyche Schrank.

Größere Arten, mit zottig behaartem Körper und breiten Fln, die meist nur mit Härchen bekleidet, durchscheinend sind. Das ♀ ist eine weiche Made (ohne entwickelte Sinnesorgane, Freßwerkzeuge und Füße) und verläßt den Sack erſt, nachdem es ſeine Eier in die leere Puppenſchale abgeſetzt hat, um zu ſterben. Die Befruchtung geſchieht innerhalb des Sackes, in welchen der einer ſtarken Verlängerung fähige Hleib des ♂ eindringt. 7 d. A.

Unicolor *Hfn.* (Graminella *WV.*). Taf. X. fig. 5 a. b. Braunſchwarz, die Fl. ſehr breit, undurchſichtig, die Hfl. mit 7 Adern. Die wollige Bekleidung des Körpers mit weißlichen Härchen gemiſcht. 25. Juni, Juli. — R. an Grasarten, der Sack lang, mit hinten abſtehenden Grasſtengel= und Blattſtückchen dachziegel= förmig bekleidet. In den meiſten Gegenden häufig, beſonders im Süden und Oſten.

Opacella *HS.* Viel kleiner als Unicolor; die Vfl. mit ſchrägem Saum und gerundeter Spitze, die Hfl. kleiner, alle durchſcheinend ſchwarz, mit dunklern Adern. 18. Mai. Der Sack dem der Unicolor ähnlich, kleiner, mit Erd= körnchen und dünnen Halmſtückchen bekleidet; an Baumſtämmen und Steinen, nicht hoch über dem Boden, im April zur Verpuppung angeſponnen. Nicht überall.

Calvella *O.* (Hirsutella *H.*). Körper kurz und ſchwach, gelbgrau; Fl. groß, gerundet, hellbräunlichgrau, nur mit Härchen dünn bekleidet, faſt durch= ſichtig; die Hfl. mit 8 Adern. F. kurz. 20. Mai, Juni. — R. an Laub= holzbüſchen, beſonders Eichen; der Sack mit unordentlich quer durcheinander gelegten Blattſtückchen, Abfällen u. dgl. bekleidet. In den meiſten Gegenden.

Villosella, Viciella und **Graslinella** *B.* (Atra *Fr.*), ſeltenere, nur in wenigen Gegenden vorkommende Arten.

2. Oreopsyche Sp.

Die F. des ♂ mit außerordentlich langen, ruthenartigen Kammzähnen, der Körper ſehr zottig, die Fl. nur mit Härchen bekleidet, gerundet. Meiſt Gebirgsthiere. ♀ und Entwickelungsgeſchichte wie bei Psyche. 5 d. A.

Muscella *H.* Körper langzottig, der Hleib abſtehend behaart, braun= ſchwarz; die Fl. durchſichtig, glänzend, ſchwärzlich, Aſt 6 und 7 der Vfl. ge= ſondert. 18. Mai. Im Süden hier und da nicht ſelten. — R. an Gräſern.

Plumifera *O.* Der Muscella ſehr ähnlich; die Fl. ſchmaler, die Vfl. mit ſchrägerem Saum, Aſt 6 und 7 geſtielt. 15. April, Mai. — R. auf Thymus serpyllum. Im Süden, beſonders im Gebirge.

Seltenere Arten ſind **Atra** *E.* und **Plumistrella** *H.*, erſtere hier und da im Oſten und Süden, letztere nur auf den Alpen.

3. Epichnopteryx H.

Das ♀ madenförmig oder mit kurzen F. und Beinen verſehen, ohne oder mit kurzer Legeröhre. ♂ mit ſchmächtigem Körper und zarten Fln. 6 d. A.

Bombycella *WV.* Die größte Art der Gattung; hellgelblichgrau, die Vfl. dunkel gegittert. 17—22. Juni. Im Süden und Oſten. — R. an Gräſern.

Pulla *E.* Einfarbig ſchwarz, etwas durchſcheinend, die F. mit langen Kammzähnen. 15. Mai; auf Grasplätzen und Waldwieſen, häufig. — R. auf Gras. Sack in der Mitte etwas bauchig, mit der Länge nach regelmäßig angehefteten Streifchen von Grasblättern bekleidet, deren Enden den Sack überragen.

Sieboldii, **Nudella**, **Pectinella**, seltenere Arten. Auch die wunder= bare **Helix** Siebold, mit schneckenförmig gewundenem, mit Sandkörnchen bekleidetem Sacke, scheint hierher zu gehören.

4. Fumea H.

Kleine, mottenähnliche Psychiden. F. des ♂ mäßig lang gekämmt, V= schienen mit linienförmigem Schienblatt, Hschienen mit 2 Paar sehr langer Sporen. Körper schwach, ziemlich anliegend beschuppt; Fl. länglich, dicht be= schuppt. ♀ mit kurzen, nackten Fn und Beinen, dicker Afterwolle und sehr langer, vorstehender Legeröhre. Es kriecht aus dem Sacke hervor, bleibt aber auf ihm sitzen und legt die Eier in ihn ab. — R. im Mai oder Juni erwachsen, Falter im Juni und Juli. 5 d. A.

Nitidella H. (Intermediella *Bruand*). Fl. des ♂ einfarbig schwarz (bei alten Exemplaren braun), glänzend; ♀ mit graugelber Afterwolle. 13. — R. auf vielerlei Kräutern und Sträuchern. Sack der ganzen Länge nach mit einer einfachen Schicht paralleler, den Sack überragender Stückchen von Grashalmen und dünnen Aestchen bekleidet. Häufig.

Betulina Z. Wie Nitidella, ♀ aber mit schneeweißer Afterwolle, Sack unordentlich und spärlich mit Flechten= und Rindestückchen bekleidet.

Sepium *Sp.* Fl. schmaler, schwach gegittert, mit dunklem Fleck auf der Cader; F. kurz gekämmt. 14. — R. flechtenfressend; der Sack kurz, cylindrisch.

13. Fam. Liparides.

S. schwach oder fehlend; keine Nebenaugen. F. gekämmt, beim ♀ zu= weilen nur gezähnt; die Kammzähne am Ende mit 1 oder 2 stärkern, rückwärts gerichteten Borsten versehen, beim ♂ sehr lang, die beiden Reihen stark zusammen= geneigt. Körper wollig, beim ♀ dick und plump. Die Costalader der Hfl. ent= springt aus der Wurzel und berührt bald nachher den Rand der M3. oder verbindet sich mit ihm auf eine kurze Strecke; Ast 4 und 5 entspringen dicht beisammen. — Die Rn sind 16füßig, meist lebhaft gefärbt, sternhaarig, oft mit Haarbüschen und Pinseln besetzt und tragen auf der Rückenmitte des neunten und zehnten Segments je ein trichterförmiges Bläschen, welches kegelförmig hervorgestülpt werden kann. Die Puppe ist meistens behaart, an Stämmen, Zweigen oder zwischen Blättern eingesponnen.

Tabelle der Gattungen.

A. Fl. des ♀ unvollkommen entwickelt oder fehlend.

    a. ♂ mit schlankem Körper und sehr breiten, dicht beschuppten Fln:
       2. Orgyia.

    b. ♂ mit durchscheinenden, schuppenhaarigen, einfarbigen Flu; Fl. des
       ♀ halb entwickelt: 1. Penthophora.

B. Fl. des ♀ vollkommen entwickelt.

    a. Fl. weiß oder weißlich, zeichnungslos, höchstens mit einigen dunklen
       Fleckchen.

      α. ♀ ohne Afterwolle.

† Fl. seidenglänzend, durchscheinend, zeichnungslos: 6. Loucoma.
†† Fl. glanzlos.
  o Fl. sehr breit, Vfl. dreieckig, F. des ♂ kaum ⅓ so lang als die Vfl.; Hleib des ♀ den Afterwinkel der Hfl. kaum erreichend: 5. Laria.
  oo Fl. länglich, F. des ♂ halb so lang als die Vfl., Hleib des ♀ dick, den Afterwinkel weit überragend: 4. Laelia.
  β. ♀ mit dicker Afterwolle, Afterbusch rostfarbig: 7. Porthesia.
b. Fl. deutlich gezeichnet, mit Qstreifen und Mittelflecken, oder einfarbig schwarzgrau.
  α. Vbeine bis auf den Fuß herab dicht behaart, in der Ruhe weit vorgestreckt. R. mit gestutzten Rückenbüschen, Puppe in dichtem, eirundem Cocon: 3. Dasychira.
  β. Vbeine minder lang wollig, Fußglieder anliegend beschuppt. R. ohne Rückenbürsten, mit großen, sternhaarigen Wärzchen besetzt: 8. Ocneria.

1. Penthophora Stph.

Nur eine Art: **Morio** *L.* ♂ mit einfarbig braunschwarzen, durchscheinenden, dunkel geaderten Fln. ♀ grau, der Hleib sehr plump, mit dickem weißlichem Afterbusch; Fl. sehr klein und schmal. ♂ 25, ♀ 17. Mai, Juni. — R. auf Grasarten. Hier und da im Südosten, bis Schlesien.

2. Orgyia O.

Körper und Beine wollig, die Vbeine bis auf den Fuß herab behaart, in der Ruhe weit vorgestreckt. Fl. des ♀ fehlend oder nur zu kleinen Läppchen entwickelt. — R. mit bürstenförmig abgestutzten Rückenbüschen, zwei vorgestreckten langen Haarpinseln auf dem ersten und einem aufgerichteten auf dem 11. Segmente. Die Haare dieser Pinsel sind gefiedert, die Fiederhaare am Ende länger, sodaß sie wie geknopft erscheinen. Die ♀ bleiben nach dem Ausschlüpfen auf dem Puppengespinnste sitzen und legen ihre Eier darauf ab.
Gonostigma *F.* ♂ rostbraun; in der Spitze der Vfl. ein orangegelber, auswärts weißer, am Innenwinkel ein weißer Fleck; Hfl. schwarzbraun. 33. ♀ sehr dick, dunkelgrau, mit kaum sichtbaren Flstümpfchen. Juni, Juli. — R. roth- oder goldgelb, schwarz gestreift, die vier Rückenbüsche gelbbraun, die Pinsel schwarz. Vom August bis in den Mai oder Juni auf Sahlweiden, Schlehen, Heidelbeeren u. a. Büschen; jung überwinternd.
Antiqua *L.* Vfl. des ♂ rostbraun, mit zwei dunklen Qstreifen und schneeweißem Mondfleck vor dem Innenwinkel; Hfl. hellrostfarbig. 30. ♀ auf dem Rücken grau, in den Seiten graugelb, mit weißlichen Flläppchen. August, September. — R. grau, gelblich behaart, die Rückenbürsten bräunlich (♂) oder gelb (♀) und außer den drei gewöhnlichen Pinseln mit noch je einem solchen, wagerechten in den Seiten des vierten Segments. Vom Juni bis August auf Eichen, Schlehen, Obst- u. a. Bäumen. Der männliche Falter fliegt bei Tage.
Ericae *Germar.* Der Antiqua ähnlich, aber kleiner, undeutlich gezeichnet, die Hfl. rostbraun, die Fransen der Vfl. einfarbig (bei Antiqua dunkel gefleckt). In der norddeutschen Ebene. — Die R. auf Heidekraut u. a. Pfl.

3. **Dasychira** Stph.

Der vorigen Gattung als Falter und R. nahe verwandt, aber plumper gebaut, mit gestrecktern Fln; das ♀ größer als das ♂, vollkommen geflügelt. — Die R. mit Rückenbürsten und Haarpinseln, wie bei Orgyia, die Haare der letztern aber nicht geknopft. Das Puppengespinnst eirund.

Selenitica *E.* Vfl. gelblichbraun (♂) oder schwarzbraun (♀), mit weißem Mittelmond und weißer, am Innenwinkel erweiterter Wellenlinie; Hfl. schwarzbraun, mit gelblichen Fransen. 30—40. In wenigen Gegenden, hier aber zuweilen bis zur Schädlichkeit häufig. — R. an Klee u. a. Pfl., überwintert erwachsen in einer Erdhöhle; Falter im Mai.

Fascelina *L.* Aschgrau, die Vfl. mit weißlichem Mittelfleck und zwei schwarzen, rostgelb angeflogenen, mehr oder minder vollständigen Ostreifen. Die Hfl. heller grau. 42—50. Juni, Juli. — R. schwarzgrau, gelbhaarig, mit fünf halb weißen, halb schwarzen Rückenbürsten und schwarzen Pinseln. Sie lebt auf Schlehen, Klee u. a. Pfl., überwintert jung und verpuppt sich im Mai.

Pudibunda *L.* Taf. X. fig. 6 a. b. Vfl. weißgrau, beim ♂ braungrau schattirt, mit zwei dunkelgrauen Ostreifen; die Hfl. weißlich, mit grauem, am Innenwinkel verstärktem Schattenstreif vor dem Saume. 44—62. Mai, Juni. — R. grünlichgelb mit sammtschwarzen Einschnitten, vier gelben Rückenbürsten und einem langen rothen Pinsel auf dem elften Segmente (Rothschwanz). Zuweilen ist die Farbe schmuzig, die Behaarung röthlich oder bräunlich. Vom Juli bis in den October auf Buchen, Eichen u. a. Laubholz. Sie ist zuweilen, doch selten, durch übergroße Vermehrung den Buchenbeständen schädlich geworden.

Abietis *WV.* Aehnlich, aber der hintere Ostreif der Vfl. scharf gezähnt und gezackt, den schwarz umzogenen Mittelmond berührend. In wenigen Gegenden des Südens und Ostens, selten. — Die R. auf Fichten (Pinus abies *L.*), jung überwinternd.

4. **Laelia** Stph.

Nur eine Art: **Coenosa** *H.* Vfl. des ♂ bleich röthlichgrau, des ♀ ganz weiß; P. und Beine rothgelb. 37—42. Hier und da im nördlichen Tieflande. — Die R. auf Sumpf= und Riedgräsern.

5. **Laria** H.

Nur eine Art: **L nigrum** *Müller* (V nigrum *F.*). Ganz weiß, bei frischen Exemplaren ins Grünliche; die Vfl. mit einem schwarzen Winkelzeichen auf der Qader, die Kammzähne der F. braungelb. 40—50. Juni. — R. jung rostfarbig, erwachsen so und schwarz lang behaart, mit acht rostgelb und weißen Rückenbüscheln. Auf Linden, Buchen und Eichen; überwintert jung und verpuppt sich im Mai zwischen Blättern; Puppe grün. Nirgends häufig.

6. **Leucoma** Stph.

Nur eine Art: **Salicis** *L.* Taf. X. fig. 7 a. b. Schneeweiß, die Fl. seiden= glänzend, die Beine schwarz geringelt, die Flämme schwärzlich. 45—55. Juni, Juli. — R. auf dem Rücken schwarz, mit einer Reihe großer gelber oder weißer Flecke, in den Seiten dunkelgrau; jeder Ring trägt einen Gürtel großer Warzen und der vierte und fünfte je ein Paar verwachsener schwarzer Fleischspitzen. Sie lebt vom

April bis Juni auf Weiden und Pappeln, welche sie in manchen Jahren ent=
blättert. Puppe glänzend schwarz, weiß gefleckt und büschelig behaart.

7. Porthesia Stph.

Fl. weiß, dicht beschuppt, beim ♂ zuweilen mit einigen schwärzlichen Fleck=
chen. Hleib beim ♂ mit rostfarbigem, ausgebreitetem Afterbusch, beim ♀ mit
solchem, dickem Haarwulst, der zur Bedeckung der Eier verwendet wird. — Die
bunt gefärbten, kurz behaarten Rn tragen auf dem vierten und elften Segment
eine fein behaarte, niedrige Erhöhung, überwintern jung, verpuppen sich im Juni
und Juli in eiförmigen Gespinnsten und entwickeln sich im Juli und August
zum Schmetterlinge.

Chrysorrhoea *L.*, der Goldafter. Taf. X. fig. 8 a. b. Weiß, der After=
busch und beim ♂ auch die letzten Segmente des Hleibs rostbraun. Hfl. mit
Mittelast. 30—34. — R. schwarzgrau, braun behaart, mit doppelter, braun=
rother Rückenlinie; zu den Seiten des Rückens je eine Reihe weißer Striche; die
Erhöhungen schwarz; der Kopf braunschwarz. Sie lebt auf Schlehen, Weißdorn,
Weiden, Eichen und Obstbäumen, welche sie zuweilen verwüstet, überwintert ge=
sellig in Nestern an Baumästen und zerstreut sich erst im erwachsenen Alter.

Similis *Füssly* (Auriflua *F.*). Schneeweiß, mit orangegelbem Afterbusch;
der Innenrand der Vfl. mit langen, abstehenden Haaren besetzt; die Hfl. ohne
Mittelast. 33—43. — R. der vorigen ähnlich, aber schwarz; schwarzgrau be=
haart, mit zinnoberrothem, durch eine schwarze Längslinie getheiltem Rückenstreif
und einer Reihe schneeweißer Haarflecke zu beiden Seiten desselben; die Haar=
wülste auf dem vierten, fünften und elften Ringe schwarz, weiß gefleckt; über den
Füßen eine zinnoberrothe Linie. Sie lebt auf denselben Gewächsen, aber von
Jugend an einsam. Häufig, doch nicht schädlich.

8. Ocneria HS.

In diese Gattung gehören einige durch ihre Verwüstung an Laub= und
Nadelholz berüchtigte Raupen.

A. Der Hleib des ♀ zugespitzt, mit langer Legeröhre (Psilura *Stph.*).

Monacha *L.*, die Nonne. Taf. X. Fig. 10. Kopf, Thorax und Vfl. weiß,
schwarz gefleckt; die Vfl. mit tief gezähnten und gezackten schwarzen Cstreifen,
schwarzen Punkten an der Wurzel, in der Mittelzelle und schwarzem Mondfleck
auf der Cader. Hleib größtentheils rosenroth, schwarz gefleckt. 40—50. Juli,
Aug. — Die R. ist kurz und breit, ihr Kopf groß, neben ihm zwei große Knöpfe
mit vorstehenden schwarzen Haarbüscheln. Rücken bräunlichgrün oder weißgrau
und schwarz gemischt; auf dem zweiten Segment ein vorn ausgeschnittener, hinten
bläulich=, an den Seiten weißgesäumter, sammtschwarzer Fleck. Die drei letzten
Segmente sind schwarz gefleckt, die Seiten heller gefärbt; der Körper mit größern
schwarz und weißen oder blauen und kleinern rothen Warzen besetzt. Eine
seltene Var. ist einfarbig schwarz. Sie lebt von Ende April bis zum Juli auf
Buchen, Eichen, Linden, Fichten und Kiefern, in manchen Jahren im östlichen
Deutschland in ungeheurer Zahl, die Nadelholzwälder verwüstend. Die mit
wenigen Fäden an Baumstämme befestigten Puppen sind glänzend kupferbraun,
mit rothen und schwarzen Haarbüscheln besetzt. Eine Abänderung des Schmetter=
lings: **Eremita** *H.*, ist fast ganz schwarz.

B.   Der Hleib des ♀ ohne Legeröhre, stumpf, mit dicker Afterwolle.

Dispar *L.*, der Schwammspinner. Taf. X. fig. 9a. b. Das ♂ graubraun, das viel größere ♀ weißlich; Kopf und Thorax einfarbig, der Hleib ohne Roth; Fl. fast wie bei Monacha gezeichnet, die Ostreifen aber minder tief gezadt, braun oder schwärzlich. 40—63. Juli, August. — R. braun oder aschgrau, mit drei feinen gelben Linien oder einem breiten dunkelbraunen Streif über den Rücken, auf den vordern Segmenten mit blauen, auf den hintern mit rothen Warzen; Kopf groß, gelbgrau, mit zwei braunen Flecken. Auf vielerlei Laubholz, besonders Pappeln, Linden, Eichen und Obstbäumen, an welchen sie oft große Verheerungen anrichtet. Die Eier werden von dem trägen ♀ an die Stämme gelegt und mit der After-wolle bedeckt. Die jungen Räupchen erscheinen Ende April oder im Mai des nächsten Jahres, sind im Juli oder August erwachsen und verwandeln sich in den Rindespalten und Astwinkeln in schwarze, mit rostgelben Haarbüscheln besetzte, mit wenigen Fäden befestigte Puppen. In den meisten Gegenden häufig, in einigen sehr selten.

C.   Der Hleib des ♀ von gewöhnlicher Form, ohne Legeröhre und Afterwulst. Kleinere Arten.

Detrita *E.* Braungrau, ♂ mit undeutlichen Ostreifen, ♀ dunkler, zeich-nungslos. 28—31. Im Osten und Süden, zerstreut. — R. auf Eichen.

Rubea *F.* Grauroth, mit dunklern Ostreifen und weißlichem Mittelfleck der Vfl. 28—33. Bei Wien und Botzen. — R. an Eichenbüschen.

14. Fam. Bombycidae.

Große bis kleinere Spinner, mit plumpem, wolligem Körper und starken, breiten Fln; ohne Haftborste und Nebenaugen. Der S. ist sehr kurz und weich oder fehlt ganz, die P. sind deutlich, die F. gekämmt, beim ♀ die Kammzähne kurz. Hfl. mit zwei Dorsaladern, deren innere in den Hwinkel ausläuft. Die Rn sind langleibig, zottig, pelzig oder dünn behaart.

Tabelle der Gattungen.

A.   Der Mittelast entspringt auf allen Fln aus der hintern Ecke der MZ., viel näher an Ast 4 als an Ast 6: 1. Gastropacha.

B.   Der Mittelast näher an Ast 6 als an Ast 4, fast in der Mitte der Cader: 2. Crateronyx.

1. Gastropacha O.

Die R. verwandelt sich in einem dichten Gewebe über der Erde, die Puppe ist stumpf, am Ende abgerundet.

A.   Der Innenrand der Vfl. gewölbt oder lappig vorspringend, die Fl. ge-zähnt. Die R. auf dem Rüden dünn, an den Seiten länger behaart, über den Füßen mit warzenartigen Hautwülsten, auf dem 11. Ringe mit einer zapfenförmigen Warze; der zweite und dritte Ringeinschnitt sind lebhaft gefärbt. Das dichte Puppengespinnst und die Puppe mehlartig bestäubt. F. kurz, P. schnabelförmig. Die Vfl. mit drei matten, schwärz-lichen, gezähnten Ostreifen (Glucken).

a. Hfl. mit einem großen, zahnartigen Vorsprunge am Rande.

Tremulifolia *H.* (Betulifolia *O.*). Trüb ziegelroth, vor dem Saume grau angeflogen. 34—42. April, Mai. — R. grau oder rindenfarbig, der zweite und dritte Ringeinschnitt orangegelb, schwarz gefleckt. Vom Juli bis October auf Laubholz, besonders Eichen. Nicht häufig.

Ilicifolia *L.* Röthlichgrau und blaugrau, weißlich gemischt, mit einem viereckigen weißlichen Wischfleck am Ende der M3. 35—40. Mai. — R. auf Heidelbeeren und Sahlweidenbüschen. Zerstreut und meist selten.

b. Hfl. am Rande zugerundet.

Quercifolia *L.*, das Eichblatt. Kupferbraun, mit bläulichem Schiller, die Vfl. mit drei gezähnten schwärzlichen Cstreifen. 60—86. Juli. — R. sehr groß, aschgrau oder erdbraun, der zweite und dritte Ringeinschnitt dunkelblau. Auf Schlehen, Weißdorn und Obstbäumen; überwintert jung und ist im Mai oder Juni erwachsen. Fast überall.

Populifolia *E.* Hellziegelroth und rostgelb, die Vfl. mit fünf mehr oder minder vollständigen Ereihen schwärzlicher Monde. 62—82. — R. grau, der zweite Ringeinschnitt schwarzblau, der dritte rothgelb, schwarzblau gerandet. Auf Pappeln und Weiden, gleichzeitig mit Quercifolia. Selten.

B. Der Innenrand der Vfl. gerade.

a. Fl. wellenzähnig, die Vfl. mit weißem Mittelfleckchen.

Pini *L.*, der Föhren= oder Kiefernspinner. Taf. XI. fig. 1 a. b. Vfl. grau, an der Wurzel und hinter der Mitte bandartig rostbraun, mit drei dunkeln, gezähnten Cstreifen, der dritte tief ausgezackt; Hfl. rostbraun. Unendlich abändernd: zuweilen fehlt das Rostbraune ganz, zuweilen bedeckt es den ganzen Fl. 55—85. Juli. — R. über den Rücken silber= oder aschgrau, roth behaart, mit braunen Rautenflecken und braunen, abgebrochenen Seitenstreifen; der zweite und dritte Ringeinschnitt dunkelblau. Sie lebt auf der Föhre (Kiefer, Pinus sylvestris), überwintert in verschiedener Größe unter dem Moose und ist gewöhnlich Anfang Juni erwachsen. Das Gespinnst ist länglich, mit Haaren durchwebt, in den Stammritzen oder zwischen Nadeln befestigt. Der Kiefernspinner ist im nordwestlichen Deutschland selten, in den großen Kiefernforsten des südlichen und besonders des nordöstlichen aber vermehrt er sich von Zeit zu Zeit in ungeheuerem Maße und wird dann durch die Gefräßigkeit der R. zu einem der schädlichsten aller Forstinsekten.

Lunigera *E.* Grau, die Vfl. mit weißem Mondfleck zwischen zwei schwarzen, gezähnten Cstreifen und schwarz und weiß geschecten Franzen. Die Ab. **Lobulina** schwärzlich. 40—48. — R. auf Nadelholz. In wenigen Gegenden; selten.

Pruni *L.* Fl. stark gezähnt, die Vfl. mit scharfer Spitze, hoch orange=roth, mit rundem, schneeweißem Mittelfleck. 48—65. — R. bläulichgrau, der dritte Ringeinschnitt gelb; auf Laubholz, besonders Prunus=Arten und Birken; überwintert. Falter im Juli. Ziemlich selten.

Potatoria *L.* Fl. seicht gewellt, die Vfl. mit scharfer Spitze, oterbraun (♂) oder otergelb (♀), mit scharfem, braunem Schrägstreif aus der Spitze und zwei (selten nur einem) weißlichen Mittelfleckchen. 48—64. Juli. — R. schwarzbraun, in den Seiten weißpelzig gefleckt, mit gelbpunktirten Längsstreifen und einem schwarzen Haarpinsel auf dem 2. und 11. Segment. Sie rollt sich bei der Berührung zusammen, lebt auf Grasarten, besonders Dactylis glomerata, überwintert und verpuppt sich im Juni in einem dichten, länglichen Cocon. Nicht selten.

    b. Fl. ganzrandig (nur bei Trifolii seicht gewellt).

        α. Hleib des ♂ langhaarig, der des ♀ durch einen dicken, grauen, zur Bedeckung der Eier dienenden Haarwulst verbreitert. Vfl. mit weißem Mittelfleck. R. dünn behaart, in der Jugend gesellig in gemeinschaftlichen Nestern lebend. Puppe in einem festen, glatten Tönnchen (Eriogaster).

    Lanestris *L.* Taf. XI. fig. 3. Rothbraun, mit weißem Cstreif durch alle Fl.; die Vfl. vor dem Saume weißlich, an der Wurzel mit weißem Fleck. 34—46. März, April. — R. schwarzblau, mit zwei Reihen rothgelb behaarter Rückenflecke und weißen Punkten zwischen denselben; in den Seiten eine unterbrochene hellgelbe Längslinie. Vom Mai bis Juli auf Schlehen und Birken. Die Puppe überwintert und bleibt öfters zwei oder mehrere Jahre liegen, ehe der Falter sich entwickelt. Nicht selten.

    Catax *L.* (Everia). ♂ goldgelb, ♀ rothbraun, die Vfl. mit mattem gelbem Cstreif und rundem, schneeweißem Mittelfleck. 35—42. Aug., Sept. R. auf Schlehen. Nicht überall.

    Rimicola *H.* (Catax *E.*). Grauroth, die Vfl. mit verloschenem weißem Mittelfleck. 37—48. R. auf Eichen. Seltener. — **Franconica** *E.* In wenigen Gegenden.

        β. Hleib des ♀ ohne grauwolligen Afterwulst (bei Crataegi mit einem dem Körper gleichfarbigen).

    Quercus *L.* ♂ schön kastanienbraun, mit hochgelber Binde hinter der Mitte aller Fl. und weißem Mittelfleck der Vfl.; ♀ okergelb, die Binde bleicher, auswärts verflossen. 60—80. — R. pelzig behaart, graugelb, mit sammtschwarzen Ringeinschnitten und weißem Seitenstreif, an welchen sich feine weißliche Schrägstriche anlehnen. Sie lebt auf vielerlei strauchartig wachsendem Laubholz, Besenpfrieme, Heidekraut u. a., überwintert, verpuppt sich im Mai oder Juni in einem hartschaligen, walzenförmigen, dicken Tönnchen und gibt den Falter nach vier Wochen. Das ♂ fliegt auch bei Tage, wild und schnell. Gemein.

    Trifolii *E.* Rothbraun oder röthlichgrau, die Vfl. mit weißem Mittelfleck und einem bleichgelben Cstreif. Vschienen mit einer starken Endkralle. Bei der Ab. **Medicaginis** *Bkh.* sind die Vfl. gelb staubig. 45—60. Aug., Sept. — R. der vorigen ähnlich, der Rückenpelz mehr orangegelb, die Einschnitte schwarzblau, Kopf, Nacken- und Afterschild gelbroth und schwarz gefleckt. Zeit und Cocon wie bei Quercus. Sie lebt auf Gräsern, Klee und andern Kräutern.

    Rubi *L.* ♂ zimmtbraun, ♀ graubraun; mit zwei fast geraden hellgelben oder weißlichen Cstreifen durch die Vfl. 50—60. — R. jung schwarz mit goldgelben Gürteln, erwachsen dicht und lang zottig, sammtbraun behaart, mit blauschwarzen Ringeinschnitten. Sie lebt auf Gräsern und vielen andern kraut- und strauchartigen Gewächsen, ist im Herbst auf allen Wiesen gemein, überwintert erwachsen und verpuppt sich im Mai in einem weichen, grauen Gewebe. Falter nach 4 Wochen; das ♂, wie das der beiden vorigen, auch bei Tage fliegend.

Crataegi *L.*. Fl. kurz, gerundet, dicht beschuppt, beim ♂ weißgrau, beim ♀ braungrau, mit zwei ein dunkles Mittelfeld einschließenden Qstreifen, deren hinterer vor und hinter der Mitte fast rechtwinklig gebrochen ist. Afterbusch des ♂ sehr lang, flach ausgebreitet, der des ♀ dick und abgestutzt. 30—38. Aug., Sept. — Die sehr variirende R. ist bläulichschwarz, dünnhaarig, mit zwei ziegelrothen behaarten Warzen auf jedem Segment und meistens einer Reihe weißer Seitenflecke. Sie lebt im Mai und Juni auf Weißdorn, Haseln, Birken- und Weidenbüschen und verwandelt sich in einem eiförmigen Cocon. Nicht häufig.

Populi *L.* Thorax lang behaart, schwarzbraun, Halskragen weißlich oder braungelb. Vfl. dünn beschuppt, schwärzlich, mit bleichgelbem, gezacktem Qstreif hinter der Mitte. Fransen schwarzbraun, weißgefleckt. 36—43. Oct., Nov. — R. langgestreckt, fein behaart, grau, weißlich gemischt und schwärzlich gerieselt, häufig in Form von Rautenflecken. Sie variirt sehr, ist aber immer an einem rothgelben Halbmondflecke hinter dem Kopfe zu erkennen; Bauch dunkelbraun gefleckt. Sie lebt vom April bis Juli auf Pappeln, Buchen, Qbstbäumen u. a. Laubholz und verwandelt sich in einem festen, erdartigen Gehäuse. Nirgends selten.

Neustria *L.*, der Ringelspinner. Taf. XI, fig. 2 a. b. c. d. Rothbraun bis blaßokergelb, in allen Uebergängen; die Fransen unregelmäßig weißlich und braun wechselnd. Die Vfl. mit zwei dunkelbraunen Qstreifen, die bei der rothbraunen Var. auf den abgekehrten Seiten weiß oder hellgelb gerandet sind. Die Hfl. etwas lichter als die Vfl. 30—40. Juli. — R. langleibig, dünn behaart, der Länge nach graublau, roth und gelb gestreift, die Rückenlinie weiß, der Kopf blaugrau mit zwei schwarzen Punkten. Die Eier werden ringförmig um einen Zweig fest geleimt; die Rn leben von Mitte Mai bis in den Juli, vor der letzten Häutung in gemeinsamen Geweben (Nestern), auf vielerlei Laubholz, besonders auf Qbstbäumen, die sie in manchen Jahren arg verwüsten. Sie verpuppen sich in einem weichen, von gelbem Puder durchdrungenen Gespinnste. Die Vertilgung der Rn ist am leichtesten, wenn diese noch jung und in ihren Nestern versammelt sind.

Castrensis *L.* Der Neustria nahe verwandt. Leib und Vfl. beim ♂ hellgelb, letztere mit zwei rothbraunen Qstreifen, deren innerer am Innenrande bis zur Wurzel zieht; vor dem Saume ein brauner Schatten; Hfl. braun. ♀ rothbraun, die Vfl. mit zwei geschwungenen, hellgelben Qstreifen, der innere bogenförmig in die Wurzel ziehend; die Hfl. nicht lichter. 30—40. — R. oben himmelblau, schwarzfleckig und lang fuchsshaarig, mit zwei orangegelben Streifen zur Seite der hellbraunen Rückenlinie; Kopf grau, ungefleckt. Sie lebt auf Wolfsmilch (Euphorbia cyparissias und esula) und andern niedern Pflanzen und hat Lebensweise und Entwickelungsgeschichte mit Neustria gemein. Nicht überall.

2. **Crateronyx** Dup. (Lasiocampa *HS.*)

Ausgezeichnet durch die kurzen, dicken, mit sehr großen Krallen versehenen Vfüße. Qhne S. und Schienblatt. Fl. ganzrandig, dünn beschuppt, der Körper stark behaart. Die dünn behaarten Rn verpuppen sich in der Erde ohne Gespinnst, die Pn sind am Hleibsende mit Spitzen besetzt. Das ♂ fliegt bei Tage.

Dumeti (Dumi) *L.* Qkerbraun, ein Qstreif hinter der Mitte aller und ein Mittelfleck der Vfl. gelb. 46—51. Oct. — R. schwärzlichgrau, mit rostbraun behaarten Wärzchen und länglichen sammtschwarzen Fleden zu beiden Seiten des Rüdens; im Mai, Juni und Juli auf Hieracium, Löwenzahn und ähnlichen Pflanzen. Selten.

Taraxaci *E.* Fl. einfarbig okergelb, beim ♀ bleicher, mit schwarzem Punkt auf der Qader der Vfl. 43—51. Im Süden, bis zur Oberlausitz; selten. R. auf Löwenzahn. Der Falter im Oct.

15. Fam. Saturnidae.

Durch den aus der vordern Ede der MZ., viel näher an Aft 6 als 4 entspringenden Mittelaft aller Fl. charakterisirt. Ohne Nebenaugen, S. und Haftborste. Die F. des ♂ bis zur Spitze mit langen, ausgebreiteten Kammzähnen besetzt, deren jedes Glied zwei Paar trägt; die des ♀ kürzer gekämmt oder scharf gezähnt. Fl. groß und breit, den kurzen Hleib überragend. Die ♂ fliegen am Vormittage wild umher, die ♀ sind träge. — R. did, träge, sechzehnfüßig.

Die Saturniden sind große, auch durch Farbe und Zeichnung ausgezeichnete Schmetterlinge, zu denen nicht nur der größte europäische gehört, sondern auch einige der ansehnlichsten, die überhaupt existiren, wie der Atlas, Attacus atlas. Auch die Seidenspinner, sowohl der altbekannte Maulbeerspinner, Bombyx mori, als die neuerdings so fleißig gezüchteten südasiatischen Prachtfalter Antheraea cynthia, Tolea pernyi, T. yamamai etc. sind Familiengenossen unserer Nachtpfauenaugen. Letztere tragen ihren Namen von dem großen, bunten Augenfled, den sie in der Mitte jedes Flügels führen.

Tabelle der Gattungen.

A. Vfl. abgerundet; P. versted: 1. Saturnia.
B. Spitze der Vfl. scharf; P. deutlich sichtbar: 2. Aglia.

1. Saturnia Schrank.

Die R. trägt auf jedem Segment einen Gürtel von sechs halbkugeligen, mit Haaren und steifen Vorsten besetzten Warzen. Die dide, stumpfe Puppe ruht in einem festen, birnförmigen, am schmalen Ende durch zusammengeneigte elastische Vorsten nach außen geschlossenen Gehäuse.

Pyri *WV.* (Pavonia major *L.*), das große Nachtpfauenauge. Der größte europäische Schmetterling. Fl. weißgrau und braun, vor dem Saume breit schwarzbraun, mit bleicher, einwärts nicht gezähnter Randbinde; jeder Fl. in der Mitte mit einem großen, bunten, schwarzgeringten Augenflede. Schildchen weiß behaart. 130—145. Mai. — R. gelbgrün, mit hellblauen oder rosenrothen Warzen, hochrothem Fled über der Schwanzklappe und auf jedem Nachschieber. Sie lebt im Juli und Aug. auf Ulmen, Walnuß=, Obst= u. a. Bäumen. Nur im südöstlichen Deutschland.

Spini *WV.*, das mittlere Nachtpfauenauge. Dem ♀ der folgenden Art sehr ähnlich. Beide Geschlechter gleich gefärbt, hellschwärzlichgrau, die lichte Saumbinde wurzelwärts gezähnt, das Schildchen weiß behaart. 67—84. Mai. R. schwarz. In Mähren und Oesterreich.

Pavonia (minor) *L.* (Carpini *WV.*), das kleine Nachtpfauenauge.

Taf. XI. fig. 4a. b. ♂ mit braunen, in der Mitte weißlichen Vfln und orangegelben Hfln; ♀ braungrau und weiß, die Hfl. weißlich; beide mit großem, buntem Augenfleck in der Mitte jedes Fls und einem roth und weißen Fleck in der Spitze der Vfl. 52(♂)—73(♀). April, Mai. R. jung schwarz, mit rothem Seitenstreif; erwachsen grün, mit oder ohne sammtschwarze Gürtel, die Warzen goldgelb oder rosenroth. Vom Juni bis Aug. auf Schlehen, Heidelbeeren, Himbeeren u. a. Sträuchern; in der Jugend gesellig. Nirgends selten.

2. Aglia O.

Nur eine Art: **Tau** *L.*, der Nagelfleck. Taf. XI. fig. 5a. b. Rothgelb, das ♀ bleicher; in der Mitte jedes Fls ein violetter, schwarz eingefaßter Augenfleck mit dreispitzigem weißem Kerne. 57(♂)—90(♀). Apr., Mai. R. grün, in der Jugend mit fünf langen rothen Dornen besetzt; erwachsen körnig rauh, über den Rücken höckerig, mit weißlichen Schrägstrichen und weißlicher Seitenlinie. Vom Juni bis Sept. auf Laubholz, besonders Buchen und Eichen. Die rauhe, schwarzbraune Puppe ruht in einem weitmaschigen Gewebe im Moose. Fast überall, besonders in Buchenwäldern.

16. Fam. Endromides.

Ohne Nebenaugen, S. und Haftborste; P. in der langen Behaarung des Gesichts versteckt; F. bei ♂ und ♀ gekämmt; Hleib lang behaart. Fl. groß, ganzrandig, mit äußerst kurzen Fransen; der Mittelast entspringt mit Ast 4 aus der hintern Ecke der M3.; die innere Dorsalader der Hfl. läuft in die Mitte des Innenrands aus. R. nackt. Nur eine Gattung und Art:

Endromis O.

Versicolora L. Taf. XI. fig. 6. Zimmtbraun, weiß gescheckt; die Vfl. mit schwarzem Mondfleck, zwei braunen Ostreifen und drei weißen, durchscheinenden Spitzenflecken; die Hfl. beim ♂ röthlichgelb, beim ♀ weißlich. 53(♂)—80(♀). Apr. — R. grün, über den Rücken weißlich, mit schrägen gelblichen Seitenstrichen und einer pyramidenförmigen Erhöhung auf dem 11. Segmente. Im Juni und Juli auf Birken, Erlen und Hainbuchen. Puppe und Gespinnst ähneln denen von A. Tau. Ueberall, doch nicht häufig.

17. Fam. Platypterygidae (Drepanulides).

Kleinere Spinner, mit kurzem, schmächtigem Körper und großen, breiten Fln. S. hornig, kurz; P. kurz; F. des ♂ gekämmt; Haftborste beim ♂ vorhanden, beim ♀ schwach, zuweilen fehlend. Die innere Dorsalader der Hfl. ist undeutlich und mündet in die Mitte des Innenrands. Flügelhaltung dachförmig. — Rn nackt, vierzehnfüßig, ohne Nachschieber, in eine einfache Spitze auslaufend. Sie leben auf Laubholz, verpuppen sich zwischen Blättern und haben eine doppelte Generation: von der einen und häufigern finden sich die Rn im Spätsommer und Herbst, die Puppen überwintern und geben die Falter im Apr. und Mai; die der Sommerbrut fliegen im Juli und Aug.

Tabelle der Gattungen.

A. Vfl. ganz abgerundet: 1. Cilix.
B. Vfl. sichelförmig.
 a. Saum der Vfl. ausgenagt: 2. Platypteryx.
 b. Saum ganzrandig, geschwungen: 3. Drepana.

1. Cilix Leach.

Nur eine Art: **Ruffa** *L.* (Glancata *Scop.*, Spinula *WV.*). Weiß; Vfl. mit oben abgekürzter dunkler Mittelbinde, in welcher die Adern silberweiß beschuppt sind, und 2 Reihen dunkler Mondflecke vor dem Saume. 20—25. R. auf Schlehen. Nicht selten.

2. **Platypteryx** Laspeyres.

F. bei ♂ und ♀ gekämmt; Hfl. länglich, über den Hwinkel der Vfl. vortretend. Nur eine Art:
Lacertinaria *L.* (Lacertula *WV.*). Vfl. bräunlichgelb, mit zwei braunen Qstreifen; Hfl. weißlich. 32—36. R. auf Birken. Nirgends selten.

3. **Drepana** Schrank.

Hfl. kurz, regelmäßig gerundet; F. des ♀ kurz gekämmt, sägezähnig oder gekerbt.
A. Hschienen mit zwei Paar Sporen; F. des ♀ gekerbt oder sägezähnig.
Cultraria *F.* (Unguicula *H.*). Taf. XI. fig. 7. Rothgelb; die Vfl. mit dunklem Mittelbande, in welchem ein (bei der Var. aestiva ein doppeltes) verloschenes dunkles Fleckchen steht. 25—30. R. auf Buchen. In Buchenwäldern häufig.
Binaria *Hfn.* (Hamula *E.*). Rostgelb; die Vfl. veilgrau bestäubt, mit zwei schwarzen Mittelfleckchen zwischen zwei hellen Qlinien. 26—33. R. auf Eichen. Nicht häufig.
Harpagula *E.* (Sicula *H.*). Saum der Vfl. unter der Spitze tief ausgehöhlt, auf Ast 3 stumpfeckig vortretend. Rehfarbig, mit braunen Zackenlinien, vor dem Saume der Vfl. violettgrau, im Discus bleichgelbe Fleckchen auf dunklem Grunde. 33—37. — R. vom Juli bis Anfang Oct. auf Lindenbüschen. Falter im Mai und Juni, angeblich nur in einer Generation. Nicht überall.
B. Hschienen nur mit Endsporen, F. des ♀ kurz gekämmt.
Falcataria *L.* (Falcula *WV.*). Bräunlichgelb, die Vfl. mit schwärzlichen Zackenlinien und einem rostbraunen Schrägstreif aus der violettgrauen Spitze, hinter der Mitte mit einem runden bläulichen, xförmig schwarz getheilten Fleck. 30—37. — R. auf Birken und Erlen. Nirgends selten.
Curvatula *Bkh.* Der Falc. ähnlich, viel dunkler, rostbraun, die Vfl. ins Violette, mit braunen Qlinien; statt des Flecks nur ein bläulicher Punkt am Ende der MZ. 32—37. — R. auf Erlen. Seltener.

18. Fam. Notodontidae.

Eine formenreiche, von den vorhergehenden und folgenden besonders durch das Geäder der Hfl. verschiedene Familie. Auf diesen entspringt nämlich der Mittelast in gleicher Entfernung von Ast 4 und 6 aus der Mitte der

Ader, oder fehlt (bei Pygaera) ganz; die Costalader frei aus der Wurzel; Aft 6 und 7 sind gestielt. Es sind robust gebaute Spinner; Thorar, Hüften und Schenkel dicht wollig behaart, die F. des ♂ gekämmt oder tief eingeschnitten und gewimpert. Die Rn sind sehr verschiedenartig, nackt oder behaart, 16= oder 14füßig; in letzterem Falle fehlen die Nachschieber und der Körper läuft in zwei Spitzen aus. Flug bei Nacht, Flhaltung dachförmig.

Tabelle der Gattungen.

A. Vfl. ohne Schuppenzahn am Innenrande.

    a. S. lang und start, ·F. des ♂ gekämmt, mit nackter Spitze: 7. Uropus.

    b. S. turz und schwach oder fehlend.

        α. F. des ♂ gekämmt, mit nackter Spitze.

            † Behaarung des Rückens und der Schulterdecken glattgestrichen, Hfl. turz, gerundet; F. des ♀ einfach borstenförmig: 6. Stauropus.

            †† Schulterdecken sehr groß, abgehoben, mit vortretenden Vordereden; Hfl. länglich: ♀ mit gekämmten Fn: 5. Hybocampa.

        β. F. des ♂ bis zur Spitze gekämmt.

            † Ohne Nebenaugen.

                o Mittelaft der Hfl. so start wie die übrigen Aefte: 4. Cerura.

                oo Mittelaft der Hfl. viel schwächer als die übrigen Aefte.

                    — Thorar schuppenhaarig, mit farbigem Längsschopf: 2. Pygaera.

                    == Thorar dicht behaart, ohne Längsschopf, einfarbig: 1. Cnethocampa.

            †† Mit Nebenaugen; Innenrand der Vfl. unter der Wurzel etwas bauchig vortretend; F. des ♂ sehr lang=, des ♀ turz gekämmt: 15. Gluphisia.

        γ. F. des ♂ tief eingeschnitten und büschelig gewimpert, des ♀ einfach borstenförmig: 3. Phalera.

B. Vfl. mit einem Schuppenzahn am Innenrande (bei einigen Notodonta-Arten schwach).

    a. P. halb so lang als die F.: 9. Pterostoma.

    b. P. turz.

        α. Thorar mit langem, feinem Haar dicht betleidet, ohne Beimischung von Schuppen.

            † F. des ♂ sehr lang=, federartig gekämmt, des ♀ einfach borstenförmig: 8. Ptilophora.

            †† F. des ♂ mit turzen, lamellenartigen Kammzähnen besetzt: 13. Microdonta.

        β. Thorar haarschuppig.

            † Vfl. auch am Hwinkel mit einem vorspringenden Schuppenzahn: 10. Spatalia.

            †† Hwinkel der Vfl. ohne Schuppenzahn.

                o Thorar mit hohem, vorgeneigtem, trichterförmigem Längsschopf; Fl. gezähnt: 11. Lophopteryx.

oo Thorax ohne solchen Schopf.
— Fl. tief gezähnt, mit stärker vortretendem Zahne auf Ast 4 der Vfl.: 12. Odontosia.
= Fl. gewellt oder ganzrandig, F. des ♂ gekämmt: 14. Notodonta.

1. Cnethocampa Steph.

F. bei ♂ und ♀ gekämmt, P. unter langen Haaren versteckt, kein S.; Hleib des ♀ mit kugelig geballter Afterwolle. — Die Rn (Processions= raupen) sind berühmt durch ihre in regelmäßig geordneten Zügen vor sich gehenden Wanderungen zur Nahrung und wieder zurück, berüchtigt durch die schädlichen Wirkungen, welche ihre feinen, brüchigen, mit Widerhäkchen besetzten Haare auf die Haut derer hervorbringen, welche mit ihnen in Berührung kom= men. Sie leben in großen Haufen oder Nestern zusammen und verpuppen sich in festen, mit Haaren durchwirkten, länglichrunden, haufenweise vereinigten Gespinnsten.

Processionea *L.*, der Eichen=Processionsspinner. Taf. XII. fig. 1a. b. Stirn dicht behaart. Vfl. tief aschgrau (♂) oder bläulichgrau (♀), an der Wurzel weißlich, mit drei dunklen Qlinien und verloschenem Mittelmonde; Hfl. weiß (♂) oder hellgelbgrau (♀), mit grauem Mittelschatten und grauen Fransen. 29—33. — R. weißgrau behaart, über den Rücken bläulichschwarz, in den Seiten weißlich, mit zwei rothgelben oder bleichgrauen, lang behaarten Warzen auf jedem Seg= ment. Sie lebt vom Mai bis Juli unter einem gemeinschaftlichen Gewebe auf Eichen, verpuppt sich zwischen Ende Juni und Aug. und liefert den Falter dann nach 3—4 Wochen. Er ist in vielen Gegenden selten, erscheint aber in andern, besonders in sandigen Ebenen Westdeutschlands, in manchen Jahren in verwü= stender Menge.

Pityocampa *W V.*, der Kiefern=Processionsspinner. Ausgezeichnet durch die nackte, glatte, mit scharfen Querleisten versehene Stirn. Vfl. grau, mit drei schwärzlichen (beim ♀ undeutlichen) Qstreifen, der hintere gezähnt; Hfl. weiß, mit einem grauen Fleckchen am Afterwinkel. 33—42. In Südtirol und der westlichen Schweiz. — R. auf Pinus=Arten.

Pinivora *Tr.* Der vorigen sehr ähnlich, vielleicht nur eine nördliche Var. derselben. Dieselbe Stirnbildung; die Fransen der Hfl. grau, die Vfl. beim ♂ oft mit etwas rostrother Mischung, beim ♀ gelbgrau, fast zeichnungslos. — R. auf Kiefern (Pinus sylvestris), im Juni und Juli, processionirt im Gänsemarsch; Puppen, unter gemeinschaftlichem Gewebe auf dem Sande, über= wintern; Falter im folgenden Sommer. Zerstreut im Nordosten; in sandigen Kieferngehölzen in manchen Jahren in schädlicher Menge auftretend.

2. Pygaera O.

F. bei ♂ und ♀ gekämmt; Hleib mit schmalem, gestutztem, beim ♂ sehr langem Afterbusch, in der Ruhe aufgekrümmt. Hfl. ohne Mittelast; Fl. ganz= randig, die vordern grau oder braun, mit scharfen hellern Qlinien, in der Ruhe eng an den Leib geschlossen. — Rn dünn behaart, mit halbkugeligen, länger behaarten Seitenwärzchen und einem erhabenen, fein behaarten Fleckchen auf dem 4. und 11. Segmente. Sie leben zwischen zusammengesponnenen Blättern der

Weiden und Pappeln in zwei Generationen (vom Juni bis in den Oct.), deren zweite und häufigere als Puppe überwintert und sich im folgenden Mai entwickelt. Puppe in leichtem Gewebe zwischen Blättern.

Curtula *L.* Vfl. weißlich aschgrau; in der Flspitze ein großer, lebhaft rostbrauner Fleck, der wurzelwärts von der letzten Clinie scharf weiß begrenzt, unten durch Ast 2 abgeschnitten ist. 32—35. — R. braungrau, grünlich, fleischfarbig oder gelblichweiß, mit unterbrochenen schwärzlichen Rückenlinien, schwarzen Punkten in den Seiten und gelben Wärzchen; der Fleck auf dem 4. und 11. Segment sammtschwarz, warzenartig. Auf Pappeln; überall.

Anachoreta *F.* Vfl. grau; in der Flspitze ein großer, schwärzlicher, von der schneeweißen letzten Clinie durchschnittener, unten scharf abgeschnittener Fleck. Gegen den Hwinkel stehen zwei oft zusammenhängende tief schwarze Fleckchen. 30—34. — R. der vorigen ähnlich, aber mit rothgelben Flecken auf dem 4. und 11. Ringe, der vordere jederseits mit einem weißen Punkte. Auf Weiden und Pappeln; überall.

Pigra *Hfn.* (Reclusa *WV.*). Die kleinste Art. Vfl. veilgrau; die Saumhälfte schwärzlichgrau, in der Spitze orange gemischt, einwärts bogig begrenzt und von der am Brande erweiterten letzten weißen Clinie getheilt. 25—29. — R. mit tiefschwarzen, weiß und schwarz behaarten Flecken des 4. und 11. Segments. Auf Sahlweiden und Espenbüschen; überall.

Anastomosis *L.* Vfl. veilgrau, zimmtbraun gemischt, die letzte Clinie am Brande nicht weiß. 34—40. Im Osten und Süden. — **Timon** *H.* In Ostpreußen, sehr selten.

3. **Phalera** H.

R. dünn behaart; Puppe in einer Erdhöhle.

Bucephala *L.*, der Lindenspinner. Taf. XII. fig. 2 a. b. Vfl. silbergrau, mit großem, hellgelbem, braungelb gewässertem Fleck in der Spitze; Hfl. und Hleib blaßgelb, letzterer in den Seiten schwarz gefleckt. 58—63. Mai, Juni. — R. gelb, dicht mit abgesetzten schwärzlichen Längsstreifen überzogen. Sie lebt, in der Jugend gesellig, auf Laubhölzern, besonders Linden, Buchen und Eichen, vom Juli bis Oct., zuweilen in schädlicher Menge.

Bucephaloïdes *O.* Der vorigen ähnlich, aber die Vfl. mit rundem gelbem Mittelfleck, der Hleib ungefleckt. Bei Wien.

4. **Cerura** Schrank. (Harpyia *O.*)

F. bei ♂ und ♀ bis zur Spitze gekämmt. Farbe weißgrau oder weiß; die Vfl. mit schwärzlichen Zeichnungen, am Saume zwischen den Adern schwarz punktirt. — Die Rn sind nackt, dick, der 3. Ring ist etwas erhöht. Das letzte Fußpaar fehlt und der Körper läuft in zwei lange, rauhe, hohle Dornen aus, aus welchen weiche, fadenförmige Fortsätze vorgetrieben werden können: Gabelschwanzraupen. Der Kopf ist etwas retractil, mit sehr starkem Gebiß versehen. Farbe grün, mit dreieckigem, dunklem Fleck hinter dem Kopfe, dessen Spitze am 3. Segmente mit der eines hier beginnenden und bis zum Afterende reichenden großen rautenförmigen Rückenflecks zusammentrifft. Die Rn leben vom Juni oder Juli bis in den Herbst auf Laubbäumen, verpuppen sich in sehr festen, aus abgebissenen Holz- oder Rindestückchen zusammengeleimten

Gehäusen an den Stämmen und erscheinen als Schmetterlinge im nächsten Mai und Juni.

A. Kleinere Arten; Rücken und Vfl. mit schwarzen, orangegelb aufgeblickten Zeichnungen; Vfl. mit schwärzlicher, breiter Qbinde vor der Mitte und solchem Fleck vor der Spitze.

Bicuspis *Bkh.* Vfl. weiß, die dunkle Binde beiderseits unregelmäßig begrenzt, innerhalb der M3. kaum halb so breit als am Innenrande. 36—40. — R. hellgrün, Nacken= und Rückenfleck auf dem 2. Segmente zusammen= stoßend, rothbraun, gelb gesäumt; Kopf gelbbraun, mit zwei schwarzen Scheitel= flecken. Auf Birken; selten.

Bifida *H.* Vfl. weißgrau, die dunkle Binde wurzelwärts durch einen fast geraden, dick schwarzen Qstreif, saumwärts in der Brandshälfte von einem dick schwarzen, halbmondförmigen Streif begrenzt; die hintere gezähnte Qlinie doppelt oder undeutlich dreifach. 37—45. — R. papageigrün; Rücken= und Nacken= fleck fast durch den ganzen 3. Ring getrennt, violett oder braun, gelb gefleckt und von gelben Kappenlinien eingefaßt. Auf Pappeln; nicht selten.

Furcula *L.* Der Bifida ähnlich, aber kleiner, perlgrau, die Binde der Vfl. saumwärts unregelmäßig schwarz begrenzt, die hintere Qlinie scharf und regelmäßig dreifach. 33—38. — R. ebenfalls der vorigen ähnlich, aber mit zusammenhängendem oder nur sehr schmal getrenntem Nacken= und Rückenfleck, die gelbe Einfassung mehr geradlinig. Auf Weiden und Buchen; nicht häufig.

B. Größere Arten, ohne Orange, die Vfl. mit vielen schwarzen Zickzacklinien.

Vinula *L.*, der große Gabelschwanz. Taf. 12. fig. 3 a. b. Weißlich (♂) oder weißgrau, Fl. dünn beschuppt, der Hleib oben mit zwei Reihen schwarzer Seitenflecke. 62—75. — R. jung schwarz, später braun, in den Seiten grün, mit zwei ohrenförmigen Knöpfen hinter dem Kopfe; erwachsen hellgrün, mit graublau und grün oder dunkelroth gemischtem, weiß eingefaßtem Rückenfleck. Der 1. Ring hat unter dem Kopfe eine Querspalte, aus welcher die R. eine scharfe Flüssig= keit hervorspritzen kann. Auf Pappeln und Weiden; gemein.

Erminea *E.* Weiß, der Hleibsrücken tiefschwarz, nur ein Mittellängs= streif und die beiden letzten Segmente weiß, letztere in der Mitte mit 4 feinen schwarzen Längslinien. 55—70. — R. der vorigen ähnlich, aber mit schmalerem Rückenfleck und einem von dessen Einfassung auf dem 7. Segmente schief bis zum 2. Bauchfuße jeder Seite herabziehenden schneeweißen Streife. Auf Weiden und Pappeln; meist selten.

5. Hybocampa Led.

Körper sehr robust, Fl. schmal, die Vfl. mit ziemlich scharfer Spitze. R. vierzehnfüßig, ohne Nachschieber. Nur eine Art:

Milhauseri *F.* Vfl. weißgrau und aschgrau, lehmgelb gemischt, am Innenrande mit schwärzlichen Wischen; Hfl. weiß, mit schwarzem Fleck am Innenwinkel. 45—50. Mai, Juni. — R. dick, nackt, grün, weißlichgelb punktirt, mit großem, hellbraunem Kopfe und spitzen, oben getheilten Rücken= höckern; in jeder Seite ein breiter fleischfarbiger Fleck. Das Ende des Körpers bildet eine breite, schief abgestutzte, rhomboidale Fläche, die an den drei obern Ecken in einfache, an der untern in zwei Spitzen ausläuft. Sie lebt vom Juli bis Anfang Sept. auf Eichen, seltener auf Buchen und verpuppt sich an deren

Stamme in einem festen, aus Holz= und Rindespänchen zusammengeleimten Ge=
häuse. Puppe kurz und dick, vorn mit einem scharfen Dorne bewaffnet. Selten.

6. Stauropus Germar.

F. des ♂ lang gekämmt, das Spitzendrittel nackt; Rücken wollig behaart,
Vfl. lang gestreckt. R. ohne Nachschieber. Nur eine Art:

Fagi *L.* Aschgrau, die Vfl. etwas gelblich=, am Innenrande röthlich ge=
mischt mit zwei zackigen gelblichweißen Qstreifen und einer Qreihe schwarzer,
einwärts weiß aufgeblickter Fleckchen vor dem Saume. 58—64. — Die
abenteuerlich gestaltete R. zeichnet sich vor allen andern durch die monströse Ver=
längerung des 2. und 3. Paars der Brustfüße aus, die in der Ruhe kreuzförmig
zusammengeschlagen werden. Sie ist glatt, braun, der Rücken höckerig; die letzten
Segmente sind erweitert, mit gezähnten Seitenkanten; das fußlose Ende des
Körpers trägt ein Paar glatte, solide, etwas kolbige Schwanzspitzen. Sie lebt
vom Juni bis in den Herbst auf Laubholz, besonders Buchen und Eichen, und
verwandelt sich in einem flachen Gewebe zwischen Blättern in eine glänzend
schwarzbraune Puppe. Der Falter erscheint zuweilen schon im Herbst, in der
Regel aber erst im Mai des folgenden Jahres. Ziemlich selten.

7. Uropus B.

Mit starkem S., kleinen Nebenaugen, langen Jn., schmalen, spitzen Fln;
Hschienen mit zwei Paar langer Sporen. Den Noctuinen verwandt. R. ohne
Nachschieber. Nur eine Art:

Ulmi *W. V.* Vfl. blaugrau, mit einer Qreihe schwarz und weißer Ader=
punkte hinter der Mitte; Hfl. weiß. 40. — R. langleibig, fein behaart, mit
zwei braunen Schwanzspitzen. Im Juni auf Ulmen. Puppe in einer Erdhöhle,
überwintert. In Oesterreich, Tirol und der Schweiz.

8. Ptilophora Stph.

Durch die federartigen F. des ♂ ausgezeichnet. Nur eine Art:

Plumigera *E.* Kopf und Thorax lang behaart; Fl. schmal, dünn be=
schuppt, roströthlich (♀) oder mehr rostgelblich (♂), die Vfl. mit lichtem, gezähntem
Qstreif hinter der Mitte. 35—42. — R. weißlichgrün, in den Seiten gras=
grün, durchscheinend, mit drei weißen Längsstreifen jederseits, von denen die über
den Füßen nahe zusammenstehen. Sie lebt vom Mai bis Juli auf Maßholder
(Acer campestre) und verpuppt sich in einer Erdhöhle. Der Falter Ende Oct.
und im Nov.

9. Pterostoma Germar.

Ausgezeichnet durch die langen, vorgestreckten, breitbeschuppten Pn. F. bei
♂ und ♀ gekämmt. Nur eine Art:

Palpina *L.* Vfl. scharf gezähnt, am Innenrande mit großem, am Hwinkel
mit kleinem Schuppenzahn, rostgelblich, weißlich und braun gemischt, mit zwei
zackigen, oft undeutlichen, auf den Adern braun und weiß punktirten Qstreifen.
45—50. — R. breitleibig und steif, mit faltiger Haut, blaugrün, über den
Rücken grünlichweiß, mit vier erhabenen weißen Längslinien und schmalem,
gelbem, zuweilen rothgerandetem Seitenstreif. Vom Juni bis Oct. auf Weiden

und Pappeln. Puppe in der Erde; Falter im Mai, zuweilen nochmals im Aug. Nirgends selten.

10. Spatalia H.

Nur eine Art: **Argentina** *WV.* Vfl. gezähnt, mit einem großen und drei kleinen Silberflecken auf rostgelbem Grunde vor der Mitte. 33—40. Mai. — Die höckerige braune R. vom Juni bis Aug. auf Eichen. Im Süden, bis Sachsen und Schlesien; selten.

11. Lophopteryx Stph.

F. des ♂ tief eingeschnitten und gekerbt (Camelina) oder kurz kammzähnig (Cucullina). Puppen in einem Erdgespinnste.

Camelina *L.* Vfl. zimmtbraun, rostfarbig oder ledergelb, mit zwei zackigen dunklen Qstreifen. 40—47. — R. grün, über den Rücken weißlich, zuweilen rosenroth; mit zwei rothen Spitzen auf dem elften Segment, rothpunktirter Seitenlinie und einzelnen Haaren. Vom Juni bis October auf Eichen, Buchen, Linden und Birken. Die frühesten Rn entwickeln sich schon im Juli oder August zum Schmetterlinge, die spätern und meisten im folgenden Mai oder Juni. Gemein.

Cucullina *WV.* (Cuculla *E.*). Vfl. bleich rostgelb, am Innenrande rostbraun, vor dem Saume (mit Ausnahme der Flspitze) breit weiß, grau schattirt. 36—40. Juni, Juli. — R. grün, mit großem, länglichem, durchscheinend dunkelgrünem Fleck auf den vordern Segmenten, zwei stumpfen Rückenhöckern und pyramidenförmig erhöhtem, zweispitzigem 11. Segmente. Vom Juli bis September auf Ahorn, besonders Acer campestre. Nicht überall.

12. Odontosia H.

F. des ♂ gezähnt und stark gewimpert; Rücken wollig behaart, ohne Längsschopf. Nur eine Art:

Carmelita *E.* Vfl. violettgrau, am Brande in tiefes Rothbraun übergehend, mit zwei matten, gezähnten, schwärzlichen, aus gelblichweißen Brandflecken entspringenden Qstreifen. 40—45. April. — R. breitleibig und runzelig, gelbgrün, mit schmalem, hellgelbem Seitenstreif, in welchem die Luftlöcher in rothen Fleckchen stehen. Im Juni und Juli auf Birken und Erlen. Meist selten.

13. Microdonta Dup.

Nur eine Art: **Bicoloria** *WV.* Fl. schneeweiß, die Vfl. mit zwei unterbrochenen schwarzen Qstreifen, dazwischen orangegelb gefleckt. 34—38. Mai, Juni. — R. schlank, glänzend grün, über den Rücken weißlich, mit gelben Längslinien und goldgelbem Seitenstreif; im Juli und August auf Birken. Puppe in einem festen Gewebe zwischen Blättern oder Moos. Nicht häufig.

14. Notodonta O.

Bekleidung des Rückens haarschuppig, vorn glatt gestrichen, hinten etwas aufgestülpt. F. des ♂ gekämmt. R. nackt.

A. F. bei ♂ und ♀ bis zur Spitze gekämmt. Vfl. gestreckt, ihr Saum sehr schräg, fast so lang wie der Innenrand. R. mit pyramidenförmiger Erhöhung auf dem 11. Ringe, erwachsen mit starkem Porzellanglanz.

Puppe an der Erde unter Moos oder dergl. eingesponnen (Leiocampa *Stph.*)

Dictaea *L.* (Tremula Clerck). Pfl. weißlich, längs dem Innenrande brandbraun und schwarz, vor der Spitze mit zwei schwarzen Längsflecken auf braunem Grunde; im Hwinkel ein schmaler, wurzelwärts zugespitzter, schmutziggelblicher Keilfleck. Hfl. weiß, mit braunem Fleck am Innenwinkel, der von einem die dunkle Saumlinie begrenzenden weißen Streifchen getheilt wird. 49—55. — R. grün, auf dem Rücken weißlich, mit breitem, hochgelbem Seitenstreif; zuweilen graubraun und rothbraun, ohne Seitenstreif. Im Juni und Juli, häufiger im September und October auf Pappeln. Falter im August oder im nächsten Mai und Juni. Nicht selten.

Dictaeoïdes *E.* Der vorigen sehr ähnlich, aber der Keilfleck am Hwinkel der Pfl. kürzer, viel breiter, schneeweiß, die braune Stelle am Innenwinkel der Hfl. nicht von einem die Saumlinie begrenzenden weißen Streifchen getheilt. 43—48. — R. auf Birken, grauroth, mit breitem, schwefelgelbem Seitenstreif. Zeit wie bei Dictaea; meist seltener.

B. F. des ♂ mit kurzen, die Spitze nicht ganz erreichenden Kammzähnen, des ♀ einfach borstenförmig oder gezähnt; Augen behaart. — R. mit Höckern auf den mittlern Segmenten und einer Pyramide auf dem vorletzten. Puppe in leichtem Gewebe an der Erde, zwischen Blättern u. dgl. (Notodonta).

Ziczac *L.* Pfl. licht gelblichbraun; das Mittelfeld am Brande weißgrau, saumwärts durch den sehr großen, dick schwarzbraunen Mittelmond begrenzt; vor dem Saume ein rostbrauner, fleckiger Bogenstreif. 40—47. — R. violettroth, weißlich oder rothbraun gemischt, mit kegelförmigen Höckern auf dem fünften und sechsten Segment; die beiden letzten Segmente orangegelb und fleischfarbig. Auf Weiden und Pappeln, vom Juni bis in den Herbst. Falter im nächsten Mai, von den frühesten An öfters schon im Juli oder August des ersten Jahres. Nicht selten.

Dromedarius *L.* Pfl. schwarzgrau, an der Wurzel gelb; zwei gezähnte Cstreifen und der kleine Mittelmond weißlich oder gelb. Hfl. braungrau, mit lichtem Bogenstreif. 40—47. — R. gelbgrün, mit vier an der Spitze rothen Rückenhöckern und rothem Streif hinter dem Kopfe und in der Seite. Auf Birken und Erlen; Zeit wie bei Ziczac. Nicht selten.

Tritophus *F.* Pfl. grauschwarz, Wurzel, Innenrandshälfte des Mittelfeldes und ein Cstreif vor dem Saume braungelb, übrigens wie bei Dromedarius gezeichnet; Hfl. weiß (♂) oder weißlich (♀), Fransen am Innenwinkel schwarz. 49—55. April, Mai. — R. dunkelgrün, mit vier oder fünf rothen Rückenhöckern und rothbraunem Kopfe; im Juli und August auf Pappeln. Selten.

Torva *H.* Pfl. staubig gelbgrau, die beiden gezähnten Cstreifen und der kleine Mittelmond bleichgelb gesäumt, die Fransen braun gefleckt; Hfl. weißlich, grau bestäubt (♂) oder hellgrau, mit lichterem Bogenstreif. 43—46. — Die R. sieht der von Ziczac zum Verwechseln ähnlich und lebt gleichzeitig mit derselben auf Espen und Pappeln; ziemlich selten.

C. F. des ♂ länger, bis gegen die Spitze gekämmt, des ♀ einfach borstenförmig; Augen nackt. R. dick, ohne Höcker. Puppe in einer Erdhöhle (Peridea *Stph.*).

Tropida *E.* (Tremula *H.*). Vfl. grob, aber dünn bestäubt, gelblichgrau, mit licht rostgelber Einmischung, zwei rostbraunen, oft undeutlichen Qstreifen und solcher Fleckenreihe vor dem Saume; Hfl. gelblichweiß, am Brande grau. 57—63. April, Mai. — R. gelbgrün, mit doppelter weißer Rückenlinie und rothen, gelbgerandeten Schrägstrichen in den Seiten; vom Juni bis August auf Eichen.

  D.   F. des ♂ mit etwas längern Kammzähnen, des ♀ einfach; Vfl. schmaler, mit sehr schwachem Schuppenzahn. R. ohne Höcker, grün, mit hellen Längsstreifen, auf Eichen; Puppe oberflächlich in der Erde eingesponnen (Drymonia *Curt.*).

Chaonia *H.* Vfl. schwärzlichgrau, mit weiß und schwarzen Qstreifen und schwarzem Mittelmond auf weißem Grunde. 37—40. April, Mai. — R. vom Juni bis August; glatt, hellgrün, in den Seiten dunkler, mit vier gleichweit von einander abstehenden Längslinien, die obern (Subdorsalen) weißlich= gelb, die untern (Seitenstreifen) stärker, schwefelgelb.

Querna *F.* Der Chaonia ähnlich, das Grau mehr röthlich, der vordere Qstreif fast geradlinig, der Mittelmond weiß; Hfl. des ♂ weiß, des ♀ hellgrau. Mai, Juni. — R. im Herbst. Zerstreut und selten.

Dodonaea *H.* (Trimacula *E.*). Vfl. schwärzlich= bis hellbraungrau, ohne Mittelmond, der vordere Qstreif wurzelwärts breit weiß gesäumt, vor der Flspitze zwei schwarze Fleckchen; Hfl. gelbgrau, mit lichtem Bogenstreif. Sehr abändernd: bei der Ab. **Trimacula** *E.* sind Rücken und Saumhälfte der Vfl. größtentheils weiß oder gelblich. 35—40. — R. vom Juli bis September; glänzend grün, auf dem Rücken ins Gelbliche, mit gelblichweißen Längslinien, von denen zwei das Rückengefäß einfassen, und schmalem, schwefelgelbem Seitenstreif; Kopf mit zwei weißen Strichen. Falter im Mai und Juni.

  E.   Wie D., aber die Vfl. breit, mit starkem Schuppenzahn. Mit kleinen Nebenaugen (Drynobia *Dup.*).

Melagona *Bkh.* Vfl. silbergrau, im Mittelfelde rothbraun schattirt, mit weißlichem Mittelmond und zwei Qstreifen, deren innerer zweimal rechtwinkelig gebrochen, der äußere scharf gezähnt und am Brande durch einen braunen, schwarz gefleckten, dreieckigen Fleck begrenzt ist. 35—40. Juni. — R. grün, mit gelblichweißen Längslinien über den hellern Rücken und schmalem, weißem, oft hochroth gesäumtem Seitenstreif. Vom Juli bis October auf Buchen; meist selten.

Velitaris *Rott.* Vfl. veilgrau, das Wurzelfeld bleichgelb; von den zwei lichten, braun eingefaßten Qstreifen ist der vordere stumpfwinkelig gebogen; die Flspitze durch einen braunen Schrägwisch getheilt. 36—40. Juni. — R. gelbgrün, mit gelben Punktlinien über den Rücken und rothem, weißgesäumtem Seitenstreif. Im August und September an den untersten Zweigen niedriger Eichenbüsche. Nicht überall.

15. **Gluphisia** B. (Glyphidia).

Körper kurz und plump, Vfl. breit, S. deutlich. Nur eine Art:

Crenata *E.* Vfl. dunkelgrau, im Mittelfelde bräunlichgelb gemischt, mit verloschenem gelblichem Mittelmonde zwischen zwei schwärzlichen Qstreifen und einwärts weißlicher Wellenlinie vor dem Saume. 30—33. Juni. — R. nackt, gelbgrün, mit weißlichem, gelb eingefaßtem Rückenstreif, in welchem eine mehr oder minder vollständige Reihe dunkelrother, weißgekernter Punkte steht. Im Juli und August auf Pappeln, zwischen zusammengesponnenen Blättern, lebend und sich verpuppend. Puppe kurz, stumpf, flachgedrückt, bewegungslos. Selten.

Die **Eulen, Noctuae,** Fam. 19 — 21, bilden in der europäischen Fauna die umfangreichste Gruppe der Makrolepidopteren; die Zahl ihrer Arten ist größer als die der Tagfalter, Schwärmer und Spinner zusammengenommen. Sie zeigen im Ganzen eine große habituelle Uebereinstimmung, von welcher besonders nur die bei uns wenig zahlreichen, in wärmern Ländern aber reich entwickelten letzten Gruppen abweichen, deren schlankerer Körper, große und breite Flügel an die Zünsler oder Spanner erinnern. Bei der großen Mehrzahl unserer Noctuen ist der Körper kräftig gebaut, die Fl. sind mäßig groß und werden in der Ruhe dachförmig getragen oder flach übereinander gelegt, die Hfl. unter den vordern versteckt. Die Haftborste ist stark, der S. lang; die Nebenaugen sind deutlich; die P. ziemlich groß, ihr Endglied glattschuppig und meist viel kürzer als das durch Schuppenhaar erweiterte Mittelglied; die F. lang, selten gekämmt; die Beine kräftig, die Hschienen lang, doppelt gespornt. Hierzu kommt eine in den Grundzügen übereinstimmende Zeichnung der Vfl.: Querstreifen und Makeln von bestimmter Zahl und Lage. Wenn diese Zeichnung vollständig ist, so bemerkt man nahe der Wurzel einen kurzen, den Innenrand nicht erreichenden Querstreif: den halben Qstreif (striga dimidiata), zwei andere, ganz durchlaufende, welche das Mittelfeld einschließen: den ersten oder vordern (striga anterior, in Abkürzung: v. Qstreif) und zweiten oder hintern Qstreif (striga posterior, in Abkürzung: h. Qstreif); endlich zwischen letzterem und dem Saume eine wellenförmige, gezähnte oder zackige, in der Mitte oft Wartig geformte, lichte Qlinie: die **Wellenlinie** (linea undulata, in Abkürzung: Wll.). Der bindenförmige Raum zwischen dem h. Qstreif und der Wll. heißt **gewässerte Binde.** In derselben finden sich oft schwarze, der Wll. aufsitzende pfeilspitzenähnliche Fleckchen zwischen den Adern: **Pfeilflecke** (maculae sagittatae). Die zwischen den beiden Qstreifen stehenden Flecke bestehen aus der **Nierenmakel** (macula reniformis, abgekürzt: Nml), einer nieren- oder ohrmuschelförmigen Zeichnung auf der Qader; der **Ringmakel** (macula orbicularis, abgekürzt: Rgml), wurzelwärts von dieser, in der M3., und der unter der Rgml, meist auf dem v. Qstreif aufsitzenden **Zapfenmakel** (macula conica, abgekürzt: Zml). Zwischen den Makeln durch läuft oft ein meist verflossener, dunkler Qstreif: der **Mittelschatten** (umbra media). Dunkle Striche oder Fleckchen auf den Qadern heißen **Mittelmonde** (lunulae mediae). — Die meisten Arten fliegen nur bei Nacht. Ihre Rn sind 16füßig, seltener 14- oder 12füßig, und in diesem Falle fehlt das erste oder die beiden ersten Paare der Bauchfüße; der Gang ist dann spannerförmig und die Rn heißen Halbspanner; ebenso, wenn zwar 16 Füße vorhanden, aber die vordern Bauchfüße verkürzt sind. Nur wenige Gattungen (Bombycoidea) haben stark behaarte Rn, die übrigen sind nackt oder nur mit einzelnen Härchen besetzt. Die Puppen sind hartschalig, der kegelförmige Hleib ist beweglich, meist mit deutlicher Schwanzspitze versehen.

19. Fam. **Cymatophoridae** HS.

Sie unterscheiden sich von den eigentlichen Noctuinen wesentlich dadurch, daß Ader 7 der Hfl. (Subcostalader) aus dem Rande der MZ. entspringt (bei jenen erst an der Qader) und daß auf den Vfln der Mittelast ziemlich in der Mitte zwischen Ast 4 und 6 (bei jenen nahe an 4) entspringt. Nebenaugen sehr klein, S. ziemlich stark, Endglied der P. linear; F. ganz einfach, nackt, etwas zusammengedrückt (nur bei Ruficollis gekämmt). Rn nackt, 16füßig; Puppe in leichtem Gewebe am Boden zwischen Blättern oder Moos.

Tabelle der Gattungen.

A. Schulterdecken mit ihrem ganzen Innenrande zusammenstoßend, ihr Hrand aufgeworfen; Hwinkel der Vfl. etwas vortretend: 1. Thyatira.

B. Schulterdecken anliegend, durch den Hrücken getrennt; Hwinkel der Vfl. nicht vortretend: 2. Cymatophora.

1. Thyatira O.

Lebhaft und ungewöhnlich gefärbte und gezeichnete Arten. Die Rn vom Juli bis in den Herbst auf Himbeeren und Brombeeren, an schattigen Stellen; Falter aus der überwinternden Puppe im nächsten Mai oder Juni, zuweilen schon im August des ersten Jahres.

A. Die R. ohne starke Höcker, bei Tage zwischen Blätterbüscheln versteckt (Habrosyne *H.*, Gonophora *Br.*).

Derasa *L.* Vfl. feuersteinfarbig, im Mittelfelde orangegelb und weiß gemischt, mit kleinen Makeln; der hintere Qstreif vierfach, spitzenartig gezackt. 36—40. — R. kastanienbraun, mit je einem runden weißgelben Fleck in den Seiten des vierten und fünften Segments. Nicht häufig.

B. Die R. höckerig, bei Tage frei auf den Blättern (Thyatira *H.*).

Batis *L.* Taf. XII. fig. 4 a. b. Vfl. dunkelolivenbraun, mit fünf großen, blaßrosenrothen, innen bräunlichen Flecken. 34—36. — R. rostbraun, mit fünf Höckern über den Rücken, einem größern, zweitheiligen hinter dem Kopfe und einigen in den Seiten. Nicht selten.

2. Cymatophora Tr.

Vfl. mit den gewöhnlichen, meist verdoppelten Qstreifen, der Wll. und meist einem schwarzen Schrägstrich in der Flspitze. Die Rn flach, mit großem, gelbem oder rostfarbigem Kopfe und schwarzem Gebiß; leben zwischen zusammengezogenen Baumblättern.

A. Die Augen behaart; der Körper robust, stark behaart (Asphalia *H.*).

Ridens *F.* (Xanthoceros *H.*). Vfl. moosgrün, braun und schwärzlich gemischt, mit verworrener Zeichnung; Wll. licht, tief gezähnt, Fransen von zusammenhängenden, scharf schwarzen, weiß ausgefüllten Monden eingefaßt. 35—38. — R. grünlichgelb, mit erhabenen gelblichweißen Wärzchen, der Kopf groß, rostfarbig, mit weißen Bogenstrichen; im Juni und Juli auf Eichen. Nicht häufig.

Flavicornis *L.* Vfl. aschgrau, die Ostreifen schwarz, der vordere drei=
fach, der hintere doppelt; Rgml und Rml schwefelgelb oder grünlichweiß, letztere
sehr schmal, oft undeutlich; F. rostgelb, beim ♂ breitgedrückt. 40. März, April.
— R. sehr abändernd, meist blaßgraugrün, in den Seiten schwärzlich schattirt,
mit zwei Längsreihen schwarzer Rückenpunkte und weißen Wärzchen. Vom Mai
bis August auf Birken. Nicht selten.

Diluta *F.* Vfl. hellviolettgrau mit zwei braunen Obändern, ohne deut=
liche Makeln. 30. Aug., Sept. — R. im Mai und Juni auf Eichen. Im
Westen und Süden; sparsam.

Ruficollis *F.* Vfl. röthlichgrau; die kleinste Art, ausgezeichnet durch
die kammzähnigen F. des ♂. 28. — R. auf Eichen. In Oesterreich; selten.

B. Die Augen nackt, der Körper robust (Cymatophora).

Or *F.* Vfl. röthlichaschgrau, mit zwei das lichte Mittelfeld einfassenden,
aus je vier oder mehr oder minder deutlichen schwärzlichen Parallellinien gebildeten
Obinden; Makeln grünlichweiß, die Rgml klein und rund, die Rml unten mit
schwarzem Strich. 37—42. Mai, Juni, zuweilen nochmals im Aug. — R.
blaßgrünlichgelb oder weißlich; im Aug. und Sept. auf Espen und Pappeln.
Häufig.

Ocularis *L.* (Octogesima *H.*). Vfl. graubraun, blauroth beduftet, be=
sonders am Rande, mit schwärzlichen Doppelstreifen; beide Makeln grünlichweiß,
schwarz gekernt, zusammenhängend. 34—40. — R. hellgelb; Zeit und Nah=
rung wie bei Or; seltener.

C. Augen nackt, Körper schmächtig, Fl. groß und breit.

Duplaris *L.* (Bipuncta *Bkh.*). Vfl. braungrau und weißlich, mit zwei
schwarzen Punkten auf der Ader und schwarzem Schrägstrich in der Spitze.
31—33. Juni, Juli. — R. durchscheinend gelblichgrün, mit honiggelbem
Kopf, bei der erwachsenen R. ohne schwarze Scheitelflecken; Nackenschild glänzend
schwarz. Im Sept. und Oct. auf Erlen und Birken. Nicht häufig.

Fluctuosa *H.* Vfl. bläulichweißgrau, das breite Mittelfeld graubraun:
Wll. weiß, mit einem kurzen, tiefschwarzen Strich wurzelwärts am Rande.
34—39. — R. gelblichweiß, der Rücken dunkelgrau gerieselt, mit vier schwarzen
Punkten auf jedem Segment; Kopf honiggelb, mit zwei großen schwarzbraunen
Scheitelflecken. Auf Birken. Gleichzeitig mit Duplaris; selten.

20. Fam. Noctuina.

Sie umfaßt den bei weitem größten Theil der Noctuen und einige Gruppen
der Pyraliden der ältern Systeme, die sich aber durch den Besitz von nur zwei
Dorsaladern der Hfl. und ihre klammerfüßigen Rn als hierher gehörig aus=
weisen. Die Noctuinen haben fast immer deutliche Nebenaugen (nur bei den
Gattungen Hypenodes und Tholomiges fehlend, bei Diloba, Demas und Panthea
klein und versteckt) und in der Regel einen langen und starken S. Die Vfl.
führen eine Anhangszelle (nur bei Thalpochares, Tholomiges, Rivula und einigen
Herminiden fehlend). Die Costalader der Hfl. entspringt aus der Wurzel und
verbindet sich bald nach ihrem Ursprunge auf eine kurze Strecke mit der Sub=
costalader; nur bei Stilbia und Rivula entspringt sie aus dem Rande der M3.
Der Mittelast entspringt auf allen Fln viel näher an Ast 4 als an 6; auf

den Hfln ist er bald sehr schwach, bald so stark als die übrigen Aeste. Die Haftborste ist stets deutlich. Die Augen sind bald nackt, mit oder ohne Wimpern, bald behaart; die Schienen mit Dornborsten besetzt oder unbewaffnet; Rücken und Hleib mit aus Haaren oder Schuppen gebildeten, auf dem erstern sehr mannigfach gestalteten Schöpfen versehen, oder glatt. Die Stirn ist in der Regel flach, zuweilen aber beulenförmig aufgetrieben oder mit einer vorspringenden Platte oder Spitze versehen — Eigenheiten, die sich durch die Untersuchung mit einer Nadel erkennen lassen. Alles dies ist zur Unterscheidung der Gattungen benutzt worden, die aber dennoch wegen der großen Menge ähnlicher, vielfach in einander übergehender Formen öfters ihre Schwierigkeit behält. Noch weniger lassen sich größere Abtheilungen scharf unterscheiden. Die hier folgenden sind nur als Gruppen zu betrachten, in denen das natürlich Zusammengehörige vereinigt ist, ohne sich gerade von den übrigen immer durch bestimmte Charaktere fest abgrenzen zu lassen.

Wo in den Diagnosen der Gruppen und Gattungen einer abweichenden Beschaffenheit nicht ausdrücklich gedacht ist, sind die Augen nackt und unbewimpert, die Schienen unbewaffnet, Nebenaugen vorhanden, der S. ist lang und das Flgeäder normal; die Rn sind 16füßig, nackt und verpuppen sich in der Erde; die Flhaltung der Schmetterlinge ist dachförmig, der Flug nächtlich.

1. Bombycoïden. Gen. 1—9.

Diese Gruppe begreift alle Noctuinen, deren Rn durch lange Behaarung ein spinnerähnliches Ansehen haben (Orrhodia rubiginea ausgenommen), einschließlich der Gattung Bryophila, deren Rn nicht langhaarig sind. Die Schmetterlinge dagegen sind sehr verschiedenartig: die einen haben ebenfalls ein spinnerartiges Ansehen, gekämmte F., kurze S. und Hbeine; die andern (Acronycta, Bryophila) den gewöhnlichen Habitus der Eulen.

1. Diloba Stph.

Plump; Augen bewimpert, S. kurz und weich, F. des ♂ bis zur Spitze stark gekämmt, des ♀ gezähnt; Hschienen nicht länger als die mittlern, kurz gespornt. Nur eine Art:

Caeruleocephala *L.*, der Blaukopf. Taf. XII. fig. 5 a. b. Vfl. veilgrau und veilbraun, mit zwei schwarzen, am Innenrande genäherten Ostreifen und großen, zusammenhängenden, bleichschwefelgelben Makeln. 36—39. Ende August bis October. — R. dick, licht bläulich- oder gelblichgrün, mit breitem gelbem Rücken-, schmalern gelben Seitenstreifen und schwarzen, mit einzelnen Börstchen besetzten Warzen; Kopf bläulich, mit zwei runden schwarzen Flecken. Im Mai und Juni auf Schlehen, Weißdorn und Obstbäumen, denen sie in manchen Jahren schädlich wird. Puppe blau bereift, in einem festen Gehäuse an Stämmen, Mauern u. dgl. Gemein.

2. Simyra O.

S. kurz und weich, F. des ♂ gekämmt; Vfl. schmal und lang, lanzettförmig, zeichnungslos. — R. dick, mit behaarten Warzen besetzt; Puppe in dichtem, festem Gewebe über der Erde.

Nervosa *F.* Vfl. von der Farbe des trockenen Schilfrohrs, mit lichtern Adern und spärlichem schwarzem Staube; Hfl. hellgrau. 32—36. Juni, Juli. — R. im Mai und Juni auf Wolfsmilch. Im Süden und Osten, zerstreut. — **Buettneri** *Hering*, in Pommern.

3. Arsilonche Led.

Der vorigen ähnlich; der S. kurz, doch fest, die F. des ♂ einfach borsten- förmig, kahl; die Fl. etwas breiter, lanzettförmig, zeichnungslos. — R. und Puppe wie dort. Nur eine Art:

Albovenosa *Götze* (Venosa *Bkh.*). Vfl. beinfarbig, mit matten bräun- lichen Längsstrahlen und sehr feinem schwarzem Staube; Hfl. weiß. 33—38. Mai, Juni und wieder im Juli und Aug. — R. auf Sumpfpflanzen, beson- ders Glyceria spectabilis, im Juli und Herbst. Im Tieflande, zerstreut.

4. Demas Stph.

Plump, von spinnerförmigem Ansehen. S. kurz und schwach; F. des ♂ gekämmt; Hleib mit Rückenschöpfen; Vfl. gerundet, an der Wurzelhälfte auf- geworfen beschuppt. Nur eine Art:

Coryli *L.* Taf. XII. fig. 6. Vfl. an der Wurzelhälfte rostbraun, an der Saumhälfte bläulichaschgrau; v. Ostreif zackig, schwarz, Rgml rund, schwarz ein- gefaßt. 33—36. Mai, Juni, zuweilen nochmals im Aug. — R. auf Laubholz, besonders Buchen, Linden und Eichen, zwischen zusammengezogenen Blättern, vom Juli bis Oct.; dick, weißlich, fleischfarbig oder ziegelroth, mit breitem, vorn ab- gekürztem schwarzem Rückenstreif und größtentheils weißen Sternhaaren; ein langer Haarbusch zu beiden Seiten des zweiten und ein kurzer Doppelbusch auf dem elften Ringe schwarz, ein kurzer Doppelbusch auf dem vierten und fünften Ringe fuchsroth. Puppe in leichtem Gewebe zwischen Blättern. Häufig.

5. Panthea H.

Augen bewimpert, Nebenaugen und P. sehr klein, S. kurz und schwach, F. des ♂ kurz gekämmt; Vfl. mit langem Brande und schrägem Saume; in Farbe und Zeichnung der Ocneria monacha ähnlich. Nur eine Art:

Coenobita *F.* Vfl. weiß, mit zackigen tiefschwarzen Ostreifen und Binden; die Rgml ein dicker, schwarzer Punkt, die Nml schwarz umzogen. 40—45. Juni, Juli. — R. ziemlich lang behaart, braungrau, mit einem Haarschopf auf dem vierten und elften Ringe und blauen Einschnitten der Brustringe. Im Aug. und Sept. auf Fichten (Pinus abies L.). Puppe in einem festen Erdgespinnste. Im Süden und Osten, zerstreut und selten.

6. Diphthera O.

Augen behaart; S. lang; F. lang, einfach, beim ♂ äußerst kurz bewim- pert; Hleib mit Rücken- und Seitenschöpfen; Mittelast der Hfl. so stark wie die übrigen Aeste. Nur eine Art:

Ludifica *L.* Vfl. bleichgelb mit schwarzen Ostreifen und Flecken, weißen, schwarz eingefaßten Makeln und gescheckten Fransen. Hleib und Innenrand der Hfl. goldgelb, ersterer schwarz gefleckt. 40—43. April bis Juni. — R. bunt, sternhaarig; vom Juli bis October auf Vogelbeeren (Sorbus aucuparia), alten

Birnbäumen u. a. Laubholz; Puppe in dichtem Gewebe am Fuß der Stämme. In Berggegenden des Südens und Ostens, zerstreut.

7. Moma H.

Augen nackt; F. einfach, beim ♂ kurz bewimpert; Endglied der P. linear, halb so lang als das Mittelglied; Hleib mit einer Reihe von Schöpfen über den Rücken. Nur eine Art:

Orion *E.* Taf. XII. fig. 7 a. b. Vfl. hellapfelgrün, mit röthlichweißen Längs= strahlen und dick schwarzer, weiß aufgeblickter Zeichnung; vor dem Saume eine Reihe schwarzer, mit ihren Spitzen den Saum berührender, einwärts weiß be= grenzter Dreiecke. 33—38. Mai, Juni. — R. schwarz, mit rothbraunen Stern= haaren auf rothgelben Wärzchen und mit mehreren größern und kleinern, schild= förmigen gelben oder weißen Rückenflecken. Von Juli bis Sept. auf Eichen und Buchen. Puppe in festem, mit Rinde= oder Holzstückchen vermischtem Gehäuse. Nicht selten.

8. Acronycta O.

F. einfach borstenförmig; P. kurz= und grob behaart, mit kurzem End= gliede; Belleidung von Kopf und Thorax grobhaarig oder schuppig; Hleib ohne oder nur auf dem ersten Segmente mit einem Schöpfchen (nur bei Ligustri mit einer Reihe solcher). Vfl. meist grau, mit der gewöhnlichen Zeichnung, die Qstreifen schwarz, doppelt; die Fransen zwischen den Adern dunkel gefleckt. — Rn lebhaft gefärbt, sternhaarig oder mit einzelnen langen Haaren. Puppe in festem, meist mit Holzstückchen u. dgl. verwebtem Gehäuse über der Erde; schlank und lebhaft. Rn der meisten Arten vom Juli bis in den Herbst, die Falter im Mai und Juni; bei mehreren noch eine Sommerbrut im Juli und August.

Leporina *L.* Weiß, die Vfl. mit wenigen schwarzen Fleckchen; der h. Qstreif zuweilen zusammenhängend. Vei der Ab. **Bradyporina** *Tr.* sind die Vfl. fein schwärzlich bestäubt. 37—41. — R. grün, durchaus mit langem, gebogenem, weißem Seidenhaar dicht bekleidet, zuweilen mit einigen schwarzen Rückenpinseln. Eine Abänderung ist hellgelb mit schwarz geflecktem Kopfe, schwarzem Rücken= und Seitenstreif; letztere fand ich nur auf Weiden und Pap= peln, die gewöhnliche Form auf Birken und Erlen. Sie nagt sich zur Ver= puppung in morsches Holz. Nicht selten.

Aceris *L.* Taf. XII. fig. 8 a. b. Vfl. weißgrau, bläulich= oder gelblichgrau, die Makeln und Qstreifen schwarz umzogen, letztere doppelt; ein feiner schwarzer Längsstrich aus der Wurzel und vor dem Hwinkel in Z. 1 b; Hfl. weiß, beim ♂ grau geadert. 43—48. — R. gelblichweiß, dicht behaart, mit einer Reihe weißer, schwarz eingefaßter Rautenflecke über den Rücken und vielen gelben und rothen pyramiden= förmigen Haarbüscheln. Auf Eichen, Ahorn und Roßkastanien. Häufig.

Megacephala *F.* Vfl. röthlichgrau, schwarz bestäubt, auch zwischen den Makeln, letztere und die Qstreifen wie bei Aceris; keine schwarzen Längsstriche; Hfl. weiß, beim ♂ mit etwas schwärzlicher Bestäubung vor dem Saume und auf den Adern, beim ♀ stärker bestäubt. 38—44. — R. dünn behaart, bräun= lich, mit kleinen rothen Warzen, großem, flachem Kopfe und hellgelbem, schwarz= gerandetem, schildförmigem Fleck auf dem zehnten Ringe. Auf Pappeln und Weiden. Gemein.

Alni *L.* Rücken und Vfl. weißgrau, ins Beingelbliche, die letztern an der Innenrandshälfte und zwischen den Makeln brandschwarz; ein dicker tief= schwarzer Längsstrich aus der Wurzel und vor dem Hwinkel; Hfl. weiß, vor dem Saume etwas braun bestäubt. 37—41. Mai. — R. schwarz, mit 13 hochgelben, schildförmigen Rückenflecken und einzelnen langen, am Ende ruder= förmig erweiterten Haaren; im Juni, Juli und Aug. auf vielerlei Laubholz: Erlen, Birken, Linden, Eichen u. s. w. Zur Verwandlung nagt sie sich in morsches Holz. Sehr selten.

Psi *L.* Vfl. hellbläulich= oder weißgrau, mit tiefschwarzem, ästigem Längs= strich aus der Wurzel und solchen Pfeilstrichen in Z. 1b und 4 des Saum= feldes; die beiden Makeln zusammenstoßend, klein, auf den zugekehrten Seiten xförmig schwarz eingefaßt. 37—43. — R. schwarz, mit langem Fleischzapfen auf dem vierten und einer kleinen Erhöhung auf dem 11. Segmente, breitem schwefelgelbem Rückenstreif und hochrothen, gekrümmten Seitenstrichen. Auf Eichen, Buchen und Obstbäumen; nicht selten.

Cuspis *H.* Von der sehr ähnlichen Psi durch lichtere Grundfarbe der Vfl. mit dickschwarzer Zeichnung, dunklere, auch beim ♂ grau bestäubte Hfl. und besonders einen den Halskragen theilenden tiefschwarzen Längsstrich verschieden. — R. auf Erlen; mit einem Haarpinsel statt des Zapfens auf dem vierten Segmente. Seltener.

Tridens *W V.* Wie Psi, aber die Vfl. dunkler, röthlichaschgrau, die Hfl. des ♂ weiß, des ♀ braungrau. — R. schwarz, mit rothgelbem, getheiltem Rücken= und weißgrauem, rothgelb geflecktem Seitenstreif; auf dem elften Segment eine lang behaarte schwarze, roth und weiß gefleckte Erhöhung. Auf Obstbäumen, Schlehen, Weißdorn, Weidenbüschen u. s. w.; nicht selten.

In diese Gruppe gehören noch **Strigosa** *F.*, die kleinste Acronycta, selten; und **Menyanthidis** *Vieweg*, deren R. auf Menyanthes trifoliata und a. Sumpf= pflanzen lebt.

Auricoma *F.* Vfl. grau, mit dick schwarzem Strich aus der Wurzel und am Hwinkel, schwarz umzogenen Makeln, verdunkelter Nml und deutlichen Qstreifen, der hintere saumwärts in lange, scharf schwarze Zähne vorschießend. 33—39. — R. schwarz oder rostbraun, mit schwarzem Rücken und einem Gürtel sternhaariger Warzen über jedem Segment, deren mittelstes Paar größer und rostroth behaart ist. Auf niedrigen Büschen von Sahlweiden, Birken, Schlehen, Heidekraut u. a. Im Juni und im Herbst; nicht selten.

Rumicis *L.* Vfl. grau, schwärzlich schattirt, mit deutlichen Makeln und Qstreifen, ohne schwarze Längsstriche; der h. Qstreif in Z. 1b in Form eines Halbmonds weiß ausgefüllt. 32—38. — R. schwarzbraun, rostgelb=borstig, mit einem Gürtel von vier braunen Borstenbüscheln auf dem vierten Ringe, einer Reihe eckiger weißer Flecke zu jeder Seite des Rückens und breitem, weiß= gelbem, rothgeflecktem Seitenstreif. Auf vielen Kräutern, auch niedrigen Büschen von Weiden, Himbeeren, Schlehen u. a. Im Sommer und Herbst. Gemein.

Euphorbiae *F.* Vfl. aschgrau oder bläulichgrau, mit mehr oder minder deutlichen Makeln und Qstreifen, ohne schwarze Längsstriche und weißen Mond= fleck vor dem Hwinkel; Hfl. des ♂ weiß, des ♀ grau. 32—36. — Die bunte, sternhaarige R. auf Wolfsmilch (Euph. cyparissias) u. a. Pfl. Nicht überall.

8*

Sehr ähnlich: **Euphrasiae** *Bkh.*, mit weißgrauen, meist scharf schwarz gezeichneten Pfln, im Westen: und **Abscondita** *Tr.*, kleiner, mit bläulich= grauen, schwach gezeichneten Pfln, im Nordosten.

Ligustri *F.* Rückenschild weißlich, schwarz eingefaßt und bestäubt; Pfl. olivenbraun, mit einem großen, weißlichen Fleck hinter der Nml, die Rgml rost= braun gekernt; der Hleib mit Rückenbüschen. 34—38. — R. dick, spindelförmig, mit tiefen Ringeinschnitten, gelbgrün, mit weißlichen Längslinien und einzelnen langen schwarzen Haaren; auf Liguster (Ligustrum vulgare) und Eschen. Puppe in einem dichten, schwärzlichen Gewebe. Meist nicht häufig.

9. Bryophila Tr.

Kleine, ziemlich schwächlich gebaute Noctuinen, mit anliegend beschupptem Kopfe, P. und Thorax; Hleib mit Rückenschöpfen (außer bei Perla); Franzen sehr breit, Saum der Pfl. vor dem Hwinkel eingezogen. Die Rn breitleibig, mit großen, mit einzelnen Haaren besetzten Wärzchen. Sie leben an Flechten, halten sich bei Tage verborgen, überwintern, sind im Mai oder Juni erwachsen und verpuppen sich in einem mit Erde vermengten Gespinnste. Falter im Juli und August. 7 d. A.

Perla *F.* Gelblichweiß, die Pfl. olivengrau schattirt, die großen Makeln am dunkelsten, aschgrau ausgefüllt, an der Stelle der Zapfenmakel ein großer, dunkler, mit der Rgml zusammenfließender Fleck; Hfl. mit großem grauem Mittelmonde. 24—28. — R. an Steinen, Mauern, auf Dächern. In den meisten Gegenden.

Muralis *Forster* (Glandifera *H.*). Pfl. schön hellgrün, mit tiefschwarzen, weißgerandeten Qstreifen und dunklen Makeln, Rgml und Zapfenmakel zu einem großen dunklen Fleck verbunden. 26—29. — R. an Mauern und Zäunen. Mehr im Süden.

Algae *F.* (Spoliatricula *H.*). Pfl. moosgrün, das breite Mittelfeld braun. 21—23. Zerstreut.

2. Agrotiden. Gen. 10—12.

Noctuinen von gewöhnlichem Habitus, mit glattem oder geschopftem, aber nie mit einem schneidigen Längskamme versehenem Rückenschilde, unbeschopftem Hleibe; ausgezeichnet durch den Besitz von Dornborsten an allen oder wenigstens an den Mittel= und Hschienen. Pfl. gestreckt, ganzrandig oder seicht gewellt. Die Fl. werden in der Ruhe flach übereinander geschoben, die Hfl. dabei der Länge nach gefaltet. — Die Rn sind dick, nackt, leben von niedern Pflanzen oder deren Wurzeln, bei Tage, wenigstens im erwachsenen Alter, versteckt, überwintern (mit Ausnahme von Putris und Plecta) jung und verpuppen sich im Frühling (April bis Juni) in kunstlosen, zerbrechlichen oder leicht ausge= sponnenen Erdhöhlen. Falter in den Sommermonaten.

Tabelle der Gattungen.

A. Hfl. hochgelb, mit schwarzer Saumbinde; Hleib flach.

a. P. vorgeſtreckt, doppelt ſo lang als der Kopf, Rücken ſtark geſchopft, Vſchienen unbewehrt, Vfl. deutlich gewellt: 10. Hiria.

b. P. kürzer, Rücken ſchopflos, glatt geſtrichen: 11. Tryphaena.

B. Hfl. grau oder weißlich: 12. Agrotis.

10. Hiria Dup.

Nur eine Art: **Linogrisea** *WV.* Vfl. veilgrau und weißlich, hinter der Wll. roſtbraun; der Rückenſchopf bräunlichgelb; Hfl. hochgelb mit ſchwarzbrauner Saumbinde. 35—40. Im Süden und Nordoſten; zerſtreut.

11. Tryphaena (Triphaena) H.

F. einfach borſtenförmig, beim ♂ kurz gewimpert.

A. Vſchienen ohne Dornborſten, die Saumbinde der Hfl. breit.

Fimbria *L.* Vleib und Vfl. lichter oder tiefer fleiſchroth bis oliven- grün, Hleib und Hfl. orangegelb, letztere mit ſehr breiter ſammtſchwarzer Saum- binde. 55—58. Juli, Aug. — R. im Mai erwachſen; an Schlüſſelblumen und a. n. Pfl. Nicht ſelten.

Janthina *E.* Rücken und Vfl. veilbraun, der Halskragen grünlichweiß, die Hfl. dottergelb mit ſchwarzer Wurzel und breiter Saumbinde. 38—43. Juni bis Aug. Nicht überall.

Interjecta *H.* Hier und da im Weſten, ſelten.

B. Vſchienen bedornt, Saumbinde der Hfl. ſchmaler.

Comes *H.* (Orbona *F.*). Vfl. röthlichbraun; Hfl. hochgelb, mit ſchmaler Saumbinde und ſchwarzem Mittelmonde. 40—45. Juni bis Aug. In den meiſten Gegenden.

Orbona *Hfn.* (Subsequa *H.*). Wie Comes, aber mit einem oder zwei ſchwarzen Fleckchen vor der Spitze der Vfl. am Brande. 38—42. Nicht häufig.

Pronuba *L.* Taf. XIII. fig. 1 a. b. Vfl. erdbraun, heller oder dunkler röthlich- bis tief roſtbraun, mit ſchwarzen Spitzenfleckchen, wie Orbona; Hfl. hochgelb, mit ſchmaler Binde, ohne ſchwarzen Mittelmond. 50—60. Juni bis Aug. — R. auf Neſſeln, Möhren und a. n. Pfl. und Küchengewächſen; überwintert in verſchiedener Größe, zuweilen erwachſen. Gemein.

12. Agrotis O.

Eine artenreiche Gattung von meiſt düſter, grau oder braun gefärbten, übrigens aber ziemlich verſchieden gebildeten Noctuinen; mit einfachen, gezähnten oder gekämmten Fn, glattem oder geſchopftem Rücken, einreihig oder zweireihig bedornten, zuweilen auch ganz unbedornten Vſchienen. Der Hleib in der Regel toniſch, ſelten flachgedrückt. 81 d. A.

A. Vſchienen verkürzt, nicht länger oder kürzer als das erſte Tarſalglied, mit zwei Reihen ſtarker, am Ende krallenartig verlängerter Dornen. F. des ♂ ſcharf ſägezähnig, ſtark gewimpert oder mit kurzen, gegen die Spitze ſich verlierenden Kammzähnen. Die Rn vergraben ſich bei

Tage in der Erde unter ihrer Nahrung, Gräsern und niedern Pflanzen, sollen zum Theil auch deren Wurzeln benagen. Die Falter fliegen zuweilen auch im Sonnenschein (Agrotis).

Ypsilon *Rott.* (Suffusa *H.*). F. des ♂ bis zur Mitte kurz gekämmt. Vfl. licht gelblichbraun oder graubraun, das Mittelfeld mehr oder minder verdunkelt, das Saumfeld lichter. Aus der Nml läuft ein nagelförmiger, tiefschwarzer Strich bis zum h. Oftreif, hinter demselben zwei schwarze Pfeilstriche. 41—48. Im Sommer und Herbst, zuweilen überwinternd. Nicht selten.

Segetum *WV.*, die Saateule. Taf. XIII. fig. 2a. b. F. des ♂ bis über die Mitte gekämmt. Vfl. lichter oder dunkler gelblich= oder erdbraun, dunkel gesprenkelt, die drei Makeln fein schwarz eingefaßt; Hfl. weiß, auf den Adern und beim ♀ auch vor dem Saume etwas gebräunt. 37—43. — R. dick, walzenförmig, fettglänzend, grau und gelblichbraun, welche Farben in breiten, nicht scharf begrenzten Längsstreifen abwechseln; Rückenlinie blaß, dunkel eingefaßt; alle Wärzchen erhaben, mattschwarz; Kopf glänzend hellbraun, mit zwei dunklen Strichen. Sie lebt an Gras, vielen n. Pfl. und Küchengewächsen, auch deren Wurzeln, und wird dadurch schädlich. Sie überwintert in einer 2—3 Zoll tiefen Erdhöhle und ist im April oder Mai erwachsen. Puppe braunroth, durchscheinend. Falter von Ende Mai bis Juli, zuweilen nochmals im Sept. Gemein.

Corticea *H.* Plump und kurzflügelig; Vfl. weißbräunlich bis erdbraun, dunkler gesprenkelt, die drei Makeln schwarz eingefaßt und dunkel ausgefüllt; Hfl. des ♂ trüb bräunlichweiß, vor dem Saume bräunlich beschattet, des ♀ braungrau; F. des ♂ bis zu ⅔ gekämmt. 36—38. Gleichzeitig mit Segetum; seltener.

Exclamationis *L.* F. des ♂ scharf gezähnt, mit nackter Spitze; Halskragen mit dickem, tiefschwarzem Bogenstrich; Vfl. röthlich= oder gelblichgrau bis dunkelbraun, die Makeln schwarz eingefaßt, die Rgml oben offen, die Nml dunkel ausgefüllt, die Zml ganz tiefschwarz, schmal und lang; Hfl. des ♂ weiß, des ♀ braungrau. 34—39. Häufig.

Tritici *L.* F. des ♂ scharf gezähnt, mit nackter Spitze; Vfl. in Farbe und Zeichnung sehr wechselnd, braungrau, erdbraun bis röthlich= oder violettgrau, oft weißlich gemischt, besonders an der Wurzelhälfte des Brandes, hinter der meist mit Pfeilstrichen besetzten lichten Wll. am dunkelsten; die Makeln schwarz umzogen, hell, besonders die Rgml, die Zml schmal; Oftstreifen doppelt, der hintere oft undeutlich; Hfl. schmuzigweiß, vor dem Saume braungrau beschattet, beim ♀ stärker. 30—34. Juli, Aug. — R. an Gräsern und n. Pfl. an trockenen Stellen.

Aquilina *Tr.* Der Tritici sehr ähnlich, vielleicht nur Var. derselben. Die Zähne der männlichen F. länger, fast Kammzähne; die Vfl. gestreckter, heller oder dunkler gelblichbraun, nicht ins Graue, die Makeln deutlich, Rgml und Nml licht ausgefüllt, die Oftstreifen oft undeutlich; Hfl. heller. 30—36. Zeit und Nahrung wie bei Tritici. Mehr in Berggegenden, wo die R. zuweilen an Rebenpflanzungen schädlich geworden ist.

Obelisca und (Var.?) **Ruris** *Tr.*, den vorigen nahe verwandt, minder häufig.

Nigricans *L.* (Fumosa *H.*). Ebenfalls der Tritici ähnlich, die F. des ♂ noch stärker gezähnt; Vfl. tief rothbraun, ins Schwärzliche, mit schwarzem

Längsstrich aus der Wurzel; die Qstreifen meist undeutlich, die Wll. aus einzelnen hellgelben Fleckchen zusammengesetzt, Rgml und Nml größer, letztere meist lichtgelb ausgefüllt. In vielen Gegenden nicht selten.

B. Vschienen etwas länger als das erste Tarsalglied, beiderseits stark bedornt; F. des ♂ einfach borstenförmig oder schwach gezähnt.

Praecox *L.* Vfl. lang und schmal, licht flechtengrün, die Wll. wurzelwärts breit braunroth angelegt; Rgml und Nml groß, weißlich, erstere mit rothbraunem Kern; Kopf und Thorax glattschuppig. 42—46. Juli, Aug. — R. im Mai und Juni erwachsen, an Euphorbia cyparissias, Anchusa officinalis u. a. Pfl., bei Tage im Sande verborgen. In den meisten Gegenden.

Lucipeta *F.* Eine der größten Arten. Vfl. mattgrau, gelblich bestäubt; Qstreifen, Wll. und Einfassung der Makeln hellgelb, ohne alle schwarze Begrenzung. 50—55. Juli, Aug. — R. auf Tussilago farfara und petasites, im Mai erwachsen. In Süd- und Mitteldeutschland, selten.

Simulans *Hfn.* (Pyrophila *F.*). F. des ♂ ungezähnt, kurz gewimpert; Vfl. lehmgelblichgrau, glänzend, die doppelten, gezähnten Qstreifen und die Einfassung der Makeln schwärzlich, feine Zml, die lichte Wll. wurzelwärts schwärzlich beschattet; Hfl. aschgrau, mit gelblichen Fransen. 38—45. — R. an Graswurzeln und n. Pfl., in den meisten Gegenden. Der Falter fliegt, wie der folgende, gern in erleuchtete Zimmer.

Latens *H.* Der vorigen ähnlich, aber die F. des ♂ gekerbt, doppelt so lang bewimpert, die Vfl. kürzer, die Beschattung der Wll. fleckiger. 32—39. Nicht überall.

Ravida *H.* (Obscura *Stgr.*). F. des ♂ einfach borstenförmig, äußerst kurz gewimpert; Vfl. graubraun, mehr oder minder stark ins Röthliche ziehend, besonders am Rande, mit schwarzer Längslinie aus der Wurzel und tiefschwarz eingefaßter Rgml und Nml, erstere länglichrund, oben offen; die Qstreifen doppelt dunkel eingefaßt, Wll. gelblich. 40—44. In den meisten Gegenden.

C. Vschienen länger als das erste Tarsalglied, mit schwächern Dornborsten, die äußere Reihe derselben unvollständig. Kleine Arten.

Putris *L.* F. des ♂ gewimpert; Kopf, Halskragen und Vfl. holzgelb, letztere am Rande breit kastanienbraun beschattet; Nml dunkel, mit bläulichem Winkelstrich im Innern; statt des h. Qstreifs eine doppelte Punktreihe. 32. Juni, Juli. — R. an vielerlei n. Pfl., im Juli und August erwachsen; die Puppe zwischen Graswurzeln, überwintert. Ueberall, doch nicht häufig.

Strigula *Thunberg* (Porphyrea *H.*). F. des ♂ gezähnt; Vfl. licht braunroth, die beiden zackigen und gezähnten Qstreifen und die Makeln weiß, schwarz gerandet, die Rgml klein und rund, Zml lang; an der Stelle der Wll. eine Reihe schwarzer und weißer Längsfleckchen. 26—28. Juli. — R. braunroth oder gelblichbraun, mit starker, dunkel eingefaßter, gelblichweißer Rückenlinie und zwei Reihen gelblicher Flecke neben derselben; über dem weißlichen Seitenstreif zwei Reihen weißlicher und brauner Flecke; ändert sehr ab. Sie lebt vom Herbst bis in den März oder April auf Heidekraut (Calluna vulgaris) und liegt mehrere Wochen in der Erde, ehe sie sich verpuppt. Der Falter fliegt auch bei Tage auf Heideplätzen im Walde. Nicht häufig.

Plecta *L.* F. des ♂ gekerbt und gewimpert; Vfl. tief braunroth, ins Bläuliche, etwas glänzend; der Rand bis über die Mitte breit bleichgelb, einwärts mit schwarzer Begrenzung, in welcher die beiden kleinen, hellgelben, grau gekernten Makeln stehen; sonst keine deutliche Zeichnung; Hfl. weiß. 31. Mai, Juni und Aug. — R. auf Lattich, Melde, Ampfer u. s. w., im Juli und wieder im Aug. und Sept.; die Puppe der Sommerbrut überwintert. Nicht selten.

    D. Vschienen länger als das erste Tarsalglied, breit beschuppt; die innere Seite bedornt, an der äußern nur ein oder zwei Dornborsten am Ende; bei einigen Arten ganz unbewehrt; F. des ♂ gezähnt, gekerbt oder einfach; P. meist zweifarbig; das Ende des schief abgestutzten Mittelgliedes und das kurze Endglied weißlich, das Uebrige schwarz (Noctua *Tr.*).

    Augur *F.* F. des ♂ dick, einfach, schwach bewimpert; P., Rücken und Halskragen einfarbig; Vfl. breit, dunkelröthlichgrau, etwas glänzend, im Saumfelde schwärzlichgrau beschattet; die Ostreifen und die Einfassung der Makeln schwarz, letztere an der hohlen Außenseite der Nml verdickt. 40—45. — R. an allerlei Strauchwerk, Weiden, Pappeln u. a., von deren Knospen und jungen Blättern sie sich nährt; bei Tage versteckt; erwachsen im Mai; Falter im Juni und Juli.

    Xanthographa *F.* Vfl. rothbraun, zuweilen grau; Rgml weißlichgelb eingefaßt (selten rostgelb), Nml größtentheils weißgelb; Hfl. des ♂ weißlich, mit grauer, von einer weißlichen Bogenlinie getheilter Saumbinde. 34—36. Aug., Sept. — R. vom Spätherbst bis Mai an Grasarten auf trockenem Boden, liegt zwei Monate in der Erde, ehe sie sich verpuppt.

    Baja *F.* Vschienen ohne Dornborsten; Vfl. rothbraun, etwas ins Bläuliche, mit matten, braunen, doppelten Ostreifen, schwärzlicher Ausfüllung der untern Hälfte der Nml und zwei tiefschwarzen Fleckchen am Brande vor der Wll.; Hfl. grau, mit röthlichen Fransen. 42—45. Juni, Juli. — R. im Frühlinge auf Schlüsselblumen (Primula) u. a. Pfl.

    Brunnea *F.* F. des ♂ einfach borstenförmig, gewimpert; Vfl. schön rothoder veilbraun, zwischen den Makeln am dunkelsten; hinter der schwefelgelben Nml rostgelblich; Rgml breit, licht, Zml lang und schmal, oft nur ihr Ende als schwarzes Fleckchen sichtbar; Hfl. grau, mit rosenrothen Fransen. 40—44. Juni, Juli. — R. im Herbst auf Heidelbeeren, im Frühjahr an Schlüsselblumen u. a. n. Pfl.

    C nigrum *L.* F. des ♂ einfach, kurz gewimpert; Vfl. schmal, schwärzlichveilbraun; die Rgml bildet ein in den gleichfarbigen Brand ausgegossenes, blaßgelbes Dreieck auf schwarzer, vom v. Ostreif bis zur Nml ausgedehnter Strieme; Wll. mit tiefschwarzem Fleckchen am Brande; Halskragen blaßgelb, oben braun gesäumt. 42—45. Mai, Juni, Aug., Sept. — R. auf Stellaria media, Wegerich, Ampfer u. s. w., vom Herbst bis zum April und wieder im Juli.

    Triangulum *Hfn.* F. des ♂ einfach, sehr schwach gewimpert; Vfl. blaßocherbräunlich, röthlich und weißgrau gemischt, mit vier schwarzen Fleckchen am Anfange der Ostreifen und der Wll., der letzte ziemlich groß; die Makeln licht, in braunschwarzer Strieme, wie bei C nigrum, die Rgml groß, oben offen; Kopf und Halskragen gelbgrau, letzterer mit scharf weißlicher Bogenlinie. 42—46. Juni, Juli. — R. auf Küchengewächsen u. n. Pfl.

    E. Große Arten vom Ansehen der Hadenen; Vfl. ziemlich spitz, mit deutlich wellenzähnigem Saume; Vschienen länger als das erste Tarsalglied, mit oder ohne Dornborsten; F. des ♂ einfach borstenförmig, gewimpert (Aplecta *Gn.*).

Occulta *L.* Die größte Agrotis. Vfl. blaugrau bis schwärzlich, weißlich und rostgelblich gemischt, Rgml und Oftreifen weißlich; Hfl. schwarzgrau, mit weißen Fransen. 56—63. Juli. — R. im Herbst auf Heidelbeeren, im Frühling auf n. Pfl. Nicht überall.

Prasina *F.* (Herbida *H.*). Vschienen unbewehrt; Vfl. moosgrün, schwärzlich schattirt, mit weißlichem Fleck hinter der Rml und grünlichweiß ausgefüllten Oftreifen; Hfl. schwarzgrau, mit gelben Fransen. 50—55. Juni. — R. im Herbst an Heidelbeeren, im Frühjahr an n. Pfl.

3. Hadeniden. Gen. 13—44.

Eulen von typischem Habitus, in der Regel (von der indeß Charaeas und einige andere kleine Gattungen merklich abweichen) mit grob haarschuppigem, mit einem meist getheilten Schöpfchen vorn und hinten versehenen Thorax, kegelförmigem, nicht flachgedrücktem, meist ebenfalls geschöpftem Hleibe, wellenrandigen, seltener gezähnten Fln, mit der normalen Zeichnung, wehrlosen, nur ausnahmsweise mit feinen Dornborsten bewaffneten Schienen.

A. Augen behaart. Gen. 13—16.

13. Charaeas Stph.

F. des ♂ gekämmt; P. kurz, dünn behaart; Rücken mit langer, anliegender Behaarung, ohne Schopf; Hleib lang, ohne Rückenbüsche; Fl. ganzrandig. Nur eine Art.

Graminis *L.*, die Graseule. Vfl. sehr abändernd, meist rothbraun, ins Grünliche, die drei Makeln blaßgelb; die Rml fließt mit der hier weißgefärbten Medianader zusammen und tritt auf den Aesten derselben in zwei Zähne vor; Zml sehr lang; vor dem Saume eine Reihe schwarzer Fleckchen. Eine Abänderung ist gelblich- oder grünlichgrau, weiß geadert, im Mittelfelde und vor dem Saume geschwärzt. 25—34. Aug., Sept.; bei Tage auf Blumen. — R. braun oder schwärzlich, mit fünf lichtern Längsstreifen. Sie lebt auf Grasarten, frißt deren Wurzeln und Keime und hat in nördlichern Ländern zuweilen große Verwüstungen angerichtet.

14. Neuronia H.

S. kurz und weich, F. des ♂ gekämmt, Thorax dicht behaart, mit schwachem —, Hleib ohne Schöpfchen. Plumpe Arten, mit langem, beim ♀ sehr dickem Hleibe. — An dick, glänzend, der Länge nach gestreift; sie leben im Mai und Juni an Gräsern. Falter im Aug. und Sept.

Popularis *F.* F. des ♂ mit langen Kammzähnen; Vfl. veilbraun, alle Adern fein und scharf weiß, die Einfassung der Makeln und die Wll. weißlich, letztere mit schwarzen Pfeilflecken; die große Zml und beide doppelte schwarze Oftreifen mit der Grundfarbe ausgefüllt. 36—44. — R. dunkelbraun und hellgrau gestreift.

Cespitis *F.* F. des ♂ mit kurzen Kammzähnen; Vfl. rußig schwarzbraun, die Zeichnung bleichgelb und rostgelblich; Hfl. des ♂ weiß, des ♀ grau, gegen die Wurzel weißlich. 35—40. — R. spindelförmig, grün, mit weißen Längsstreifen.

15. Mamestra Tr.

Typische Hadeniden; Rücken grob haarschuppig, mit getheilten V- und H-schöpfen; Hleib mit Rückenschöpfchen (zuweilen nur auf dem ersten Segmente); Fl. wellenrandig mit normaler Zeichnung, die Qstreifen meist doppelt dunkel eingefaßt, die Wll. licht, in der Mitte häufig mit einem W-Zeichen. 24 d. A.

Leucophaea *Bkh.* Plump, mit breiten Fln, die F. des ♂ gekämmt; Vfl. hellweißlichgrau, braun schattirt; Rgml und Nml weißlich; Zml groß, dunkel, dick schwarz umzogen; Wll. mit licht ausgefülltem W und schwarzen Pfeilflecken. 40—43. Mai, Juni. An Baumstämmen. — R. jung im Aug. auf Gras-arten, überwintert erwachsen und verpuppt sich im April unter dem Moose in ihrem Winterlager.

Advena *F.* F. des ♂ schwach gezähnt, büschelig gewimpert; Vfl. hell-violettgrau, mehr oder minder stark rostbraun gemischt, die Makeln licht, die Nml unten etwas schwärzlich ausgefüllt; die Wll. vor dem Innenwinkel wurzel-wärts rostbraun angelegt. 46—49. Juni, Juli. — R. im Herbst besonders auf Sarothamnus scoparius, frei an den Zweigen, im April erwachsen an n. Pfl.

Tincta *Bkh.* Der vorigen verwandt, aber die Vfl. grünlichsilbergrau, braunroth schattirt. 43—50. Juni, Juli. — R. vom Aug. bis in den Mai, im Herbst an Heidelbeeren und Birkenbüschen, deren Knospen und Kätzchen sie im Frühjahr frißt; Puppe in einem festen Gehäuse.

Nebulosa *Hfn.* Ebenfalls den vorigen verwandt. Vfl. weißgrau, dunkler gemischt, mit sehr großen, schwarz umzogenen Makeln; die breite Ausfüllung der Qstreifen weißlich, die Wll. in Z. 1b mit größerem, fast dreieckigem, schwarzem Fleck; Schulterdecken weiß, schwarz eingefaßt. 50—57. Juni, Juli. — R. vom Herbst bis in den Mai auf Heidelbeeren, Kletten und a. n. Pfl.; erwachsen lehmgelb, schwärzlich gerieselt, mit großen, rautenförmigen, dunklen Rückenflecken und tiefschwarzen, kurzen Schrägstrichen in den Seiten. Nicht selten.

Brassicae *L.*, die Kohleule. Taf. XIII. fig. 3 a. b. Vschienen verkürzt, mit einer Kralle am Ende. Vfl. schwärzlicherdgrau, die Nml hellweiß gerandet, wenigstens saumwärts, die Wll. mit deutlichem W. 46. Mai bis Juli. — Die in der Jugend grüne, später schmuzig grünlichgraue oder schwärzliche R. lebt vom Juli bis Sept. auf Küchengewächsen, besonders Kohl, frißt die Herz-blätter derselben aus und wird dadurch schädlich. Gemein.

Persicariae *L.* Vfl. tintenschwarz, mit schneeweißer, bräunlich gekernter (bei der Ab. **Unicolor** *Stgr.* verdunkelter) Nml; die unterbrochene Wll. rost-gelblich; der Schopf auf dem ersten Hleibssegmente rostroth. 43. Juni, Juli. — R. vom Juli bis Herbst auf Polygonum, Lattich, Nesseln u. a. Pfl.

Pisi *L.* Taf. XIII. fig. 4 a. b. Vfl. braunroth und rostfarbig, mit lichtern Makeln und Qstreifen, die Wll. stark, gelbweiß, gezackt, am Hwinkel zu einem Hakenfleck erweitert. 37—40. Mai bis Juli. — R. rothbraun oder oliven-grün, mit vier breiten hochgelben Längsstreifen; vom Juni bis in den Herbst auf vielen krautartigen Pfl. und Sträuchern.

Oleracea *L.* Vfl. tief rothbraun, die Qstreifen undeutlich, die Wll. fast geradlinig, weiß, mit scharfem, bläulich bestäubtem W; Nml orangegelb, unten schwärzlich. 37—40. Mai bis Juli. — R. auf Küchengewächsen, Schafgarbe u. a. Pfl. vom Juli bis Oct.

Thalassina *Ufn.* Vfl. kupferbraun, mit großen Makeln, Rgml und Nml licht, Zml dunkel, tiefschwarz umzogen; Wll. weißlich, mit scharfem W; aus der Wurzel ein schwarzer Längsstrich. 36—43. Mai, Juni. — R. im Herbst an vielerlei Pfl.: Ononis, Solidago u. a.

Genistae *Bkh.* Vfl. lichtgrau, das Mittelfeld bis zur Dorsalader und der Saum rostbraun, die Makeln wie bei Thalassina, die Wll. weißlich, wurzel= wärts schmal rostbraun angelegt, mit großem W, dessen abgerundete Winkel den Saum berühren; aus der Wurzel ein starker schwarzer Längsstrich. 38—44. Mai bis Juli. — R. auf Sarothamnus und Ginster.

Contigua *H.* Vfl. bunt, weißgrau, rostgelblich und schwarzbraun ge= mischt, im Mittelfelde und hinter der weißen, mit scharfem W versehenen Wll. am dunkelsten; Rgml weißlich, unter ihr ein großer, blaßgelber Splitterfleck. 37—40. Mai, Juni. — R. im Aug. und Sept. auf Heidelbeeren, Besen= pfrieme und Birkenbüschen; grün, mit rothen Schrägstrichen.

Trifolii *Ufn.* (Chenopodii *F.*). Vfl. bräunlichgelbgrau, Makeln und Qstreifen fein tiefbraun gerandet, die Wll. gelblichweiß, mit scharfem W; die Rgml licht, klein, die Nml groß, schwärzlich ausgefüllt; Hfl. schmuzigweiß, mit breiter dunkler Saumbinde. 32—37. — R. im Sommer und Herbst, in zwei Bruten, auf Melde, Chenopodium, Küchengewächsen u. a. Pfl.

Chrysozona *Bkh.* (Dysodea *H.*). Vfl. bläulichweißgrau, im Mittelfelde, dunkelgrau, mit lichten, orangegelb aufgeblickten Makeln und Qstreifen. 33. Juni bis August. — R. im Aug. und Sept. an Lattich (Lactuca sativa, muralis etc.), deren Blüten und Samen sie frißt und dadurch zuweilen schädlich wird.

Dentina *H.* Vfl. licht bläulich= oder gelblichgrau, im Mittelfelde und hinter der Wll. schwarz gemischt; Rgml und Nml und die Ausfüllung der Qstreifen licht, unter den Makeln ein an die dunkle Zml grenzender, in zwei scharfe Zähne vorschießender großer weißlicher Fleck (Splitterfleck) auf schwarzem Grunde. 32—36. Mai, Juni, Aug. — R. an den untersten Theilen und Wurzelstöcken von Löwenzahn und Hieracium.

Reticulata *Villers* (Saponariae *Bkh.*). Vfl. nußbraun, die Einfassung der Rgml und Nml, die Ausfüllung der Qstreifen, die Wll. und die Adern scharf röthlichweiß, letztere nur in der gewässerten Binde schwarz. 36—39. Juni. — R. im Juli und Aug. an den Früchten nelkenartiger Gewächse, Dianthus, Lychnis u. s. w.

16. Dianthoecia B.

Von Mamestra nur durch den zugespitzten, mit einer Legeröhre versehenen Hleib des ♀ verschieden. Der S. sehr lang, die Puppe deshalb mit etwas kolbig verlängerter Scheide für denselben versehen. Die Rn leben an nelken= artigen Gewächsen, von denen sie hauptsächlich die Blüten und Früchte fressen, im Juli und Aug.; die Falter entwickeln sich aus der überwinterten Puppe im Mai und Juni, ausnahmsweise auch schon im August des ersten Jahres. 12 d. A.

Cucubali *Bkh.* Vfl. braun, licht purpurroth gemischt, mit scharfer Zeichnung; Rgml und Nml lang und schmal, weißgelb umzogen, erstere schräg, auf der Medianader mit der Nml zusammenhängend; Zml sehr groß und breit, schwarzbraun. 34—36. — R. grün, mit rostfarbigen Rieseln und Schrägstrichen; an Silene inflata.

Capsincola *H.* Der Cucubali ähnlich, aber die Vfl. graubraun, ohne Roth, Rgml und Nml weiter von einander getrennt. 36—38. — R. in den Kapseln von Lychnis vespertina und diurna.

Carpophaga *Bkh.* (Perplexa *H.*). Vfl. gelblichbraun, mit scharfer, tiefschwarzer und weißlicher Zeichnung; die Makeln getrennt, die Rgml rundlich, die Wll. gelblichweiß mit drei scharfen Pfeilflecken am W=Zeichen. 29—32. — R. glatt, der Länge nach schmuzig weißlichgelb und hellolivenbraun gestreift; an Silene inflata.

Compta *F.* Vfl. schwarzgrau, die Rgml und Nml, sowie das Mittelfeld zwischen den Cstreifen größtentheils weiß. 30. — R. an Nelken (Dianthus carthusianorum).

Conspersa *E.* (Nana *Rott.*). Vfl. schwarzgrau und weißscheckig; die Rgml, ein Splitterfleck unter ihr und die Flspitze weiß. 33—35. — R. an den Früchten von Lychnis flos cuculi.

Albimacula *Bkh.* Vfl. olivenbraun, mit tiefschwarzen, weißgesäumten Cstreifen, die Rgml weiß mit braunem Kerne, unter ihr ein weißer Splitterfleck. 34—36. — R. an den Blüten und Früchten von Silene nutans. Nicht überall.

    B. Augen nackt, bewimpert. Gon. 17—25.

17. Episema O.

Diese und die folgende Gattung zeichnen sich durch ihre beulenförmige Stirn aus. Die Episema=Arten sind plump, spinnerförmig, mit bis zur Spitze lang gekämmten Fn des ♂ und kurzem, schwachem S. Ihre Rn leben an Zwiebelgewächsen, die Falter erscheinen im Aug. und Sept.

Trimacula *WV.* (Glaucina *E.*). Vfl. in der Farbe sehr wechselnd, aschgrau, braun oder röthlich; Rgml und Nml sehr groß, licht auf schwärzlichem Grunde, an der Medianader zusammenhängend. 30—34. — R. auf Anthericum und Muscari racemosum, bei Tage verborgen. Hier und da im Süden, nördlich bis Thüringen.

Scoriacea *E.* Vfl. lichtgrau, im Mittelfelde braun, die Makeln getrennt, Nml und Zml rostgelblich. 33—36. — R. auf Anthericum, frei lebend. Bei Wien und Brünn.

18. Aporophyla Gu.

Stirn beulenförmig; F. lang, beim ♂ gekämmt oder gezähnt; S. lang; Thorax und Hleib ohne deutliche Schöpfe. 2 d. A.

Lutulenta *Bkh.* F. des ♂ gekämmt; Vfl. erdbraun bis schwärzlich, die Zeichnung nicht sehr deutlich, die Nml gelblich eingefaßt, wenigstens saumwärts;

Hfl. des ♂ weiß, des ♀ braungrau. 34—38. Var. **Luneburgensis** *Fr.* hat dunkelviolettgraue Vfl., ein verdunkeltes Mittelfeld und scharfe Zeichnung, die beiden Oſtreifen ſehr ·licht und ſcharf. — R. vom Oct. bis Juni auf n. Pfl., Falter im Sept. Zerſtreut und ſelten.

19. **Ammoconia** Led.

Schienen der Mittel= und Hbeine mit Dornborſten; F. des ♂ gekerbt oder gezähnt, pinſelig gewimpert; Thorax und Hleib mit ſchwachen Schöpfchen.

Caecimacula *F.* Vfl. hellröthlichgrau, Rgml und Rml licht; an den=ſelben und in der Mitte des v. Oſtreifs ſaumwärts ein kurzer, ſchwarzbrauner Oſtrich. 45. Aug., Sept. — R. im Juni erwachſen an Saxifraga granu-lata u. a. Pfl. Zerſtreut.

Vetula *Dup.* Vfl. weißgrau, Hfl. des ♂ weiß, des ♀ grau. Am Mittel=rhein und in Südtirol.

20. **Polia** Tr.

F. mit einem Haarbüſchchen an der Wurzel, beim ♂ gezähnt oder gekerbt, büſchelig bewimpert. Thorax dicht behaart, mit kaum merklichen, Hleib mit mehr oder minder deutlichen Schöpfchen. 6 d. A.

Flavicincta *F.* Vfl. weißgrau, dunkelgrau beſtäubt, die Zeichnung orange=gelb aufgeblickt, beſonders die aus einer Reihe dunkler Winkelfleckchen beſtehende Wll.; Rg= und Rml groß, hell, ohne ſcharfe Einfaſſung; Hfl. trüb gelblichweiß, mit gezähnter dunkler Bogenlinie und grauer Schattenbinde vor dem hell blei=benden Saume. 40—44. Sept. — R. grün, mit breitem, auf den vordern Ringen fein ſchwarz gerandetem Seitenſtreif; im Mai und Juni erwachſen auf Chelidonium majus, Glockenblumen, Ampfer u. a. Pfl. Nicht häufig.

Chi *L.* Vfl. bläulich=weißgrau, Makeln und Oſtreifen licht, deutlich, die Wll. mit einigen Pfeilflecken; ein tiefſchwarzer Längsſtrich verbindet die Zml mit einem ſchwarzen Monde des h. Oſtreifs zu einer xförmigen Zeichnung; Hfl. des ♂ weiß, des ♀ grau. 36—39. Aug., Sept. — R. polyphag, auf Galium, Kletten, Ampfer u. ſ. w.; im Juni und Juli erwachſen.

21. **Dryobota** Led.

F. des ♂ einfach oder gekerbt und gewimpert; Rücken flach, haarſchuppig, geſchopft, mit ausgeſchnittenem Halskragen und etwas eckig vortretendem Zwinkel der Schulterdecken. Die Rn leben im Mai und Juni auf Eichen; Falter im Aug. und Sept. 4 d. A.

Protea *Bkh.* Vfl. moosgrün, braun und roſtfarbig gemiſcht, die ge=wäſſerte Binde oft etwas weißlich, mit roſtfarbigem Wiſch in Z. 1b; unter der lichten Rgml ein heller Splitterfleck; Hfl. grau, an der Wurzel heller, der deut=liche Mittelmond weiß, dunkel eingefaßt; vor dem Saume ein weißlicher Bogenſtreif. 33—38. — R. grün, hellgelb gerieſelt, mit ſcharfer, hellgelber Rückenlinie.

22. **Dichonia** H.

Wie Dryobota, die Vſchenkel aber keulenförmig verdickt, mit einer Rinne zur Aufnahme der Schiene. 3 d. A.

Convergens *F.* Vfl. hellröthlichgrau und braun, im Mittelfelde dunkler, mit rostfarbigem Wisch in Z. 1b des Saumfeldes. 37. — R. im Mai und Anfang Juni auf Eichen, Falter im Sept. und Oct.

Aprilina *L.* Vfl. lichtgrün, mit weißlichen, dick schwarz eingefaßten Makeln und Ostreifen; Hfl. schwarzgrau, mit zwei weißlichen Bogenstreifen und dunklem Mittelmonde. 44—48. Sept., Oct. — R. von Ende April bis Juni in den Rindespalten der Eichen, deren junges Laub und Flechten fressend.

23. Chariptera Gn.

F. einfach, lang und stark, unbewimpert; Thorax anliegend beschuppt, ohne deutliche Schöpfe; Hleib mit starken Schöpfen auf Segment 3 und 4. Nur eine Art:

Culta *F.* (Viridana *Walch*). Vfl. olivengrau, mit weißen, schwarz eingefaßten Ostreifen; Rg= und Rml weiß, mit schwarzer Zeichnung im Innern, die Rgml über die Medianader hinaus in einen weißen, schwarz gekernten Fleck verlängert. 37—42. Juni. — R. im Aug. und Sept. an Schlehen und Weißdorn. In Süd= und Mitteldeutschland, zerstreut.

24. Miselia H.

Kopf, P. und Beine mit zottiger, schuppenhaariger Bekleidung; Rücken breit viereckig, flach; Schulterdecken anliegend beschuppt, mit vorspringenden Vorderecken. — Die Rn ruhen bei Tage an Baumstämmen und Aesten, sind im Mai oder Juni erwachsen, verpuppen sich in festen Erdgespinnsten und liefern die Falter im Aug. und Sept.

Oxyacanthae *L.* F. des ♂ kurz geblättert, des ♀ eingeschnitten; Vfl. braun, mit glänzend grünen Schuppen, besonders auf den Adern, längs dem Saume und Innenrande; die Makeln sehr groß; der h. Ostreif mit schneeweißem, schmalem Mondfleck in Z. 1b. 41—45. — R. rindenbraun, mit zwei Fleischzapfen auf dem elften und zwölften Segmente und flachem, bläulichem, schwarz geflecktem Bauche. Auf Weißdorn, Schlehen und Obstbäumen.

Bimaculosa *L.* F. des ♂ wie bei Chariptera; Vfl. hellaschgrau; Hfl. mit sehr großem schwarzem Mondfleck und schwarzem Fleck vor dem Innenwinkel. 47—52. — R. auf Ulmen. Zerstreut und selten.

25. Valeria Germar.

F. sehr lang, gekämmt oder ungezähnt; Kopf und Thorax mit sehr langem Schuppenhaar dicht und rauh bekleidet. Die Rn haben die Lebensweise von Miselia, leben, im Juni erwachsen, auf Schlehen und die Falter entwickeln sich aus der überwinterten Puppe im März und April.

Oleagina *F.* F. bei ♂ und ♀ gekämmt; Vfl. violettbraun und schön moosgrün gemischt, mit schneeweißer Rml. 40. Sehr zerstreut, mehr im Süden.

Jaspidea *Villers.* Der Oleagina ähnlich, aber die F. des ♂ einfach, eingeschnitten, äußerst kurz bewimpert, des ♀ kahl; Rml röthlichweiß, mit dunkler Zeichnung im Innern. 39—44. Bei Naumburg und Jena.

C. Augen nackt, unbewimpert. Gen. 26—44.

26. **Apamea** Tr.

Durch den schwächern, kaum die halbe Länge der F. erreichenden S. von den verwandten Gattungen verschieden. F. des ♂ gekerbt, pinselig gewimpert; Thorax robust, dickwollig, ohne deutliche Schöpfe; Hleib nur auf dem ersten Segmente schwach geschopft, beim ♀ sehr dick und lang; Beine kurz. 2 d. A.

Testacea *H.* Vfl. hellgelblichbraun, mit lichtern Makeln und Ostreifen; Hfl. weiß. 33—36. Aug., Sept. — R. an den jungen Trieben und Wurzeln von Queden u. a. Grasarten, erwachsen im Juni und Juli.

27. **Luperina** B.

Wie Apamea, aber der S. lang und stark, der Hleib des ♀ minder plump; F. des ♂ einfach oder eingeschnitten und gewimpert. 4 d. A.

Matura *Hfn.* (Texta *E.*). Vfl. braun, mit lichtern Makeln und weißlichen Ostreifen, die Wll. tief gebuchtet; Hfl. blaßgelb, mit breiter brauner Saumbinde. 33—39. Juli, Aug.; auch bei Tage fliegend. — R. vom Oct. bis April an Gräsern, versteckt lebend; liegt drei Monate in der Erde, ehe sie sich verpuppt.

Virens *L.* Vfl. einfarbig grün, mit weißer (zuweilen fehlender) Nml. 36—42. Juli bis Sept. — R. im Mai und Juni an den Wurzeln und jungen Trieben von Grasarten.

28. **Hadäne** Schrank.

Von Mamestra nur durch die nackten Augen verschieden. Rücken und Hleib bald stark, bald kaum merklich geschopft; F. bei den einheimischen Arten einfach oder kurz gezähnt, nur bei Ochroleuca kammzähnig. 29 d. A.

Adusta *E.* Vfl. braun, mit etwas Kupferglanz, besonders an der lichtern gewässerten Binde; Nml. saumwärts gelblichweiß und gezähnt; Wll. weißlichgelb, mit scharfem W; F. des ♂ gezähnt. 40—45. Mai, Juni. — R. vom Aug. bis April auf n. Pfl., überwintert erwachsen.

Ochroleuca *E.* F. des ♂ mit kurzen, starken Kammzähnen; Vfl. trüb olivengelb, rostfarbig gemischt, besonders im schmalen Mittelfelde; die beiden weißen Ostreifen nähern sich einander unter der Mitte und fließen hier gewöhnlich zusammen, einen rostbraunen Innenrandsfleck abschließend; Fransen weiß, braun gefleckt. 32—34. Im Juli und Aug. bei Tage auf Blumen. — Die R. im Juni an den Aehren von Grasarten, auf denen des Weizens und Roggens. Nicht überall.

Lateritia *Hfn.* Rücken und Hleib mit kaum merklichen Schöpfchen; Vfl. trüb ziegelroth, mit matter Zeichnung, Nml. saumwärts gelblichweiß gesäumt. 40—45. Juli, Aug. — R. im April und Mai erwachsen an Grasarten, wie die von Polyodon lebend.

Polyodon *L.* (Monoglypha *Hfn.*). Vfl. gezähnt, gelblichbraun, rostbraun und weißlich gemischt, am lichtesten das Ende der gewässerten Binde; aus der Wurzel zwei schwarze Längsstriche und ein solcher von der Iml. zum h. Ostreif; Wll. mit scharfem, gelblichweißem, mit Pfeilflecken besetztem W. 45—50. Juni, Juli. — R. in einer Höhle unter Steinen auf Triften u. s. w., an den Wurzeln und Stengeln von Grasarten; erwachsen im April und Mai. Gemein.

Basilinea *F.* Vfl. graubraun, roftbraun gemifcht; aus der Wurzel ein tieffchwarzer, äftiger Strich; Nml groß, faumwärts weißgelb umzogen, die untere Hälfte fchwärzlich ausgefüllt. 35—38. Ende Mai, Juni. — Die didföpfige R. lebt vom Sept. bis in den Mai an Grasarten und Getreide, welchem fie zuweilen fchädlich wird. Sie frißt im Herbft die Körner aus, kommt mit den Garben auf die Tenne, wo man fie dann umherlaufend trifft, und hält fich im Frühjahr an den Wurzeln und unterften Blättern auf.

Rurea *F.* Vfl. fehr abändernd, holzgelb, mit mehr oder minder ftarker Beimifchung von Roftbraun (welches in der Ab. **Alopecurus** *E.* den ganzen Fl. überzieht); die drei Makeln gewöhnlich deutlich, die Oftreifen meift undeutlich, hinter dem h. Oftreif eine Doppelreihe fchwarz und weißer Aderpunkte; unter der Flfpitze und im Hwinkel je ein roftbrauner Fleck vor dem Saume, beide oft zufammenhängend; Innenrand weiß angeflogen. 40. Ende Mai bis Juli. — R. vom Herbft bis April auf Grasarten, Puppe unter Moos am Fuße der Waldbäume.

Didyma *E.* (Brunnea *Rott.*). Vfl. außerordentlich abändernd, bald einfarbig rothbraun (Nictitans *E.*), bald mehr oder . minder ftark roftgelblich gemifcht, mit dunklem Mittelfelde; Nml ftets faumwärts auffallend licht (fchneeweiß, gelblichweiß oder gelb) ausgefüllt oder punktirt; Wll. bleicher, dreibuchtig, der Raum zwifchen ihr und dem Saume fchwärzlich. 26—33. Juni, Juli. — R. vom Herbft bis Mai in den Trieben und Halmen ftärkerer Gräfer.

Strigilis *L.* Vfl. dunkelbraun; die gewäfferte Binde hellweißgrau, am h. Oftreif in Z. 1b gebogen, fchneeweiß; Wll. dreibuchtig, ungezähnt; die Makeln wenig lichter als der Grund. 24—26.

Latruncula *H.* Der Strigilis fehr ähnlich, jetzt als Abänderung derfelben angefehen. Etwas kleiner und minder kräftig gebaut, mehr kupferbraun, die gewäfferte Binde nicht fo weiß, roftgelblich oder bräunlich (bei der Ab. **Aethiops** *Haw.*, Aerata *E.*, mit der Grundfarbe gleich); der h. Oftreif zwifchen Aft 2 und dem Innenrande weniger ftark gebogen als bei Strigilis, faft geradlinig. 22—25. Beide im Juni und Juli. — Die Rn vom Herbft bis April oder Mai in den Stengeln von Dactylis glomerata und anderer Grasarten.

29. **Dipterygia** Stph.

F. des ♂ ungezähnt, äußerft kurz gewimpert; P. ftark auffteigend; Thorax mit ftarkem, vorn aufgerichtetem und tief getheiltem Schopfe, Hleib mit Rückenfchöpfen. Nur eine Art:

Pinastri (Scabriuscula) *L.* Rücken in der Mitte braungelb, Halskragen und Schulterdecken braunfchwarz; Vfl. braunfchwarz, längs dem Innenrande und an der Innenrandshälfte des Saumfeldes gelbbraun, hier mit weißen Längsftrahlen und von dem zwei tiefe Bogen bildenden tieffchwarzen h. Oftreif fcharf begrenzt. 34—40. Juni, Juli. — R. im Aug. und Sept. auf Ampferarten (Rumex).

30. **Hyppa** Dup.

Von Hadena nur durch den höhern, gewölbten Halskragen und faft ganzrandigen Saum verfchieden; F. des ♂ kurz gekämmt; Thorax nur mit fchwachem Bfchöpfchen. Nur eine Art:

Rectilinea *E.* Rückenschild weißgrau, Schulterdecken auswärts schwarz-braun; Vfl. schön nußbraun, im Wurzel- und Saumfelde weißgrau gemischt, die Qstreifen weiß, der v. stark gezackt, der h. geschwungen, in Z. 1b fleckig erweitert; Rg- und Nml licht, keine Zml. 40—44. Mai, Juni. — R. im Herbst an Heidelbeeren, im Oct. erwachsen, überwintert im Moose und verpuppt sich im April. Ziemlich selten.

31. **Rhizogramma** Led.

Wie Hadena, aber mit einigen Dornbörstchen zwischen den Spornpaaren der Hschienen; Halskragen sehr breit, in der Mitte schneidig und spitz vorsprin-gend, glattgestrichen; Saum gezähnt. Nur eine Art:

Detersa *E.* (Petrorhiza *Bkh.*). Vfl. weißgrau, bräunlich schattirt; die Qstreifen undeutlich, Rg- und Nml klein, zusammengeflossen; aus der Wurzel und im Saumfelde schwarze Längsstriche. 46—50. Juni, Juli. — R. vom Sept. bis Mai auf Berberis. Im Süden nicht selten.

32. **Chloantha** B.

Mittel- und Hschienen bedornt; Rücken fein behaart, glattgestrichen, mit getheiltem V- und Hschopfe; Hleib kurz, mit Rückenschöpfchen; Vfl. kurz und breit, mit breiten, licht durchschnittenen Fransen. — Die Rn leben auf Hy-pericum-Arten und verpuppen sich auf der Erde unter Abfällen und dergleichen. 3 d. A.

Perspicillaris *L.* (Polyodon *Clerck*). Vfl. nußbraun, gelbgrünlich und röthlichweiß strahlig gemischt, ohne die gewöhnlichen Zeichnungen, mit Ausnahme der großen, hellen Nml; Saum gezähnt, auf den Adern 3, 4, 7 und 8 etwas weiter vortretend. 31—34. — R. vom Juni bis Oct. auf Johanniskraut; die frühen Rn geben den Falter im Aug., die spätern und häufigern im fol-genden Mai und Juni.

33. **Eriopus** Tr.

Ausgezeichnet durch die bei ⅓ etwas verdickten und gebogenen, sonst borstenförmigen F. des ♂ und dessen mit langen Haarbüschen an den Mittel- und Hschienen und den Mitteltarsen besetzte Beine; Hleib mit starken Schöpfen auf den vordern Segmenten; Vfl. am Innenrande, vor dem Hwinkel, mit einem flachen Haarbüschchen.

Purpureofasciata *Piller* (Pteridis *F.*). Vfl. gezähnt, auf Ast 4 etwas eckig vortretend, zimmtbraun und rosenroth; die Qstreifen scharf, doppelt; der Umkreis der Makeln, ein Schrägfleck in der Flspitze und ein Pfeilstrich vor dem Saume in Z. 4 blaßgelb; Rgml sehr klein, schräg, Nml mit einer Spitze auf Ast 4. 30—34. Juni. — R. im Aug. und Sept. auf Adlerfarrn (Pteris aquilina), bleibt in ihrem Erdgehäuse vom Herbst bis zum April unverwandelt liegen. Sehr zerstreut im Nordosten und Süden.

Latreillei *Dup.* in Südtirol.

34. **Polyphaenis** B.

F. des ♂ mit kurzen Kammzähnen, Thorax anliegend beschuppt, mit

schwachem Hſchöpfchen; Hleib mit ſtarken Rückenſchöpfen auf den mittlern Seg-
menten; Fl. breit, gerundet. Nur eine deutſche Art:

Sericata *E.* (Prospicua *Bkh.*). Vfl. olivengrün und graubraun gemiſcht,
mit weiß ausgefüllten Oſtreifen; Hfl. rothgelb mit roſtbraunem Mittelmonde
und breiter ſchwarzbrauner Saumbinde. 38—43. Juli. — R. auf Liguſter
und Loniceren. Hier und da in den Rheingegenden und bei Wien.

35. Trachea H.

Von Hadena nur durch ſein wollige Behaarung der Stirn, P. und Fbaſis
und eigenthümliche Flzeichnung verſchieden. Nur eine Art:

Atriplicis L. Vfl. braun und glänzend moosgrün gemiſcht, die Oſtreifen
breit violett ausgefüllt, unter den Makeln ein blaßroſenrother Splitterfleck.
41—47. Mai bis Juli. — R. im Aug. und Sept. auf Polygonum- und
Chenopodium-Arten, bei Tage verſteckt.

36. Euplexia Steph.

Thorax breit, mit dicker, ſchuppenhaariger Bekleidung, ſchwachem V- und
aus zwei ſtarken, V-artig zuſammenſtoßenden Wülſten gebildetem Hſchopfe; Hleib
mit ſtarkem Schopf auf dem dritten Segment; Fl. breit und kurz, gezähnt. Nur
eine Art:

Lucipara L. Vfl. licht kupferroth, das unten ſehr verengte Mittelfeld
ſchwarzbraun; Nml lang, hellgelb, mit dunklem Mittelſtrich. 30—33. — Mai
bis Juli. — R. vom Aug. bis Oct. auf Heidelbeeren, Himbeeren, Neſſeln
u. a. Pfl.

37. Phlogophora Tr.

Thorax vorn mit ſchneidigem Längskamm, nach hinten ſattelförmig aufſteigend und in zwei divergirende, aufgeſtülpte Qwülſte endigend; Vfl. geſtreckt,
ſcharf gezähnt.

A. Saum der Vfl. gleichmäßig gerundet (Habryntis *Led.*).

Scita *H.* Vfl. licht grasgrün, mit dunklem, unten verengtem, ſchmalem,
geradlinig begrenztem Mittelfelde und großer, weißlicher, auf der Medianader
mit der Nml zuſammenhängender Rgml. 40—42. Juni, Juli. — R. im
April und Mai erwachſen auf n. Pfl. In Bergwäldern, zerſtreut und ſelten.

B. Saum der Vfl. unter der Mitte buſig ausgeſchnitten. (Broto-
lomia *Led.*).

· **Meticulosa L.** Taf. XIII. fig. 5 a. b. Vfl. blaßgelblich fleiſchfarbig, oliven-
grün ſchattirt, das dunkle Mittelfeld am Innenrande V-artig verengt; die große
Rgml röthlich, auf der Medianader mit der Nml zuſammenhängend. 46—49.
Mai, Juni; Aug. bis Oct. — R. im Sommer, häufiger vom Herbſt bis
April an vielen Kräutern und Stauden. Gemein.

38. Mania Tr.

Sehr große, breitflügelige, gleichmäßig düſter gefärbte Eule, mit hohem,
längsgetheiltem Rückenſchopfe und einer Reihe von Schöpfchen über den Hleib,
der den Afterwinkel der Hfl. nicht überragt; Fl. tief gezähnt. Nur eine Art:

Maura L. Schwarzbraun; Vfl. mit graugelbem Fleck in der Flſpitze,
lichterer Rg- und Nml im verdunkelten Mittelfelde und blaſſer, zackiger Wll.;

Hfl. mit grangelber, schmaler Saumbinde und solchem Oſtreif. 62—67. Juli,
Aug. — R. im Apr. und Mai an Rumex u. a. n. Pfl., auch Erlenbüſchen,
an feuchten, ſchattigen Stellen, bei Tage verſteckt; Puppe in einem Gewebe
zwiſchen Halmen, Abfällen u. dgl. Im Süden und Weſten, nicht häufig.

39. Naenia Stph.

Thorax mit hohem, tief getheiltem Bſchopf, Hleib ohne Schöpfe; P. mit
langem, linearem Endgliede; Mittel= und Hſchienen bedornt; Fl. wellenzähnig.
Nur eine Art:

Typica *L.* Pfl. breit, nußbraun, die Adern, die Einfaſſung der Rg=
und Nml, die Ausfüllung der doppelten, ſchwarzen Oſtreifen und die Wll.
röthlichweiß; Hfl. dunkelgrau. 40—45. Juni, Juli. — Die R., im Mai
erwachſen, auf Ampferarten, Epilobium hirsutum u. a. Pfl., an feuchten Stellen.

40. Jaspidea B.

Thorax breit, anliegend beſchuppt, mit getheiltem Bſchöpfchen; Schulter=
decken kurz, abſtehend; Hleib mit ſtarken Schöpfen auf Segment 3 und 4; Pfl.
ſcharf gezähnt, mit ſcharfer, etwas vortretender Spitze. Nur eine Art:

Celsia *L.* Pfl. apfelgrün, eine aſtförmige Mittelbinde und ein ſchmaler,
buchtiger Saumſtreif braun. 38—43. Ende Juli bis Oct. Hier und da im
Oſten, ſehr ſelten.

41. Helotropha Led.

Wie Hadena, die Behaarung des Körpers aber feiner, mehr ſammtartig,
der Hleib geſchopft, beim ♀ ſpitz zulaufend; Pfl. mit ziemlich ſcharfer Spitze,
darunter ſeicht ausgehöhlt; ihr Saum wellenzähnig. Nur eine Art:

Leucostigma *H.* Pfl. tief rothbraun, hinter der etwas lichtern Wll.
ſchwärzlich, die Rml ſaumwärts gelb oder weiß ausgefüllt. Ab. **Fibrosa** *H.*
lichter gefärbt, beſonders in der gewäſſerten Binde. 35–39. Juli, Aug. —
R. in den Wurzeln von Iris pseudacorus, erwachſen im Juni. Nicht überall.

42. Hydroecia Gn.

P. kurz, wollig behaart; Thorax vorn mit kurzem, ſchneidigem Längs=
ſchöpfchen, hinten mit abgeſtutztem Schopfe; Hleib nur auf den vordern Seg=
menten ſchwach geſchopft; Pfl. mit ſcharfer Spitze und ſchwach geſchwungenem
Saume. — Die Rn leben in Pflanzenſtengeln und Knollen, verpuppen ſich
aber in der Erde. 4 d. A.

Nictitans *L.* Pfl. roſtfarbig, oft ins Veilrothe, mit kleiner, runder,
orangegelber Rg= und weißer (bei der Ab. **Erythrostigma** *Haw.* ebenfalls
orangegelber) Rml, letztere mit dunker Mondzeichnung im Innern. 27—34.
Juli bis Sept., bei Tage auf Blumen. — R. in den Stengeln von Gras=
arten, im Juni.

43. Gortyna Tr.

Wie Hydroecia, die Stirn aber in einen hornigen (unter der Behaarung
verborgenen) Keil vortretend. Nur eine Art:

Flavago *WV.* (Ochracea *H.*). Plump; Pfl. goldgelb, zwiſchen den=

9*

selben und dem v. Oftreif und in der gewässerten Binde veilbraun, die drei Makeln dem Grunde gleichfarbig. 36—40. Aug., Sept. — R. im Juni und Juli in den Stengeln der Klette, der Königskerze, des Hollunders u. a. Pfl. Nicht überall.

4. Leucaniden. Gen. 44—51.

Behaarung des Körpers feiner und wolliger als bei den Hadeniden, der Rücken entweder ganz glattgestrichen oder nur mit einem schneidigen Bschöpfchen, Hleib ohne Schöpfe. Farbe der Vfl. meist dürrem Schilfe ähnlich, oft ohne Makeln und Ostreifen; Hfl. weißlich, schmutziggelb oder grau; Schienen unbewehrt. — Die Rn leben in Rohr=, Schilf= oder Grashalmen oder an Gräsern und n. Pfl., bei Tage versteckt.

A. Augen nackt. Gen. 44—48.
    a. Stirn mit vorspringender Hornplatte.

44. Nonagria O.

Stirn mit horizontaler, viereckiger Hornplatte; Behaarung des Thorax glattgestrichen; Hleib lang, den Afterwinkel der Hfl. weit überragend; Beine dünn behaart. — Die Rn sind lang und dünn und leben im Mai, Juni und Juli in den Stengeln von Rohr und Schilf, in welchen sie sich auch verpuppen; Schmetterlinge im Aug. und Sept. 7 d. A.

Typhae E. (Arundinis F.). Die größte Nonagria. F. des ♂ gezähnt und stark gewimpert. Vfl. schilfstrohfarbig, heller oder dunkler (bei Ab. **Fraterna** Tr. einfarbig dunkelbraun), mit im Saumfelde scharf weißlichen Adern oder wenigstens in der Saumhälfte weiß durchschnittenen Fransen, letztere wellenzähnig; auf der Saumlinie schwarze Möndchen; Hfl. gelblichweiß, mit grauer Saumbinde. 46—54. — R. in der Schilfkolbe (Typha).

Geminipuncta Hatchett (Paludicola H.). F. des ♂ ungezähnt, kurz gewimpert; Vfl. stumpf, gelbgrau, rostbraun bis schwarzbraun, mit ein oder zwei weißen (zuweilen fehlenden) Fleckchen auf der Oader; Hfl. braungrau. 28—35. — R. im Rohr (Phragmites communis).

45. Coenobia Haw.

Hornplatte der Stirn spitz, schräg abfallend; Hleib lang. Nur eine kleine, schmächtige Art:

Rufa Haw. (Despecta Tr.). Vfl. graugelb oder grauröthlich, mit einer auch über die Hfl. fortlaufenden Reihe schwarzer Pünktchen. 22—24. — R. in Juncus-Stengeln. Im nordöstlichen Tieflande und an der Saale.
    b. Stirn ohne Vorsprung.

46. Senta Stph.

Thorax haarschuppig, vorn mit schneidigem Kämmchen; Vfl. sehr lang, nach hinten wenig erweitert, mit rechtwinkeliger Spitze; Hleib lang und dünn, flachgedrückt. Nur eine Art:

Maritima Tauscher (Ulvae H.). Vfl. gelblich= oder röthlichgrau, der Umfang der Rg= und Nml weiß=, die Saumlinie schwarz punktirt; Hfl. weiß, mit dunklem Mittelmonde. Bei der Ab. **Bipunctata** Haw. sind die Makeln schwarz ausgefüllt, bei Ab. **Wismariensis** durch einen schwarzen Längswisch verbunden. 29—36. — R. an Phragmites, dessen Blätter, aber auch Rn, Puppen, Spinnen u. dgl. verzehrend; Herbst bis Mai; Falter im Juni und Juli. Im Tieflande.

47. **Tapinostola** Led.

Thorax ohne Schopf; Beine behaart; Vfl. mit rechtwinkeligem oder abge= schrägtem Vwinkel; Fransen breit. Von Leucania durch die nackten Augen ver= schieden. 5 d. A.

Fulva *H.* (Fluxa *Tr.*). Plump, mit langem Hleibe; Vfl. kurz und stumpf, hellziegelroth bis graugelb, zeichnungslos oder mit einer Creihe schwarzer Pünktchen; F. des ♂ eingeschnitten und gewimpert. 22—27. — R. in den Halmen von Juncus, Carex und Festuca, im Juni und Juli; Falter im Aug. und Sept.

48. **Calamia** H.

Thorax anliegend fein behaart, vorn mit schneidigem Längskämmchen; Vfl. mit scharfer, etwas vorgezogener Spitze, schilfstrohfarbig, fast oder ganz zeichnungslos. 2 d. A.

Lutosa *H.* (Bathyorga *Fr.*). F. des ♂ gekerbt, mit langen Wimper= pinseln; Vfl. graugelb oder röthlich, sparsam schwarz bestäubt, mit einer Creihe schwarzer Pünktchen; Hfl. weißlich, graustaubig. 48—54. Aug. bis Oct. — R. vom Apr. bis Juli im untern Theile des Stengels und den Wurzeln von Phragmites. Zerstreut, besonders im Tieflande.

B. Augen behaart. Gen. 49—51.

49. **Meliana** Curt.

Körper schmächtig; Thorax anliegend behaart, ohne Schopf; Vfl. lanzett= förmig, mit scharfer Spitze; Hleib dünn, nicht flachgedrückt. Nur eine Art:

Flammea *Curt.* (Dubiosa *Tr.*). Vfl. gelbgrau oder grauroth, mit lichtern Adern, längs dem Brande weißlich. 34. Mai. — R., im Herbst er= wachsen, in den Stengeln von Phragmites, worin sie sich auch verpuppt; die Puppe überwintert. Hier und da im Tieflande.

50. **Leucania** O.

F. des ♂ ungezähnt, gewimpert; Behaarung des Rückens glatt gestrichen; Fl. von gewöhnlicher Form, Spitze ziemlich scharf; Körper ziemlich robust, Hleib mäßig lang. — Die Rn leben an Grasarten oder weichen Kräutern, überwintern meist jung, verpuppen sich in der Erde und liefern die Falter in den Sommer= monaten. 16 d. A.

Pallens *L.* Vfl. bleich okergelb, mit weißlichen Adern und 1—3 schwarzen Pünktchen hinter der Mitte; Hfl. weiß, gegen den Saum grau an= geflogen. 34. Juni bis Sept. Gemein.

Impura *H.* Der Pallens ähnlich, aber die Hfl. braungrau; Vfl. mit drei Punkten. Weniger häufig.

Obsoleta *H.* Vfl. röthlichgrau oder bräunlichgelb, mit lichtern, scharf schwarz eingefaßten Adern, einem weißen Punkt am Ende der Cader und einer

Dreihe schwarzer Punkte hinter der Mitte. 35. — R. an Phragmites. Nicht überall.

Comma *L.* Vfl. graugelb, längs dem Brande breit weißlich, mit weißen Adern, langem, tiefschwarzem Längsstrich aus der Wurzel und einem schwarzen Punkte am Ende der hier dick weißen Qader. 36.

Conigera *F.* Vfl. rothgelb, beide Qstreifen einfach, ungezähnt, scharf dunkel, der vordere fast rechtwinkelig gebrochen; die Rml bleich, am Ende mit dick weißem Fleck. 35.

L album *L.* Vfl. bleich graugelb, mit weißen Adern, einem braunen Schrägschatten aus der Wurzel gegen die Flspitze, schwarzem Strahl aus der Wurzel und zwei divergirenden Schrägreihen kürzerer Strahlen aus der Spitze; im Mittelfelde ein dick weißer, an der Qader erweiterter Längsstrich. 32.

Lithargyrea *E.* Vfl. grauroth, die Qstreifen undeutlich, der h. Qstreif gezähnt, mit schwarzen (oft allein sichtbaren) Punkten an den Spitzen der Zähne; statt der Rml ein schmaler, lichter, am Ende weißer Fleck; Unterseite stark glänzend. 36—38.

Albipuncta *F.* Der vorigen ähnlich, die Vfl. schmaler, dunkler, mit deutlichern Qstreifen; die Rml kaum angedeutet, am Ende mit scharf begrenztem, schneeweißem Fleckchen. 33.

Turca *L.* Die größte Art, plump; ♂ mit dicken Haarquasten an den Hschienen; Vfl. zimmtbraun, dunkler gesprenkelt, mit zwei braunen, fast geraden Qstreifen und hellem, am Ende weißem Strich auf der Qader. 40—44.

51. Mythimna O.

Augen klein; F. des ♂ mit sehr kurzen, lang gewimperten Kammzähnen, die des ♀ durch filzige Behaarung verdickt, schlank spindelförmig erscheinend. Nur eine d. A.:

Imbecilla *F.* Vfl. des ♂ trüb röthlichgelb oder graugelb, des ♀ rost= braun, mit zwei dunklen Qstreifen und kleiner, lichter, saumwärts meist gelber Rml; Hfl. schwärzlichgrau; der Hleib des ♀ sehr lang und dick. 24—26. Juni, Juli. Auf den Alpen, in Schlesien und Preußen.

5. Caradriniden. Gen. 52—58.

Augen nackt, Stirn vertical; Hleib ohne oder nur auf dem ersten Seg= mente mit Schöpfchen; Vfl. stumpf, nach außen ziemlich breit, trüb gefärbt, mit ganz= oder seicht wellenrandigen Fransen; Hfl. zeichnungslos. Die letzte Gattung, Amphipyra, sehr abweichend und kaum hierher gehörig.

52. Grammesia Stph.

Plump; F. des ♂ langgezähnt, des ♀ einfach; P. schneidig beschuppt, mit kurzem Endgliede; Vfl. ohne Makeln. Nur eine Art:

Trigrammica *Hfn.* (Trilinea *Bkh.*). Vfl. graugelb, dunkler bestäubt, mit drei einfachen, ungezähnten, braunen Qstreifen. 33—36. Mai, Juni. — R. vom Juli bis zum Mai, erwachsen überwinternd, auf u. Pfl.

53. Stilbia Stph.

Ausgezeichnet durch den Ursprung der Costalader der Hfl. aus dem Brande der M3., statt aus der Wurzel. Schlank, mit sehr breiten Hfln; Thorax und Beine anliegend beschuppt; P. klein; ♂ und ♀ sehr verschieden. Nur eine Art:

Anomala *Haw.* (Stagnicola *Tr.*). Vfl. des ♂ licht aschgrau, glänzend, braun schattirt; Rg= und Nml fast gleich groß, länglich, licht, die Rgml schräg; Ostreifen einfach, dunkel; ♀ mit viel schmälern, dunkelbraunen Vfln. 31—34. Aug., Sept. — R. im ersten Frühjahr erwachsen, an Gras. Am Mittel= rhein, selten.

54. Caradrina O.

F. des ♂ einfach oder schwach eingeschnitten, gewimpert; Thorax anliegend beschuppt, ohne Längskamm; Vfl. stumpf, gerundet, fast ganzrandig. Kleinere oder mittelgroße, graue, rostfarbige oder bräunliche Arten. — Ru trüb gefärbt, mit einzelnen, krummen Härchen besetzt, leben versteckt an n. Pfl., überwintern, sind im Frühjahr erwachsen und liefern die Falter im Sommer. 14 d. A.

Morpheus *Hfn.* Vfl. bräunlichgelb oder graubraun, die Wll. wurzel= wärts von einer dunklen Binde begrenzt, die Rg= und Nml gleichförmig dunkel, ohne lichte Umgrenzung; Hfl. weißlich. 28—31. — R. auf Zaunwinden, Nesseln, Ampfer u. dgl.

Quadripunctata *F.* (Cubicularis *Bkh.*). Vfl. gelblicherdgrau, die Wll. gelblich, wurzelwärts roströthlich angelegt; die Nml dunkel, mit einigen weißen Punkten in der Einfassung; Hfl. weiß, am Saume grau schattirt. 28—33. Gemein, oft in erleuchtete Zimmer fliegend.

Alsines *Bkh.* Vfl. gelblichrostbraun; Rg= und Nml dunkel, fein licht eingefaßt; Wll. wurzelwärts verwaschen dunkler begrenzt; Ostreifen fein, schwärzlich, der hintere gleichmäßig scharf gezähnt; Mittelschatten deutlich, schwärzlich; Hfl. braungrau, beim ♂ lichter. 29—32.

Sehr ähnlich: **Taraxaci** *H.* (Vfl. mehr violettbraun) und **Ambigua** *F.* (Vfl. staubgrau, Hfl. weiß.)

55. Hydrilla B.

P. borstig behaart; F. des ♂ kurz, seicht eingeschnitten und büschelig be= wimpert, die des ♀ durch rauhe Beschuppung verdickt; Beine lang und stark, mit sehr langen Sporen. ♂ sehr schlank, mit länglichen Vfln und großen Hfln; ♀ viel kleiner, plumper und schmalflügeliger. Nur eine Art:

Palustris *H.* Vfl. lichtbraungrau oder röthlichgrau, die Rg= und Nml sehr klein und wie die Ostreifen schwärzlich; Hfl. mit dunklem Mittelmonde; ♀ dunkler. 30 (♂)—22 (♀). Mai, Juni. — R. im Apr. erwachsen an n. Pfl., an feuchten Stellen. Sehr zerstreut.

56. Acosmetia Stph.

Sehr schlank, mit breiten, zarten Fln, die Vfl. rechtwinkelig abgestutzt; Thorax und Beine anliegend beschuppt. Nur eine Art:

Caliginosa *H.* Vfl. röthlichgrau, etwas glänzend, mit kaum sichtbaren Makeln und dunklen Ostreifen. Das ♀ kleiner. 24—28. Mai und Juli, auf feuchten Wiesen. — R. im Juni und Aug. auf Serratula tinctoria und San= guisorba. Sehr zerstreut.

57. Rusina B.

F. des ♂ langgekämmt, des ♀ filzig behaart; Thorax grob behaart, mit B= und H=schöpfen; Vfl. breit, rechtwinkelig gestutzt. Nur eine Art:

Tenebrosa *H.* Vfl. schwärzlich kupferbraun; die Anfänge der Qstreifen am Brande und ein paar Punkte zwischen dem Qstreif und der Wll. weißlich; die Makeln undeutlich, der Umfang der Nml meist mit einigen weißlichen Punkten bezeichnet. ♀ mit schmälern Fln und sehr plumpem Hleibe. 32—35. Juni, Juli. — R. an n. Pfl., erwachsen im März und Apr.

58. Amphipyra O.

P. stark, dick beschuppt, aufsteigend, meist mit langem Endgliede; F. einfach, beim ♂ gewimpert; Thorax flach gewölbt und wie der breite, flache Hleib ohne Rückenschöpfe; Vfl. stumpf, Hfl. gerundet, wellenzähnig. — Die Rn sind dick, grün, mit hellern Längslinien, im Mai oder Juni erwachsen; sie verpuppen sich in einem Gewebe zwischen Blättern od. dgl. Die Schmetterlinge im Juli und Aug., bei Tage unter loser Rinde, an Planken u. s. w. versteckt. 6 d. A.

Tragopogonis *L.* Vfl. schwärzlichgrau, zeichnungslos, bis auf drei schwarze Fleckchen an der Stelle der Rg= und Nml, Hfl. grau, mit schwachem Kupferschimmer. 36—39. — R. grün, mit fünf scharf weißen Längslinien; auf Glockenblumen, Disteln u. v. a. Pfl. Gemein.

Pyramidea *L.* Vfl. graubraun, die kleine Rgml und die Ausfüllung der gezackten Qstreifen weißlich; Hfl. glänzend lichtkupferroth, mit grauem Brande. 45—50. — R. grün, mit pyramidenförmiger Erhöhung des elften Segments, auf deren gelber Spitze fünf weiße Linien sich vereinigen; Rücken= und Seitenstreif weiß; auf Prunus-Arten, Pappeln, Haseln u. a. Laubholz.

6. Orthosiden. Gen. 59—77.

Thorax breit, wollig behaart, glatt oder vorn mit einem schneidigen Längskamme; Hleib kurz, ohne Rückenschöpfe (nur bei Cloeoceris mit schwachem Schöpfchen auf dem zweiten Segment); Fl. meist ganzrandig, die Hfl. kurz, gerundet.

A. Augen behaart. Plumpe Arten von spinnerähnlichem Aussehen. Gen. 59—61.

59. Perigrapha Led.

Thorax flach, an den Seiten eckig vorspringend; Halskragen ausgeschnitten, hinter demselben ein hoher, schneidiger Längskamm; F. bei ♂ und ♀ kammzähnig. Nur eine d. A.:

Cincta *F.* (I cinctum *H.*). Vfl. röthlichgrau; Rg= und Nml sehr groß, scharf begrenzt, licht, zusammengeflossen, die Rgml über die Medianader hinaus verlängert, 8förmig. 40—44. März, Apr. — R. auf n. Pfl. Bei Wien und Brünn.

60. Taeniocampa Gn.

Thorax gerundet, dicht wollig behaart, ohne Kamm; Kopf eingezogen; F. des ♂ gekämmt oder gezähnt, des ♀ gezähnt oder gekerbt; P. hängend, lang behaart, mit nacktem, geneigtem Endgliede. — Die Rn vom Mai bis Juli, die Falter aus der überwinterten Puppe im März und Apr. 9 d. A.

A. F. des ♂ gekämmt.

Gothica *L.* Taf. XIII. fig. 6a. b. Vfl. rothbraun und rothgrau gemischt; die MZ. zwischen den Makeln und bis zum v. Ostreif, sowie ein dicker Längs= strich von der Spitze der undeutlichen Zml bis zum h. Ostreif tiefschwarz. 36. — R. an vielerlei Kräutern und niederem Gebüsch; grün, mit breitem, kreide= weißem Seitenstreif. Gemein.

Miniosa *F.* Vfl. bleich röthelroth, staubig, die beiden gezähnten Ostreifen und die Einfassung der Makeln licht; Hfl. röthlichweiß. 35. — R. auf Eichen.

Pulverulenta *E.* (Cruda *Tr.*). Vfl. staubig rothgrau, Ostreifen undeutlich, Nml dunkel, licht umzogen; Hfl. grau. 29—31. — R. auf Eichen; grün oder zimmtbraun, glänzend, mit breitem, gelbem Seitenstreif und einem halb= mondförmigen Ostrich auf dem elften Ringe.

Stabilis *H.* Vfl. röthlichgrau; die Einfassung der sehr großen, hohlen Rg= und Nml und die fast geradlinige WLl., sowie die Adern im Saumfelde fein gelblichweiß; Hfl. grau, mit röthlichen Fransen. 34—36. — R. auf Eichen und anderem Laubholz, grün, gelb gerieselt, mit gelber Rücken= und Seiten= linie und dickem, gelbem Ostrich auf dem elften Ringe. Gemein.

Munda *E.* Vfl. spitz, rothgrau, mit zwei tiefschwarzen Fleckchen an der WLl. in Z. 4 und 5. 40—42. — R. auf Ulmen, Pappeln, Obstbäumen u. a. Laubholz, bei Tage in den Rindespalten.

B. F. des ♂ gezähnt.

Gracilis *F.* Vfl. spitz, licht rothgrau, weißlich bestäubt, besonders am Brande und auf den Adern; mit fast gerader, lichter WLl. und einer Lreihe meist auch über die Hfl. fortlaufender schwarzer Punkte hinter der Mitte. 36—38. — R. zwischen den zusammengesponnenen Endtrieben des Beifußes (Artemisia vulgaris), auch an Sahlweiden u. a. Büschen.

Incerta *Hfn.* (Instabilis *E.*). Vfl. sehr abändernd, vom bleichsten Roth= grau bis zu tiefem Rostbraun, meist veilgrau und rothbraun gemischt; die WLl. weißlich, schwach geschwungen, auf Ader 7 gebrochen, die Nml dunkel, unten schwärzlich ausgefüllt. 37—41. — R. grün, gelblichweiß gerieselt, mit weißem Rückenstreif, punktirten Subdorsallinien und hellgelbem, fein schwarz gesäumtem Seitenstreif; auf fast allem Laubholz. Gemein.

61. Panolis H.

Kopf eingezogen, Körper und Beine zottig behaart; P. sehr kurz, versteckt; F. des ♂ gekerbt und gewimpert. Nur eine Art:

Piniperda *Bkh.*, die Forleule. Taf. XIII. fig. 7a. b. Vfl. rostroth und gelbgrau gemischt, sodaß bald die eine, bald die andere Farbe vorherrscht; die Rg= und Nml weißlich, letztere sehr groß, gekrümmt, fast bis zum Brande ausgedehnt; der geschwungene, tief gezähnte h. Ostreif dem v. Ostreif am Innenrande sehr genähert. 33. — R. grün, mit rothgelbem Kopfe, drei weißen Rücken= und orangegelben Seitenstreifen. Sie lebt vom Mai bis Juli auf Kiefern (Pinus sylvestris), an welchen sie zuweilen große Verwüstungen anrichtet, verpuppt sich unter dem Moose und erscheint als Falter im ersten Frühling, März bis Anfang Mai.

B. Augen nackt, unbewimpert. Gen. 62—70.

    a. Mittel= und Hschienen bedornt; ein schneidiges Schöpfchen hinter dem Halskragen. Gen. 62—64.

62. Pachnobia Gn.

Vschienen unbedornt; P. hängend, lang behaart, mit kaum sichtbarem Endgliede; Thorax glatt, wollig behaart, ohne Kamm. Vfl. stumpf, fast recht=winkelig abgestutzt.

Rubricosa *F.* F. des ♂ gezähnt und büschelig gewimpert; Vfl. roth=braun, veilgrau gemischt, besonders an dem braungefleckten Brande, Zeichnung meist undeutlich. 33. März, Apr. — R. im Juni an Galium u. a. Kräutern.

Leucographa *H.* F. des ♂ gekämmt; Vfl. rothbraun mit weißlich be=stäubter Rg= und Nml. 32. März, Apr. — R. im Mai an n. Pfl. Zerstreut und selten.

63. Mesogona B.

Vschienen ohne Dornborsten; F. des ♂ ungezähnt, mit starken Wimper=pinseln; P. aufsteigend, mit gerade aufsteigendem, gestutztem Endgliede; Thorax breit und flach, wollhaarig; Vfl. mit fast geradlinigen, ungezähnten, am Innen=rande sehr genäherten Qstreifen und licht umzogener, hohler Rg= und Nml.

Oxalina *H.* Vfl. scharf gespitzt, veilbraun, mit dunklerem Mittelfelde. 37. Aug., Sept. Im Osten und Süden, zerstreut und selten.

Acetosellae *F.* Vfl. grauröthlich. 40. Aug., Sept. Sehr zerstreut.

64. Hiptelia Gn.

Auch die Vschienen bedornt; F. des ♂ mit kurzen Kammzähnen; P. auf=steigend, mit kurzem, geneigtem Endgliede; Vfl. spitz, mit etwas geschwungenem Saume und vollständiger Zeichnung. Nur eine d. A.:

Ochreago *H.* (Rubecula *Tr.*). Vfl. röthlichgelb, die Zeichnungen rost=braun. 32. Alpen.

    b. Schienen ohne Dornborsten. Gen. 65—70.

65. Dicycla Gn.

F. des ♂ mit kurzen Kammzähnen; P. sichelförmig aufsteigend; Rücken anliegend behaart, ohne Längskamm; Hleib kurz, beim ♀ spitz, mit vorstehender Legeröhre; Vfl. abgerundet, ganzrandig. Nur eine Art:

Oo *L.* Vfl. bleichgelb; der Umkreis der drei Makeln, die Qstreifen, der Mittelschatten und die Wll. rostbraun. 31. Juli, Aug. — R. im Mai und Juni zwischen zusammengezogenen Eichenblättern, wo sie sich auch verpuppt. Nicht überall.

66. Calymnia H.

Rücken glatt gestrichen; F. des ♂ schwach eingeschnitten und gewimpert; P., Stirn und Beine anliegend beschuppt, erstere mit ziemlich langem Endgliede; Hleib den Afterwinkel der Hfl. nicht oder wenig überragend, beim ♀ spitz zu=laufend; Vfl. kurz, mit rechtwinkeliger Spitze und schwach gewellten Fransen, die beiden Qstreifen scharf, ungezähnt. — Die Rn leben im Mai und Juni an Laubholz, zwischen zusammengezogenen Blättern, verpuppen sich in einem leichten Gewebe an der Erde und entwickeln sich im Juli und Aug.

Trapezina *L.* Taf. XIII. fig. 8 a. b. Vfl. sehr abändernd, bleicher oder röthlicher ledergelb oder grüngelb, zuweilen ziegelroth; der v. Oftreif geradlinig und sehr schräg, die Nml unten mit schwarzem Kern. 27—34. — Die R., als schlimme Mordraupe bekannt, lebt auf fast allen Laubholzarten; sie ist gelb= oder bläulichgrün, mit fein schwarzen, weißgesäumten Wärzchen, drei weißen Rückenlinien und breitem, schwefelgelbem Seitenstreif. Gemein.

Pyralina *Vieweg.* Vfl. kirschbraun, ohne deutliche Makeln; der v. Oftreif stumpf gezackt, der hintere und die Wll. am Rande mit weißem Wisch. 29—32. — R. besonders auf Apfel= und Birnbäumen.

Diffinis *L.* Vfl. veilroth, ohne Makeln, beide Oftreifen am Rande zu schneeweißen Flecken erweitert. 28—30. — R. auf Ulmen (Ulmus campestris). Zerstreut.

Affinis *L.* Vfl. gelblich= oder röthlichbraun, Rg= und Nml klein, bleich, mit schwarzen Kernpunkten; Hfl. grauschwarz mit gelben Fransen. 25—29. — R. auf Ulmen. Zerstreut.

67. Cosmia O.

Wie Calymnia, aber Stirn, P. und Beine wollig behaart; der Hleib des ♀ den Afterwinkel weit überragend, spitz, mit vorstehender Legeröhre; die Fl. gestreckt, mit scharfer Spitze, etwas geschwungenem Saum und ganzrandigen Fransen.

Paleacea *E.* (Fulvago *H.*). Vfl. licht röthlich= oder ledergelb, die ein= fachen Oftreifen und der Umkreis der Rg= und Nml fein rostbraun, die Nml unten mit schwärzlichem Kerne; Hfl. bleichgelb. 38—42. — R. zwischen zu= sammengezogenen Blättern der Espen und Birken. Nicht häufig.

Contusa *Fr.* Veilbraun. — R. auf Espen. In wenigen Gegenden, selten.

68. Dyschorista Led.

Der Gattung Orthosia ähnlich, aber mit unbewimperten Augen. Vfl. ab= gestumpft, mit der gewöhnlichen Zeichnung; Hleib des ♀ mit kurzer Legeröhre; F. des ♂ ungezähnt, kurz gewimpert.

Fissipuncta *Haw.* (Ypsilon *Bkh.*). Vfl. braun, bald mehr ins Rost= braune, bald ins Graue, die drei Makeln schwarz umzogen, die Einfassung der Rg= und Nml auf der Medianader V=förmig zusammenstoßend; Oftreifen matt, Wll. licht, wurzelwärts meist mit einigen schwarzen Fleckchen. 34—37. Juli. — R. im Mai an Pappeln und Weiden, jung zwischen zusammengezogenen Blättern, erwachsen bei Tage in den Rindespalten.

Suspecta *H.* Vfl. braungrau, rothgrau und röthelroth, mit scharfer Spitze und etwas geschwungenem Saume. Selten.

69. Plastenis B.

Rücken glatt behaart, vorn mit schneidigem Längskamme; Vfl. kurz, ganz= randig, mit scharfer Spitze und geschwungenem Saume, grau oder braun, die Einfassung der Makeln und die ungezähnten Oftreifen scharf licht. — Die Rn leben und verwandeln sich im Mai und Juni zwischen zusammengezogenen Baumblättern. Falter im Juli und Aug.

Rotusa *L.* Vfl. grau- oder veilbraun, mit parallelen Qstreifen, Rg- und Nml groß, länglich, keine Zml. 25—29. — R. an Weiden, besonders Salix fragilis.

Subtusa *F.* Vfl. olivengrau, beide Qstreifen fast gerade, gegen den Innenrand etwas convergirend, Zml vorhanden. 29—31. — R. an Pappeln und Espen.

70. Cirroedia Gn.

Wie Plastenis, aber der Saum der Vfl. gezähnt, ihre Farbe braun oder gelb, von den Makeln nur die Nml sichtbar. — Rn auf Laubholz, bei Tage versteckt.

Ambusta *H.* Vfl. chocoladenbraun, die Qstreifen und der Umfang der Nml scharf gelblich. 28. Aug. — R. im Mai auf Birnbäumen. In wenigen Gegenden.

Xerampelina *H.* Vfl. dottergelb oder trübroth, mit dunklerem Mittel- feld. 30—33. Aug. — R. im Mai auf Eschen. Bei Aachen, Köln und Wien.

C. Augen nackt, bewimpert. Gen. 71—77.

71. Cleoceris B.

F. des ♂ gekämmt, Rücken glatt behaart, schwach geschopft; Hleib mit horizontalem Schöpfchen auf dem zweiten Segment, beim ♀ mit einer Legeröhre. Nur eine Art:

Viminalis *F.* (Saliceti *Bkh.*). Vfl. weißgrau, bräunlich gemischt, die Wurzelhälfte oft ganz braun; die Einfassung der Makeln und der lichten Qstreifen an den zugekehrten Seiten und ein kurzer Längsstrich aus der Wurzel schwarz; Nml weißlich, Zml schmal, bis zum h. Qstreif reichend. 28—31. Juli. — R. im Mai und Juni auf Sahlweiden (Salix caprea und aurita) zwischen zu- sammengesponnenen Blättern; Puppe in leichtem Gewebe an der Erde.

72. Orthosia O.

Thorax anliegend wollig behaart, ohne Längskamm; P. dicht behaart, mit nacktem, geneigtem Endgliede; Hleib nicht flach gedrückt. — Die Rn im Mai und Juni, die Falter Ende Aug. bis Oct. 9 d. A.

Lota *L.* F. des ♂ eingeschnitten und büschelig gewimpert; Vfl. spitz, mit etwas geschwungenem Saume, rothgrau, ins Violette; die Wll. scharf gelb, einwärts schmal rostroth angelegt, unter der Flspitze gebrochen, dann fast gerad- linig herablaufend; die Nml unten tiefschwarz ausgefüllt. 34—36. — R. an Weiden und Pappeln, jung zwischen zusammengezogenen Blättern, erwachsen bei Tage in den Rindespalten.

Macilenta *H.* Vfl. hell fuchsroth, in der Zeichnung der Lota ähnlich, an der Wurzel mit zwei schwarzen Punkten. 29—33. — R. an Hainbuchen.

Circellaris *Hfn.* (Ferruginea *E.*). F. wie bei den vorhergehenden; Vfl. rostgelb, ins Röthliche, eisengrau angeflogen, am dunkelsten in der ge- wässerten Binde; Wll. dreimal gebuchtet, gelb, einwärts rostroth angelegt; Qstreifen und Makeln fein dunkel begrenzt, die Nml unten mit schwarzem Fleck; Hfl. grau, Rand und Fransen hellotergelb. 33. — R. auf n. Pfl.

Litura *L.* F. des ♂ ungezähnt, kurz gewimpert; Vfl. rothbraun, an der Wurzelhälfte weißlich gemischt, Rg= und Nml scharf hell umzogen; am Rande vier tiefschwarze Fleckchen an den Anfängen der Ostreifen, das größte an der Wll. 33. — R. auf Besenpfrieme, Heidelbeeren u. a. Pfl.

73. Xanthia Tr.

Rücken quadratisch, fein wollig behaart, vorn mit spitzem, schneidigem Längskamm; Hleib nicht flach; F. des ♂ schwach eingeschnitten (bei Aurago ge= kerbt), stark gewimpert; Vfl. spitz, mit geschwungenem Saume, gelb oder röth= lich. — Rn im Mai und Juni auf Laubholz, gehen zur Verwandlung in die Erde, wo sie mehrere Wochen unverpuppt liegen bleiben. Falter Ende Aug. bis Anfang Oct. 7 d. A.

Citrago *L.* Vfl. goldgelb, rostfarbig bestäubt; die einfachen, ungezähnten Ostreifen, der scharfe, schmale Mittelschatten und der Umkreis der Rg= und Nml fein rostroth. 30—33. — R. auf Linden, zwischen zusammengezogenen Blättern.

Aurago *F.* F. des ♂ gekerbt; Vfl. goldgelb, Wurzel= und Saumfeld veilbraun, die Ostreifen gezähnt, die Makeln fleckig. Zuweilen ist die ganze Fläche einfarbig trübroth. 27—31. In Buchenwäldern.

Togata *E.* (Flavago *F.*, Silago *H.*). Vfl. goldgelb, mit veilrothen Flecken, die hinter der Mitte eine Binde bilden; Kopf und Halskragen veilroth. 29—33. — R. jung in den Kätzchen der Sahlweide, später an n. Pfl., bei Tage versteckt.

Fulvago *L.* (Cerago *F.*). Vfl. citrongelb, mit fleckig rostbrauner Zeich= nung (bei der Ab. **Flavescens** *E.* einfarbig); die Nml unten mit schwärzlichem, bleigrau gekerntem Fleck; Hfl. weiß. 31—34. — R. wie Togata.

74. Oporina (Hoporina) B.

Thorax haarschuppig, vorn mit scharfem Längskamm; Hleib breit und flach; P. breit, mit dem spitzen Haarschopf der Stirn schnauzenförmig vor= springend; Vfl. scharf gespitzt. Nur eine Art:

Croceago *F.* Vfl. orangeroth, der Brand bis zu dem schmalen, eisen= grauen Mittelschatten schneeweiß gefleckt; Hleib und Hfl. röthlichweiß. 31—33. Ende Aug. bis Nov. und überwintert im März und April. — Die R. im Mai und Juni auf Eichen.

75. Orrhodia H. (Cerastis Tr.).

P. kurz, unter der dicht wolligen Stirn kaum vortretend; Rücken flach, anliegend behaart, ohne Kamm; Hleib flach und breit; Fl. wellenrandig, die Vfl. gleich unter der Wurzel breit werdend, nach hinten wenig erweitert, mit sehr bauchigem Saume und der gewöhnlichen Zeichnung. — Die Rn im Mai bis Juli, an Laubgebüsch und n. Pfl., bei Tage versteckt; die Falter im Sept. und Oct., auch überwinternd. 7 d. A.

A. Vfl. mit scharfer, vortretender Spitze und geschwungenem Saume.

Fragariae *E.* (Serotina *O.*). Vfl. rostbraun; die Ostreifen lichter; der Umkreis der Rg= und Nml, die geradlinige Wll. und die Adern im Saum= felde hellgelb; Hfl. und Hleibsringe schwärzlich, okergelb gerandet. 54—58. —

R. im Juli an niedern Schlehensträuchern, eine Mordraupe. Hier und da im Süden.

B. Vfl. mit rechtwinkeliger Spitze.

V punctatum *E.* (Silene *H.*). Vfl. scharf gespitzt, veilgrau, die Adern fein licht, Rg= und Nml tiefschwarz gefleckt. 33. — R. auf Veilchen u. a. n. Pfl.

Vaccinii *L.* Vfl. sehr abändernd, heller oder tiefer rostbraun, Zeichnung bald scharf, bald verloschen; vor der blassen Wll. eine Reihe dunkelbrauner Punkte, die Nml unten schwärzlich ausgefüllt, die Ostreifen und Makeln gewöhnlich licht, fein dunkel eingefaßt; die Adern öfters licht; zuweilen die ganze Fläche einfarbig rothbraun mit perlgrauer Zeichnung. Hfl. grau, mit lichtem Bogenstreif durch die Mitte und vor dem Saume. 30—33. — R. jung auf Schlehen und Eichen, später an n. Pfl. Gemein.

Ligula *E* (Spadicea *Gn.*). Der Vaccinii sehr ähnlich und ebenfalls sehr abändernd; Spitze der Vfl. schärfer, der Saum etwas geschwungen; die Hfl. einfarbig dunkelgrau, höchstens mit Spuren der lichten Bogenstreifen; Vfl. meist dunkelrostbraun, die Wll. wurzelwärts oft breit grau angelegt (was auch bei Vaccinii zuweilen der Fall ist). — R. jung an Schlehen, später an n. Pfl.

Rubiginea *F.* Vfl. rostgelb, fleckig rostroth gemischt, die Ostreifen gezähnt, oft in Monde aufgelöst; in der gewässerten Binde eine Doppelreihe schwärzlicher Punkte; die Makeln licht, die Nml unten mit schwarzem Fleck. 34. — Die R. ist als Ausnahmeform behaart, hat übrigens die Lebensweise der verwandten Arten.

76. Scopelosoma Curt.

Wie Orrhodia, aber die P. hängend, bis zur Spitze wollig, die Fl. gestreckter, mit eigenthümlicher Zeichnung. Nur eine europäische Art:

Satellitia *L.* Vfl. gezähnt, rostbraun, mit dunklen Ostreifen; statt der Nml ein weißes oder gelbes Fleckchen und zwei weiße Punkte. 37. — R. im Mai und Juni an Eichen, Linden, Obst= und a. Bäumen; eine Mordraupe. Falter im Sept. und Oct., auch überwinternd. Gemein.

77. Scoliopteryx Germar.

Eine von den übrigen Orthosiden sehr abweichende Gattung. F. des ♂ und ♀ gekämmt; P. lang, mit vorstehendem, linearem Endgliede; Rücken und Hleib flach, der Halskragen in der Mitte schneidig erhoben; Vfl. tief ausgenagt. Nur eine Art:

Libatrix *L.* Taf. XIII. fig. 9 a. b. Vfl. rothbraun, an der Wurzel und in der Mitte feuerfarbig; der h. Ostreif weiß, ungezähnt, durch eine dunkle Linie getheilt; an der Wurzel und in der MZ. ein schneeweißer Punkt. 45—49. — R. schlank, sammtgrün, mit gelber, schwarz begrenzter Seitenlinie; vom Juni bis Sept. an Weiden und Pappeln, zwischen deren Blättern man auch die schwarze Puppe eingesponnen findet. Falter vom Juli bis Oct., überwinterte Exemplare im Frühjahr. Gemein.

7. Xyliniden. Gen. 78—85.

Rücken breit, in der Regel flach gedrückt, vorn an den Seiten eckig vortretend, mit einem Schöpfchen hinter dem ausgeschnittenen Halskragen; Vfl.

meist lang und schmal, ziemlich gleich breit, stumpf; Augen nackt, bewimpert, nur bei Xylomiges behaart.

78. Xylina Tr.

Rücken und Bfl. wie vorstehend, der Bschopf des erstern steil und hoch, vorgeneigt; P. hängend, bis ans Ende lang und dünn behaart. — Die Rn vom Mai bis Juli an Bäumen und Büschen, liegen vor der Verpuppung mehrere Wochen in der Erde. Falter im Sept. und Oct., häufig überwinternd. 6 d. A.

A. Hleib mit Rückenbüschen.

Socia *Hfn.* (Petrificata *F.*). Bfl. gelbbraun, rostbraun gemischt, am dunkelsten unter den lichten, verloschenen Makeln; die Nml rostroth gemischt, unten durch einen dunkelbraunen Bogenstrich begrenzt; die Ostreifen in holz-faserige Längsstriche aufgelöst, an der Stelle des hintern eine Doppelreihe brauner Punkte. 42. — R. auf Schlehen, Eichenbüschen u. a. Laubholz.

Semibrunnea *Haw.* (Oculata *Germ.*). Der Socia sehr ähnlich, die Bfl. schmaler, an der Innenrandshälfte dunkelbraun. — R. auf Eichen; im Westen und Süden, zerstreut und selten.

Furcifera *Hfn.* (Conformis *F.*). Bfl. dunkelveilgrau, die Nml sehr groß, rostroth gemischt; aus der schwarz umzogenen Zml ein schwarzer Längs-strich bis zum h. Ostreif. 41—44. — R. auf Erlen und Birken.

B. Hleib ohne Rückenbüsche.

Ornithopus *Hfn.* (Rhizolitha *F.*). Bfl. weißgrau, in der großen Nml rostfarbig gemischt, mit schwarzem, ästigem Strich aus der Wurzel und kleiner, schwarz umzogener Zml. 38. — R. auf Eichen; häufig.

79. Calocampa Stph.

Wie Xylina, aber der Bschopf des Rückens flach; Halskragen mit scharfem Längskiel; P. dicht am Kopf anliegend, bis ans Ende dicht filzig behaart. Große Arten. — Rn schön gefärbt; an saftigen Kräutern; Zeit und Sitten wie bei Xylina.

Exoleta *L.* Bfl. holzgelb, am Brande braun schattirt, die breitere Innen-randshälfte bläulichgrau; Rg- und Nml fast gleichgroß, nierenförmig, doppelt dunkel umzogen. Rücken schwarzbraun, Kopf und untere Hälfte des Halskragens holzgelb. 60. — R. erwachsen dick, grün, mit rothem, weiß eingefaßtem Seiten-streif und gelber Subdorsallinie; Seiten- und Rückenwärzchen weiß, dick schwarz eingefaßt. An Melde, Bohnen, Disteln u. v. a. Pfl.

Vetusta *H.* Der Exoleta ähnlich. Bfl. holzgelb, am Innenrande breit dunkelbraun schattirt, ohne Rgml. 58. — R. grün, mit weißem Seitenstreif. An weichen Gräsern, Iris pseudacorus u. a. wasserliebenden Gewächsen.

80. Egira Dup.

Wie Calocampa, aber die P. grob abstehend behaart, der Halskragen ge-wölbt, hinten gerundet. Nur eine Art:

Solidaginis *H.* Rücken und Bfl. aschgrau, letztere bräunlich schattirt; die Ostreifen scharf gezackt, die Rgml sehr klein, rund, die Nml groß, beide

weißlich ausgefüllt, dunkel gekernt; am scharfen Wzeichen der Wfl. schwarze Pfeil=
striche. 41—44. — R. auf Heidel= und Preiselbeeren. Zerstreut.

81. **Xylomiges** Gn.

Durch die stark behaarten Augen von den übrigen Xyliniden abweichend.
Rücken vorn und das erste Hleibssegment mit einem Schöpfchen; ♀ mit sehr
plumpem Hleibe. Nur eine Art:

Conspicillaris L. Vfl. weißlichgrau oder holzgelb, bräunlich schattirt,
die Qstreifen und meist auch die Makeln undeutlich; Hfl. weiß. Bei der Ab.
Melaleuca View. sind die Vfl. bis auf den Innenrand und einen Schrägstreif
im Saumfelde dunkelbraun. 35—40. März, April. — R. im Juli auf
n. Pfl.

82. **Asteroscopus** B.

Ausgezeichnet durch die verkürzten, mit einer starken schwarzen Kralle am
Ende versehenen Vschienen. F. des ♂ gekämmt; S. schwach oder verkümmert;
Thorax dicht wollig, Hleib zottig. Von spinnerartigem Ansehen. — Die Rn
sind dick, durchscheinend grün, das elfte Segment etwas erhöht; sie leben im
Mai und Juni auf Laubholz und verpuppen sich tief in der Erde.

Sphinx Hfn. (Cassinea H.). Taf. XIII. fig. 10. S. verkümmert; Vfl.
weißgrau, bräunlichgelb gemischt, mit schwarzen Längsstrichen und braunen
Wischen; Hfl. weißlich. 40—45. Oct., Nov. — R. auf Eichen, Ulmen,
Birken u. a. Bäumen.

Nubeculosa E. S. weich, aber gerollt; F. des ♂ mit sehr kurzen
Kammzähnen; Vfl. schwarzbraun, schwarz geadert; die Makeln deutlich, beide
Qstreifen weißlich, der hintere dem Saume genähert. 45—50. März, April.
— R. auf Birken. Seltener.

83. **Dasypolia** Gn.

Plump; S. kurz und schwach; P. hängend, bis ans Ende dicht behaart;
Körper rauh, wollig behaart; Rücken ohne Kamm; F. des ♂ gekerbt und filzig
gewimpert. Nur eine Art:

Templi Thbg. Vfl. lehmgelb, dicht braungrau bestäubt, mit dunklern
Qstreifen, lehmgelber Wfl. und undeutlichen Makeln. 40—45. Oct. und
(überwintert) im März. — R. im untern Theil des Stengels von Heracleum
sphondylium. Alpen, Riesengebirge; sehr selten.

84. **Xylocampa** Gn.

Halskragen höher als der Rücken, kapuzenförmig; Körper grob und ab=
stehend behaart, Hleib mit starken Schöpfchen auf dem ersten und zweiten Seg=
ment; Vfl. gerundet, mit sehr breiten Fransen; F. des ♂ borstenförmig, dick,
nackt. Nur eine Art:

Areola E. (Lithorhiza Bkh.). Vfl. grau, mit etwas pfirsichblütfarbenem
Anflug, das Mittelfeld verdunkelt; die Rgml über die Medianader hinaus ver=
längert und mit der Rml zusammengeflossen. 33—35. April. — R. im
Juni und Juli an Lonicera periclymenum; Puppe in einem papierartigen Ge=
häuse an der Erde. Westdeutschland.

85. **Lithocampa** Gn.

Halskragen gewölbt, kapuzenförmig; Rücken und Hleib glatt behaart, letzterer mit Haarschöpfen; F. des ♂ gekämmt; Fl. breit, ganzrandig. Nur eine deutsche Art:

Ramosa *E.* Vfl. violettgrau; ein von schwarzen Strahlen durchschnittener Schrägwisch aus der Spitze und die Innenrandshälfte dunkelbraun, letztere scharf abgeschnitten, im Mittelfelde bogig eingedrückt. 30—34. Mai, Juni. — R. im Juli und Aug. auf Lonicera xylosteum; Puppe in einem festen Gewebe an der Erde. Im Süden, einzeln auch in Mitteldeutschland gefunden.

8. Cleophaniden. Gen. 86—87.

Halskragen kapuzenförmig, Rücken hinten geschopft, Hleib von gewöhnlicher Länge; Augen bewimpert; Vfl. abgerundet. — Rn lang, spindelförmig; Puppe mit in eine lange, gebogene Spitze ausgezogener Saugerscheide, in einem kleinen, pergamentartigen, eiförmigen Cocon ruhend.

86. **Calophasia** Stph.

Körper plump, Kopf nicht eingezogen, Halskragen nicht sehr hoch, Thorax fein und glatt behaart, Hleib ohne Rückenschöpfe; Fl. kurz, mit ganzrandigen, gescheckten Fransen; F. des ♂ ungezähnt, kurz und dicht gewimpert. 3 d. A.

Lunula *Hfn.* (Linariae *F.*). Vfl. lichtbläulichgrau und olivenbraun gemischt, mit schwarzen Strahlen im Saumfelde; die Makeln sehr klein, Rnml und Zml schmal, weiß; die Qstreifen licht, unter der Mitte sehr genähert. 28. Mai, Juni. — R. im Juli und Aug. an Linaria; Puppe in festem Gewebe am Boden. Frühe Rn entwickeln sich oft schon im ersten Sommer.

87. **Cleophana** B.

Kopf eingezogen, Rücken haarschuppig, Hleib mit starken Schöpfen auf Segment 3 und 4; Fl. kurz, nach außen erweitert, mit strahlenförmiger Zeichnung. Nur eine d. A.:

Antirrhini *H.* F. des ♂ mit kurzen Kammzähnen; Vfl. oliven- und lichtbläulichgrau gemischt; die Makeln klein, die Rgml rund, weißlich, mit braunem Kerne; die Fransen sehr breit, scharf weiß durchschnitten, am Hwinkel vortretend. 27. Mai, Juni. — R. im Juli auf Scabiosa ochroleuca. Bei Wien und in Böhmen.

9. Cuculliden. Gen. 88.

Halskragen hoch, kapuzenförmig; Rücken fein wollig, glattgestrichen, Hleib lang; Vfl. schmal und lang, lanzettförmig. Augen bewimpert; S. sehr lang; F. borstenförmig, beim ♂ kaum sichtbar gewimpert. — Die Rn sind meist lebhaft gefärbt, gefleckt oder gestreift, leben auf höhern Pflanzen, auch bei Tage frei, fressen besonders deren Blüten und Früchte, verwandeln sich in dicken, eirunden Tönnchen in der Erde in überwinternde rothgelbe Puppen, mit kolbig verlängerter Saugerscheide und flacher, abgerundeter Schwanzspitze. Nur eine Gattung mit 22 d. A.

88. **Cucullia** Schrank.

A. Vfl. gezähnt, holzfarbig, am V.- und Innenrande verdunkelt, ohne deutliche Makeln und Ostreifen; vom h. Ostreif nur das Ende in Form
von zwei lichten Mönchchen vor dem Hwinkel sichtbar.

Verbasci *L.* Vfl. tief und scharf gezähnt, bräunlichholzgelb, am V-
und Innenrande breit rostbraun; Hfl. beim ♂ weißlich, vor dem Saume breit
braungrau beschattet; beim ♀ braungrau, an der Wurzel weißlich. 45—49.
April, Mai. — R. im Juni und bis Mitte Juli auf Verbascum Schradori und
thapsiforme; dick, bläulich-, grünlich- oder gelblichweiß, mit einem aus vier
Flecken gebildeten hochgelben Gürtel auf jedem Segment, in welchem auf dem
Rücken zwei runde und hinter denselben zwei kommaähnliche schwarze Flecken,
daneben in den Seiten noch zwei rundliche Fleckchen und einige unregelmäßige
Striche und Punkte stehen; Kopf gelb, schwarz punktirt, mit feinem schwarzem
Winkelzeichen.

Scrophulariae *F.* Der Verbasci sehr ähnlich; Vfl. etwas weniger tief
gezähnt, lichter, der braune Brand veilgrau gemischt; die Hfl. des ♂ weiß mit
schwärzlichgrauer Saumbinde, die des ♀ fast ganz schwarzgrau. 44—47. Juni,
Juli. — R. vom Juli bis Anfang Sept. auf Scrophularia nodosa, ebenfalls
der von Verbasci ähnlich, aber die kommaähnlichen Oflecke länger, fast zusammenstoßend, neben den Seitenflecken weiter keine schwarzen Striche.

Lychnitis *Ramb.* Der Scrophulariae sehr nahe; Grundfarbe der Vfl.
etwas ins Graue ziehend, der Brand braungrau; Hfl. des ♀ weißlich, gegen
den Saum breit braungrau; die Fl. schmaler. Juni, Juli. — R. von Mitte
Juli bis Sept. an den Blüten und Früchten von Verbascum lychnitis, phlo-
moides und nigrum, der von Scrophulariae sehr ähnlich, blaßgrünlichgelb, mit
einem bogenförmigen Ofleck hinter den mittlern schwarzen Rückenflecken, der
dadurch entsteht, daß die Kommastriche unter sich und mit den Seitenpunkten
fast oder völlig zusammenfließen. Zuweilen fehlen die schwarzen Zeichnungen
bis auf Spuren. Nicht überall.

Thapsiphaga *Tr.* Den vorigen ähnlich; Vfl. weißlichgelbgrau, der
Brand lichteisengrau, der Umfang der Rg- und Nml durch schwarze Pünktchen
bezeichnet. Juli. — R. im Aug. und Sept. auf Verbascum Schraderi und
thapsiforme. Nicht überall.

B. Vfl. ganzrandig, grau, ohne deutliche Makeln, die Ostreifen splitterig
gezackt, meist undeutlich; aus der Wurzel in der Regel ein schwarzer
Längsstrich.

Umbratica *L.* Hwinkel aller Fl. scharf, an den Hfln stark vorspringend;
Vfl. hellaschgrau, beim ♀ dunkler, mit holzgelbem Wisch an der Stelle der
Makeln, die nur durch schwärzliche Punkte (das untere Ende der Nml durch
einen schwarzen Bogenstrich) angedeutet sind; Hfl. des ♂ weiß, des ♀ braungrau, gegen die Wurzel weißlich. 50—54. Mai bis Juli, an Stämmen,
Planken u. dgl. bei Tage unbeweglich still sitzend. — R. von Juli bis Sept.
auf Leontodon, Crepis und ähnlichen Compositen; graugelb, dünn schwarz überzogen, mit den Spuren von vier rothgelben Rückenstreifen und drei rothgelben
Striemen auf dem letzten Segment; Kopf mattschwarz, die Sohlen der Bauchfüße weiß. Gemein.

Lactucae *WV.* Der Umbratica ähnlich, aber die Fl. breiter, die Vwinkel stumpf; Vfl. bläulichgrau, ohne gelben Wisch und ohne Punkte und Strich an der Stelle der Makeln; Hfl. braungrau, an der Wurzelhälfte weißlich, beim ♀ dunkler. 47—50. Juni. — R. im Juli und Aug. an Lactuca muralis und Sonchus, Blüten und Früchte fressend; bläulichweiß, über den Rücken mit einer Reihe zusammenhängender orangegelber, daneben mit einer Reihe sehr großer tiefschwarzer Flecke und einem blassern Orangefleck um jedes Luftloch. Nicht überall.

Lucifuga *WV.* Der Lactucae ähnlich, aber die Vfl. spitz, bräunlich gemischt, mit einem schwarzen Längsstrich in Z. 4 des Saumfeldes. — R. auf Lactuca, Sonchus und ähnlichen Pfl.; erwachsen schwarz, mit drei Längsreihen orangegelber Flecken. Nicht überall.

Tanaceti *WV.* Vfl. weißgrau, mit einem tiefschwarzen, schwach gebogenen Längsstrich aus der Flmitte gegen den Saum; Hfl. weiß, mit graubrauner Saumbinde. 44—48. — R. auf Beifuß, Schafgarbe und Kamillen. Nicht überall.

Chamomillae *WV.* Vfl. lichter oder dunkler gelblich- oder bräunlichgrau, die Adern im Saumfelde schwarz und bis in die Mitte der seicht gezähnten Fransen vortretend. 43—47. Mai. — R. auf Kamillen, Anthemis und Chrysanthemum inodorum.

C. Vfl. ganzrandig, mit kenntlicher, lichter Rg- und Nml.

Asteris *WV.* Vfl. langgestreckt, violettgrau, am V- und Innenrande dunkelrothbraun; Rg- und Nml licht, unvollständig dunkel umzogen; vor dem dunkeln, schwarz durchschnittenen Hwinkel ein lichtes Möndchen. 45—50. — R. Ende Juni bis Sept. an den Blüten von Solidago virgaurea und der Astern.

Artemisiae *Hfn.* (Abrotani *F.*). Vfl. aschgrau, weißlich und gelbbraun gemischt; beide Cstreifen dunkel, deutlich, der vordere zackig, der hintere gezähnt; die Makeln weißlich, dunkel gekernt. 38—41. — R. im Aug. und Sept. an den Blüten von Artemisia campestris. Im Süden und besonders im Nordosten häufig.

Absinthii *L.* Vfl. hellaschgrau, braun gemischt; die Makeln licht, die Rgml innen mit zwei dickschwarzen Punkten, die Nml im Umfange schwarz punktirt; der v. Cstreif beiderseits dick schwarzbraun gerandet, der hintere undeutlich. 42. — R. im Aug. und Sept. an den Blüten von Artemisia vulgaris und absinthium.

D. Vfl. ganzrandig, silberfleckig.

Argentea *Hfn.* (Artemisiae *WV.*). Taf. XIII. fig. 11. Vfl. grün, mit großen silbernen Flecken und Streifen. 37—40. — R. vom Aug. bis Oct. an den Blüten von Artemisia campestris. Im nordöstlichen Tieflande nicht selten, im Süden und Westen nur hier und da.

10. Calpiden. Gen. 89.

Ebenfalls nur eine Gattung:

89. Calpe Tr.

Sehr ausgezeichnet durch die langen, breiten, zusammengedrückten, am Ende breit abgestutzten P., die scharf gespitzten Vfl., mit geschwungenem Saum,

10*

einem spitzen Fransenzahn am Hwinkel und einem großen lappigen Vorsprunge am Innenrande; F. bei ♂ und ♀ gekämmt; Augen bewimpert. Nur eine Art:

Thalictri *Bkh.* (Capucina *E.*). Vfl. grauroth, mit olivenbraunen Schräg=schatten und einem scharfen, fein rostrothen, licht angelegten Schrägstreif aus der Spitze. 43—46. — R. im Mai und Juni an Thalictrum flavum und andern Thalictrum-Arten; in Krain und Südtirol, früher auch in Niedersachsen.

11. Plusiiden. Gen. 90—92.

Rückenbekleidung nach hinten sattelförmig zu einem hohen, hinten erwei=terten und steil abgestutzten Schopfe aufsteigend; Hleib mit Rückenschöpfchen; F. des ♂ sehr kurz bewimpert.

90. Telesilla HS.

Thorax mit getheiltem Bschopf; P. kurz, mit linearem, etwas geneigtem Endgliede; F. kurz; Vfl. breit, ganzrandig, mit abgerundeter Spitze. Nur eine d. A.:

Amethystina *H.* Vfl. olivenbraun, mit saumwärts verwaschener, licht bläulichrother Qbinde hinter der Mitte, solchen Qstreifen und Makeln; zwischen den Makeln ist der Grund verdunkelt und unter denselben steht ein rother, keil=förmiger Längsfleck. 31. Juni. — R. im Juli, Aug. und Sept. an den Blüten und Samen von Silaus pratensis, Peucedanum u. a. Schirmpflanzen. In wenigen Gegenden.

91. Abrostola O.

Rückenschopf ungemein hoch und stark; Vfl. ohne Metallzeichnung, matt, mit aufgeworfenen Schuppen an den schwarz umzogenen Makeln und Qstreifen. Sonst wie Plusia. — Die R. sechzehnfüßig.

Triplasia *L.* Taf. XIII. fig. 12. Vfl. schwärzlichgrau, das Wurzelfeld und die gewässerte Binde am Innenrande holzgelb, bräunlich gemischt; die beiden Qstreifen tiefschwarz, rostroth begrenzt, sehr weit aus einander gerückt; Rg= und Nml matt, schräg unter der Rgml noch eine dritte, ähnliche, mit jener zuweilen zusammenschließende Makel; an der Wll. vor der Flspitze zwei oder drei schwarze Pfeilstriche. 33—36. Mai bis Herbst. — R. vom Juli bis Oct. auf Nesseln (Urtica dioica); schmutziggrün, oft fleischfarbig gemischt; das vierte und fünfte Segment mit dunklem, vorn durch eine schwefelgelbe Winkelzeichnung begrenztem Fleck; Seitenlinie und Schrägstriche über die neun hintern Segmente hell. Gemein.

Asclepiadis *WV.* Der Triplasia sehr ähnlich, aber die Qstreifen mehr genähert, die Makeln deutlicher, die Adern im Saumfelde fein schwarz. — R. im Juli und Aug. auf Cynanchum vincetoxicum. Zerstreut, mehr im Süden.

Tripartita *Rott.* (Urticae *H.*). Den vorigen ähnlich, aber die Be=stäubung im Wurzel= und Saumfelde grünlichweiß; in der Flspitze ein tief=schwarzer, von der weißlichen Wll. getheilter Schrägfleck. 32—34. — R. grün, mit weißen Zeichnungen; Nahrung und Zeit wie bei Triplasia.

92. Plusia O.

Durch die fast immer mit lebhaft metallglänzenden Flecken oder Streifen geschmückten Vfl. ausgezeichnet. Augen bewimpert; Rücken ohne Bschopf; S.

sehr lang, F. lang; Vfl. scharf gespitzt, am Hwinkel meist eckig vortretend; Hfl. grau, nur bei einigen alpinen Arten gelb mit schwarzer Saumbinde. — Die Rn sind zwölffüßige Halbspanner, meist grün, mit feinen, kurze Härchen tragenden Wärzchen besetzt, nach hinten verdickt. Sie verwandeln sich in seidenartigen Geweben zwischen Blättern u. dgl. in dünnschalige, schlanke Puppen mit etwas verlängerter Sscheide. Die Falter fliegen zum Theil auch bei Tage. 22 d. A.

Moneta *F.* Ausgezeichnet durch die ungemein großen P., deren säbel= förmiges Endglied dem Mittelgliede an Länge gleich ist. Vfl. bleichgolden, mit feinen dunklen Ostreifen, dick rostbraunem Mittelschatten und einem nierenförmigen, silbernen, blaßgolden gekernten Mittelfleck. 38. Juni bis Aug. — R. im Mai und Juni an Aconitum-Arten, auch in Gärten. Nicht überall.

Chrysitis *L.* Kopf, Halskragen und Rückenschopf orangegelb; Vfl. mit scharfer Spitze und geschwungenem Saume, glänzend messingfarbig, die Wurzel und das (zuweilen unterbrochene) Mittelfeld veilbraun. 33—36. Juni bis Herbst. — R. im April und Mai (überwintert) und im Juli und Aug. auf Nesseln, Kletten u. a. Pfl. Häufig.

Festucae *L.* Vfl. rostbraun, mit goldenen, rostroth staubigen Wischen; in der Mitte mit zwei großen Silberflecken neben einander und einem silbernen Längsfleck unter dem goldenen Schrägwisch der Flspitze. 33—36. — R. auf Carex-Arten, Wassergräsern u. a. Sumpfpflanzen; Zeit wie bei Chrysitis. Nicht überall.

Gamma *L.*, Taf. XIII. fig. 13a. b., die Gamma=Eule. Einer der ge= meinsten Schmetterlinge. Vfl. glänzend veilgrau, braun und rostfarbig gemischt, mit gewelltem Saume und einer γ ähnlichen Silberzeichnung in der Mitte; Hfl. gelblichgrau, mit breiter, schwarzgrauer Saumbinde. 38—40. — R. grün oder bräunlichgrün, mit feinen weißen oder gelblichen, zum Theil doppelten Linien über den Rücken und schmalem gelbem Seitenstreif; der Kopf an den Seiten schwarz. Sie lebt im April und Mai und vom Juli bis Sept. auf Klee, Hauhechel, Disteln u. a. n. Pfl. Falter vom Juli bis Oct. und (überwintert) im Mai und Juni, allenthalben häufig, auch bei Tage fliegend.

Jota *L.* In Gestalt und Zeichnung der Gamma ähnlich. Vfl. bläulich= rosenroth, braun schattirt, mit goldglänzenden Stellen im Saumfelde und einem orangegelben Wisch im Discus am h. Ostreif; in der Mitte, an der Median= ader, ein kleines silbernes, unten stumpfes *V* und ein längliches Silberfleckchen schräg darunter; beide zuweilen sehr klein, selten zu einem γ verbunden. 41. Juni, Juli. — Die R. vom Herbst bis Mai auf Lamium, Nesseln u. a. Pfl. Nicht häufig.

Pulchrina *Haw.* (V aureum *Gn.*). Der Jota sehr ähnlich; etwas kleiner und breitflügeliger; die Vfl. bunter, lebhaft metallglänzend (bei Jota matt); die Wll. deutlicher, dunkelbraun, scharf gezackt; die Ostreifen schärfer, meist silbern; die Fransen dunkel gefleckt. 38. Ende Mai bis Juli. — R. vom Sept. bis Mai auf Heidelbeeren.

12. Heliothiden. Gen. 93—99.

Meist angenehm gefärbte, mittelgroße oder kleine Arten, mit gewöhnlich hellfarbigen, dunkel gebänderten Hfln oder lebhaft gefärbter Unterseite. Rücken vorn mit schneidigem Längsschöpfchen oder unbeschopft; Hleib nur bei Aedia mit Rückenschöpfchen; Augen nackt, nur bei Anarta behaart.

93. Aedia H.

Hleib mit Schöpfen, einem hohen auf dem dritten Segment; Bfl. breit, gerundet, mit sehr breiten, gewellten, am Hwinkel vortretenden Franzen; nahe der Wurzel, am Innenrande, ein Schuppenzähnchen. Nur eine Art:

Leucomelas *L.* (Funesta *E.*) Bfl. schwarzbraun, mit großem, rostgelb= lichem Brandsfleck; Hfl. schwarz, mit großem weißem Fleck an der Wurzel und weißen, in der Mitte und am Innenwinkel schwarzen Franzen. 30. Juni, Juli. — R. im Juli und Aug. an Convolvulus sepium. In Süd= und Mitteldeutschland, zerstreut.

94. Anarta Tr.

Kleine, borstig oder zottig behaarte, plumpe Arten, mit kurzen, stumpfen Fln und kleinen, behaarten Augen; die Hfl. in der Regel gelb oder weiß, mit schwarzer Saumbinde. Flug bei Tage. 5 d. A.

Myrtilli *L.* Bfl. porphyrroth, mit weißlichen Ostreifen und solcher, zackiger Wll.; in der Mitte ein dreieckiger, zuweilen bindenförmig ausgedehnter, weißer Fleck; Hfl. gelb, mit breiter, schwarzer Saumbinde und kleinem, schwarzem, in den schwärzlichen Brand verfließendem Mittelmonde. 22—24. Mai, Juni und Aug. — R. vom Juni bis Oct. auf Heidekraut (Calluna vulgaris).

Cordigera *F.* Bfl. schwärzlich, mit großer, weißer Nml; Hfl. gelb, mit schwarzer Saumbinde. 23—25. Mai, Juni. — R. im Aug. auf Vaccinium uliginosum. Hier und da auf Torfmooren, besonders im Gebirge.

95. Heliaca HS.

Kleine, zünslerartige Falter, mit kurzen, hängenden, grob behaarten Pn, fadenförmigen Fn, breiten, dreieckigen Bfln und ziemlich schmächtigem Körper. Nur eine Art:

Tenebrata *Scop.* (Heliaca *Bkh.*). Bfl. rostbraun und grau gemischt, mit dunklem, gezacktem Mittelschatten; Hfl. schwarz, mit gelber Binde durch die Mitte. 17. Mai, Juni; bei Tage an Rainen und auf Wiesen fliegend. — Die R. an Cerastium.

96. Omia Gn.

Klein und plump; P., Kopf und Thorax zottig behaart, Stirn mit nabel= förmigem Zapfen, Augen klein und schmal. Nur eine d. A.:

Cymbalariae *H.* Bfl. olivenbraun, grau gemischt, mit breiten, scharf weiß durchschnittenen Franzen; Hfl. schwarz. Auf den westlichen Alpen.

97. Heliothis Tr.

Stirn meist beulenförmig; Mittel= und Hschienen mit Dornborsten besetzt, Bschienen mit einer oder zwei Krallen am Ende. Flug bei Tage. — Die Rn nähren sich besonders von Blüten und Samen. 7 d. A.

Dipsaceus *L.* Bfl. bleicholivengrün, mit braunen Qbinden; Hfl. wellen= zähnig, weiß, mit sehr großem schwarzem Mittelmonde und schwarzer, in der

Mitte weiß geflecter Saumbinde. 32. Mai, Juni und Aug. — R. im Juli und Sept. an Cichorien, Rittersporn, Ononis u. a. Pfl.

Scutosus *WV.* Weißlich, olivenbraun schattirt; die sehr große Nml und die zusammenhängende Rg= und Zml braun, scharfschwarz eingefaßt; Hfl. mit großem schwärzlichem Mittelmonde und solcher, weiß geflecter Saumbinde. 33. Juni, Juli. — R. im Aug. und Sept. auf Artemisia campestris. Nicht überall.

98. Chariclea Stph.

Wie Heliothis, aber plumper gebaut, die Schienen ohne Dornborsten, am Ende der Vschienen zwei Krallen, die innere sehr stark und lang; Endglied der P. klein, versteckt. Nur eine d. A.:

Delphinii *L.* Vfl. rosenroth, mit lichterem Saumstreif; das Wurzelfeld verdunkelt, der v. Ostreif bogig gezact, der hintere stark geschwungen; die Nml dunkel, groß, schräg gegen den Brand gerückt. 30. Mai, Juni. — R. im Juli und Aug. an den Blüten und Früchten von Delphinium consolida; Puppe tief in der Erde. Nicht überall und meist selten.

99. Pyrrhia H.

Der Gattung Heliothis ähnlich, die Schienen aber ohne Dornborsten und Krallen; Rücken anliegend wollig behaart, mit schwachem Längskamm; Stirn flach gewölbt; Pfl. mit scharfer Spitze. Flug bei Tage. Nur eine d. A.:

Umbra *Hfn.* (Marginata *F.*). Vfl. rostgelb, fein rostroth bestäubt; das Saumfeld veilgrau; der Umfang der Rg= und Nml, die beiden einfachen Ostreifen und der linienförmige Mittelschatten fein rostbraun; Hfl. blaßgelb, der Mittelmond und die breite Saumbinde schwärzlich. 33. Juni, Juli. — R. besonders an Ononis spinosa und repens, im Juli und Aug.

13. Acontiden. Gen. 100.

Nur eine Gattung:

100. Acontia O.

Kleinere, ziemlich schlank gebaute, lebhaft gezeichnete, bei Tage fliegende Arten, mit kurzen, breiten, gerundeten Fln; ausgezeichnet durch die aus breiten, glatt anliegenden Schuppen bestehende Bekleidung des breiten Rückens; Brust, P. und Beine ebenfalls anliegend beschuppt.

Lucida *Hfn.* (Solaris *E.*). Körper weißlich; Vfl. schwärzlicholivengrau, mit weißem, meist bleigrau gewässertem Wurzelfelde und großem, weißem, vier-eckigem Brandsflec; Hfl. weiß, mit breiter, schwarzer Saumbinde und mehr oder minder (zuweilen gar nicht) geschwärzter Wurzel. 27. Mai, Aug. — R. zwölffüßig, im Juni und Sept. an Ackerwinden u. a. Pfl. Im Süden und Osten, zerstreut.

Luctuosa *E.* Thorax und Vfl. schwarzbraun, letztere mit großem, röth-lichweißem Brandsflec; Hfl. schwarz, mit breiter, weißer Mittelbinde und weißen, in der Mitte des Saums schwarzen Fransen. 22—25. Mai, Juli und Aug. — R. auf Ackerwinden; sechzehnfüßig.

14. Noctuophalaeniden. Gen. 101—106.

Kleine, meist schmächtig gebaute Arten, mit breiten, dreieckigen oder wicklerförmigen Vfln, meist zeichnungslosen Hfln und breiten Fransen. Stirn flach, nur bei Agrophila beulenförmig; Rücken anliegend beschuppt. Sie fliegen auch bei Tage, freiwillig oder leicht aufgescheucht.

101. Thalpochares Led.

Ausgezeichnet durch den Mangel der Anhangszelle auf den Vfln, der Mittelast der Hfl. so stark wie die übrigen Aeste. Augen klein, kugelig; P. und Beine anliegend beschuppt; Vfl. dreieckig. — Rn zwölffüßig, kurz und träge. Die Arten gehören fast alle dem südlichen Europa an, nur eine geht bis ins nördliche Deutschland. 9 d. A.

Paula *H.* Körper weißlich, Vfl. olivengrau, das schräg abgeschnittene Wurzelfeld und der h. Ostreif weiß, letzterer mit einer kurzen, scharfen Ecke in der Mitte, gegen den Innenrand verbreitert. 15—16. Juni bis Aug. — R. im Mai und Juni in den zusammengesponnenen Trieben von Gnaphalium arenarium. Zerstreut, am häufigsten im nordöstlichen Tieflande.

102. Erastria O.

Der vorigen Gattung ähnlich, aber mit Anhangszelle der Vfl. und schwächerem Mittelast der Hfl. Einige Arten haben einen Hinterschopf auf dem Rückenschilde und Hleibsschöpfchen. — Die Rn sind schlanke Halbspanner mit verkürzten Bauchfüßen am siebenten und ganz fehlenden des sechsten Segments; sie leben meist an Gräsern und Carex-Arten und verpuppen sich in leichten Geweben zwischen Blättern u. dgl. im Sommer oder Herbst. 7 d. A.

A. Hleib mit Rückenschöpfen.

Pygarga *Hfn.* (Fuscula *Bkh.*). Vfl. dunkelbraun, mit der gewöhnlichen, vollständigen Zeichnung; die untere Hälfte der gewässerten Binde weiß, vor der weißen Wll. grau schattirt. 21—23. Mai, Juni. — R. auf Gras.

Deceptoria *Scop.* (Atratula *Bkh.*). Vfl. weiß; das zackig begrenzte, rauhschuppige Mittelfeld und das Saumfeld hinter der weißen Wll. röthlich-schwarz; Hfl. grau, mit gezähntem, weißlichem Bogenstreif. 21—23. Mai, Juni. — R. im Herbst auf Gras.

B. Hleib ohne Rückenschöpfe.

Uncana *L.* (Uncula *Clerck*). Vfl. braun, mit breit braungelbem, scharf begrenztem Brandsstreif, in welchen die weißumzogene, schräge Rnml verfließt; im Saumfelde ein wurzelwärts scharf weiß begrenzter Ostreif. 21—22. Mai, Juni, auf moorigen Wiesen. R. auf Carex-Arten.

Argentula *H.* (Bankiana *F.*). Vfl. olivenbraun, mit zwei scharf begrenzten, schräg nach außen ziehenden silberweißen Ostreifen. 20—22. Mai, auf Moorwiesen. — R. auf Carex. Zerstreut.

103. Phothedes Led.

Nur eine Art, vom Ansehen einer kleinen Hadena (Latruncula u. s. w.). P. abstehend beschuppt, mit verstecktem Endgliede; Brust und Beine schwach behaart, Hleib mit kleinen Rückenschöpfen; ♀ kleiner und schmalflügeliger.

Captiuncula *Tr.* Vfl. gelbbräunlich, das schmale Mittelfeld und das

Saumfeld hinter der Wll. dunkelbraun, Rg= und Rml gelblich; Hfl. schwarz-grau. 16. Juli. Alpen, selten.

104. Prothymia H.

F. dünn, beim ♂ stark gewimpert, ihre Glieder viel länger als breit; P. lang, sichelförmig gebogen, mit spitzem Endgliede; Fl. gleich gefärbt, die Vfl. spitz, mit etwas geschwungenem Saume. Flug bei Tage. Nur eine d. A.:

Viridaria *Clerck* (Aenea *H.*). Olivengrün; Vfl. mit purpurrothem Mittelstreif, Brande und Saume; zuweilen ist die ganze Saumhälfte purpur-roth. Geflogene Exemplare werden braungrau. 16—19. Mai, Juli. Fast überall häufig.

105. Mesotrosta Led.

P. stark, dick beschuppt, stumpf; F. des ♂ dünn, lang gewimpert; Fl. stumpf, ganzrandig; ♀ kleiner und schmalflügeliger. Nur eine Art:

Signalis *Tr.* Vfl. rostbraun, ins Graue, mit sehr kleiner, orangegelber Rg= und schneeweißer Rml. 19. Mai; bei Wien.

106. Agrophila B.

Ausgezeichnet durch die blasig aufgetriebene Stirn; Körper, Beine und P. anliegend beschuppt, letztere mit deutlich vorstehendem Endgliede. Flug bei Tage. Nur eine Art:

Sulphuralis *L.* (Trabealis *Scop.*). Vfl. schwefelgelb, mit zwei breiten, schwarzen Längsstreifen aus der Wurzel, zwei schwarzen Ostreifen im Saumfelde und fünf schwarzen Flecken. 20—22. Mai bis Aug. — R. auf Ackerwinden, zwölffüßig; Puppe in einem Gewebe zwischen Abfällen u. dgl.

15. Ophiusiden. Gen. 107—115.

Kräftig, aber nicht plump gebaute, größere oder sehr große Noctuinen, meist mit lebhaften Farben und scharfen Zeichnungen, glatt gestrichener Be-haarung des Rückens und breiten, ganzrandigen oder gewellten Fransen; Schienen oft bedornt.

107. Euclidia O.

Mittel= und Hschienen bedornt; P. kurz, aufgebogen; F. des ♂ stark ge-wimpert, schwach eingeschnitten; Vfl. eigenthümlich bandirt, Hfl. weiß oder gelb, mit schwärzlichen Zickzackbinden. Flug bei Tage. — Die Rn sind schlanke, vierzehnfüßige Halbspanner, leben an Kleearten und verpuppen sich in einem Gewebe zwischen Blättern oder Abfällen.

Mi *L.* Taf. XIV. fig. 1. Vfl. weißgrau und schwarzbraun scheckig; das Mittelfeld nimmt größtentheils ein großer, schwärzlicher, weiß eingefaßter, gegen den Innenrand in zwei stumpfe Arme vorspringender Fleck ein, in welchem die schwarze Rg= und Rml stehen; Hfl. weiß oder hellgelb, mit W-förmig gezackter, schwarzer Mittelbinde und tiefschwarzer, breiter, weißgefleckter Saumbinde. 28—29. Mai, Juni. Gemein.

Glyphica *L.* Vfl. graubraun, mit zwei kastanienbraunen Obinden und solchem Fleck vor der Flspitze; Hfl. okergelb, schwarz geadert, mit zwei schwärzlichen Obinden und größtentheils schwärzlichem Wurzelfelde. 27—29. Mai, Juni und wieder im Juli und Aug. Gemein. — **Triquetra** *F.* Bei Wien und in Südtirol.

108. **Grammodes** Gn.

Nur die Mittelschienen bedornt; P., Rücken und Hleib anliegend beschuppt, ohne Schöpfe; Schenkel und Schienen rauh behaart, Brust wollig; Spitze der Vfl. scharf. Nur eine d. A.:

Algira *L.* Vfl. dunkelbraun, mit einem in der Mitte verengten, scharf begrenzten, licht violettgrauen Mittelbande und lichterem Saumfelde, welches wurzelwärts von dem bogig gezackten, weißlichen h. Qstreif begrenzt wird. 34—37. — R. auf Punica granatum. Südtirol.

109. **Pseudophia** Gn.

Mittel= und Hschienen bedornt. Kräftig gebaute Arten, mit dicht behaartem Thorax, schopflosem Hinterleibe, wellenrandigen Fln und ziemlich langem, linearem Endgliede der P. — Die Rn sind schlank, sechzehnfüßig, das erste Paar der Bauchfüße verkürzt; Puppe in leichtem Gewebe zwischen Blättern u. dgl.

Lunaris *WV.* Vfl. gelblich= oder grünlichgrau, rostbraun schattirt; beide Qstreifen scharf bleichgelb, ungezähnt, die Wll. gezackt; die Nml klein, schwarzbraun, statt der Rgml ein schwarzer Punkt; vor den Franzen eine Reihe schwarzer Punkte. 50—55. Mai. — R. im Juli und Aug. auf jungen Eichen und Eichengebüsch, an den Stämmen ruhend. Im Süden überall, im Norden zerstreut.

110. **Catephia** O.

Schienen unbewehrt; Hleib mit Rückenschöpfen; P. steil aufsteigend, mit langem, linearem Endgliede; F. des ♂ langpinselig gewimpert; Fl. tief gewellt. Die R. schlank, sechzehnfüßig, aber die beiden vordern Paare der Bauchfüße verkürzt; Puppe in festem, mit abgenagten Holztheilchen verwebtem Gehäuse. Nur eine Art:

Alchymista *WV.* Taf. XIV. fig. 2. Vfl. rußschwarz, mit feinen, tiefschwarzen Zeichnungen; Wll. gelblich, gezackt, saumwärts rostbräunlich angelegt; Hfl. weiß, mit sehr breiter, schwarzer Saumbinde. 39—44. Mai, Juni. — R. aschgrau, weißlich gemischt, schwarz punktirt, mit erhabenen, glänzend citrongelben Wärzchen; auf dem vierten Segment ein paar wärzchentragende Zapfen, auf dem elften ein Höder, welcher in zwei stärkere, kegelförmige, warzentragende Spitzen ausläuft; Ende Juli bis Sept. auf Eichen. Selten.

111. **Catocala** Schrank.

Die Mittelschienen bedornt, meist auch die Hschienen. Große, breitflügelige Arten, mit gerundeten Hfln und tief gewelltem Saume; P. anliegend beschuppt, F. des ♂ stark gewimpert, Schenkel und Schienen fein wollig behaart, Hleib mit abstehender Behaarung. Die Vfl. mit beiden Qstreifen (der hintere tief gezackt), der Nml und einem ringmakelähnlichem Flecke unter derselben; die Hfl. meist roth oder gelb mit schwarzer Mittel= und breit schwarzer Saumbinde; Unterseite aller Fl. lebhaft gebändert. Die Falter ruhen an Baumstämmen, fliegen aber bei der geringsten Störung schnell und wild davon. — Die Rn sind schlank, flach, haben fransenartige, häutige Wimpern über den Füßen, einen Höcker auf dem achten und eine flachere Erhöhung auf dem elften Segment: der Bauch ist blaß, schwarz gefleckt. Die beiden vordern Paare der Bauchfüße sind verkürzt, der Gang daher spannerartig. Sie ruhen bei Tage in den Rindespalten der Bäume und verwandeln sich in einem Gewebe zwischen Blättern u. dgl. in schlanke, lebhafte, blau bereifte Puppen, aus denen sich die Falter nach drei bis sechs Wochen entwickeln. 12 d. A.

Fraxini *L.*, Taf. XIV. fig. 3, das blaue Ordensband. Die größte europäische Eule. Vfl. grau; Hfl. schwarz, mit breitem, hellblauem Mittelbande. 95—115. Aug. bis Oct. — R. von Mai bis Juli an Pappeln und Espen. Nicht häufig.

Elocata *E.* Vfl. gelblich braungrau, dicht dunkler bestäubt; die Wll. gerade herablaufend, ganz gleichmäßig stumpf gezackt; Hfl. roth, die Mittelbinde schwach gekrümmt, über der Mitte nicht verengt. 77—84. Juli bis Sept. — R. im Mai und Juni an Pappeln und Weiden. Nicht überall, mehr im Süden.

Nupta *L.*, das gemeine rothe Ordensband. Der Elocata ähnlich. Vfl. mehr aschgrau, mit schärfer hervortretender Zeichnung; der h. Ostreif tief und ungleich gezackt, die Wll. ungleich gezähnt, vor der Flspitze verlöschend: Hfl. roth, ihre Mittelbinde fast rechtwinkelig gekrümmt, vor der Mitte stark verengt. 74—79. Juli bis Sept. — R. im Mai und Juni an Pappeln und Weiden. Gemein.

Sponsa *L.* Vfl. olivenbraun, etwas gelblich gemischt; die Einfassung der Rml, der Fleck unter ihr und ein Fleck vor ihr weißlich oder gelb; Hfl. karminroth, mit W-förmig (in Z. 4 scharf rechtwinkelig) gebrochener Mittel= binde. 66—70. Juli, Aug. — R. im Mai und Juni an Eichen.

Promissa *E.* Taf. XIV. fig. 4 a. b. Vfl. weißgrau, olivenbraun und schwärz= lich gemischt, mit lichter, beiderseits dunkel begrenzter, scharf gezackter Wll.; Hfl. karminroth, mit schmaler, fast senkrecht herabsteigender, in Z. 4 schwach gebogener Mittelbinde. 55—62. Juli, Aug. — R. im Mai und Juni an Eichen.

Electa *Bkh.* Vfl. hellaschgrau, mit scharf schwarzen Ostreifen, der vordere bogig gezackt, der hintere mit zwei spitzen, weit saumwärts vorspringenden Zacken in Z. 4 und 5; Hfl. karmoisinroth, die Mittelbinde wie bei Nupta, ab= gekürzt, die Saumbinde wurzelwärts ohne tiefe, busige Eindrücke. 70—74. Aug., Sept. — R. von Mai bis Juli an Weiden und Pappeln. Im Süden und Osten, nicht überall.

Paranympha *L.*, das gelbe Ordensband. Vfl. grau, schwarzbraun und gelbbraun gemischt, mit dunklem Wurzelfelde und sehr tief und scharf ge= zacktem, tiefschwarzem h. Ostreif; Hfl. hochgelb, mit gekrümmter Mittelbinde, in Z. 1c unterbrochener Saumbinde und einem gelben Fleck am Vwinkel. 54. Juli. — R. an Zwetschenbäumen und Schlehen, im Mai und Juni. In Süd= und Mitteldeutschland, sparsam.

112. Spintherops B.

Größere Arten, mit schlankem, flachem Körper, glatt behaartem, abge= stutztem Hleibe, unbewehrten Schienen und sehr langen, dünnen Fu; Franzen sehr breit und dicht, Saum der Vfl. gewellt; Hfl. grau. — R. sechzehnfüßig, schlank, spindelförmig; Puppe in einem Gewebe zwischen Blättern und Blüten der Nahrungspflanze. 2 d. A.

Spectrum *E.* P. mit langem, linearem Endgliede; Vfl. gelblich braun= grau, die beiden Ostreifen schwarz, gezackt, die Wll. aus gelblichen Fleckchen ge= bildet; Nml gelblich umzogen, Ngml ein gelber Punkt; Hfl. graubraun. 65. Aug., Sept. — R. im Mai und Juni auf Ginster= und Spartium-Arten. Südtirol.

113. Exophila Gn.

P. so lang wie der spitze Stirnschopf, vorstehend, mit kurzem Endgliede; Beine unbewehrt, Schenkel und Schienen wollig behaart; Rücken glatt gestrichen; Fl. wellenrandig, die Vfl. kurz und breit, rechtwinkelig abgestutzt, zeichnungslos. — R. schlank, sechzehnfüßig, das erste Bauchfußpaar verkürzt; Puppe in einem Gewebe zwischen den Blättern der Nahrungspflanze. Nur eine Art:

Rectangularis *H.* Vfl. matt gelbgrau, mit lehmgelben, holzfaserigen Ostrichen und sparsamen schwarzen Atomen. 36. Juli. — R. im Mai und Juni auf Zürgelbaum (Celtis australis). Südtirol.

114. Toxocampa Gn.

Beine unbewehrt, lang und dünn; P. dick, mit kurzem Endgliede; Scheitel und Halskragen sammtartig schwarzbraun; Vfl. mit rechtwinkeliger, scharfer oder stumpfer Spitze, ohne scharfe Ostreifen; Hfl. grau. — Die Rn sind schlank, sechzehnfüßig, das erste Bauchfußpaar aber verkürzt; sie leben im Mai und Juni auf wickenartigen Pflanzen und verpuppen sich in leichten Geweben zwischen Ab= fällen. Falter im Juni und Juli, auch bei Tage leicht auffliegend. 4 d. A.

Pastinum *Tr.* Vfl. mit scharfer Spitze, veilgrau, mit matten, braunen Ostreifen; statt der Ngml ein schwarzer Punkt; die Nml schmal, schwarzbraun, neben ihrem Ende zwei schwarzbraune Punkte. 35—40. — R. auf Wicken= arten, Coronilla und Astragalus. Zerstreut.

Craccae *F.* Vfl. licht= oder gelblichgrau, im Saumfelde braun schattirt, mit drei oder vier schwarzbraunen Fleckchen am Rande und schwarzbraun ge= fleckter Nml; die Adern fein und scharf gelblichweiß. 36—39. — R. auf Astragalus glycyphyllos und Wicken. Zerstreut und sparsam.

Viciae *H.* Der Craccae sehr ähnlich, Vfl. mehr veilgrau, die Adern weniger scharf ausgezeichnet, am Rande nur ein oder zwei matte braune Flecken. 34—37. Zerstreut und selten. — R. an Vicia dumetorum und Orobus tuberosus.

115. Eccrita Led.

Wie Toxocampa, aber die Mittel= und Hschienen mit langen Dornborsten spärlich besetzt; die Vfl. schmal. Nur eine Art:

Ludicra *H.* Vfl. veilgrau, braun gesprenkelt, mit matten, braunen C.binden und großer, schwarz gefleckter Nml. 41—43. — R. vom Herbst bis in den Mai auf Wicken. Bei Wien und Brünn.

16. Deltoïden. Gen. 116—128.

Schwächlich gebaute Arten, von spanner= oder zünslerartigen Ansehen, größtentheils ausgezeichnet durch ihre stark entwickelten, comprimirten, den Kopf mindeſtens um das Doppelte überragenden P. Augen nackt, nur bei Bomo-locha bewimpert; Beine lang und dünn, unbewehrt; Vfl. dreieckig, mit ganz-randigem (nur bei Boletobia gewelltem, bei Aventia eckigem) Saume. Sie wurden früher zu den Spannern und Zünslern geſtellt, beſitzen aber die weſent-lichen Charaktere der Noctuinen.

116. Boletobia B.

F. des ♂ gekämmt, mit nackter Spitze; P. horizontal, weit vorſtehend; Fl. gerundet, gleich gefärbt, mit ſchwarzer, gezähnter Saumlinie. — R. zwölf-füßig. Nur eine Art:

Fuliginaria *L.* (Carbonaria *E.*). Rußſchwarz, mit ſchwarzen, gelb an-gelegten Qſtreifen (der hintere ſcharf gezähnt) und gelber, oft in Fleckchen auf-gelöſter Wll. 22—27. Juli, Aug. — R. ſchwarz, mit hochgelben Wärzchen: im Mai und Juni an alten Pfählen, Bretterzäunen u. ſ. w., deren grünen Flechtenanflug ſie, mit Einſchluß der obern Holzſchicht, abnagt; auch an Holz-ſchwämmen (Boletus); Puppe in einem an Fäden aufgehängten Gewebe.

117. Aventia Dup.

F. des ♂ kurz gewimpert; P. aufſteigend, mit breit dreieckigem Mittel-und kurzem Endgliede; Vfl. mit ſichelförmiger Spitze und vortretender Ecke in der Mitte des Saums. — R. zwölffüßig. Nur eine Art:

Flexula *WV.* Kopf und Halskragen roſtfarbig; Rücken und Vfl. licht bläulichgrau, dunkel beſtäubt, mit zwei ſcharfen, gelben, dunkel angelegten Qſtreifen und zwei ſchwarzen Punkten auf der Qader; das Saumfeld roſtroth gemiſcht, in der Spitze bläulich. 25—31. Juni, Juli. — R. vom Herbſt bis Mai an den Flechten der Fichte; P. in feinem Gewebe.

118. Helia Gn.

P. ſichelförmig aufgebogen, ſo lang wie der Thorax, mit langem, ſpitzem Endgliede; F. des ♂ mit ſehr kurzen Kammzähnen; Spitze der Vfl. abgerundet. — R. vierzehnfüßig. Nur eine Art:

Calvaria *F.* (Calvarialis *H.*). Vfl. grauſchwarz, weiß beſtäubt; die beiden weiß angelegten Qſtreifen und die Wll. weiß, zackig; die Rg- und Nml hochgelb, erſtere punktförmig, letztere groß, gekrümmt, mit zwei ſchwarzen Punkten. 30—32. Juli, Aug. — R. im Mai und Juni an Ampfer. Sehr zerſtreut und ſparſam.

119. Aethia H. (Sophronia Gn.).

P. ſchräg aufſteigend, mit langem, geradem, nicht gebartetem Endgliede; Vbeine ohne Haarpinſel; Vfl. mit ſcharf rechtwinkeliger, nicht vorgezogener Spitze; Fl. gleich gefärbt. Nur eine Art:

Emortualis *WV.* Bleich olivengrau; zwei gerade Qſtreifen der Vfl., einer der Hfl. und ein Mittelmond der Vfl. blaßgelb. 24. Juni, Juli. — R. im Herbſt an Eichen, vierzehnfüßig; P. zwiſchen Blättern eingeſponnen. Sparſam.

120. Simplicia Gn.

P. ſichelförmig aufgebogen, kürzer als der Thorax, mit langem Endgliede; Vbeine ohne Haarpinsel; Vfl. mit scharfer Spitze, ohne Anhangszelle. Nur eine Art:

Rectalis *Ev.* Vfl. reh= oder staubfarben, mit zwei dunklen, gebogenen Qlinien, einem dunklen Mittelstrich und ganz gerader, scharf weißgelber Wll. 28—30. Juli, Aug. Am Mittelrhein und bei Wien, selten.

121. **Zanclognatha** Led.

P. so lang wie Kopf und Thorax, sichelförmig zurückgebogen, mit langem, auf der Rückseite gebartetem Endgliede; Vfl. breit dreieckig; ♂ mit pinselartigen Haarbüschen an Schienen und Schenkeln der Vbeine. — Rn sechzehnfüßig, sehr kurzbeinig, träge und langsam; P. in feinem Gewebe über der Erde. 5 d. A.

Grisealis *H.* (Nemoralis *F.*). F. d. ♂ gewimpert, jedes Glied mit zwei langen, vorwärts gebogenen Vorsten; Vschienen und Fuß des ♂ bilden zusammen eine spindelförmige Keule; Vfl. graugelb, beide Qlinien und die Saumlinie fein dunkelbraun; aus der Spitze ein sanft gebogener, scharf dunkler Streif in den Hwinkel. 23—25. Ende Mai, Juni. — R. im Herbst an Gebüschen; die Puppe überwintert. Nicht häufig.

Tarsicrinalis *Knoch.* Der Grisealis ähnlich; Vfl. röthlich staubgrau, mit scharfer Spitze und etwas geschwungenem Saume; der dunkle Qstreif vor dem Saume fast gerade, weder die Spitze, noch den Hwinkel berührend. 25—28. Juni, Juli. — R. im Mai an Himbeeren und Brombeeren. Nicht überall.

Tarsipennalis *Tr.* (gelblich staubgrau) und **Tarsiplumalis** *H.* (veil= grau und braun) zeichnen sich durch vor der Mitte knotig verdickte F. d. ♂ aus.

122. **Madopa** Steph.

P. den Stirnschopf kaum überragend, das Mittelglied oben gebartet, das Endglied kurz, fadenförmig; Vbeine ohne Auszeichnung; Vfl. mit scharfer Spitze und geschwungenem Saume. Nur eine europäische Art:

Salicalis *WV.* Vfl. blaugrau, mit drei rostbraunen, gelb begrenzten Qstreifen, deren letzter die Flspitze theilt. 26. Mai, Juni. — R. vierzehnfüßig, grün, im Aug. auf Weiden. Zerstreut und sparsam.

123. **Herminia** Latr.

Wie Zanclognatha, die P. aber nicht sichelförmig, sondern gerade vorstehend oder mäßig aufsteigend, mit langem, geradem, comprimirtem Endgliede; Hleib ohne Schöpfe; ♂ bald mit, bald ohne gebüschelte Vbeine und Fknoten. — R. wie dort. 5 d. A.

Barbalis *L.* ♂ mit kurzen, lang lockig gewimperten Kammzähnen der F., langen, kolbigen Vschienen und einem Haarpinsel an den Vschenkeln; Vfl. staubgrau, mit zwei braunen Qstreifen und solcher, saumwärts weiß angelegter Wll.; Hfl. am Brande breit weißlich. 27. Mai, Juni. — R. vom Aug. bis Oct. an Laub=, besonders Eichenbüschen, von deren welken Blättern sie sich ernährt, überwintert erwachsen und verpuppt sich im Apr. in leichtem Gewebe über der Erde. Häufig.

Tentacularis *L.* ♂ mit gekämmten Fn, ohne Haarpinsel an den Beinen; P. fast so lang wie die F., Vfl. graugelb, braun bestäubt, mit drei feinen, braunen Oſtreifen. ♀ kleiner als ♂. 22 (♀) — 30 (♂). Juni, Juli; in den meiſten Gegenden.

Derivalis *H.* ♂ mit lang gewimperten Fn; Beine von gewöhnlicher Form, ohne Pinſel. Röthlichotergelb, grau beſtäubt; die Vfl. mit zwei dunklen Qlinien, Wll. undeutlich. 26—29. Juli. Nicht überall.

124. Bomolocha H.

Augen borſtig bewimpert; Hleib mit Rückenſchöpfen auf den drei erſten Segmenten; P. etwas kürzer als der Thorax, gerade vorſtehend; Vfl. breit, ſcharf geſpitzt. Nur eine Art:

Fontis *Thbg.* (Crassalis *F.*). Vfl. in dem vom zackigen h. Qſtreif be=grenzten Mittelfelde ſchwarzbraun (♂) oder kaſtanienbraun (♀), am Innenrande braungelb (♂) oder bläulichweiß (♀); das Saumfeld blaugrau, mit weißer, unterbrochener, dunkle Fleckchen umſchließender Wll. 27 (♀) — 30 (♂). Juni, Juli. — R. vom Aug. bis Oct. auf Heidelbeeren; ſehr ſchlank, grün, vierzehn=füßig. Puppe in ſeinem Gewebe zwiſchen Abfällen, überwinternd.

125. Hypena Tr.

P. ſo lang wie Kopf und Thorax oder länger, comprimirt, gerade vor=ſtehend; F. des ♂ gewimpert; Hleib mit einem Schöpfchen auf dem erſten Seg=ment; Vfl. ſcharfgeſpitzt, meiſt geſtreckt, mit geſchwungenem Saume; Hfl. ſehr breit. — Rn ſchlank, vierzehnfüßig; Puppe in ſeinem Gewebe zwiſchen Blättern u. dgl.

Rostralis *L.* Taf. XIV. fig. 5. Vfl. ſchmal, mit geſchwungenem Saume, roſtbraun, grau gemiſcht, mit aufgeworfenen Schuppenhäufchen an der Stelle der Makeln; der h. Qſtreif gleich hinter der Mitte, faſt gerade herablaufend, ſaumwärts licht angelegt; die Flſpitze von einem ſchwärzlichen Schrägwiſch ge=theilt; Hfl. aſchgrau, mit eckig vortretendem Bwinkel. Sehr veränderlich, das ♂ meiſt einfarbig dunkel, das ♀ oft ſtark weißgrau oder roſtgelb gemiſcht. 26—28. Juli bis Oct. und überwintert im Frühjahr. — R. vom Juni bis Aug. an Hopfen, deſſen Blätter ſie ſkeletiſirt. Gemein.

Proboscidalis *L.* Vfl. breit, mit vortretender Spitze, gelbbraun, fein dunkel quergeſtrichelt, mit zwei roſtbraunen Qſtreifen (der hintere ungezähnt, ſanft geſchwungen) und weißpunktirter Wll. 34. Juni, Aug. — R. im Mai und Juli auf Neſſeln; häufig. — **Obesalis** *Tr.*, ſeltener.

126. Hypenodes Gn.

Klein und ſchwächlich gebaut, ſonſt den Hypenen ähnlich, doch ohne Neben=augen und Anhangszelle der Vfl. P. ſo lang wie der Thorax, ihr Mittelglied oben ſchneidig beſchuppt; F. des ♂ dünn, lang gewimpert; Vfl. lang, mit kurzem, ſchrägem Saume; Hfl. breit, auf Ader 5 eingezogen. Nur eine d. A.:

Costaestrigalis *Stph.* (Acuminalis *HS.*). Vfl. gelbbraun, die gewäſſerte Binde lichter, mit zwei ſchwarzen Qſtreifen (der hintere ſaumwärts weiß ein=gefaßt), lichter Wll. und weiß punktirten Franſen. 18—20. Juli, an Wald=ſäumen und Gebüſch; ſelten.

127. **Tholomiges** Led.

Sehr klein, ohne Ocellen und Anhangszelle; P. sichelförmig aufgebogen, den Kopf weit überragend; Vfl. schmal, Hfl. gerundet. Nur eine Art:

Turfosalis *Wocke.* Vfl. gelblichbraungrau, mit dunklen Ostreifen (der hintere weißlich angelegt, in der Mitte des Innenrandes endigend) und schräger, lichter Wll.; F. des ♂ mit sehr kurzen, spärlichen Wimpern. 13—14. Juni bis Aug.; hier und da auf Torfmooren und Erlbrüchen Norddeutschlands.

128. **Rivula** Gn.

Vom Ansehen einer gelben Botys. P. so lang wie der Kopf, dreieckig, mit kurzem Endgliede; Vfl. dreieckig, ohne Anhangszelle; Ader 8 der Hfl. aus dem Brande der MZ. Nur eine Art:

Sericealis *Scop.* Vfl. okergelb, am Saume graubraun beschattet, mit veilgrauer Nml, in welcher zwei schwarze Punkte stehen, und fein doppeltem, geschwungenem und gezähntem h. Ostreif. 18—20. Juni, Juli, auf feuchten Wiesen. — R. im Mai an Gräsern; Puppe an Grashalmen, mit einigen Fäden befestigt.

21. Fam. **Brephides.**

Eine kleine, aber sehr eigenthümliche Familie, durch den Mangel der Nebenaugen, der Anhangszelle der Vfl. und den in der Mitte zwischen Ast 3 und 4 entspringenden Mittelast aller Fl. von den übrigen Noctuen verschieden; die Costalader der Hfl. frei aus der Wurzel. Nur eine Gattung:

Brephos O.

F. des ♂ sägezähnig oder kurz gekämmt, des ♀ dünn fadenförmig; P. sehr klein, in der langen, abstehenden Behaarung des Gesichtes versteckt; Beine dünn und kurz, die Sporen der Hschienen sehr klein; Körper schmächtig, Vfl. stumpf dreieckig, braun und grau, weißlich bestäubt, mit beiden Ostreifen, der Wll. und Nml; Hfl. orange- oder lehmgelb, mit schwarzer, ungleicher Saumbinde und solcher, in der obern Hälfte oft unterbrochener, am Innenrande bis zur Wurzel ausgedehnter Mittelbinde. — Die Rn schlank, sechzehnfüßig, aber der verkürzten vordern Bauchfußpaare wegen spannerförmig kriechend. Sie leben im Mai und Juni auf Laubholz, zwischen zusammengezogenen Blättern, und nagen sich zur Verpuppung in morsches Holz, die Mündung der Höhle durch einen Seidendeckel verschließend. Die Falter entwickeln sich im folgenden März oder Anfang April, wo sie dann im Sonnenschein wild und scheu umherfliegen.

Parthenias *L.* Taf. XIV. fig. 6. F. des ♂ sägezähnig; Vfl. braun, weißlich und bläulich bestäubt, mit weißen Wischen um die Nml und vor der Flspitze; Hfl. orangegelb. 35—37. — R. auf Birken. Häufig.

Vidua *F.* (Notha *H.*). F. des ♂ gekämmt; Vfl. graubraun, weißlich bestäubt; Hfl. hellorangegelb, mit einfarbig braunen Fransen. 33. — R. auf Espen (Populus tremula).

Puella *E.* Wie Vidua; die Vfl. mehr grau, die Hfl. lehmgelb, mit weißlich gefleckten Fransen. — R. auf Espen. Hier und da im Süden.

22. Fam. Geometridae, Spanner.

Die Spanner, nächst den Eulen die zahlreichste Gruppe der Makrolepi=
dopteren, bilden nur eine Familie. Sie sind besonders durch ihre Rn aus=
gezeichnet, denen die drei vordern Paare der Bauchfüße fehlen, weshalb sie beim
Kriechen den Körper bogenförmig krümmen, als ob sie spannend eine Länge
abmäßen. Nur wenige hierher gehörige Gattungen (Metrocampa, Ellopia, Odon-
toptera und Ramia) sind zwölf= oder vierzehnfüßig, indem auch der neunte oder
der achte und neunte Ring Füße tragen; diese Füße sind dann aber immer
kleiner als die am zehnten Ringe oder nur rudimentär. Die Puppen sind nackt,
meist schlank, mit kegelförmigem Hleibe. Die Falter haben keine (deutlichen)
Nebenaugen, eine Dorsalader der Vfl. und höchstens zwei der Hfl.; der Mittelast
entspringt auf den Vfln immer näher an Ast 6 als an Ast 4. Der S. ist
in der Regel gerollt, selten sehr lang, zuweilen verkümmert; die P. sind meistens
schwach, nie sichelförmig aufgebogen oder auffallend lang. Die Fl. sind groß
und breit, der Körper ist in der Regel schmächtig, nur bei wenigen Gattungen
spinnerartig dick. Sie tragen die Fl. in der Ruhe flach, mehr oder minder
ausgebreitet, selten dachförmig, noch seltener tagfalterartig aufgerichtet. Die
meisten sind nächtliche Thiere, viele aber fliegen auch freiwillig oder leicht auf=
geschencht bei Tage.

Die Spanner zerfallen nach dem verschiedenen Ursprunge der Costalader
(Ader 8) der Hfl. in zwei Hauptabtheilungen.

A. Dendrometrides. Gen. 1—64.

Die Costalader der Hfl. entspringt aus der Wurzel, berührt die Sub=
costalader nicht oder nur auf eine kurze Strecke und entfernt sich weit vor der
Ecke der MZ. von derselben. Nur bei einer hierher gezogenen Gattung,
Anisopteryx, entspringt die Costalader aus dem Brande der MZ.

A. Der Mittelast der Hfl. ist so stark wie die übrigen Aeste. Gen. 1—11.
α. Vfl. ohne Anhangszelle. Grüne Arten. Gen. 1—7.

1. Pseudoterpna HS.

F. des ♂ kurz kamm=, an der Spitze sägezähnig, des ♀ ungezähnt;
Hschienen mit zwei Paar Sporen. Stirn tiefschwarz, Fl. staubig, mit zwei
dunklern Ostreifen, der hintere scharf gezähnt.

Pruinata *Hfn.* (Cytisaria *WV.*). Staubig mattgrün, die Vfl. mit zwei
dunkelgrünen Ostreifen und weißer Wfl. 31—37. Ende Juni bis Aug. —
R. im Mai und Juni auf Ginster und Besenpfrieme.

2. Holothalassis H.

F. des ♂ bis zur Spitze kurz gekämmt, des ♀ sägezähnig; Hschienen mit
zwei Paar Sporen; Stirn wollig, grün; Fl. wellenzähnig. Nur eine Art:

Papilionaria *L.* Taf. XIV. fig. 7 a. b. Schön grün, die Fl. mit schwach
dunklern Mittelmonden, in Fleckchen aufgelöster weißer Wfl. und weiß angelegten
Ostreifen, der hintere gezähnt. 46—54. Juni bis Aug. — R. im Herbst
jung, im Mai und Juni erwachsen, auf Birken und Erlen.

3. Geometra L.

F. des ♂ bis zur Spitze kurz gekämmt, des ♀ mit noch kürzern Kamm=zähnen; Hschienen mit zwei Paar Sporen; Stirn glattschuppig, Fl. ganzrandig. Nur eine Art:

Vernaria *H.* Stirn ziegelroth; Fl. schön bläulichgrün, die Vfl. mit zwei weißen Qlinien, die Hfl. mit einer. 30—35. Juni, Juli — R. im Mai und Juni an Clematis vitalba. Nicht überall.

4. Phorodesma B.

F. des ♂ mit ziemlich langen, dünnen Kammzähnen, an der Spitze säge=zähnig; P. ziemlich lang; Hschienen mit zwei Paar kurzen, dicht zusammen=stehenden Sporen; Hfuß des ♂ nicht verkürzt; Stirn glattschuppig. — Die Rn haben die Eigenthümlichkeit, sich mit den Abfällen ihrer Nahrung zu bekleiden.

A. Franjen schmal, einfarbig; F. des ♀ kurz kammzähnig.

Smaragdaria *F.* Lebhaft grün, die Vfl. mit zwei weißen, gezähnten Qstreifen und rundlichem weißem Mittelfleck. 33—35. Juli. — R. vom Herbst bis Juni an Schafgarbe u. a. Pfl. Hier und da in Süd= und Mittel=deutschland.

B. Franjen breit, weißlich, braun gefleckt; F. des ♀ schwach sägezähnig.

Pustulata *Hfn.* (Bajularia *WV.*). Apfelgrün, die Stirn weiß, der Hwinkel aller Fl., der Saum der Hfl. und die Franjen gelblichweiß, braun ge=fleckt. 25—30. Juni, Juli. — R. im Mai und Juni auf Eichen. Selten.

5. Nemoria H.

Hschienen des ♂ lang und etwas flachgedrückt, mit einem, die des ♀ mit zwei Paar Sporen; Hfl. in der Mitte geeckt.

A. F. des ♂ einfach, gewimpert; Franjen einfarbig.

Viridata *L.* Grün, die Vfl. mit zwei, die Hfl. mit einer weißen Qlinie; Brand der Vfl. schmal einfarbig weißgelb; Stirn zimmtbraun. 20—22. Mai, Juni. — R. im Aug. und Sept. auf Heidekraut.

Porrinata *Z.* Wie Viridata, bläulichgrün, der Brand der Vfl. rost=braun gesprenkelt. — R. auf Schlehen, Weißdorn u. a. Büschen. Nicht überall.

B. F. des ♂ sägezähnig, Franjen gefleckt, Hleib mit Rückenschöpfchen.

Strigata *Müller* (Aestivaria *H.*). Lauchgrün, der Hleib weißlichgelb; die Vfl. mit zwei, die Hfl. mit einer weißen Qlinie; die Franjen gelblichweiß, braun gefleckt. 27—30. Juni bis Aug. — R. im April und Mai an Schlehen, Rosen u. a. Laubholzsträuchern.

6. Thalera H.

F. bei ♂ und ♀ gekämmt, Hschienen beider nur mit Endsporen. Hfl. scharf und ungleich gezähnt. Nur eine Art:

Fimbrialis *Scop.* (Bupleararia *WV.*). Lauchgrün, die Franjen weiß, braunroth gefleckt; die Vfl. mit zwei, die Hfl. mit einem weißen Qstreif. 28—32. Juni bis Aug. — R. vom Herbst bis Mai auf Feldbeifuß, Lotus u. a. Pfl. Nicht überall.

7. Jodis H.

F. des ♂ mit langen, ruthenförmigen Kammzähnen, das Endviertel nackt; Hschienen mit zwei Paar Sporen, beim ♂ verdickt und flachgedrückt, der Fuß sehr kurz; Hfl. geeckt; Fl. sehr zart, lichtgrün (bei ältern Stücken grünlichweiß), die Vfl. mit zwei weißen Qstreifen, die Hfl. mit einem.

Putataria (Putata) *L.* Die Qstreifen tief und scharf gezähnt. 20—23. Mai, Juni. — R. vom Juli bis Oct. auf Heidelbeeren; häufig.

Lactearia *L.* (Aeruginaria *H.*). Die Qstreifen matt, geradlinig oder sehr seicht gezähnt; Farbe lichtbläulichgrün. 22—24. Mitte Mai bis Anfang Juli. — R. im Aug. und Sept. an Birkenbüschen u. a. Laubholz; häufig.

    β. Vfl. mit Anhangszelle. Kleine oder mittelgroße, schwächlich gebaute Spanner, nie von schön grüner Farbe. Gen. 8—11.

8. Zonosoma Led. (Ephyra Dup.).

F. des ♂ gekämmt, mit nacktem Enddrittel; Hschienen des ♂ mit einem, des ♀ mit zwei Paar Sporen; Vfl. mit scharfer Spitze, Hfl. in der Mitte schwach geeckt. Die Zeichnung besteht aus zwei oder drei dunkeln Qstreifen und meist weiß gekernten Mittelfleckchen. — Die Rn leben auf Laubholz, die Puppen sind vorn etwas eckig und durch einen Rückengürtel nach Art der Pieriden an Blätter oder Zweige befestigt. Sie erscheinen in zwei Generationen: die zahlreichere als R. im Sept. und Oct., als Falter im Mai und Juni; die Sommerbrut als R. im Juli, als Falter im Aug. 8 d. A.

Pendularia *L.* Trübweiß, mit grauem Staube, zwei Dreihen schwarzer Punkte auf den Vfln und weißen, rostroth oder schwärzlich geringten Mittelfleckchen. 25—27. — R. auf Birken; nicht selten.

Annulata *Schulze* (Omicronaria *H.*). Strohgelb, mit großen Mittelringen, der h. Qstreif schwarz, tief gezackt, saumwärts schwärzlich beschattet und von einem zweiten Qstreif begleitet. 22—24. — R. auf Ahorn (Acer campestre).

Punctaria *L.* Bleichgelb, ziegelroth und schwärzlich gesprenkelt, mit ziegelrothem und schwärzlichem Mittelstreif und zwei Dreihen schwarzer Punkte auf den Vfln. Die Sommerfalter kleiner, mit schwärzlichen oder trübrothen Wischen im Saumfelde. 23—28. — R. an Eichen und Birken.

Porata *F.* Der Punctaria ähnlich, aber jeder Fl. mit einem weiß gekernten Mittelringe. — R. an Eichenbüschen.

Trilinearia *Bkh.* (Linearia *H.*). O. ergelb, mehr oder minder röthlich; die Vfl. mit starkem, weit saumwärts gerücktem schwärzlichem Mittelstreif und zwei oft in Punkte aufgelöstem schwarzen Qstreifen, der hintere gezähnt. Zuweilen mit kleinen weißen Mittelfleckchen. Die seltene Sommerbrut (Var. **Strabonaria** *Z.*) kleiner, dicht röthlich bestäubt. 24—29. In Buchenwäldern häufig. — R. auf Buchen.

9. Timandra Dup.

F. des ♂ lang gekämmt, mit nackter Spitze; Hschienen bei ♂ und ♀ mit zwei Paar Sporen; Hfl. auf Ast 4 mit scharfer, vortretender Ecke. Nur eine Art:

Amataria (Amata) *L.* Bleichgelb, mit geradem, dickem, zimmtbraunem, auf den Bfln in die Flspiße auslaufendem Oftreif durch alle Fl. und zwei feinen braunen Qlinien auf den Bfln. 27—30. Mai, Juli bis Sept. — R. auf Ampfer, Wafferpfeffer u. a. Pfl.

10. **Pellonia** Dup.

F. des ♂ bis faft zur Spiße fein gekämmt; Hfchienen des ♂ mit einem einzelnen Mittelsporn und zwei Endsporen, des ♀ doppelt gespornt; Hfl. gerundet oder stumpfeckig.

Vibicaria *L.* Taf. XIV. fig. 8. Bleichgrünlichgelb, mit (auf den Bfln drei, auf den Hfln zwei) purpurrothen Oftreifen, der mittlere faumwärts mehr oder minder breit verfloffen. 28—32. Ende Juni bis Aug. an trockenen, fonnigen Stellen. — R. an Gräfern, Quendel u. a. Pfl.

Calabraria *Z.* Am Mittelrhein und in Südtirol.

11. **Acidalia** Tr.

F. des ♂ einfach, eingefchnitten oder gezähnt, felten gekämmt; Hbeine kürzer als die mittlern, ihre Schienen beim ♂ spornlos oder nur mit Endsporen, ihre Fußglieder häufig verkümmert; Hfchienen des ♀ mit einem oder zwei Spornpaaren. Eine artenreiche Gattung von meift kleinern, fchmächtigen Spannern, in der Regel licht, weiß, gelblich oder grau gefärbt, mit zwei oder drei dunklen Oftreifen und der oft beiderfeits dunkel eingefaßten, lichten Wfl.; die Hfl. ebenfo, nur (wie immer) ohne den v. Oftreif. — Die Rn überwintern jung, nähren fich meift von niedrigen, krautartigen Pflanzen, einige auch von welken Pflanzentheilen, und verpuppen fich in leichten Geweben im Frühling. Einige haben auch noch eine Sommerbrut. 52 d. A.

A. Aft 6 und 7 der Hfl. aus einem Punkte oder fehr nahe an einander entspringend; Hfchienen beim ♂ ungespornt, beim ♀ mit zwei Paar Sporen (ausgenommen Commutata).

Nigropunctata *Hfn.* (Strigilata *Tr.*). Hfl. auf Aft 4 geeckt. Beinfarbig, mit feinem fchwarzem Staube, fchwarzen Mittelpunkten auf allen Fln, dunkelgelbgrauen Oftreifen und weißlicher, dunkel begrenzter Wfl.; der mittlere Oftreif (Mittelfchatten) fehr fchräg, breit und etwas verfloffen. 26—28. Ende Juni bis Aug.

Immutata *L.* (Sylvestraria *H.*). Bleichgelb (♂) oder weiß (♀), alle Fl. mit tieffchwarzen Mittelpunkten, die Bfl. mit fünf, die Hfl. mit vier parallelen braungelben Oftreifen; die Hfl. gerundet. 20—24. Juni, Juli. Auf feuchten Wiefen.

Remutaria *H.* (—ata *Tr.*). Weiß oder gelblichweiß, die Fl. mit graugelben Oftreifen (der dritte am deutlichften, fcharf gezähnt), ohne oder mit kaum fichtbaren fchwärzlichen Mittelpunkten. Zuweilen find die Oftreifen ganz verlofchen. F. des ♂ eingefchnitten, pinfelig gewimpert; feine Hfchienen mit einem Haarpinfel verfehen, erweitert, dreimal fo lang als der Fuß. 25—29. Mai, Juni, in Gehölzen.

Commutata *Fr.* (Fumata *Stph.*). Hfchienen des ♂ mit einem, des ♀ mit zwei Paar Sporen; Fl. beingelb, fchwärzlich beftäubt, mit drei oder vier braungelben Oſtreifen, der dritte ohne ſcharfe Zähne. 24—30. Juni, Juli. — R. auf Heidelbeeren.

Rubiginata *Hfn.* (Rubricata *F.*). Trübroth, die Vfl. mit drei, die Hfl. mit zwei dunklen Oſtreifen; die Wll. wenig gelichtet. 18—20. Mai bis Sept. Auf trocknen Stellen.

Immorata *L.* Fl. weißgrau, ſchwärzlich beſtäubt, mit breiten oliven= braunen Oſtreifen und ſolchem, von der fleckigen weißen Wll. durchzogenen Saumfelde; Franſen ſchwärzlich gefleckt. 23—27. Ende Mai bis Juli.

Paludata *L.* (Ornata *Scop.*). Hfl. gezähnt, auf Aſt 5 tief eingezogen. Schneeweiß: der Saum hinter der ſchwarzen, zackigen dritten Clinie grau ge= wäſſert, mit goldbraunen Flecken in Z. 4 und 5 und am Hwinkel. 20—24. Mai bis Sept. Gemein.

B. Aſt 6 und 7 der Hfl. geſtielt.

a. Hſchienen beim ♂ ungeſpornt, beim ♀ mit einem Paar Sporen.

Emarginata *L.* Alle Fl. auf Aſt 3 und 4 eckig vorſpringend (beim ♀ ſchärfer), ledergelb bis röthlichokergelb (♀), mit zwei (Hfl. einer) feinen braunen Clinien, dunklem, verfloſſenem Mittelſchatten und ſchwarzen Mittelpunkten. 21—22. Juli.

Aversata *L.* F. des ♂ kurz gewimpert; Hſchienen flach, doppelt ſo lang als der Fuß; Fl. ſtrohgelb oder röthlichokergelb, dünn ſchwarz beſtäubt, mit ſchwarzen Mittelpunkten, ſchwärzlicher, unterbrochener Saumlinie, einer Reihe ſchwarzer Punkte hinter derſelben auf den Franſen und ſchwärzlichen Clinien, deren dritte auf den Vfln auf Aſt 6 einen Winkel nach außen bildet. Bei der eigentlichen Aversata iſt der Raum zwiſchen der zweiten und dritten Clinie bindenartig, ſchwärzlich beſtäubt; bei der gewöhnlichern Form (Ab. **Remutata** *L.*, Spoliata *Stgr.*) bleibt er licht. 27—29. Juni bis Anfang Aug. Häufig.

Osseata *F.* (Humiliata *Hfn.* ?). Fl. gelblichweiß, mit feinen ſchwarzen Mittelpunkten und bräunlichen Oſtreifen; die Vfl. längs dem Brande breit roſtroth. 18—20. Juli.

Aehnliche kleine Arten ſind **Dilutaria** *H.* (Interjectaria *B.*), mit Mittel= punkten und eiſengrau beſtäubtem Brande, und **Holosericata** *Dup.*, ohne ſchwarze Mittelpunkte.

Bisetata *Hfn.* Fl. bleichſtrohgelb, mit ſchwarzen Mittelpunkten, an der Wurzel fein ſchwarz punktirten, breiten Franſen, ſchwärzlichen Clinien und ſchwärzlich beſtäubtem, von der breiten, weißlichen Wll. durchzogenem Saumfelde. Hbeine des ♂ mit großem Schuppenbuſch an den Schienen und verkümmerten Fußgliedern. 20—21. Juli, Aug.

Virgularia *H.* (Incanaria). Fl. trübweiß bis gelblichgrau, fein ſchwarz beſtäubt, mit ſchwarzen Mittelpunkten und ſchwarzer, unterbrochener Saumlinie; die erſte und dritte Clinie und die Franſen an der Wurzel ſchwarz punktirt; F. des ♂ gezähnt und ſtark gewimpert. 17—20. Juni bis Sept. An den Wänden der Häuſer gemein, auch in Gärten.

Muricata *Hfn.* (Auroraria *Bkh.*). Purpurroth und goldgelb, mit dunklem Saumſtreif und goldgelben Franſen. 18. Juli. Nicht überall.

Perochraria *HS.* Fl. lebhaft okergelb, mit dunklern Oſtreifen und ins Eiſengraue fallenden Franſen; ♀ mit ſchmalern, ſpitzen Vfln; ♂ mit zwei Paar kurzen, ungleichen, lang pinſelig gewimperten Kammzähnen an jedem Fgliede;

seine Hschienen so lang als der Fuß. 18—20. Juni bis Aug. Auf Wald=
wiesen häufig.

b. Hschienen bei beiden Geschlechtern mit einem Paar Sporen.

Ochrata *Scop.* Der Porochraria sehr ähnlich; röthlichokergelb, mit
dunklern Ostreifen und gleichfarbigen, an der Wurzel fein schwärzlich punktirten
Franſen. 20—22. Juni, Juli. Nicht überall.

Trilineata *Scop.* (Aureolaria *F.*). Goldgelb, die Vfl. mit drei, die Hfl.
mit zwei einfachen, schwärzlichen Olinien. 17—19. Juli, Aug. Zerstreut.

B. Der Mittelast der Hfl. fehlt oder ist viel schwächer als die
übrigen Aeste (nur bei Aplasta gleich stark). Die hierher gehörigen
Arten sind von sehr verschiedenem Habitus. Die kräftiger gebauten, zum
Theil spinnerähnlichen Formen gehören sämmtlich hierher, aber auch viele
zarte und schmächtige. Auch die zwölf= oder vierzehnfüßigen Rn finden
sich nur in dieser Gruppe. Gen. 12—64.

12. **Rhyparia** H.

F. des ♂ mit langen, dünnen Kammzähnen, seine Hschienen lang und
dick, mit einem Haarpinsel; Fl. gerundet, die Vfl. mit einem dreieckigen, dünn
beschuppten, durchscheinenden Fleck an der Wurzel. Nur eine Art:

Melanaria *L.* Vfl. weißlich, Hfl. hochgelb, alle dicht schwarz gefleckt.
37—39. Juni, Juli; auf Mooren. — R. auf Vaccinium uliginosum. Zerstreut.

13. **Abraxas** Leach (Zerene Tr.).

F. des ♂ ungezähnt, gewimpert; Hschienen doppelt gespornt, länger als
ihr Fuß; Fl. breit, gerundet, weiß, mit schwarzen Flecken oder Binden; Ast 3
und 4 der Hfl. gesondert.

Grossulariata *L.*, der Stachelbeerspanner. Taf. XIV. fig. 9 a. b.
Fl. weiß, mit rundlichen schwarzen, zum Theil reihenweise gestellten Flecken da=
zwischen, an der Wurzel und hinter der Mitte goldgelb. 37—44. Juli, Aug.
— R. vom Herbst bis Juni oder Juli an Stachelbeeren, Johannistrauben und
Schlehen, zuweilen bis zur Schädlichkeit häufig; weiß, mit schwarzen Flecken, in
den Seiten gelb. Die mit wenigen Fäden an Zäunen u. dgl. befestigte Puppe
ist glänzendschwarz, mit gelben Hleibsgürteln.

Sylvata *Scop.* (Ulmata *F.*). Fl. weiß, mit blaugrauen Fleckenreihen,
an der Wurzel der Vfl. und vor dem Hwinkel jedes Fls mit großem, schwarz=
braunem, rostgelb und silberblau gemischtem Flecke. 36—40. Juni. — R.
auf Ulmen und Prunus padus. Zerstreut.

Marginata *L.* Körper grauschwarz; Fl. weiß, am Brande der Vfl. und
um den Saum aller Fl. mit großen, am Saum meist zusammengeflossenen,
glänzend grauschwarzen Flecken und solchen Franſen. In der Ausdehnung des
Schwarzen sehr abändernd. 23—25. Mai bis Aug. — R. auf Espen,
Pappeln und Sahlweiden. Nicht selten.

Adustata *WV.* Weiß; Kopf, Rücken, Wurzel und Saumfeld der Vfl.
(mit Ausnahme der Spitze und weißer Stellen hinter der Wll.) violettschwarz,
gelbbraun gemischt; Hfl. wellenrandig. 23—26. Mai bis Aug. — R. auf
Evonymus.

14. Bapta Stph.

F. des ♂ einfach, mikroskopisch gewimpert; Fl. breit, mit ziemlich scharfer Spitze der Vfl., sonst gerundet, ganzrandig, mit sehr breiten Franfen; Aft 3 und 4 der Vfl. aus einem Punkte.

A. Spitze der Vfl. rechtwinkelig, Hleib ohne Schöpfe.

Bimaculata *F.* (Taminata *H.*). Weiß; die Vfl. am Brande mit zwei schwarzbraunen Flecken. 25. Mai, Juni.

Temerata *H.* Schneeweiß; die Vfl. mit tiefschwarzen Möndchen auf der Saumlinie und solchem Mittelpunkt; das Saumdrittel schwarzbraun bestäubt, am dunkelsten in Z. 4—6, und von einem weißen, gezähnten Oftreif durchzogen. 26—30. Mai, Juni. — R. auf Schlehen, Weißdorn, Rosen.

B. Spitze der Vfl. etwas vortretend; Hleib mit einer Reihe kleiner Rücken= schöpfe (Aleucis *Gn.*).

Pictaria *Curt.* Vfl. röthlichbleigrau, staubig, mit zwei dunklen Oftreifen; die Hfl. grauweiß, mit einer gezähnten, dunklen Bogenlinie. 24—26. April, Mai. — R. im Juni und Juli an Schlehen. Im Westen, sparsam.

15. Stegania Dup.

F. des ♂ gekämmt oder einfach und stark gewimpert; Saum ganzrandig. Vfl. mit stumpfer Spitze; Aft 3 und 4 der Vfl. gesondert.

Cararia *H.* F. des ♂ schwach eingeschnitten, stark gewimpert; Fl. gleich gezeichnet und gefärbt; bleichgelb, braun gesprenkelt, mit braunen Mittelflecken, brauner Saumlinie und gefleckten Franfen; im Saumfelde ein brauner, drei= bogiger Oftreif, der sich auf Aft 5 und am Innenwinkel durch einen Längsstrich mit der Saumlinie verbindet. 21—23. Juni, Juli. In wenigen Gegenden. Selten.

16. Numeria Dup.

F. des ♂ bis gegen die Spitze dünn und lang gekämmt; Spitze der Vfl. scharf, beim ♀ etwas vortretend. Mittelgroße, dünnleibige Arten, mit staubigen Fln, die Vfl. mit breitem, dunklem, gegen den Innenrand ver= schmälertem Mittelfelde.

Pulveraria *L.* Okergelb, roftbraun gesprenkelt, mit roftbraunem, saum= wärts großzackig gerandetem Mittelfelde; Unterseite lebhaft roftgelb, dicht roth ge= sprenkelt; F. des ♀ sägezähnig. 36. Mai. — R. auf Sahlweiden und Birken.

Capreolaria *F.* R. auf Tannen.

17. Cabera Tr.

F. des ♂ stark gekämmt, an der Spitze sägezähnig; Fl. gerundet, die Vfl. mit rechtwinkeliger Spitze, weiß, mit dunklen Oftreifen; ♂ mit einem auf der Oberseite kahlen Grübchen an der Bafis der Hfl.

Pusaria *L.* Schneeweiß, sparsam dunkel bestäubt, die Vfl. mit drei, die Hfl. mit zwei grauen Qlinien. 28—32. Mai bis Juli. — R. vom Juli bis Oct. auf Birken und Erlen. Gemein.

Exanthemata *Scop.* (—aria *E.*). Weiß, die Fl. mit braungelben Sprenkeln und Oftreifen. 26—30. Juni, Juli. — R. auf Weiden. Häufig.

18. Ellopia Tr.

F. des ♂ gekämmt; Fl. ganzrandig, die Spitze der Vfl. scharf; Farbe grün oder röthlich, mit zwei lichten, ungezähnten, dunkel begrenzten Qstreifen der Vfl., einem der Hfl. — R. zwölffüßig. Nur eine d. A.:

Prosapiaria L. (Fasciaria *WV.*). Ziegelroth, mit weißen Qstreifen. Die Var. **Prasinaria** *H.* lauchgrün, mit weißen, zuweilen röthlichen Qstreifen. 31—38. Juni, Juli. — R. vom Herbst bis Mai auf Kiefern und Fichten.

19. Metrocampa Latr.

Wie Ellopia, aber der Saum gezähnt, wenigstens der der Hfl., mit stärker vortretendem Zahne auf Ast 4; die Spitze der Vfl. sehr scharf, etwas vor-springend. — Die R. zwölffüßig, mit häutigen Fransen über den Füßen.

Margaritata L. (—aria *H.*). Lichtblaugrün, mit geraden weißen Qstreifen und einem rothen Punkt in der Spitze der Vfl. 40—48. Juni, Juli. — R. vom Sept. bis Mai auf Eichen, Buchen u. a. Laubholz. In Wäldern.

Honoraria *WV.* Fl. scharf gezähnt, grauroth, beim ♀ lichter, mit braunen, weiß begrenzten Qstreifen. 42—50. Mai, Juni. — R. im Aug. und Sept. auf Eichen. Selten.

20. Eugonia H.

F. des ♂ dicht kamm=, des ♀ scharf sägezähnig; P. vorgestreckt, mit dem kegelförmigen Stirnschopf einen schnabelförmigen Fortsatz bildend; S. weich, versteckt. Thorax breit, dicht wollig. Alle Fl. mit stark vortretendem Zahne oder Vorsprung auf Ast 4, der übrige Saum ganzrandig oder gezähnt (beim ♀ schärfer); Farbe gelb oder rothgelb, die Vfl. mit zwei dunklen Qstreifen. — Die Rn sind höckerig, mit flachem, breitem Kopfe und schmalem erstem Seg-mente; sie leben vom Juni bis Aug. auf Laubholz und verwandeln sich zwischen Blättern in licht gefärbte, schlanke Puppen mit flacher Schwanzspitze. 5 d. A.

A. Hschienen mit zwei Paar Sporen.

Quercinaria *Hfn.* (Angularia *Bkh.*). Heller oder dunkler röthlichgelb; die Vfl. mit zwei scharfen, braunen, auf den abgekehrten Seiten oft dunkel an-gelegten Qstreifen und verdunkelter Cader. Bei der Ab. **Equestraria** *F.* ist das ganze Saum= und Wurzelfeld der Vfl. rost= oder veilbraun. 35—40. Juli bis Sept. In Buchenwäldern häufig. — R. auf Buchen und Eichen.

Autumnaria *Werneburg* (Alniaria *E.*). Röthlichgelb; Fl. grob rostbraun gesprenkelt, die Qstreifen oft undeutlich. 48—52. Aug. bis Oct. — R. an Linden, Pappeln, Hainbuchen u. a. B.

B. Hschienen nur mit Endsporen.

Alniaria L. (Tiliaria *Bkh.*). Kopf und Thorax lebhaft citrongelb; Fl. röthlichgelb, rostbraun gesprenkelt (selten ohne Sprenkel), mit zwei gekrümmten braunen oder veilgrauen Qstreifen der Vfl. 34—39. Aug., Sept. — R. auf Erlen und Birken.

Erosaria *Bkh.* Röthlichokergelb (die Ab. **Tiliaria** *H.* bleichgelb); die Vfl. mit zwei scharfen braunen Qstreifen, ohne Mittelfleck. Bei der seltenen Ab. **Unicoloria** *E.* fehlen die Qstreifen. 33—39. Juli bis Sept. — R. auf Eichen.

21. Selenia H.

Wie Eugonia, aber der S. hornig, ziemlich lang, die P. weniger vor=
springend; Fl. gezähnt (beim ♀ schärfer), die Vfl. mit scharfer, vortretender
Spitze, die Hfl. in Z. 4 mehr oder minder tief ausgerandet. — Die Rn
plumper, höckerig, auf Laubholz, polyphag; die Puppe zwischen Blättern, dick, braun.
Die Rn leben vom Juli bis Sept., überwintern als Puppen und entwickeln
sich im April oder Mai. Eine viel seltenere Sommerbrut findet sich als R. im
Juni, als Falter im Juli.

Lunaria *WV.* Fl. scharf gezähnt, die Hfl. in Z. 4 sehr tief aus=
gerandet; lebhaft ledergelb, rostgelb und röthlichweiß gemischt, mit kleinen, glas=
hellen, auf den Hfln schwarz gerandeten Mittelmonden; der h. Cstreif fast
geradlinig. 37—40. — R. auf Eschen, Eichen u. a. B.

Tetralunaria *Hfn.* (Illustraria *H.*). Taf. XIV. fig. 10 a. b. Purpur=
braun und fleischröthlich, mit großen, glashellen Mittelmonden, einem schwärz=
lichen Fleckchen in Z. 3 des Saumfeldes und geschwungenem h. Cstreif. 40—45.
Die Var. aestiva viel kleiner, röthlichgelb. — R. auf Eichen, Linden u. s. w.

Bilunaria *E.* (Illunaria *H.*). Fl. seichter gezähnt, die Hfl. in Z. 4
kaum ausgerandet, ohne deutliche Mittelmonde; leder= oder ocergelb, braun ge=
sprenkelt. 36—42. Die Sommerbrut, Var. **Juliaria** *Haw.* viel kleiner. —
R. auf Buchen, Birken, Rhamnus u. s. w.

22. Pericallia Stph.

Der Gattung Selenia ähnlich, aber auch die F. des ♀ kammzähnig; Vfl.
nicht gezähnt, ihr Saum auf Ast 6 am weitesten vortretend; Hfl. wellenzähnig,
zwischen Ast 4 und 6 tief eingezogen. Nur eine Art:

Syringaria *L.* Olivengelb, blaßlila und rostgelb gemischt, mit sehr
schrägem rostbraunem Mittelstreif, der an Ast 6 der Vfl. mit dem hier schwarzen
h. Cstreif spitzwinkelig zusammentrifft. 34—40. Juni, Juli. — R. im Mai
und Juni an Syringa und Liguster.

23. Therapis H.

F. des ♂ mit ziemlich langen, dünnen Kammzähnen; P. kurz. Vfl. mit
sichelförmiger Spitze und breitem, lappenartigem Vorsprunge von Ast 1—6;
Hfl. gleichmäßig gezähnt. Nur eine Art:

Evonymaria *WV.* Leder= oder ocergelb, braun gesprenkelt; Vfl. mit
schwärzlichem Schrägfleckchen am Brande und unter der Flspitze brandschwarzen
Fransen. 32. Juli, Aug. — R. im Mai und Juni auf Evonymus. Zerstreut.

24. Odontoptera Stph.

F. sehr lang, beim ♂ mit kurzen, gekeulten Kammzähnen, beim ♀ mit
Sägezähnen besetzt; Saum der Vfl. ausgenagt, mit scharfer, vortretender Spitze
und längern Zähnen auf Ast 3, 4 und 6; Hfl. gleichmäßig gezähnt. — Die
R. mit kleinen Füßchen an Segment 7 und 8. Nur eine Art:

Bidentata *L.* (Dentaria *H.*). Vfl. graulichgelbbraun, mit dunklerem
Staube und zwei schwärzlichen, weiß aufgeblickten Cstreifen; Hfl. lichter, mit
einem Cstreif; alle Fl. mit weißlichem, schwarz eingefaßtem Mittelfleckchen. 42—45.
Mai, Juni. — R. vom Juli bis Oct. auf vielerlei Laubholz.

25. **Himera** Dup.

F. des ♂ mit sehr langen, dünnen Kammzähnen federartig bis zur Spitze besetzt, die des ♀ kurz gekämmt; P. sehr klein; Stirn mit kegelförmigem Haarschöpfchen; Saum der Fl. gewellt, an den scharf gespitzten Vfln auf Ast 4 stärker vortretend; Hfl. mit langem, über den Innenwinkel der Vfl. weit vortretendem Brande. Nur eine Art:

Pennaria *L.* Vfl. sehr wechselnd, zimmtroth bis graugelb, mit zwei braunen Ostreifen und einem schwärzlichen, weiß aufgeblickten Fleckchen gegen die Spitze. 45—50. Sept., Oct. — R. im Mai und Juni an Pappeln, Weiden, Eichen u. a. Laubholz.

26. **Crocallis** Tr.

S. sehr kurz und weich; F. des ♂ mit gekeulten Kammzähnen; Saum der Fl. wellenzähnig, die Vfl. mit scharfer, etwas vortretender Spitze. Größere, robust gebaute Arten, mit gelben oder rostbräunlichen Vfln, schwarzem Mittelfleck und von den beiden braunen Ostreifen begrenztem, verdunkeltem Mittelfelde derselben.

Elinguaria *L.* Taf. XV. fig. 1. Hellockergelb; der v. Ostreif gerade, der hintere sanft geschwungen, der Mittelfleck stark, tiefschwarz. 37—42. Juli, Aug. — R. vom Herbst bis Mai oder Juni an Sahlweiden, Heidelbeeren, Pappeln u. v. a. Laubholz.

Tusciaria *Scriba* (Extimaria *H.*). Okergelb bis rostbraun, beide Ostreifen geschwungen, der hintere auf Ast 4 fast rechtwinkelig gebrochen. 36—40. Sept., Oct. — R. im Juni und Juli an Schlehen. Hier und da im Westen. Selten.

27. **Eurymene** Dup.

F. des ♂ gekämmt, mit nackter Spitze; Stirn ohne Schopf; Fl. langgestreckt, ganzrandig, die Vfl. bis Ast 3 rechtwinkelig, von da bis zum Hwinkel seicht ausgebuchtet. Nur eine Art:

Dolabraria *L.* Holzgelb; der Hwinkel aller Fl. glänzend violett und schwärzlich; die Vfl. dicht rostbräunlich quer gestrichelt. 32—36. Mai, Juni. — R. vom Juli bis Sept. auf Eichen, Buchen und Linden.

28. **Angerona** Dup.

F. des ♂ gekämmt; P. klein; Saum gerundet, an den Vfln ganzrandig, an den Hfln gewellt, zwischen Ast 4 und 6 stark eingezogen. Nur eine Art:

Prunaria *L.* Orangegelb (♂) oder ledergelb (♀); die Fl. mit braunem Mittelstrich, solchen feinen Ostrichelchen und gefleckten Fransen. Bei der Ab. **Sordiata** *Füssly* (Corylaria *E.*) ist Saum- und Mittelfeld ganz braun. 40(♂) —53 (♀). Mai bis Juli. — R. vom Herbst bis Mai auf Heidelbeeren, Prunus-Arten u. a. Laubholzbüschen. Gemein.

29. **Urapteryx** Leach.

F. des ♂ ungezähnt, mikroskopisch gewimpert; Vfl. ganzrandig, mit scharfer Spitze; Hfl. in die Länge gezogen, auf Ast 4 kurz geschwänzt. Nur eine Art:

Sambucaria L. Taf. XV. fig. 2. Schwefelgelb; die Vfl. mit zwei dunklen, geraden Oſtreifen, die Hfl. mit einem Oſtreif und zwei roſtrothen Fleckchen am Schwänzchen. 50—57. Juni bis Aug. — R. vom Herbſt bis Mai oder Juni an Holunder, Schlehen u. a. Laubholzgebüſchen.

30. Rumia Dup.

F. des ♂ ungezähnt, mikroſkopiſch gewimpert; Vfl. ganzrandig, mit ſcharfer Spitze; Hfl. ſeicht wellenzähnig. Nur eine Art:

Crataegata (Luteolata) L. Taf. XV. fig. 3. Citrongelb; Vfl. mit roſtrothen Flecken am Brande und weißem, braun gerandetem Mittelmonde. 32—37. Mai, Juni. — R. vom Juli bis Oct. an Weißdorn, Obſtbäumen u. a. Laubholz. Sie hat kleine Füßchen am ſiebenten und achten Segmente und häutige Franſen an den vier hinterſten Ringen.

31. Epione Dup.

F. des ♂ gekämmt; Vfl. mit ſcharfer Spitze und in der Mitte bauchig vortretendem Saume; Hfl. auf Aſt 4 und 7 vortretend, dazwiſchen ausgerandet (beim ♀ tiefer).

Advenaria H. Fl. glänzend gelblichweiß, goldgelb gemiſcht und braun beſtäubt, mit braun gefleckten Franſen; die Vfl. mit zwei braunen Oſtreifen, die Hfl. mit einem und ſchwarzem Mittelpunkte. 25—32. Mai, Juni. — R. vom Juli bis Sept. an Heidelbeeren.

Vespertaria L. (Parallelaria H.). Fl. gelb, mit roſtrothen Sprenkeln und veilbraunem Saumfelde, welches wurzelwärts von dem auf den Vfln in der Mitte eckig ſaumwärts vortretenden, beim ♂ weit vor der Flſpitze entſpringenden h. Oſtreif ſcharf begrenzt wird. 24—26. Juli. — R. im Mai und Juni auf Eſpenbüſchen.

Apiciaria H. Fl. goldgelb, roſtroth geſprenkelt, mit veilbraun gemiſchtem Saumfelde, welches von dem bei ♂ und ♀ auf den Vfln die Flſpitze theilenden, geſchwungenen h. Oſtreif begrenzt wird. 25—28. Juli, Aug. — R. im Juni auf Weiden.

32. Hypoplectis H.

F. des ♂ gekämmt; Vfl. mit ſcharfer Spitze und etwas geſchwungenem Saume; Franſen ganzrandig. Nur eine Art:

Adsporsaria H. Fl. bleichgelb, braun geſprenkelt; die Vfl. mit zwei (Hfl. mit einem) meiſt unvollſtändigen, oft nur durch Punkte angedeuteten ſchwärzlichen Oſtreifen; Franſen der Vfl. von der Spitze bis auf Aſt 4 ſchwärzlich. 30—33. Mai. — R. vom Juni bis Oct. auf Sarothamnus scoparius, überwintert erwachſen. Nicht überall.

33. Eilicrinia H.

F. des ♂ ungezähnt, dick, mikroſkopiſch gewimpert; Fl. ganzrandig; Vfl. unter der Spitze ſichelförmig ausgeſchnitten; Hfl. gerundet. Nur eine d. A.:

Cordiaria H. Fl. bleichgelb oder graulichweiß, fein dunkel beſtäubt; die Vfl. mit großem, länglichherzförmigem, am Brande hängendem Fleck auf der Qader und braunen Franſen des Sichelausſchnitts. 27—30. In Oeſterreich. Selten.

34. **Venilia** Dup.

F. des ♂ ungezähnt, kurz gewimpert, dünn; Fl. ganzrandig, Vfl. beim ♂ mit rechtwinkeliger, beim ♀ seicht ausgeschwungener Spitze; Hfl. zwischen Ast 4 und 6 schwach eingezogen. Nur eine Art:

Macularia *L.* (—ata *WV.*). Taf. XV. fig. 4. Fl. goldgelb, mit vielen zerrissenen schwarzgrauen Flecken, auch auf den Franzen. 25—27. Mai, Juni. — R. auf Galeobdolon, Stachys u. a. n. Pfl.

35. **Macaria** Curt.

F. des ♂ sägezähnig, gewimpert; Vfl. unter der gerundeten Spitze mehr oder minder tief ausgeschnitten; Hfl. mit vortretendem Zahne auf Ast 4. Schmächtige, kaum mittelgroße Arten.

A. Vfl. unter der Spitze tief ausgeschnitten, Hfl. mit stark vorspringendem, spitzem Zahne auf Ast 4; Hschienen des ♂ ohne Haarpinsel.

Notata *L.* Fl. gelblichweiß, braun besprengt; Vfl. mit einem rostbraunen Fleck am Rande vor der Spitze und einem großen schwarzen, mehrmals licht zerschnittenen Fleck unter demselben von Z. 2—4; die Franzen unter der Flspitze grau. 27—30. Mai, Juni und Aug. — R. auf Birken.

Alternaria *H.* Der Notata sehr ähnlich; Fl. trübweiß und lichtolivengrau gemischt; der Fleck in Z. 3 kleiner, die Franzen unter der Flspitze schwarz. Juni, in Erlgehölzen.

B. Vfl. unter der Spitze sehr seicht ausgeschnitten; Hfl. mit wenig vorspringendem Zahne auf Ast 4; Hschienen des ♂ verdickt, mit einem Haarpinsel.

Signaria *H.* Fl. trübweiß, dicht olivengrau besprengt und schattirt; die Vfl. mit weißlicher Wll. und zwei großen schwarzen Flecken an derselben (am Rande und in Z. 3). 28. Mai bis Juli. — R. im Aug. und Sept. auf Fichten.

Liturata *L.* Veilgrau, Kopf und Halskragen rostgelb; Fl. mit rostfarbiger Cbinde hinter der Mitte. 27—29. Mai bis Sept. — R. auf Föhren (Pinus sylvestris) und Lärchen, im Aug. und Sept., sparsamer im Juni und Juli. Zuweilen schädlich.

36. **Ploseria** B.

F. des ♂ einfach borstenförmig, kurz bewimpert; Körper schmächtig, Fl. groß und zart, ganzrandig; Vfl. mit scharfer Spitze und geschwungenem Saume, Hfl. gerundet, über den Hwinkel der Vfl. vortretend. ♀ viel kleiner, mit sichelförmiger Spitze der Vfl. Nur eine Art:

Pulverata *Thbg.* (Diversata *Bkh.*). Fl. grob braun gesprenkelt, mit großen schwärzlichen Mittelflecken; Vfl. rostbraun und veilgrau gemischt, mit zwei schwärzlichen, am Rande gelb angelegten Cstreifen; Hfl. trüborangegelb. 30 (♀) — 40 (♂). Ende März, April. — R. im Juni auf Espen. Zerstreut und selten.

37. **Hibernia** Latr.

F. des ♂ dünn, gekämmt oder stark gezähnt und langpinselig gewimpert; Körper schmächtig; Fl. groß, zart, gerundet, mit gleichlangem H= und Innen=

rande; ♀ flügellos oder mit kleinen Flappen. — Die Rn leben im Mai und Juni auf Laubholz und verpuppen sich in der Erde; Falter im Spätherbst oder ersten Frühjahr.

A. Saum der Fl. wellenzähnig.

Bajaria *H.* Bfl. braungrau, rostfarbig gemischt, mit zwei schwarzen, oft undeutlichen Ostreifen und weißlicher Wll.; F. fein gekämmt. 30. ♀ grau, mit ganz kleinen Flansätzen. Oct., Nov. — R. auf Schlehen. Im Westen und Süden.

B. Saum ganzrandig.

Leucophaearia *WV.* Fl. trübweiß, schwärzlich bestäubt; die Bfl. im Wurzel= und Saumfelde grünlichgrau schattirt, mit zwei schwarzen Ostreifen; F. fein gekämmt. 30. ♀ grünlichgrau, mit sehr kleinen Flläppchen. März. — R. auf Eichen.

Aurantiaria *H.* Bfl. orangegelb, mit veilbraunen Ostreifen und einer solchen Fleckenreihe an der Stelle der Wll.; F. mit fadenförmigen Kammzähnen und langen Wimperpinseln an deren Spitze. 37. ♀ schwärzlichgrün, die Fl= lappen halb so lang als die F., mit schwarzem Ostreif. Oct., Nov. — R. auf Buchen, Eichen, Birken u. a. Laubholz, in manchen Jahren in großer Menge.

Progemmaria *H.* (Marginaria *Bkh.*). Bfl. bleicher oder röthlicher oker= gelb, braun bestäubt; der h. Ostreif schwärzlich, stark geschwungen, saumwärts breit röthlich angelegt; die Kammzähne der F. ohne lange Pinsel an der Spitze, nur mit etwas verlängerten Wimpern. 32—37. ♀ graugrün; die abgestutzten Fl. rostroth gemischt und schwarz gestreift, so lang wie die F. März. — R. auf Eichen, Birken u. a. B.

Defoliaria *L.* Taf. XV. fig. 5. Außerordentlich abändernd. Bfl. bleich= gelb bis rostbraun, grob braun besprengt; die hellen Abänderungen mit schwarzen Mittelflecken und auf den abgekehrten Seiten breit rostbraun angelegten schwärz= lichen Ostreifen; die dunkelsten zeichnungslos; F. mit konischen Zähnen, welche viel kürzer sind als die langen Haarpinsel an ihren Spitzen. 40. ♀ strohgelb, schwarz gefleckt, flügellos. Oct. — R. auf Weißdorn, Obstbäumen, Eichen u. a. Laubholz, zuweilen bis zur Schädlichkeit häufig.

Rupicapraria *H.* Bfl. graubraun, seidenglänzend, mit schwärzlichem Mittelfleck und zwei schwärzlichen, weiß angelegten Ostreifen, der hintere seicht gezähnt; F. gekämmt. 30. ♀ veilgrau, die Fl. so lang wie der Hleib, mit schwarzrother Mittelbinde. Der Falter erscheint unter allen als Puppe über= winternden Schmetterlingen am frühesten, in milden Wintern schon im Januar, gewöhnlich im Februar. — R. an Schlehen und Weißdorn. Nicht überall.

38. **Anisopteryx** Stph.

Der vorigen Gattung ähnlich, aber durch die aus der Subcostalader ent= springende Ader 8 der Hfl. von ihr und allen übrigen Dendrometriden ver= schieden. F. des ♂ gekerbt, mit sehr langen und starken Wimperpinseln; ♀ flügellos, mit dickem, abgestutztem, grauem Afterbusch.

Aceraria *WV.* Bfl. dünn bestäubt, bleichokerröthlich, mit zwei dunklern Ostreifen, der hintere seicht gezähnt. 32. ♀ gelbbraun, unten gelblichgrau. Oct., Nov. — R. im Mai auf Eichen und Ahorn.

Aescularia *WV.* Vfl. grau, die Oftreifen schwärzlich, weißlich angelegt, der hintere scharf gezähnt. 32. ♀ dem vorigen ähnlich, etwas größer und dunkler. März. — R. im Mai und Juni auf Eichen, Roßkastanien, Obstbäumen u. v. a. Laubholz. Häufig.

39. Phigalia Dup.

Diese und die beiden folgenden Gattungen haben durch ihren plumpen Bau, den breiten, dickwollig behaarten Thorax und die lang gekämmten F. der ♂ ein spinnerartiges Ansehen. Ihre P. sind klein und versteckt, die Fl. ganzrandig, die Spitze der Vfl. gerundet.

Phigalia ist weniger plump gebaut als die übrigen, hat zartere, breite, sehr lang gefranste, gerundete Fl., doppelt gespornte Hschienen, einen verkümmerten S. und ein nur mit kleinen Flstümpfen versehenes ♀. Nur eine Art:

Pedaria *F.* (Pilosaria *H.*). Grünlichgrau und weißgrau gemischt, die Vfl. mit 3—4, die Hfl. lichter, mit zwei dunklern Oftreifen. 44. ♀ anliegend beschuppt, schimmelgrau und grauroth gemischt, schwarz gefleckt. Febr. bis April; nächst H. rupicapraria der am frühesten ausschlüpfende Schmetterling. — R. im Mai und Juni auf Eichen, Rosen, Birken u. v. a. Laubholz. Gemein.

40. Biston Leach.

S. schwach oder verkümmert; Kopf eingezogen; ♂ plump, zottig behaart, mit verhältnißmäßig kleinen, steifen Fln und gekämmten Fn. 6 d. A.

A. ♀ mit kurzen Läppchen statt der Fl., langhaarigem Körper und spitzem Hleibe mit vorstehender Legeröhre.

Pomonarius *H.* Fl. schmal, weißgrau, durchscheinend, mit dunklern Oftreifen, Adern und gefleckten Fransen. 30. ♀ schwärzlich, mit eingemischten weißlichen und orangegelben Schuppen. März, April. — Die R. auf Linden, Eichen u. a. Laubholz. Zerstreut und sparsam.

Hierher noch **Hispidarius** *F.*, **Zonarius** *WV.* (beide zerstreut) und **Alpinus** *Sulzer* (nur auf den Alpen).

B. ♀ vollständig geflügelt, größer als das ♂.

Hirtarius *L.* F. des ♂ lang gekämmt, mit nackter Spitze; Fl. weißgrau oder gelblichgrau, grob, aber dünn beschuppt, dunkel bestäubt, mit mehr oder minder deutlichen und breiten schwärzlichen Oftreifen; Hfl. lichter. 40—46. Febr. bis April. — R. vom Mai bis Aug. an Linden, Eichen, Obst= u. a. Bäumen.

Stratarius *Hfn.* (Prodromaria *WV.*). F. des ♂ bis zur Spitze lang gekämmt; Vfl. grünlichweiß, grob schwarz gesprenkelt; die beiden Oftreifen zackig, schwarz, von breiten braunen Binden gesäumt. 47—52. März, April. — R. an Eichen, Pappeln u. a. Laubholz, vom Juni bis Aug.

41. Amphidasis Tr.

Körper robust, anliegend beschuppt; S. stark, gerollt; Hschienen mit zwei Paar Sporen; F. des ♂ gekämmt, mit nackter Spitze; ♀ geflügelt, größer als das ♂. Nur eine Art:

Betularia *L.* Taf. XV. fig. 6. Einer der größten Spanner. Körper und

Fl. weiß, grob schwarz gesprenkelt; Vfl. mit zwei, Hfl. mit einem mehr oder minder deutlichen, zackigen schwarzen Ostreifen. 48—60. Mai bis Juli. — R. vom Juli bis Oct. auf fast allen Arten von Laubholz. Gemein.

42. Hemerophila Stph.

S. lang; F. des ♂ gekämmt; Fl. gezähnt, die Vfl. seichter, die Hfl. tief und scharf; Vfl. ohne Wurzelgrube.

Abruptaria *Thbg.* (Petrificata *H.*). Fl. braungelb, die Vfl. mit zwei, die Hfl. mit einem sehr schrägen, feinen schwarzen Ostreifen; der hintere (auf den Vfln bogig gezackt, auf den Hfln gezähnt) saumwärts bindenförmig braun angelegt. 32. Bei Freiburg i. B. und in Krain, selten.

43. Synopsia H.

Der folgenden Gattung ähnlich, der S. aber sehr kurz und weich, die Vfl. ohne Wurzelgrube; F. des ♂ gekämmt, mit nackter Spitze. Nur eine d. A.:

Sociaria *H.* Fl. weißgrau, gelblichbraun oder grünlichgrau schattirt und bestäubt, die Vfl. mit zwei ziemlich nahe zusammenstehenden (die Hfl. mit einem) zackigen schwarzen Ostreifen. 30—35. Zerstreut und selten.

44. Boarmia Tr.

Große bis mittelkleine, schlanke Spanner, mit breiten, gerundeten, mehr oder minder deutlich wellenzähnigen, staubigen, meist trüb gefärbten Fln, starkem, gerolltem S. und langen und starken, doppelt gespornten Hschienen. Die Vfl. führen beim ♂ an der Basis der Vorjalader ein auf der Unterseite kahles (bei Abietaria undeutliches) Grübchen, die Hschienen häufig einen Haarpinsel. 16 d. A.

A. F. des ♂ gekämmt, an der Spitze sägezähnig (bei Lichonaria bis zur Spitze kammzähnig).

Cinctaria *WV.* Weiß= oder bräunlichgrau; die Fl. sehr abändernd, oft etwas rostfarbig gemischt, braun bestäubt, mit großen, lichten, dunkel geringten, zuweilen undeutlichen Mittelmonden; das Mittelfeld der Vfl. meist lichter, die Ostreifen schwarz, der hintere gezähnt, der vordere dick, bogenförmig, doppelt. Das ♀ etwas kleiner und plumper. 30—35. April, Mai. — R. vom Juni bis Aug. auf Besenpfrieme, Goldruthe, Schafgarbe u. a. Pfl.

Gemmaria *Brahm* (Rhomboidaria *H.*). Fl. gelblich= oder bräunlichgrau, mit schwärzlichen Mittelmonden und Ostreifen; der h. Ostreif gezähnt, am Rande der Vfl. zurück=, auf Ast 6 stark vortretend; auf den Hfln verläuft er gerade durch die Mitte oder ein wenig näher an der Wurzel. Hschienen des ♂ ohne Pinsel, wenig länger als der Fuß. 37—39. Juli, Aug. — R. im Mai und Juni an Schlehen und Steinobst.

Abietaria *H.* Fl. graubraun und olivenbraun, fleckig gesprenkelt, mit schwarzen Ostreifen, der hintere und der der Hfl. gezähnt; die Wll. regelmäßig ge= zähnt, die Zähne wurzelwärts von schwärzlichen Flecken ausgefüllt. Hschienen des ♂ mit Haarpinsel. 42—47. Juni, Juli. — R. im April und Mai an Fichten und Buchenflechten. Sparsam.

Repandata *L.* Taf. XV. fig. 7 a. b. In Farbe und Zeichnung sehr ab= ändernd. Fl. weißgrau, aschgrau, schwärzlich und rostgelb gemischt, mit schwarzer, tief wellenzähniger Saumlinie, weißer, tief gezackter, in der Mitte wurzelwärts eingebogener Wll. aller Fl. und zackig geschwungenem h. Ostreif der Vfl. 40—44. Juni bis Aug. — R. vom Herbst bis Mai an Heidekraut, Heidelbeeren und Laubholzbüschen. Häufig.

Roboraria *WV.* Einer der größten Spanner. Fl. weißgrau oder licht-aschgrau, dicht braun bestäubt, die Ostreifen meist unterbrochen oder undeutlich, der hintere gezähnt; die Wll. regelmäßig wellenzähnig; das Ende des h. Ostreifs und des Mittelschattens am Innenrande schwarz verdickt und nahe an einander gerückt. F. des ♂ mit langen, ruthenartigen Kammzähnen. 50—60. Juni, Juli. — R. vom Herbst bis Mai an Buchen und Eichen. Nicht häufig.

Consortaria *F.* Der Roboraria sehr ähnlich; kleiner, weißgrau, dunkel bestäubt, meist lehmgelb gemischt; Wll. und Saum der Hfl. tiefer gezähnt; alle oder wenigstens die Hfl. mit weißlich gekernten Mittelmonden. 45—50. Mai, Juni. — R. vom Juli bis Sept. an Eichen u. a. Laubholz.

Viduaria *WV.* (Angularia *Thbg.*). Vfl. weiß, olivenbräunlich schattirt, die Ostreifen, die Einfassung der Wll. und der dicke Mittelschatten fleckig tief-schwarz. 30—34. Mai, Juni. — R. im Aug. und Sept. an Eichen und Buchen, vermuthlich nur deren Flechten fressend. Puppe an den Stämmen, unter dem Moose.

Lichenaria *Hfn.* Fl. weißlich, mehr oder minder dicht moosgrün be-stäubt, mit rostfarbiger Einmischung; die Vfl. mit zwei (Hfl. mit einem) tief-schwarzen, weißlich angelegten Ostreifen, der hintere stark geschwungen und scharf gezähnt. 25—29. Juni bis Aug. — R. vom Herbst bis Juni an Baum-flechten. Nicht selten.

B. F. des ♂ einfach, lang gewimpert.

Crepuscularia *WV.* Fl. weißlich, mehr oder minder dicht graubraun bestäubt, mit schwarzen, auf den abgekehrten Seiten von bräunlichen Parallel-streifen begleiteten Ostreifen; der hintere gezähnt, auf Ast 3 und 4 der Vfl. in zwei dicke schwarze, weiß eingefaßte Zähne vorschießend; Saum wellenzähnig. 34—40. Sehr abändernd. März bis Mai, zuweilen nochmals im Juli und Aug. — R. vom Juni bis Sept. an Birken, Eichen u. a. Laubholz. Gemein.

Consonaria *H.* Der vorigen ähnlich; weißgrau, olivenbräunlich schattirt, der h. Ostreif ungezähnt, meist unterbrochen. 33—35. April, Mai. An Buchen- und Eichenstämmen.

Luridata *Bkh.* (Extersaria *H.*). Fl. auf weißlichem Grunde dicht olivenbraun gesprenkelt, die Vfl. mit drei schwärzlichen Ostreifen und einem weißen Fleck in der Mitte der Wll. 30. Mai, Juni. — R. im Aug. und Sept. auf Haselbüschen.

Punctularia *H.* (—ata *Tr.*). Fl. weißgrau, der Saum ganzrandig, auf Ast 5 der Hfl. eingezogen; Vfl. mit vier schwarzen Flecken am Rande, die Ostreifen unterbrochen, die Fransen weißlich, grau gefleckt. 24—29. April, Mai. — R. vom Juni bis Aug. auf Erlen und Birken. Häufig.

45. Gnophos Tr.

Der Gattung Boarmia sehr ähnlich, aber durch den Mangel der Wurzel-grube der männlichen Vfl. verschieden. Schlanke, zartflügelige, graue oder bräunliche Spanner, mit gezähntem, gewelltem oder ganzrandigem, in der Regel

auf Ast 5 der Hfl. eingezogenem Saume. Die ♀ einiger Arten sind kurz=
flügelig. Meist Gebirgsbewohner, mehrere nur auf den Alpen. 15 d. A.

Furvata *F.* Sehr groß. F. des ♂ einfach, zusammengedrückt, mikroskopisch
gewimpert; Fl. tief, aber stumpf gezähnt, graubraun; die Bfl. mit gezackten,
ein dunkleres Mittelfeld einschließenden Qstreifen. 46—51. Juni bis Aug.
— R. an n. Pfl. Im Süden, nördlich bis Thüringen.

Obscuraria *H.* (—ata *Tr.*). F. des ♂ wie bei Furvata, schwach gekerbt;
Saum der Bfl. gewellt, der Hfl. tief gezähnt, Franzen sehr breit; rußbraun oder
schwärzlich, mit schwarz umzogenen, weißlich gekernten Mittelmonden aller Fl.;
die Bfl. mit zwei (die Hfl. einem) scharf gezähnten, schwarzen Qstreifen und
fein schwarzer Saumlinie. 30. Juni bis Aug. Verbreitet.

Dilucidaria *H.* F. des ♂ gekämmt, seine Hschienen keulenförmig ver=
dickt. Weißlich oder lichtbläulichgrau; die Bfl. ganzrandig, die Hfl. gewellt;
alle Fl. mit weiß gekernten Mittelringen und gezähnten, auf den Adern ver=
dickten schwärzlichen Qstreifen; Stirn weißlich. 30—35. Juli, Aug. In
den meisten Berggegenden.

46. **Dasydia** Gn.

Die Arten dieser und der beiden folgenden Gattungen sind Hochgebirgs=
bewohner, ausgezeichnet durch lange zottige Behaarung des Kopfes, der Palpen
und Schenkel. Ihre Fl. sind gleichgefärbt, ganzrandig, die Franzen einfarbig.
Sie fliegen in den Sommermonaten bei Tage.

Dasydia ist robust gebaut, hat gerundete Fl., eine kugelig aufgetriebene
Stirn und lange, beim ♂ gekämmte F. Das ♀ ist plump, mit etwas kleinern,
stumpfen Fln. Nur eine Art:

Tenebraria *E.* (Torvaria *Tr.*). Fl. schwarzbraun oder schwarz: oben
mit zwei (Hfl. einem) matten, gezähnten, dunklern Qstreifen, unten mit gelblich=
weißer Binde vor dem Saume. 27—30. Alpen.

47. **Psodos** Tr.

F. des ♂ einfach borstenförmig, mikroskopisch gewimpert; ♂ und ♀ von
gleicher Größe. 5 d. A.

Alpinata *Scop.* (Horridaria *WV.*). Fl. einfarbig braunschwarz, mit ver=
loschenen oder fehlenden Qstreifen. 23—25. Alpen, schlesische Gebirge.

Quadrifaria *Sulzer* (Alpinata *H.*). Schwarz, mit breitem orangegelbem
Qbande vor dem Saume aller Fl. 22—24. Alpen, Riesengebirge.

Die übrigen Arten nur auf den Alpen.

48. **Pygmaena** B.

Klein und schmächtig, das ♂ mit gekämmten, das ♀ mit sägezähnigen Fn;
letzteres mit viel kleinern, schmalen, spitzen Fln und langem Hleibe. Nur
eine Art:

Fusca *Thbg.* (Venetaria *H.*). Fl. aschgrau bis schwarzbraun, mit dunklern
Qstreifen und Mittelflecken. ♀ lichter, mit deutlicherer Zeichnung. 14 (♀) —
18 (♂). Alpen.

49. Tephronia H.

Kleine Spanner, mit schwachem S., sehr kleinen P. und nur einem Paar Sporen an den Hschienen. Beide Geschlechter führen an der Basis der Vfl., an derselben Stelle, wo ihn die ♂ von Boarmia haben, einen sehr deutlichen kahlen Fleck. F. des ♂ gekämmt.

Sepiaria *Hfn.* (Cineraria *H.*). Vfl. aschgrau, mit schwärzlichen, weit aus einander gerückten Ostreifen, bräunlichen Schattenbinden und fein schwarzer, unterbrochener Saumlinie; Hfl. lichter, mit einem oder zwei Ostreifen. 20—22. Juli, Aug. — R. im Juni an den Moosen oder Flechten der Baumstämme, Zäune u. s. w. Zerstreut.

Cremiaria *Fr.* (Corticaria *HS.*). Vfl. weißgrau, schwärzlich bestäubt, mit dunkel gefleckten Fransen, ohne schwarze Saumlinie. Hier und da im Westen. — R. an bemoosten Planken, Mauern.

50. Pachycnemia Stph.

Vfl. schmal, in die Länge gezogen, stumpf, ganzrandig; ♂ mit einfachen, mikroskopisch gewimperten Fn; seine Hschienen spindelförmig verdickt, mit einem Haarpinsel. Nur eine Art:

Hippocastanaria *H.* Vfl. bläulichaschgrau, mit zwei mehr oder minder deutlichen schwärzlichen Ostreifen, der vordere spitzwinkelig gebrochen, der hintere gezähnt. 28—30. Ende April, Mai. — R. auf Heidekraut im Juli und Anfang Aug. Im Süden und Westen, zerstreut.

51. Fidonia Tr.

Mittelgroße oder kleine Spanner, mit gerundeten, ganzrandigen (höchstens an den Hfln gewellten) Fln; die Vfl. beim ♂ mit einem eingedrückten kahlen Grübchen an der Basis. Brust, Stirn und die hängenden P. grob borstig behaart; F. des ♂ mit ziemlich kurzen Kammzähnen. 5 d. A.

Limbaria *F.* (Conspicuata *H.*). Fl. orangegelb, mit breitem schwarzbraunem (auf den Hfln zuweilen fehlendem) Saume; die Hfl. auf der Unterseite mit einem oder mehreren weißen Strahlen. 25. Mai, Juni, Aug. — R. auf Sarothamnus scoparius im Sept. und Juli. Im Westen, zerstreut.

Roraria *F.* (Spartiaria *Tr.*). Fl. okergelb, mit braunem Saume und dicht braun gesprenkelt; Hfl. unten ohne weiße Strahlen. 24—26. — R. auf Sarothamnus. Sehr zerstreut.

52. Ematurga Led.

Wie Fidonia, das ♂ aber ohne Wurzelgrube, seine F. mit sehr langen, ruthenartigen Kammzähnen besetzt. Nur eine Art:

Atomaria *L.* ♂ mit okergelben, dicht okerbraun gesprenkelten und mehr oder minder bandirten Fln; ♀ meist kleiner, weißlich, mit weniger dichten Sprenkeln und deutlichern Ostreifen; Fransen gelb oder weiß, schwarz gefleckt. 23 (♀) — 30. April bis Aug., in zwei Generationen. — R. auf mehreren Pfl., besonders auf Heidekraut. Gemein.

53. Bupalus Leach.

P. sehr kurz, anliegend beschuppt; ♂ mit Wurzelgrube der Vfl.; seine F. mit langen, federartig ausgebreiteten Kammzähnen bis fast zur Spitze besetzt. ♀ verschieden gefärbt. Nur eine Art:

Piniarius (—a) *L.*, der Kiefernspanner. Taf. XV. fig. 8 a. b. Fl. ganzrandig, der Brand der Vfl. sehr lang, gerade, der Saum schräg; ♂ schwarzbraun. die Vfl. mit zwei sehr großen weißen oder hellgelben Flecken, die Hfl. mit drei solchen, den Brand nicht erreichenden, braun besprenkelten Binden; ♀ rostgelb, mit braunem Rande, solchem Spitzendrittel der Vfl. und unbestimmten Ostreifen; Hfl. unten mit weißem, unterbrochenem Mittelstrahl. 32—34. Mai, Juni. — R. schlank, grün, oben mit weißen und hellgelben Längslinien und einer gelben auf der Mitte des Bauchs; vom Aug. bis Oct. auf Kiefern. Puppe im Moose. Gemein, den Kieferforsten zuweilen schädlich.

54. Selidosema H.

Der vorigen Gattung ähnlich, die F. des ♂ ebenfalls federartig gekämmt, aber an der Spitze nackt; die P. länger; die Hfl. wellenzähnig, die Fransen einfarbig, breit; das ♀ viel kleiner als das ♂. Nur eine d. A.:

Ericetaria *Villers* (Plumaria *H.*). Fl. lichtveilgrau, braun gesprenkelt, mit breit braunem Saume, schwarzbraunen Mittel= und Brandsfleckchen der Vfl. 28 (♀) —38 (♂). Aug. Zerstreut im Süden und der nördlichen Ebene, an trockenen Stellen.

55. Halia Dup.

Wie Fidonia, aber die P. anliegend beschuppt, aufsteigend, mit kurzem Endgliede; Saum der Hfl. gewellt.

Wawaria *L.* Taf. XV. fig. 9. Fl. veilgrau; die Vfl. mit vier rostbraunen Brandsflecken und schwarzem, meist mit dem zweiten Brandsfleck zusammenhängendem, v-förmigem Mittelfleck. 25—30. Juni bis Aug. — R. im Mai und Juni an Stachel= und Johannisbeeren. Gemein.

Brunneata *Thbg.* (Pinetaria *H.*). Oferbraun (♂) oder röthlichofergelb (♀), die Vfl. mit vier (beim ♂ meist undeutlichen) dunklern Ostreifen; unten lebhafter gefärbt; ♀ mit schmalern, spitzern Fln. 23 (♀) —26. Juni, Juli. — R. im Mai auf Heidelbeeren. Nicht überall.

56. Diastictis H.

Wie Halia, aber der Saum der Vfl. unter der Spitze stark ausgeschweift, die Stirn mit horizontal vorstehendem, spitzem Schopf; die F. des ♂ ziemlich lang gekämmt. Nur eine Art:

Artesiaria *F.* Vfl. veilgrau, mit schwärzlichem Mittelfleck und geradem, weißlichem, dunkel eingefaßtem h. Ostreif; in Z. 3 des Saumfeldes ein rostgelber Fleck an der Wll. 24. — R. auf Weiden. Zerstreut und selten.

57. Phasiane Dup.

F. des ♂ einfach, pubescirend; Vfl. scharfgespitzt, mit etwas geschwungenem Saume, ohne Wurzelgrübchen; Hfl. gerundet, ganzrandig. Nur eine Art:

Potraria *H.* Vfl. bleichröthlichgrau, ftaubig, mit weißlicher Wfl. und zwei dunklen, faft geradlinigen Oftreifen, der hintere faumwärts fcharf weißlich eingefaßt. 27—29. Mai, Anfang Juni. — R. an Adlerfarrn.

58. Strenia Dup.

F. des ♂ einfach oder fägezähnig, ziemlich lang gewimpert; Fl. ohne Wurzelgrube, gerundet, ganzrandig, mit breiten, gefchedten Franfen; Hfl. zwifchen Aft 4 und 6 eingezogen.

Clathrata *L.* F. des ♂ ungezähnt; Fl. gleichfarbig, gelb oder weiß; Vfl. mit vier, Hfl. mit drei dunkelbraunen, breiten, durch die gleichfarbigen Adern gitterförmig verbundenen Oftreifen. 20 (♀) — 26. Mai bis Aug., in zwei Generationen. — R. auf Klee, Efparfette und ähnlichen Pfl. Gemein.

Glarearia *Bkh.* F. des ♂ fägezähnig; Fl. bleichgelb, mit gelbbraunen Oftreifen, braunen und bleiglänzenden Sprenkeln. 20 (♀) — 24. Mai, Juli, an trockenen Stellen. Zerftreut.

59. Eubolia B.

F. des ♂ kurz gekämmt, an der Spitze fägezähnig; P. in Kopfes-länge horizontal vorftehend; Vfl. des ♂ mit Wurzelgrübchen; Hfl. wellenzähnig. 2 d. A.

Murinaria *F.* Fl. braun= oder röthlichgrau, dicht braun beftäubt, mit dunklen Mittelflecken und Oftreifen (Vfl. mit zwei oder drei, Hfl. mit einem oder zwei). 23—26. Mai, Juli, Aug. — R. auf Klee. In Süd= und Mitteldeutfchland, zerftreut.

60. Scodiona B.

S. fchwach, P. fehr kurz; F. des ♂ mit regelmäßig geftellten, geneigten Kammzähnen bis zur Spitze dicht befetzt; Fl. ganzrandig, Vfl. ohne Wurzel-grube, ftumpf dreieckig. Ziemlich robuft gebaute Arten, mit fein wollig behaartem, breitem Thorax.

Belgaria (Favillacearia) *H.* Fl. weißgrau oder afchgrau, mehr oder minder dicht dunkter gefprenkelt, mit fchwarz punktirter Saumlinie; die Vfl. mit ftarkem fchwarzbraunem Mittelfleck und zwei folchen fleckigen oder punktirten Oftreifen. 27 (♀) — 33. In wenigen Gegenden, felten. — **Conspersaria** *F.* Oefterreich.

61. Aspilates Tr.

F. des ♂ bis zur Spitze gekämmt, des ♀ fägezähnig; P. dünn, in Kopfeslänge horizontal vorftehend; S. ziemlich fchwach; Körper fchlank, an-liegend behaart; ♂ mit langem, dünnem, die Schiene überragendem Schien-blättchen.

Gilvaria *F.* Fl. ganzrandig; Vfl. ftrohgelb, roftbraun gefprenkelt, mit roftbraunem Mittelfleck und Schrägftreif aus der Spitze gegen den Innenrand; Hfl. bleicher. 28—30. Juli, Aug., an trockenen Stellen. Süd= und Mittel-deutfchland.

Strigillaria *H.* Saum der Hfl. gezähnt; Fl. weiß oder weißgrau, mehr oder minder dicht gelbbraun gefprenkelt, die Vfl. mit drei oder vier, die Hfl. mit zwei oder drei gelbbraunen, parallelen Oftreifen. 30—33. Juni. — R. vom Aug. bis April auf Heidekraut und Befenpfrieme.

62. Cleogene B.

Einfarbige, zeichnungslose Spanner, mit gekämmten Fn der ♂, starkem und langem S., ganzrandigen Bfln und gewellten, zwischen Aft 4 und 6 eingezogenen Hfln. Das ♀ etwas kleiner, mit spitzen Bfln.

Lutearia *F.* (Tinctaria *H.*). Einfarbig dottergelb, das ♀ gewöhnlich bleicher. 22 (♀) — 30. Juni bis Aug. Alpen Südtirols und der Schweiz.

Niveata *Scop.* (Illibaria *H.*). Weiß. Südliche Alpen. Selten.

63. Scoria Stph.

F. des ♂ einfach borstenförmig, sehr kurz gewimpert; Fl. ganzrandig, die Hfl. mit weit vortretendem Bwinkel, ihr Saum zwischen Aft 4 und 6 eingezogen. Nur eine Art:

Dealbata *L.* (Lineata *Scop.*). Ganz weiß, oben zeichnungslos; unten schwarz geadert. 34—39. Mai, Juni. — R. auf n. Pfl. Zerstreut.

64. Aplasta H.

Von den übrigen Gattungen dieser Abtheilung durch den gleichstarken, in der Mitte zwischen 4 und 6 entspringenden Mittelaft der Hfl. abweichend. F. des ♂ ungezähnt, sehr kurz gewimpert; Fl. gerundet, ganzrandig, gleichfarbig. Nur eine Art:

Ononaria *H.* Bleich okergelb, dicht rothbraun oder purpurröthlich gesprenkelt; die Bfl. mit zwei solchen, verflossenen Oftreifen. 21—27. Mai bis Aug. — R. auf Ononis. Sehr zerstreut.

B. Phytometrides. Gen. 65—80.

Die Coftalader der Hfl. entspringt aus der Subcoftalader, kurz vor der Ecke der M3. Nur bei Baptria und Siona entspringt sie aus der Wurzel, läuft aber ganz dicht an der Subcoftalader und trennt sich von dieser erst kurz vor der Ecke der M3.

65. Lythria H.

F. des ♂ federartig lang gekämmt; P. weit vorstehend und, wie die Schenkel, lang behaart.

Purpuraria *L.* Bfl. ungemein abändernd, okergelb bis olivengrün, mit purpurrothen, bald sehr breiten, bald faft verschwindenden Qbinden; Hfl. orangegelb; Fransen purpurroth. 20—25. April, Mai, Juli, Aug. — R. auf Schafampfer.

Plumularia *Fr.* Schweizer Alpen.

66. Ortholitha H.

Mittelgroße, ziemlich kräftig gebaute Spanner, mit anliegend beschupptem Körper, scharfer Spitze der Bfl. und langem, über den Hwinkel der Bfl. weit vortretendem Brande der Hfl.; P. am Kopfe auffteigend; F. des ♂ mit kurzen, die Spitze nicht erreichenden Kammzähnen. Fl. ganzrandig oder gewellt; die Spitze der Bfl. durch einen dunklen Schrägftrich getheilt. 6 d. A.

Plumbaria *F.* (Mucronata *Scop.*). Vfl. dunkler oder lichter blaugrau bis weißgrau, mit drei einfachen, faſt geradlinigen, roſtbraunen oder roſtrothen, gelb angelegten Qſtreifen (der innere zuweilen ausbleibend) und ſchwarzem Mittelfled oder Punkt. 28—30. Mai bis Juli. — R. auf Ginſter, Heide-kraut u. ſ. w. Gemein.

Moeniata *Scop.* (—aria *WV.*). Vfl. veilgrau, mit größtentheils tief kaſtanienbraunem, gelb eingefaßtem Mittelfelde, welches in der Mitte einen großen, ſcharfediegen Vorſprung gegen den Saum bildet und ſich darunter um die Hälfte verſchmälert. 30. Juli, Aug.

Limitata *Scop.* (Mensuraria *WV.*). Vfl. gelbgrau, ins Roſtgelbe oder Grünliche, mit veilgrauem, beiderſeits von roſtfarbigen Bandſtreifen eingefaßtem Mittelfelde; Hfl. wellenzähnig, mit einigen dunklen Parallellinien. 27—32. Juli, Aug. Gemein.

Bipunctaria *WV.* Vfl. lichtaſch= oder bläulichgrau, mit vielen dunklen, gewellten Qlinien; das Mittelfeld beiderſeits verdunkelt, mit zwei ſchwarzen Punkten auf der Qader. 30—33. Juli, Aug. An trockenen Stellen, be-ſonders auf Kalkboden.

Cervinata *WV.* Saum aller Fl. gewellt; Vfl. mit rothbraunem, weiß eingefaßtem Mittelfelde und ſägezähniger weißer Wll. 35—37. Sept. — R. auf Malven und Alcea rosea. Nicht überall.

67. Mesotype H.

Klein und ſchmächtig, ſonſt der vorigen Gattung ähnlich, aber mit ein=fachen, kurz gewimperten Fn des ♂ und hängenden P. Nur eine Art:

Virgata *Rott.* (Lineolata *H.*). Vfl. gelblichgrau, mit dunklern und lichtern, geradlinigen Qſtreifen, von denen die beiden dunkelſten, auswärts weiß eingefaßten das Mittelfeld begrenzen. ♀ kleiner, mit ſehr ſpitzen Vfln. 16 (♀) — 21. Mai, Juli. — R. auf Galium.

68. Minoa B.

Kleiner, zeichnungsloſer Spanner, mit anliegend beſchupptem Körper, ſchwachen, hängenden Pn und einfachen, eingeſchnittenen, ſtark gewimperten Fn des ♂. Nur eine Art:

Murinata *Scop.* (Euphorbiata *WV.*). Fl. gerundet, ganzrandig, ein=farbig röthlichgrau, lichter oder dunkler, zuweilen faſt okergelb. 16—18. Im Mai und Juni und wieder im Juli und Aug., in den meiſten Gegenden häufig. — R. auf Wolfsmilch (Euph. cyparissias und esula).

69. Odezia B.

Der Gattung Baptria ähnlich, aber ohne Krallen an den Vſchienen und mit aus der Subcoſtalader entſpringender Ader 8 der Hfl. Nur eine Art:

Tibiale *E.* (Tibialata *H.*). Tiefſchwarz; die Vfl. mit weißem, ab-gekürztem Schrägbande, die Hfl. mit weißen Franſen. 26. Juni, Juli. Bei Göttingen, in Oſtpreußen und hier und da auf den Alpen gefunden. Sehr ſelten.

70. Baptria H.

Fl. breit, gerundet, ganzrandig, zeichnungslos; die Hfl. mit aus der Wurzel entspringender, aber dicht an der Subcostalader verlaufender Costalader; P. grobborstig, F. des ♂ eingeschnitten und kurz gewimpert; Bschienen verkürzt, mit einer Klaue am Ende. Nur eine Art:

Chaerophyllata (Atrata) *L.* Einfarbig kohlschwarz, nur die Spitze der Bfl. schneeweiß gesäumt. 25—28. Juni, Juli. — R. im Mai auf Chaerophyllum sylvestre. In Gebirgsgegenden häufig, auch hier und da in der Ebene.

71. Siona Dup.

Costalader der Hfl. wie bei Baptria; F. des ♂ einfach, sehr kurz gewimpert; Bfl. breit, mit scharfer Spitze; Hfl. mit weit vorspringendem, eckigem Bwinkel, beim ♂ ohne Dorsalader. Nur eine d. A.:

Decussata *WV.* Sehr abändernd. Fl. gleichgefärbt, weiß bis braun, die lichten Varietäten dunkel geadert, mit gezacktem weißem Qbande hinter der Mitte und dunkel gefleckten Fransen. 28—30. Juni. Bei Wien, auf Sumpfwiesen.

72. Lithostege H.

Bschenkel gekeult; Bschienen verkürzt, mit einer Kralle am Ende; F. des ♂ einfach, dick, kurz bewimpert; Bfl. scharf gespitzt; Hfl. gerundet, beim ♂ mit einem kleinen häutigen Anhange an der Basis, ohne Dorsalader. (Einfarbige, mattgrau oder weiß gefärbte Arten.

Griseata *WV.* Staubig weißgrau. 23—25. Mai. — R. auf Sisymbrium sophia. Zerstreut.

Farinata *Hfn.* (Nivearia *WV.*). Bfl. graulichweiß, Fransen und Hfl. weiß. 30—32. Mai, Juni. — R. auf Ackersenf.

73. Anaïtis Dup.

Bschenkel nicht verdickt, Bschienen verkürzt; F. des ♂ einfach, pubescirend; Fl. wie bei Lithostege, die Bfl. aber mit scharfen Qstreifen und dunklen Wellenlinien, ihre Spitze durch einen rostfarbigen Schrägwisch getheilt; Hfl. grau, fast oder ganz zeichnungslos.

Plagiata *L.* Bschienen mit einer Kralle am Ende; Bfl. hellaschgrau, mit vielen dunklen Qlinien; das Mittelfeld jederseits von drei scharfschwärzlichen Wellenstreifen begrenzt, zwischen welchen der Grund etwas verdunkelt ist. 31—40. Mai, Juni, Aug. — R. auf Hypericum perforatum.

Praeformata *H.* Der vorigen ähnlich, aber die Wellenstreifen nicht so scharf, am Rande schwarzbraun ausgefüllt, der vordere bis zur Qader. 35—40. Juli, Aug. — R. auf Hypericum. Zerstreut, besonders in Berggegenden.

Sororiata *H.* (Paludata *Thbg.*). Viel kleiner und ohne Krallen an den Bschienen. 20—23. Juli. — R. auf Vaccinium oxycoccos; auf Torfmooren, in wenigen Gegenden.

74. Chesias Tr.

Wie Lithostege, aber die Bfl. von mehr ovaler Form, mit gebogenem Brande; die verdickten Bschenkel gekrümmt.

Spartiata *Füssly.* Vfl. graubraun oder bläulichgrau, rostfarbig gemischt, mit einem weißlichen, rostgelb schattirten Schrägstreif aus der Spitze gegen die Wurzel und zwei großen, ovalen (zuweilen undeutlichen) Ringflecken im Mittel= felde schräg unter einander. 32. Sept., Oct. — R. im Mai und Juni auf Sarothamnus scoparius. Nicht überall.

Rufata *F.* (Obliquaria *Bkh.*). Vfl. silbergrau, mit rostfarbigen Ostreifen und solcher Binde hinter der Mitte. 26—29. April, Mai. — R. auf Sarothamnus und Ginster. Nicht überall.

75. **Lobophora** Curt.

Fl. gerundet; die Vfl. sehr breit, mit kurzem Innenrande; die Hfl. klein, beim ♂ ohne Dorsalader und mit einem häutigen, gefransten Läppchen an der Wurzel des Innenrandes; Vschienen halb so lang als die Schenkel, ohne Kralle; F. des ♂ einfach, kurz gewimpert. 7 d. A.

A. Hschienen nur mit Endsporen; der Lappen der Hfl. sehr klein.

Polycommata *Il.* Vfl. graubraun und rostfarbig gemischt, mit schwärz= lichen Wischen und lichter Wfl. 28—31. April. — R. im Juni an Liguster. Im Westen und Süden.

Carpinata *Bkh.* (Lobulata *Il.*). Vfl. weißgrau, mit vielen schwärzlichen Wellenstreifen und mit Doppelpunkten auf der Saumlinie. 28. April. — R. im Mai und Juni an Sahlweiden, Espen und Pappeln.

B. Hschienen mit zwei Paar Sporen; der Lappen der Hfl. groß.

Halterata *Hfn.* (Hexapterata *WV.*). Vfl. grau, schwärzlich bestäubt, das Wurzelfeld schwarzgrau, die Ostreifen verloschen; Hfl. sehr klein, weiß. 23—26. April, Mai.

Sexalata *Vill.* Vfl. graubraun und gelblichweiß gemischt, mit tief= schwarzem Mittelfleck, drei weißlichen, röthlich getheilten Obinden und scharf= gezähnter weißer Wfl. 20—23. Mai bis Juli. — R. im Aug. und Sept. an Weiden.

76. **Cheimatobia** Stph.

♂ mit kleinem, schmächtigem Körper, großen, zarten, stark gerundeten, ganzrandigen Fln, die Hfl. mit nur einer Dorsalader. Die Zeichnung der Vfl. besteht aus matten, dunklen Wellenlinien, welche abwechselnd dunklere und lichtere Obinden bilden; die Adern führen kurze schwarze Längsstriche, besonders im Mittelfelde, die Saumlinie hat einfache schwarze Punkte auf den Aderenden. P. sehr klein; F. dünn, mit langen, abstehenden Wimperpinseln. Das ♀ hat statt der Fl. kurze, gefranste Läppchen. — Die Ru sind grün, ziemlich dick, mit hellern Längslinien, leben zwischen zusammengezogenen Baumblättern und verpuppen sich in der Erde in engen Gespinnsten.

Brumata *L.*, der Frostspanner. Taf. XV. fig. 10 a. b. Vfl. graubraun, etwas ins Röthliche, mit verloschenen dunklern Ostreifen; Hfl. lichter. 27—30. Die Fl. des ♀ viel kürzer als der Hleib, grünlichgrau, mit schwärzlicher Obinde. — Die R. ist grün, mit dunkel durchscheinendem Rückengefäß, gelblichweißen Subdorsallinien und feiner heller Seitenlinie. Sie erscheint Ende April, mit den ersten Knospen, in welche sie sich einbohrt und sie zerstört; später spinnt sie Blätter und Blüten mit Fäden zusammen. Sie lebt auf fast allen Laubholzarten (nicht auf Buchen und Birken), besonders auch auf Eichen und Obstbäumen, denen sie großen Schaden zufügt, verpuppt sich Ende Mai oder im Juni und der Falter entwickelt sich Ende Oct. oder im Nov. und bis in den Dec., wo das ♂ abends umherfliegt. Ueberall häufig.

Boreata *H.* Größer als Brumata, das ♂ mit etwas gestrecktern, äußerst zarten, seidenartig beschuppten Fln; die Vfl. weißgrau oder hellaschgrau, etwas ins Gelbliche, mit deutlicher hervortretenden braungrauen Qstreifen; die Hfl. weißlich. 30—33. Fl. des ♀ grau, die vordern so lang wie der Hleib, mit breiter dunkelbrauner Qbinde. — Die R. von Ende April bis Anfang Juni auf Birken und Buchen, der Falter Mitte Oct. bis Mitte Nov.

77. Scotosia Stph.

Große oder mittelgroße Arten; die Vfl. sehr breit, mit ziemlich scharfer Spitze, bauchigem Saum und gewellten Fransen; die Hfl. gerundet, den Hleib überragend, mit tiefgezähntem Fransensaume; alle grau oder braun (Hfl. lichter), mit zahlreichen welligen oder gezackten, dunklern und lichtern Qstreifen über- zogen; P. spitz, vorgestreckt; F. des ♂ ungezähnt, mit äußerst kurzer Pubescenz. — Die Rn sind ziemlich dick, leben zwischen dütenförmig zusammengezogenen Blättern von Holzgewächsen und verpuppen sich in oder an der Erde. 6 d. A.

A. Hfl. etwas in die Länge gezogen, mit sehr tief gezähnter Saumlinie. (Triphosa *Led.*).

Dubitata *L.* Fl. seidenglänzend graubraun; die vordern dunkler, mit starkem Kupferschimmer; das Mittelfeld an den Seiten verdunkelt, saumwärts von einer schwarzen, auf Ast 6 eckig vortretenden Qlinie begrenzt; Saumlinie scharf schwarz, auch auf den Vfln gezähnt. 37—40. Juli bis Herbst und überwintert im Frühjahr. — R. vom Mai bis Juli auf Rhamnus cathartica.

B. Saum etwas minder tief gezähnt, mit kürzerem Zahne auf Ast 5 der Hfl.; letztere beim ♂ mit einer sammtartigen Haarflocke an der Mitte des Innenrandes (Eucosmia *Stph.*).

Certata *H.* Der Dubitata ähnlich, die Fl. aber glanzlos, rostbraun und gelblichgrau gemischt, mit gezähnter, weißer Wfl.; Saumlinie scharf schwarz; unten auf jedem Fl. ein großer, tiefschwarzer Mittelfleck. 35—37. April. Mai. — R. im Juni und Juli an Berberis vulgaris.

Undulata *L.* Fl. blaßgelblichbraun, dicht mit scharfen dunkelbraunen und weißlichen, parallelen, wellenzähnigen Qlinien bedeckt; Fransen dunkel ge- fleckt, wellenzähnig; Saumlinie blaß. 28—30. Juni, Juli. — R. im Aug. und Sept. an Sahlweiden.

C. Hleib des ♂ mit langem Afterbusch und weit darüber hinausragender Afterklappe, die Hfl. überragend (Scotosia).

Vetulata *W V.* Fl. braungrau, mit vielen, matten, dunklern und lichtern welligen Qstreifen; Saumlinie fein schwarz, auf den Aderenden unter- brochen. 25—27. Juni, Juli. — R. im Mai und Juni auf Rhamnus cathartica.

Transversata *Rott.* (Rhamnata *F.*). Fl. rostbraun; das mehr oder minder stark verdunkelte Mittelfeld der Vfl. von schrägen Zackenstreifen begrenzt, saumwärts auf Ast 6 mit zwei vorspringenden, nahe an den schwärzlichen, die Flspitze theilenden Schrägwisch herantretenden Zähnen. 30—35. Juli. — R. an Rhamnus und Prunus-Arten.

78. **Lygris** H.

Von der folgenden Gattung durch nichts als eine Flocke sammtartiger Längshaare verschieden, die das ♂ auf der Unterseite der Vfl. an der Basis der Dorsalader trägt. Fl. ganzrandig, Vfl. scharf gespitzt, mit etwas geschwungenem Saume; F. des ♂ einfach oder gezähnt. 5 d. A.

Reticulata F. Vfl. braun, mit weißen Ostreifen und Adern, gegittert. 23—26. Selten. — R. auf Impatiens noli tangere.

Prunata L. Taf. XV. fig. 11. Vfl. kastanienbraun; eine tiefgezackte Binde vor und der Raum hinter dem weiß eingefaßten Mittelfelde lichter, letzteres mit starken, gerundeten Vorsprüngen gegen den Saum in Z. 2 und 3; die Wll. aus weißen, schwarz ausgefüllten Zacken und Möndchen gebildet. 32—36. Juni bis Aug. — R. im Mai und Juni an Johannis= und Stachelbeeren. Gemein.

Populata L. F. des ♂ schwach gezähnt; Vfl. oter= oder rostgelb, mit mehr oder minder vollständig rostbräunlich oder veilbraun verdunkeltem, in Z. 2 und 3 stärker saumwärts vortretendem Mittelfelde, einer Reihe mehr oder minder deutlicher, brauner, licht begrenzter Fleckchen statt der Wll. und braunem, saumwärts dunkel beschattetem Schrägstrich der Flspitze. ♀ etwas kleiner, lichter, mit spitzern Vfln. 29—32. Juni bis Aug. — R. im Mai und Juni auf Heidelbeeren.

Testata L. (Achatinata H.). F. des ♂ mit scharfen, langen Sägezähnen in der Wurzelhälfte; Vfl. dottergelb, orange= und veilgrau gemischt, mit orange= gelbem, weiß begrenztem Mondflecke unter der Spitze. ♀ etwas kleiner und spitzflügeliger. 28—32. Aug., Sept. — R. auf Weiden.

79. **Cidaria** Tr.

Eine sehr arten= und formenreiche Gattung, welche wohl in mehrere wird auf= gelöst werden müssen, doch stimmt Adergerüst und Zeichnungsanlage im Wesent= lichen bei allen überein. Der Körper ist schlank, wie P. und Beine anliegend beschuppt, der S. gerollt. Die Fl. sind zart, der Saum gerundet, ganz oder gewellt, die Spitze der Vfl. bald scharf, bald gerundet; die Hfl. sind gerundet, nur bei wenigen Arten schwach geeckt. Die Zeichnung besteht gewöhnlich aus mehreren, oft sehr vielen, meist welligen oder gezackten Qlinien, welche oft ein dunkleres Wurzel= und Mittelfeld einschließen; die Hfl. sind meist weißlich oder grau, zuweilen den Vfln gleich gefärbt und gezeichnet. Das ♀ ist stets voll= ständig geflügelt und hat zwei Dorsaladern der Hfl., wie das ♂. — Die Rn und ihre Lebensweise sind sehr verschiedenartig. 98 d. A.

A. Afterklappen des ♂ löffelförmig, weit über den Afterbusch hinausstehend; F. des ♂ einfach, pubescirend oder gewimpert.

Pyraliata F. (Dotata L. ?). Gestalt und Größe von L. populata; Vfl. hellotergelb, mit drei einfachen braunen Ostreifen und einer braunen Fleckenreihe im Saumfelde. Juli. — R. auf Galium.

Fulvata H. Von ähnlichem Flschnitt. Vfl. lebhaft dottergelb und orange, das zackige, in Z. 3 saumwärts vorspringende Mittelfeld rost= oder veilbraun, die Fransen braun gefleckt. 22—26. Juli. — R. im Juni auf Rosen.

Ocellata L. Vfl. weiß, Wurzel und Mittelfeld schwarzbraun, innen bläulich bestäubt; der Mittelfleck schwarz, groß, nagelförmig; die Wll. un=

deutlich, in Z. 4 und 5 schwarz ausgefüllt. 24—26. Mai bis Aug. — R. auf Galium.

Bicolorata *Hfn.* (Rubiginata *F.*). Fl. gerundet, schneeweiß, im Saum=felde blaugrau schattirt; die Vfl. mit rostbrauner Wurzel und solchem, großem, schwarz gekerntem Fleck in der Mitte des Brandes. 24—28. Juli, Aug. — R. im Juni an Erlen.

Variata *WV.* Sehr abändernd. Vfl. gelblichgrau bis rostfarbig; die Wurzel und das vielzackig begrenzte, nach unten sehr verschmälerte Mittelfeld verdunkelt, braun oder rostfarbig, scharf dunkel begrenzt, letzteres auf Ast 4 am weitesten saumwärts vortretend; die Wll. weiß, tief wellenzähnig; in der Flspitze zwei schwarze Schrägfleckchen. Die Ab. **Obeliscata** *H.* hat einfarbig rostfarbige Vfl. und eine undeutliche Wll. 24—30. Mai, Juni, Aug., Sept. — R. auf Fichten. Häufig.

Juniperata *L.* Der Variata ähnlich, die Vfl. aber lichtaschgrau, das scharf schwarz begrenzte Mittelfeld braungrau, die Wll. undeutlich, die Schräg=fleckchen der Flspitze länger, oft streifförmig zusammenhängend. 24—26. Sept., Oct. — R. vom Juni bis Aug. an Wachholder.

Psittacata *WV.* (Siterata *Hfn.*). Vfl. an Spitze und Saum gerundet, tiefgrün, mit rostrother Einmischung, besonders am Hwinkel; das Mittelfeld dunkler, zackig begrenzt; der h. Ostreif am Brande mit weißlichem Fleck; Hfl. braungrau. 29—31. Sept., Oct. und überwintert bis in den Mai. — R. auf vielerlei Laubholz, besonders Eichen, vom Juni bis Aug. Gemein.

Truncata *Hfn.* (Russata *Bkh.*). Ungemein abändernd. Vfl. mit scharfer, durch einen schwarzen Schrägwisch getheilter Spitze; das Mittelfeld breit, weiß=lich, an den Rändern (selten durchaus) schwarzgrau, in Zelle 3 und 4 weit saumwärts vorspringend, von scharf schwarzen, weiß begrenzten Zackenlinien ein=gefaßt; die Qbinde vor und der Raum hinter demselben bis zu der tief wellen=zähnigen, weißlichen Wll. rostbraun oder rostroth. 28—35. Mai bis Sept., in zwei Bruten. — R. auf Erdbeeren, Schlüsselblumen u. a. Pfl.

B. Afterklappen kurz, den Afterbusch nicht oder kaum überragend.

a. F. des ♂ gekämmt.

Olivata *Bkh.* F. des ♂ mit kurzen, spindelförmigen Kammzähnen; Vfl. olivengrünlich; das breite Mittelfeld dunkel olivengrün, beiderseits von röthlich=weißen Wellenlinien eingefaßt; die Wll. meist aus einzelnen Winkelstrichen be=stehend, von denen die drei unter der Flspitze schwarz ausgefüllt sind. 23—26. Juli, Aug. — R. an Galium. Seltener.

Viridaria *F.* (Miaria *Bkh.*). P. lang vorstehend, schwarz; Vfl. lauch=grün; die Ostreifen zackig, weiß, einfach, jeder am Brande mit einem großen, dreieckigen schwarzen Fleck. 24—28. Juni, Juli. — R. auf n. Pfl.

Didymata *L.* (Scabraria *Tr.*). Trübgelblichweiß oder weißgrau, Vfl. an der Wurzel, im Mittel= und Saumfelde braungrau und etwas rostgelb ge=mischt; die weißliche Wll. in Z. 4 und 5 schwarz ausgefüllt; die Saumlinie mit schwarzen Doppelpunkten. 22—24. Juli bis Sept. — R. im Mai und Juni an Heidelbeeren.

Fluctuata *L.* F. des ♂ mit sehr dünnen, kurzen, lang gewimperten Kammzähnen, das Endviertel gezähnt. Vfl. trübweiß oder weißgrau, mit schwärzlichen Wellenlinien; die Wurzel, ein Fleck vor der Spitze und die Brands=

hälfte des Mittelfeldes grauschwarz. 23—29. April bis Sept., in zwei Bruten. — R. an Meerrettig, Kohl u. a. Pfl. Einer der gemeinsten Spanner.

Montanata *Bkh.* Weiß; die Vfl. mit zackiger, rostbrauner Mittelbinde und tiefschwarzem, bläulich umzogenem Mittelfleck auf lichterer Stelle; Thorax und Hleib weiß, letzterer mit einer Doppelreihe schwarzer Rückenpunkte. Sehr abändernd. 28—32. Mai, Juni. — R. auf n. Pfl. Häufig.

Quadrifasciaria *L.* (Ligustrata *H.*). Vfl. rostbraun; das oben und unten fast gleichbreite Mittelfeld schwarzgrau, auf Ast 3 stumpfeckig vortretend; die Wll. lichtblaugrau; Hfl. braungrau, mit matten lichtern Wellenstreifen. 25—27. Juni, Juli. — R. an Erdbeeren u. a. n. Pfl.

Ferrugata *L.* Vfl. gerundet, gelbgrau oder rostfarbig, die Wurzel und das breite Mittelfeld purpurbraun, letzteres von weißen, schwarz gerandeten Wellenlinien eingefaßt und von dunklen Wellenlinien durchzogen; Wll. weißlich, in Z. 4 und 5 schwarz ausgefüllt; die Fransen mit schwarzen Doppelpunkten. Sehr abändernd, oft lichter und bunter gefärbt (Ab. **Spadicearia**), seltener mit einfarbig schwarzem Mittelfelde (Ab. **Unidentaria** *Haw.*). 21—23. Mai bis Aug., in zwei Generationen. — R. auf Galium u. a. n. Pfl. Gemein.

b. F. des ♂ schwach gezähnt, einfach oder eingeschnitten und (meist kurz) gewimpert.

Designata *Hfn.* (Propugnata *F.*). F. des ♂ schwach gezähnt, lang gewimpert. Vfl. gerundet, weißlich= oder gelblichgrau, die Wurzel und das (meist schmale) Mittelfeld veilröthlich, letzteres an Ast 4 und 6 stumpfeckig vortretend, an seiner Wurzelseite streifartig schwarzbraun. 21—25. Mai, Juli und Aug.

Dilutata *Bkh.* F. des ♂ eingeschnitten und lang gewimpert. Vfl. breit, zart, gerundet, etwas seidenglänzend, weißgrau oder aschgrau, mit vielen dunkel= grauen, wellenzähnigen Ostreifen, deren Zahl und Deutlichkeit ungemein wechselt; die dunkelsten begrenzen gewöhnlich, streifartig zu zwei oder drei verbunden, die Seiten des Mittelfeldes und die innere Seite der matten Wll. Auf den Adern meist schwarze Längsstrichelchen. 28—37. Ende Sept., Oct. — R. im Mai auf fast allen Laubholzarten. Häufig.

Galiata *H.* Vfl. gelblichweiß, lichtbläulichgrau und rostgelblich schattirt; die breite Mittelbinde innen schwärzlichblau, beiderseits dunkelbraun. 24—27. Mai bis Aug. — R. auf Galium.

Cuculata *Hfn.* (Sinuata *H.*). Kopf und Thorax schwarzbraun, Hleib weißlich. Vfl. weiß, das Wurzelfeld schwarzbraun und rostbraun; an der Innen= seite des h. Ostreifs ein großer schwarzbrauner Brandsfleck, an der Außenseite eine rostrothe Ebinde. 28. Mai, Juni. — R. auf Galium.

Sociata *Bkh.* (Alchemillata *H.*). Vfl. graubraun, mit dunklem, innen oft blaugrau bestäubtem, auf Ast 4 fast rechtwinkelig vortretendem, beiderseits von weißen Doppelstreifen (der äußere breiter und reiner) eingefaßtem Mittel= felde, großem schwarzem Mittelfleck und weißer Wll.; Hfl. an der Saumhälfte den Vfln gleich gefärbt und gezeichnet, an der Wurzelhälfte lichter. Sehr ab= ändernd. 23—27. Mai bis Sept., in zwei Generationen. Gemein.

Albicillata *L.* Taf. XV. fig. 12. Fl. sehr breit, gerundet, weiß, am Saume blaugrau; das Wurzelfeld der Vfl. und ein großer Fleck am Brande vor der Spitze kastanienbraun, mit bläulichen Clinien. 28—33. Juni. — R. im Aug. auf Himbeeren und Brombeeren.

Hastata *L.* Fl. weiß, mit zerrissenen, tiefschwarzen, an der Wurzel und im Saumfelde bindenartig zusammenhängenden Flecken; Fransen und Körper schwarz gefleckt. Die Ausdehnung des Schwarzen wechselt sehr; öfters ist es so ausgedehnt, daß es als Grundfarbe erscheint, auf der das Weiße Striche und Binden bildet. 26—30. Mai, Juni. — R. vom Juli bis Sept. an Birkenbüschen und Vaccinien, zwischen zusammengezogenen Blättern.

Tristata *L.* Fl. braunschwarz; das Mittelfeld auf Ast 4 eckig vortretend, beiderseits von weißen Obinden eingefaßt, die hintere breiter, von einer schwarzen Punktreihe durchzogen; vor den Fransen eine Reihe matter rostgelblicher Flecke; Mittelfleck groß, schwarz, weiß begrenzt. Hleib weißgrau, mit einer Doppelreihe schwarzer Rückenflecke. 22—24. Mai bis Aug. — R. auf Galium.

Alchemillata *L.* (Rivulata *H.*). Vfl. oliven- oder schwärzlichbraun; das Mittelfeld saumwärts von einer aus- und eingebogenen, wellig gezähnten, weißen, durch eine schwärzliche Clinie getheilten Obinde begrenzt; an der Wurzelhälfte des Innenrandes zwei Paar weißer Fleckchen; Wll. an der Spitze schneeweiß. 18—20. Juli, Aug. — R. im Aug. und Sept. an blühender Galeopsis tetrahit.

Albulata *WV.* Vfl. bleicholiven- oder gelbgrau, mit breiten weißen, welligen, die Grundfarbe oft fast verdrängenden Ostreifen und breiter weißer, gezähnter Wll. Körper gelblichweiß. 17—20. Mai, Juni. — R. in den Kapseln von Rhinanthus minor. Auf feuchten Wiesen häufig.

Bilineata *L.* Goldgelb; die Fl. von vielen dunklen Wellenlinien durchzogen; das Mittelfeld der Vfl. beiderseits von einer weißen, dunkel eingefaßten Clinie begrenzt, an seinen Seiten häufig braun beschattet; Saumlinie fein schwarz, gezähnt. Juni bis Aug. — R. auf n. Pfl. Sehr gemein.

Sordidata *F.* (Elutata *H.*). Sehr abändernd. Vfl. lichter oder dunkler olivengrün, zuweilen rostbraun, mit zerrissenen braunen oder schwärzlichen Streifen und Obinden vor und hinter der meist licht gefärbten Mitte; vor der Wll. in Z. 3 ein weißer Fleck. 26—31. Juni bis Aug. — R. im Mai und Juni auf Heidelbeeren und Sahlweiden, zwischen zusammengezogenen Blättern.

Trifasciata *Bkh.* (Impluviata *H.*). Vfl. braungrau oder gelbgrau, ins Grünliche; das Wurzelfeld von einer sehr schräg saumwärts gerichteten schwärzlichen Clinie durchzogen; das Mittelfeld bindenartig lichter, weißgrau, am Innenrande am hellsten, von gezackten dunklen Clinien eingefaßt; Spitze der Vfl. ziemlich abgerundet. 27—30. Mai bis Juli. — R. vom Aug. bis Oct. auf Erlen, zwischen zusammengezogenen Blättern.

Corylata *Thbg.* (Ruptata *H.*). Vfl. olivengelb oder -grau, weißlich gemischt, die Wurzel und das saumwärts tiefgezackte, unter der Mitte sehr verschmälerte Mittelfeld olivenbraun, weiß eingefaßt; die stark gezähnte weiße Wll. in der Mitte saumwärts mit einem weißen Wisch. 26—29. Mai, Juni. — R. im Aug. und Sept. auf Birken und Linden.

Berberata *WV.* Vfl. lichtveilgrau, das Wurzelfeld und die scharfe, durch einen schwarzen Schrägstrich getheilte Spitze bräunlich; das Mittelfeld wurzelwärts von einer schmalen, scharf begrenzten, dunkelbraunen Obinde, saumwärts von einer schwarzen Zackenlinie eingefaßt, deren Brandsdrittel wurzelwärts braun angelegt ist und zwei scharfe Zähne gegen den Saum bildet. 25—28. Mai bis Aug. — R. auf Berberis.

Nigrofasciaria *Goeze* (Derivata *Bkh.*). Vfl. trüblilafarbig; das breite Mittelfeld weißlich, wurzelwärts von einem schmalen schwarzen und veilbraunen Bandstreifen begrenzt, saumwärts von der h. Clinie, welche an einem braunen Brandsfleck entspringt, als dick schwarzbrauner Streif schräg gegen die Mitte des Saums läuft, hier spitz einwärts gebrochen ist und dann als feine Linie zum Innenrande zieht. 27. April, Mai. — R. im Juni an Rosen. Nicht überall.

Badiata *H. F.* des ♂ stark eingeschnitten und gewimpert. Vfl. tief braunroth, das Mittelfeld lehmgelblich, wurzelwärts von einem schmalen, schwarz gerandeten braunen Bandstreifen, saumwärts von der fein schwarzen, wellenzähnigen h. Clinie begrenzt; Wll. undeutlich, mit einem weißen Fleckchen in der Mitte; Saum wellenzähnig, Vfl. mit scharfer, durch einen schwarzen Schrägstrich getheilter Spitze. 30. April, Mai. — R. im Juni auf Rosen.

Comitata *L.* (Chenopodiata *H.*). Fl. wellenrandig; Vfl. mit scharfer, durch einen schwarzen Schrägstrich getheilter Spitze, rostgelblich, das breite Mittelfeld braun, in der Mitte lichter, in Z. 3 busenförmig saumwärts vortretend. 27—32. Juli, Aug. — R. auf Chenopodium.

Candidata *WV.* Diese und die beiden folgenden kleinen Arten zeichnen sich durch ihre in der Mitte des Saums stumpfgeeckten Hfl. und dadurch aus, daß sie die Fl. im Sitzen öfters tagfalterartig aufrichten. Die Fl. sind breit, gleich gefärbt, von dunklen, parallelen Clinien durchzogen.

Candidata ist schneeweiß, die Vfl. mit sechs, die Hfl. mit vier gelbgrauen Wellenlinien und feinen schwarzen Saumpunkten. 18. Mai, Juni. — R. auf Hainbuchen. Häufig.

Luteata *WV.* Hellockergelb, die Fl. mit rostbraunen Wellenstreifen und Mittelpunkten. 18—20. Juni. — R. auf Erlen.

Obliterata *Hfn.* (Hepararia *H.*). Fl. lehmgelb, dicht graubraun bestäubt, mit braun gefleckten Fransen; die Vfl. mit (oft verloschenen) braunen Ostreifen. 20—22. Mai bis Juli. — R. auf Erlen; häufig.

80. **Eupithecia** Curt.

Kleine Spanner, mit langen, an der Spitze abgerundeten Vfln, kurzen, gerundeten Hfln und ganzrandigem, von einer feinen, schwarzen, auf den Adern unterbrochenen Linie umzogenem Saume; Vfl. mit langem Brande und fast gleichlangem H= und Innenrande. F. des ♂ einfach borstenförmig, meist gleichmäßig kurz (selten pinselig) gewimpert; Hschienen doppelt gespornt (nur bei der in Deutschland seltenen Pumilata *H.* ohne Mittelsporen). Die Fl. sind gleich gefärbt und gezeichnet (die Hfl. nur etwas lichter und unvollständiger), in der Regel von oft bindenartig gehäuften, lichtern, dunkel eingefaßten welligen Clinien und einer lichten, am Hwinkel oft erweiterten Wll. durchzogen. Sie ruhen bei Tage mit ausgebreiteten Fln, die Hfl. vom Körper entfernt und größtentheils unter den vordern versteckt. — Die Rn nähren sich mehr von den Blüten und Samen als von den Blättern der Pflanzen und verpuppen sich in leichten Geweben an oder in der Erde. Eine große Gattung von zum Theil sehr ähnlichen, durch kurze Beschreibungen nicht gut kenntlich zu machenden Arten. 65 d. A.

Venosata *F.* Taf. XV. fig. 13 a. b. Einfarbig lichtgelbgrau, mit gezähnten, tiefschwarzen, weißlich ausgefüllten Doppelstreifen, ohne Wll. 21—22. Mai, Juni. — R. im Juli in den Kapseln von Silene inflata und Lychnis.

Oblongata *Thbg.* (Centaureata *F.*). Weiß; Vfl. mit feinen schwarzen Linien und weißer, wurzelwärts bräunlich, saumwärts bläulichgrau angelegter Wll.; Mittelmond tiefschwarz, an einem blaugrauen Brandsflecke hängend. 20—22. Mai bis Aug. — R. an den Blüten der Scabiosen u. a. Pfl.

Lanceata *H.* (Hospitata *Tr.*). Vfl. lang und spitz, rostbräunlich, mit zwei dunkelbraunen, das schmale Mittelfeld begrenzenden Qstreifen, der vordere spitzwinkelig gegen den schwarzen Mittelmond gebrochen, der hintere fast gerade, den Mittelmond berührend. 18—20. April; an Fichten.

Innotata *Hfn.* Vfl. lang und ziemlich spitz, röthlichgraubraun, mit wenig lichtern Qstreifen und kleinem schwarzem Mittelmonde; der h. Qstreif auf Ast 6 spitzwinkelig saumwärts gebrochen. 22—24. — R. auf Beifuß.

Sobrinata *H.* Vfl. röthlichbraungrau, mit wenig hellern Doppelstreifen und schwärzlichen Linien; der v. Qstreif spitzwinkelig gegen den schwarzen, weißlich umzogenen Mittelmond gebrochen. Sehr abändernd. 17—19. Aug. — R. im Mai und Juni an blühendem Wachholder.

Castigata *H.* Vfl. bräunlichgrau, etwas seidenglänzend, mit schwarzem Mittelfleckchen, gehäuften lichtern und dunklern Wellenstreifen und lichterer, seicht gezähnter Wll. 19—21. Mai, Juni. — R. im Aug. und Sept. an den Blüten vieler Pflanzen und Gesträuche.

Lariciata *Fr.* Der Castigata ähnlich; die Aeste der Medianader im Mittelfelde mehr oder minder stark rostroth bestäubt. Mai, Juni. — R. im Aug. und Sept. an Lärchen.

Vulgata *Haw.* (Austeraria *HS.*). Fl. rostbraun, mehr oder minder grau gemischt, mit lichtern, braun gefleckten Fransen; die Vfl. mit oft undeutlichen lichtern und dunklern Doppelstreifen und schwarzem Mittelpunkt; Wll. weißlich, am Hwinkel erweitert, auf den Hfln sägezähnig. Sehr abändernd. 18—20. Mai, Juni. — R. an verschiedenen Kräutern und Gesträuchen.

Absinthiata *L.* Vfl. leberbraun, die Linien meist undeutlich, der Brand schwarz gefleckt und mehr oder minder weißgrau bestäubt; der Mittelmond länglich, tiefschwarz; die Wll. weißlich, meist unterbrochen, am Hwinkel fleckig erweitert. 19—23. Mai bis Juli. — R. an den Blüten des Beifußes. Heidekrauts, der Goldruthe u. a. Pfl., deren Farbe sie gewöhnlich annimmt: auf Heidekraut roth, auf Goldruthe gelb u. s. w.

Satyrata *H.* Fl. bräunlich- oder röthlichgrau, mit schwarz und weiß punktirten Adern, matten dunklern und lichtern Doppelstreifen und dunkel gefleckten Fransen; die Vfl. mit schwarzem Mittelpunkt und weißer, meist unterbrochener, am Hwinkel fleckig · erweiterter Wll. 17—20. Sehr abändernd. Mai. — R. an den Blüten der Scabiosen, Goldruthe u. a. Pfl.

Pusillata *F.* Vfl. trübweiß oder lichtweißlichgrau, mit großem schwarzem Mittelmonde, starken gezähnten und gezackten Qstreifen und fleckig graubraun beschatteter Wll.; P. kurz. 17—19. Mai, Juni. — R. auf Fichten. Häufig.

Rectangulata *L.* Grün, mehr oder minder stark schwarzgrau beschattet; das breite Mittelfeld öfters ganz schwarzgrau, auf Ast 4 und 6 saumwärts stumpfwinkelig vortretend, von schwärzlichen Linien eingefaßt. Auf der lichten

Unterſeite der Hfl. iſt der dickſchwarze h. Oſtreif in der Mitte ſcharf rechtwinkelig gebrochen. 17—20. Juni, Juli. — Die R. lebt Ende April und im Mai an den Blüten der Apfelbäume, deren Staubfäden und Fruchtknoten ſie verzehrt und dadurch ſchädlich wird.

Debiliata *H.* Der vorigen ſehr ähnlich, aber bleichgrün, grau ſchattirt, das Mittelfeld ſaumwärts nur von einer ſchwarzen Punktreihe (nicht einer zuſammenhängenden ſchwarzen Olinie) eingefaßt. Juni. — R. im Mai an Heidelbeeren, zwiſchen zuſammengezogenen Blättern.

Abietaria *Götze* (Strobilata *Bkh.*). Fl. weißgrau; die Vfl. mit großem, länglichrundem, tiefſchwarzem Mittelfleck und roſtrothen Obinden im Wurzel= und Saumfelde; Wfl. ſeicht gezähnt; P. faſt doppelt ſo lang als der Kopf. 17—20. Mai, Juni. — R. im Juli und Aug. in den von Chermes viridis erzeugten Gallen der Fichten.

Togata *H.* Der vorigen ähnlich, aber viel größer, mit kürzern P., ſchärferer Zeichnung und ſcharf ſägezähniger Wfl. aller Fl. 22—24. Juni. — R. in jungen Fichtenzapfen. Selten.

Linariata *WV.* Vfl. roſtgelblich, roſtbraun ſchattirt; das Mittelfeld ſchwärzlichgrau, von weißen Linien eingefaßt; die Wfl. in Z. 1 b, 4 und 5 mit ſchwärzlichen Flecken. 16—18. — R. an den Blüten und Früchten von Linaria vulgaris; eine Var., **Digitaliaria** *Dietze*, an denen des gelben Finger=huts (Digitalis grandiflora).

MICROLEPIDOPTERA.

Es iſt ſchon oben bemerkt worden, daß die Kleinfalter ſich am weſent=lichſten durch ihr Flügelgeäder und die Fußbildung ihrer An von den Großfaltern unterſcheiden. Die große Mehrzahl derſelben beſitzt auf den Vfln eine Dorſalader, auf den Hfln drei Dorſaladern — ein Verhältniß, welches bei den Großfaltern nur bei einer Familie, den Pſychiden, vorkommt, welche auch in andern Beziehungen ſo nahe mit den Motten verwandt ſind, daß ſie mit ebenſoviel Recht zu dieſen als zu den Spinnern gerechnet werden könnten. Ge=rade die größern Mikrolepidopteren, zumal die Zünsler, welche am erſten mit den Großfaltern verwechſelt werden könnten, unterſcheiden ſich ausnahmslos durch das angegebene Merkmal von dieſen. Bei manchen Wicklern und Motten kommt eine zweite Dorſalader auf den Vfln vor oder nur zwei deutliche Dorſaladern der Hfl. Dieſe ſind aber theils durch ihre Kleinheit, theils durch andere Kenn=zeichen von den Makrolepidopteren leicht zu unterſcheiden. Viele kleine Motten haben ſo ſchmale, lanzettförmige Fl., daß ſich gar kein vollſtändiges Adergerüſt ausbilden kann; dieſe ſind eben dadurch und durch die außerordenlich langen Franſen ihrer Hfl. den Großfaltern ganz unähnlich; nicht minder die Pteropho=riden und Alucitinen, deren Fl. in einzelne federartige Zipfel zerſpalten ſind.

Die Mikrolepidopteren ſind faſt ohne Ausnahme (Atychia, Galleria) ſchmächtig gebaute Thierchen, mit borſtenförmigen, meiſtens einfachen Fn, nackten Augen, doppelt geſpornten Hſchienen und ſtets mit einer Haftborſte verſehenen, zarten Hfln., übrigens nach Größe und Habitus kaum minder verschiedenartig als die Großfalter.

Mehr Uebereinstimmendes zeigen ihre Rn. Diese sind ohne Ausnahme kranzfüßig (oder haben verkümmerte Füße), während die Rn der Makrolepidopteren stets klammerfüßig sind, die wenigen Gattungen ausgenommen, welche ihre ganze Entwickelung im Innern von Pflanzentheilen, als Holz- oder Markfresser, durchmachen. Die Rn der Kleinfalter sind viel weniger reich und mannigfaltig an Formen und Farben als die der Großfalter, meist unscheinbar, spindelförmig oder doch nach hinten verdünnt, nackt oder nur mit einzelnen Warzenhärchen (selten mit kurzen Haarbüscheln) besetzt, gewöhnlich mit hornigem Nacken- und Afterschilde. Die große Mehrzahl ist sechzehnfüßig, fast nur unter den kleinsten, blattminirenden Motten finden sich hiervon Ausnahmen; bei den Sackträgern sind alle Bauchfüße vorhanden, aber verkümmert. Bei weitem die meisten leben verborgen, theils im Innern von Pflanzentheilen (einige auch von thierischen Stoffen), theils als Blattwickler, theils in tragbaren, röhrigen Wohnungen (Sackträger).

An Zierlichkeit der Formen und Pracht der (bei vielen Motten lebhaft metallischen) Farben, Mannigfaltigkeit der Lebensweise und Entwickelungsgeschichte stehen die Kleinfalter ihren größern Genossen nicht nach, die sie, wie bereits erwähnt, an Artenzahl noch übertreffen. Der Raum, welcher uns hier gesteckt ist, verbietet es aber, sie in gleicher Vollständigkeit wie jene zu behandeln; wir müssen uns auf die Charakterisirung der Familien, der wichtigsten Gattungen und die Beschreibung einiger der am meisten vorkommenden oder interessantesten Arten aus jeder Gruppe beschränken.

23. Fam. Pyralidina, Zünsler.

Meist größere Mikrolepidopteren, mit großen, gerundeten, stets mit drei Dorsaladern versehenen Hfln., meist stark entwickelten Marillarpalpen und sechzehnfüßigen Rn. Auf den Vfln entspringen Ast 4 und 5 dicht bei einander oder auf gemeinsamem Stiele an der hintern Ecke der M3.; Ast 5 und 6 sind auf allen Fln an ihrem Ursprunge weiter von einander entfernt als von den übrigen Aesten. Die Costalader der Hfl. ist auf eine Strecke mit Ader 7 vereinigt oder läuft nahe an derselben her.

Die Familie zerfällt in sieben Tribus, welche zusammen gegen 300 deutsche Arten umfassen.

1. Pyralididae. Gen. 1—2.

Ziemlich robust gebaute, meist größere Zünsler, mit länglich dreieckigen Vfln., deren Aeste 8 und 9 gestielt oder nach einander aus Ast 7 entspringen; die M3. der Hfl. ist geschlossen, ihre Medianader an der Wurzel nicht behaart.

1. Aglossa Latr.

Ohne S. und Nebenaugen.

Pinguinalis *L.*, der Fettzünsler. Vfl. gerundet, glänzend, lehmgelblich, dicht und grob schwärzlich bestäubt, mit zwei doppelten, gezähnten schwärzlichen Ostreifen und schwarzen Mittelpunkten; Hfl. grau; F. des ♂ lang abstehend gewimpert; ♀ mit vorstehender Legeröhre. 29—33. Vom Mai bis Aug. in Häusern häufig. — Die braune, fettglänzende R. lebt von Schmalz, Butter u. dgl.

2. Asopia Tr.

S. gerollt; ohne Nebenaugen; F. des ♂ pinselig gewimpert; P. anliegend beschuppt.

Farinalis *L.*, der Mehlzünsler. Taf. XVI. fig. 1. Wurzel- und Mittel= feld der Vfl. purpurbraun, von dem breiten, olivengelben Mittelfelde durch zwei weiße Qlinien (die hintere stark geschwungen) geschieden, die sich auch über die weißgrauen Hfl. fortsetzen. 20—25. Im Sommer an den Wänden der Häuser häufig. — Die R. soll an Korn, Stroh u. dgl. leben.

2. Botidae. Gen. 3—14.

Eine große Gruppe meist schlant gebauter Zünsler, von den Pyralididen dadurch verschieden, daß Ast 7 und 8 der Vfl. stets gesondert entspringen.

3. Scoparia Haw. (Eudorea *Stph.*).

P. vorstehend, unten mit einem vorwärts gerichteten Schuppenbusch; Ma= xillarp. aufliegend, pinselförmig, schräg gestutzt, halb so lang als die P.; F. des ♂ sehr kurz gewimpert. Vfl. weißlich oder grau, meist mit einer der der Noctuinen ähnlichen Zeichnung: beiden Qstreifen, lichter Wfl. und drei schwärz= lich umzogenen Makeln, die Nml einer 8 ähnlich. Sie ruhen mit flachdachartiger Flügelhaltung an Bäumen und Felsen. — Die Rn leben in seidenen Röhren unter Moos.

Dubitalis *H.* Vfl. weißlich, das Saumfeld schwarzbraun, die drei Makeln lehmgelb ausgefüllt, die beiden Qstreifen breit weiß, ungezähnt. 16—18. Juni, Juli. Häufig.

Ambigualis *Tr.* Der Dubitalis ähnlich, die Fl. aber grau, die Zeich= nungen trüber und verloschener, der h. Qstreif fein gezähnt. Sehr abändernd. 18—22. Mai bis Juli. In Wäldern häufig.

Crataegella *H.* Vfl. weiß, grau bestäubt, mit kleinen, nicht gelb aus= gefüllten Makeln und schwärzlichem, weiß geflectem Saumfelde. 15—17. Juni bis Aug. Häufig.

4. Threnodes Gn.

Ziemlich robust gebaut, mit kurzen, langgefransten Vfln und flach ge= rundeten Hfln, alle gleich gefärbt. Stirn keilförmig vortretend; P. gerade vor= stehend, unten borstig behaart; Augen klein, verquollen. Nur eine d. A.:

Pollinalis *WV.* Schwarz; jeder Fl. mit zwei großen weißen Mittel= flecken, die Vfl. weißlich bepudert. 16—19. Mai, Juni; bei Tage fliegend. — R. auf Ginster.

5. Odontia Dup.

Nur eine durch ihre kurzen, langgefransten, gerundeten, mit einem großen Schuppenzahn vor der Mitte des Innenrands versehenen, eigenthümlich gezeichneten Vfl. ausgezeichnete Art:

Dentalis *WV.* Vfl. olivenbräunlich, mit einem stark geschwungenen, unter=

brochenen, spitz gezähnten, weißlichen Zackenstreif durch die Mitte und weißen, braun durchschnittenen Fransen. 25. Juli, Aug. — R. an Echium.

6. Eurrhypara H.

Vom Habitus der Gattung Botys, mit kurzer MZ. der Vfl., deren Aeste 9 und 10 aus 8 entspringen; ♂ auf der Unterseite mit einer flachen Mulde zwischen Ast 7 und 9. Nur eine Art:

Urticata *L.* Taf. XVI. fig. 2. Kopf und Thorax dottergelb; alle Fl. weiß, mit schwarzgrauen Fleckenreihen. 28—31. Mai bis Juli. — R. auf Ballota nigra.

7. Botys Tr.

Mittelgroße bis kleinere Zünsler, mit schlankem Körper, nach außen stark erweiterten, breit dreieckigen Vfln und verhältnißmäßig kurzen, gerundeten Hfln; P. kräftig, mit fadenförmigem Endgliede; Ast 8 und 10 der Vfl. gesondert. Eine große Gattung, welche Arten von verschiedenem Ansehen enthält; die kleinen schwarz und weißen oder bunten Arten derselben (Octomaculata — Cespitalis) fliegen bei Tage.

Octomaculata *L.* Schwarz, mit zwei weißen, gerundeten Flecken auf jedem Fl. und goldgelben Schulterdecken. 19—21. Mai bis Aug.

Nigrata *Scop.* (Anguinalis *H.*). Schwarz, die Vfl. ins Purpurbraune; alle Fl. mit stark geschwungenem, weißem Ostreif; die vordern meist noch mit einem weißen Mittel-, die hintern mit weißem Wurzelfleckchen. 14—16. Mai und Juli.

Purpuralis *L.* Taf. XVI. fig. 3. Vfl. purpurroth, mit gelben Flecken an der Wurzel und hinter der Mitte; der Innenrands-Fleck mondförmig, oft mit den übrigen zu einer Binde verflossen; Hfl. schwarz, rothstaubig, mit gelbem Fleck gegen den Brand und gelber Mittelbinde, oft auch noch mit gelber oder röthlicher Binde vor dem Saume. Sehr abändernd in Größe, Farbe und Zeichnung. 15—20. April bis Aug., in zwei Generationen. Gemein.

Cespitalis *WV.* Vfl. olivengrau oder rostbräunlich, mit zwei verloschenen dunklen Makeln und mattem, gelblichem Ostreif; Hfl. schwärzlich, mit zwei blaßgelben Obinden; ♀ lebhafter gezeichnet. 16—18. April bis Aug., mit der vorigen; gemein.

Hyalinalis *H.* Vfl. matt citrongelb, mit zwei dunklen Makeln und dunklen Ostreifen, der hintere zackig und stark geschwungen; Hfl. bleicher, mit zackig geschwungenem Ostreif durch die Mitte. 28—31. Juni bis Aug.

Pandalis *H.* Der Hyalinalis ähnlich, aber kleiner, der h. Ostreif nicht so stark geschwungen, die Makeln verloschener. 22—26. Mai, Juni.

Ruralis *Scop.* (Verticalis *WV.*). Fl. strohgelb, mit starkem Muschelglanz, graubraunen Makeln und Ostreifen; der h. Ostreif in seiner Brandshälfte weit saumwärts gerückt, tief und regelmäßig gezähnt; vor dem Saume ein grauer Schattenstreif. 30—33. Juli, Aug. — R. auf Nesseln. Gemein.

Prunalis *WV.* Vfl. aschgrau, braun gemischt, mit zwei dunklen Ostreifen (der hintere stark gezähnt), großer, dunkel umzogener Rg- und Nml und fünf dunklen Fleckchen am Brande vor der Spitze; Hfl. grau. 23—25. Juni bis Aug. Häufig.

8. Nomophila H.

Vfl. sehr lang und schmal (dreimal so lang als breit), Hfl. lang drei=
eckig; Marillarp. klein und versteckt. Nur eine Art:

Noctuella *WV.* (Hybridalis *H.*). Vfl. rostbräunlich, die drei großen
Makeln und die beiden feinen Clinien dunkelbraun oder rostbraun. 30—32.
Juli bis Oct. und (überwintert) im Mai; häufig.

9. Pionea Gn.

Vom Ansehen der gelben Botys-Arten, aber Ast 9 und 10 der breiten
Vfl. aus Ast 8 entspringend. Nur eine Art:

Forficalis *L.* Taf. XVI. fig. 4. Vfl. hellokergelb, rostbraun gemischt, mit
zwei scharfen braunen, parallelen Schrägstreifen, der eine an einem dunklen
Schrägstrich der Flspitze, der andere an dem eisengrauen Mittelflecke entspringend.
25—27. Mai bis Aug. — R. an Kohl. Gemein.

10. Orobena Gn.

Von Botys durch die kurzen P. verschieden, welche den Kopf nur wenig
überragen und nicht viel länger sind als die Marillarp.

Extimalis *Scop.* (Margaritalis *WV.*). Vfl. weißlichokergelb, am Saume
rostbraun schattirt, mit veilgrauen Franzen. 25. Juni bis Aug. — R. im
Herbst an den Schoten von Brassica napus.

11. Diasemia Gn.

Fl. lang und schmal, mit geschwungenem Saume und eckig vortretender
Spitze; Franzen breit.

Litterata *Scop.* (—alis *H.*). Alle Fl. gleich gezeichnet und gefärbt,
dunkelbraun, mit scharf weißen, eckigen Flecken und Ostreifen; die Franzen weiß
durchschnitten. 18—20. Mai bis Aug. Häufig.

12. Hydrocampa Gn.

Die drei hier folgenden Gattungen sind Wasserbewohner, von schmächtigem
Bau, mit dünnen P. und dünnen, langen Beinen. Ihre Rn leben an Wasser=
pflanzen stehender oder langsam fließender Gewässer unter der Oberfläche des
Wassers und verpuppen sich auch daselbst. Die Falter fliegen den Sommer
hindurch an den Ufern, auch bei Tage.

Hydrocampa hat lang dreieckige Vfl., fadenförmige Marillarp. und sehr
lange und dünne Phüften. — Ihre Rn leben in flachen, aus Blattstücken ge=
bildeten Säcken.

Stagnata *Don.* (Nymphaealis *Tr.*). Alle Fl. gerundet, glänzend weiß,
mit zwei scharf dunkelbraunen, goldbraun ausgefüllten Doppelstreifen (der hintere
auf den Vfln gegen den Brand breit gegabelt) und goldgelbem Saume. 18—21.

Nymphaeata *L.* (Potamogalis *Tr.*). Fl. mit etwas vortretender Spitze
und geschwungenem Saume, weiß, oft stark braun schattirt, mit goldgelbem
Saume und goldbraunen Zeichnungen; Hfl. mit nierenförmigem Mittelfleck und
saumwärts tief gezackter brauner Doppelbinde hinter demselben. Sehr abändernd.
24—30. Häufig.

13. Parapoynx H.

Von Hydrocampa durch gestrecktere Fl. und kürzere, breitere Vhüften verschieden.

Stratiotata *L.* (—alis *H.*). Fl. weiß; die Vfl. gelbbraun schattirt, mit zwei dunkelbraunen Cstreifen und weißem, schwärzlich geringtem Mittelfleck. 18—25. — Die R. lebt an Stratiotes aloïdes und ist merkwürdig dadurch, daß sie neben den gewöhnlichen Luftlöchern auch noch fadenförmige Kiemen (zur Wasserathmung) besitzt.

14. Cataclysta H.

Durch den Mangel der Nebenaugen (welche die übrigen Verwandten be= sitzen) von den beiden vorigen Gattungen abweichend.

Lemnata *L.* (—alis *H.*). Taf. XVI. fig. 5. Fl. weiß; die Vfl. bei dem viel größern ♀ olerbraun bestäubt; die Hfl. mit tiefschwarzer, abgekürzter Saumbinde, in welcher eine Reihe silberner Punkte steht. 16—23. — R. an Wasserlinsen (Lemna). Gemein.

3. Acentridae. Gen. 15.

Diese kleine, nur aus einer Gattung bestehende Gruppe wurde früher ihres fremdartigen Ansehens wegen oft zu den Phryganiden gerechnet. Es sind kleine, ziemlich kräftig gebaute Thierchen, mit zeichnungslosen, schmalen, spitzen Vfln und kaum breitern, kurzen Hfln. Ihre P. sind hängend, dick, mit sehr großem, fast eirundem Endgliede; die Marillarp. sehr klein, eingliederig. Statt des S. ist ein aus zwei kurzen, geraden Fädchen bestehendes Organ vorhanden. An den Schienen findet sich nur je ein sehr kurzer Sporn. Die F. sind un= gefähr so lang wie der Körper, ziemlich dick, fast perlschnurförmig. Die ♀ haben bald vollkommen ausgebildete, bald verkümmerte Fl. — Die R. lebt im Wasser und die männlichen Falter fliegen des Nachts lebhaft dicht an der Oberfläche des Wassers.

15. Acentropus Curt.

Nur eine d. A.:

Niveus *Oliv.* Vfl. gelblichweiß, olerbraun schattirt; Hfl. weiß. 11—14. — R. auf Potamogeton. Am Bodensee und bei Stralsund.

4. Chilonidae. Gen. 16—17.

Größere Zünsler, mit langen, spitzen, schilfstrohfarbigen Vfln, kurzem S. und sehr langen Beinen und P., letztere gerade vorgestreckt, mindestens so lang als Kopf und Thorax. Die ♀ sind größer als die ♂ und haben viel spitzere und schmalere Fl. — Die Rn leben in den Stengeln von rohrartigen Wasser= pflanzen; die Falter fliegen in den Sommermonaten an deren Standorten.

16. Schoenobius Dup.

F. des ♂ fast doppelt so lang als die des ♀; Hleib des ♀ mit dicker Afterwolle.

Gigantellus *W.V.* 28 (♂) — 44 (♀). — **Forficellus** *H.* 22—26; die verbreitetste Art. — **Mucronellus** *W.V.*

17. **Chilo** Zincken.

F. des ♂ wenig länger als die des ♀; Hleib des ♀ ohne Afterwolle.
Phragmitellus *H.* 28 (♂) — 37 (♀). — **Cicatricellus** *H.*

5. Crambidae. Gen. 18.

P. horizontal vorgestreckt, mindestens so lang wie der Thorax; Maxillarp.
den P. aufliegend, dreieckig, schräg gestutzt, pinselartig. MZ. der Hfl. offen,
Medianader an der Wurzel behaart. S. und Beine von mittler Länge. —
Die Rn gleichen in Nahrung und Lebensweise denen der Gattung Scoparia.

18. Crambus F.

Eine große Gattung, deren Arten zum Theil unter die gemeinsten
Schmetterlinge gehören und den ganzen Sommer hindurch auf Wiesen und
Grasplätzen bei gutem wie bei schlechtem Wetter in Unzahl umherfliegen. Ihre
Vfl. sind schmal, von verschiedener Farbe und Zeichnung, oft mit lichtern
Adern oder Längsstriemen; die Hfl. breit und zart, grau oder weißlich, zeich-
nungslos.

A. Spitze der Vfl. etwas sichelförmig vortretend, ihre Saumlinie an der
   Spitze ununterbrochen schwarz, darunter meist schwarz punktirt; Fransen
   metallglänzend.

Pascuellus *L.* Kopf und Thorax weiß, Schulterdecken und Vfl. blaßgolden; letztere mit breiter, silberweißer, fein schwarz umzogener Längsstrieme.
22—25. Juni, Juli. Gemein.

Pratellus *L.* Bleib und Vfl. sehr abändernd, graubraun oder gelblichbraun (♂) bis ockergelb und weißlich (♀); ein silberweißer, keilförmiger Längs-
streif füllt den Raum zwischen der Wurzel, dem Brande und der Medianader
aus und wird saumwärts von einer spitzwinkelig gebrochenen dunklen Qlinie
begrenzt; zwei dunkle Längsstriemen durchziehen ihn und bedecken ihn beim ♂
zuweilen fast ganz. 19—21. Mai bis Juli; die gemeinste Art.

B. Saum der Vfl. ganzrandig, über dem Hwinkel mit einigen schwarzen
   Punkten; Fransen metallisch.

Culmellus *L.* Vfl. stroh- oder ockergelb, zwischen den Adern dunkler
bestäubt; Saumlinie fein schwarz punktirt; Fransen lebhaft messingglänzend;
übrigens ohne Zeichnung. 18—21. Juli, Aug. Gemein.

C. Saum der Vfl. gerade, nur mit einem sehr seichten Eindruck in der
   Mitte; Fransen metallisch; zwei dunkle Qlinien (die vordere zuweilen
   fehlend) und strahlenartig lichtere Adern.

Chrysonuchellus *Scop.* Kopf orangegelb; Vfl. olivengrau, schwarz bestäubt, mit weißlichen Adern und zwei rostbraunen Qstreifen, der vordere breit.
21—25. Mai, Juni.

Hortuellus *H.* Vfl. beingelb, gegen den Saum ins Goldgelbe, zwischen
den Adern bis zur hintern, silbernen, dunkel eingefaßten Qlinie mehr oder
minder braun bestäubt; die v. Qlinie meist nicht sichtbar. 19—21. Juni, Juli.
Sehr gemein.

D. Saum gerundet; Vfl. goldgelb oder goldbraun, mit silberweißer, oft quer-
   getheilter Mittellängsstrieme.

Margaritellus *F.* Taf. XVI. fig. 6. Vfl. goldgelb, am Rande goldbraun, mit nach hinten erweiterter, sehr schräg abgeschnittener Silberstrieme und ungefleckten Fransen. 20—23. Juli, Aug.

Pinetellus *L.* mit in der Mitte — **Myellus** *Hl.* mit in der Mitte und vor dem Ende braun durchschnittener Längsstrieme.

E. Saum der Vfl. gerundet, Fransen wenig metallglänzend, ungefleckt; oft eine schmale, weiße, saumwärts in die Adern ausstrahlende Längsstrieme. ♀ mit schmälern und spitzern Fln.

Tristellus *WV.* (Aquilellus *Hl.*). Vfl. langgestreckt, mit schrägem Saum und glanzlosen Fransen, in Farbe und Zeichnung sehr abändernd: okergelb bis dunkelbraun, mit oder ohne silberweißen Längsstrahl, aber stets mit einer matten braunen Qlinie vor dem Saume. 24—28. Juli bis Sept. Sehr gemein.

Perlellus *Scop.* Vfl. einfarbig silberweiß, sehr glänzend, ins Bleiglätte= gelbe spielend; zuweilen zwischen den Adern grau gestreift. 24—27. Juni, Juli. Gemein.

6. Phycideae. Gen. 19—24.

P. von verschiedener Bildung, in beiden Geschlechtern gleich geformt; Maxillarp. fehlend oder versteckt, nie dreieckig. Vfl. lang und schmal, mit höchstens elf Adern; Hfl. zeichnungslos, mit geschlossener M3. und an der Wurzel behaarter Medianader. In dieser Gruppe zeichnen sich die ♂ durch Mannigfaltigkeit in der Bildung der F. und Maxillarp. aus, während diese Theile bei den ♀ nichts Abweichendes zeigen. Die Falter sitzen mit erhobenem Körper, über den Rücken gelegten Fn und um den Leib geschlagenen Fln. — Ihre Rn wohnen in röhrenförmigen Gespinnsten, in Früchten, Rinden u. s. w. und verpuppen sich meist an oder in der Erde.

A. F. des ♂ über dem Wurzelgliede gebogen, mit einem Schuppenwulst in der Biegung (knotenhornige Phycideen). Gen. 19—21.

19. Dioryctria Z.

P. steil aufsteigend, mit zugespitztem Endgliede; Maxillarp. angedrückt, klein und fadenförmig. Ast 4 und 5 der Vfl. auf gemeinschaftlichem Stiele.

Abietella *WV.* Vfl. grau, mit weißem Mittelfleck und zwei gezackten, schwarzen, weiß begrenzten Ostreifen. 29—32. Juni, Juli. — R. im Herbst in den Zapfen der Tannen und Kiefern.

20. Nephopteryx Z.

Wie Dioryctria, aber das Endglied der P. länger, Ast 4 und 5 ungestielt.

Roborella *WV.* Vfl. braunroth und weißgrau gemischt, mit zwei schwärz= lichen, licht begrenzten Ostreifen und schwarzen und weißen Fleckchen zwischen denselben auf den Adern. 23—25. Juli, Aug. — R. auf Eichen.

21. Pempelia Z.

P. aufsteigend oder zurückgebogen, mit kleinem Endgliede; Maxillarp. des ♂ pinselförmig, zwischen den P. versteckt, des ♀ klein und fadenförmig.

A. Salebria *Hein.* Hfl. mit acht Adern.

Carnella *L.* (Semirubella *Scop.*). Taf. XVI. fig. 7. Vfl. dunkelrosenroth, an der Innenrandshälfte helldottergelb. 24—26. Juli.

B. Pempelia. Hfl. mit sieben Adern.

Ornatella *WV.* Vfl. lichtgelbbraun, am Brande, Saume und auf der Median= und Dorsalader weiß bestäubt, mit schwärzlichen Flecken; im Saum= felde eine weiße, schwach geschwungene Qlinie. 21—23. Juli, Aug.

B. F. des ♂ ohne Schuppenwulst, mit oder ohne Biegung über dem Wurzel= gliede (nackthornige Phycideen). Gen. 22—24.

22. Hypochalcia H.

F. des ♂ über dem Wurzelgliede gebogen; P. lang, horizontal vorstehend, zusammengedrückt, mit langem, fadenförmigem Endgliede.

Ahenella *WV.* Vfl. sehr abändernd: rehbraun, gelbgrau bis trüblirsch= roth, mit zwei verloschenen dunklen Qstreifen, die bei dem schmalflügeligern, plumpen ♀ öfters ganz fehlen. 22—27. Juni, Juli; an trockenen Stellen.

23. Myeloïs Z.

F. ohne Biegung; P. aufwärts gebogen, mit aufsteigendem, kürzerem End= gliede, anliegend beschuppt; Marillarp. klein, stielrund.

Suavella *Zincken.* Vfl. tiefbraunroth und lichtbläulichgrau gemischt, mit zwei schwarzen, licht umzogenen Mittelpunkten und zwei lichten Qstreifen. 21—23. Juli. — R. an Schlehen.

Cribrum *WV.* Vfl. glänzend weiß, mit tiefschwarzen Punkten, welche eine Qreihe an der Stelle des h. Qstreifs und auf der Saumlinie bilden. 27—31. Juni, Juli. — R. in Disteln.

24. Ephestia Gn.

F. ohne Biegung; P. aufgebogen, Marillarp. dünn, fadenförmig; Vfl. mit neun, Hfl. mit sechs Adern; Vfl. beim ♂ an der Wurzel mit einem unter dem umgeschlagenen Brande verborgenen Haarpinsel.

Elutella *H.* Vfl. aschgrau, längs dem Innenrande fahlröthlich, mit zwei verloschenen schwarzen Mittelpunkten und zwei lichtern, dunkel gerandeten Qstreifen. 13—15. Juni, Juli. Häufig in Häusern, wo die R. im Frühlinge in trockenen Früchten, Brod u. dgl. lebt.

7. Galleriae. Gen. 25—26.

Größere, ziemlich robust gebaute Zünsler, deren P. nach den Geschlechtern verschieden sind: die des ♂ kurz, aufgebogen, mit spitzem, ausgehöltem Endgliede, die des ♀ vorstehend, beschuppt, mit fadenförmigem Endgliede. Marillarp. klein, dreigliederig. ♀ mit vorstehender Legeröhre. — Die Rn leben gesellschaftlich in den Nestern der Bienen und Hummeln, in seidenen Röhren, und nähren sich vom Wachse.

25. Aphomia H.

F. mit einem Schuppenzahn am Wurzelgliede; Saum der Vfl. gerundet, der Hfl. geschwungen, mit eckig vortretendem Bwinkel; Hfl. ohne Mittelast. Nur eine Art:

Colonella *L.* ♂ und ♀ verschieden gefärbt: ♂ mit weißlichem Kopf und Rücken und fahlgelblichen, an der Spitzenhälfte rothgrauen und moosgrünlichen Bfln; ♀ rothgrau, mit großem schwarzem Mittelpunkt; beide mit zwei gezackten braunen Oſtreifen der Vfl. 28—33. Juni, Juli; häufig in Häuſern. — R. in den Neſtern der Hummeln.

26. **Galleria** F.

Robuſt gebaut. F. wie bei Aphomia; Vfl. breit, mit geſchwungenem Saum und (beim ♂ ſtärker) eckig vortretendem Hwinkel; Hfl. gerundet, mit Mittelaſt. Nur eine Art:

Mellonella *L.*, die Bienenmotte. Taf. XVI. fig. 8. Vfl. veilgrau, beim ♂ dunkelrothbraun ſchattirt, längs dem Innenrande roſtbräunlich, mit aufgeworfenen Schuppenwülſten. 30—36. Juli bis Sept. — Die R. im Juni und Juli in Bienenſtöcken, denen ſie zuweilen ſehr ſchädlich wird.

24. **Fam. Tortricina, Wickler.**

Kleine, ziemlich kräftig gebaute Schmetterlinge, mit deutlichen Nebenaugen, gerolltem S. (außer bei Exapate), mäßig langen, beim ♂ gewimperten (ſelten gekämmten) Fn, ſtarken, nicht langen Beinen und langen, ſtarken Sporen. Die P. ſind vorgeſtreckt oder hängend, ihr Mittelglied iſt das längſte, meiſt breit beſchuppt, das Endglied kurz, vorwärts oder abwärts gerichtet (nie pfriemen= förmig oder zurückgebogen, wie bei vielen Motten). Die Vfl. haben eine wurzel= wärts gegabelte Dorſalader und zeichnen ſich bei den typiſchen Arten dadurch aus, daß ſie gleich von der Wurzel an breit werden, indem der Brand ſich wölbt, wie der Innenrand. Dieſe typiſche Form geht aber ganz allmälig in die gewöhnliche, mehr dreieckige, über. Die Hfl. ſind breit, mit drei (zuweilen nur zwei) Dorſaladern, deren mittlere wurzelwärts gegabelt iſt, und außerdem noch ſieben (ſelten ſechs) Adern. Die Marillarp. ſind nicht entwickelt. Der Mittelaſt iſt an ſeinem Urſprunge nicht weiter entfernt von Aſt 6 als von Aſt 4. Von den Motten unterſcheiden ſich die Wickler bald durch die Form der Fl., bald durch die der P. oder durch den Mangel der Marillarp.

Sie fliegen des Abends und Nachts, ſelten freiwillig bei Tage und ruhen mit flachdachförmigen Fln. — Ihre Rn ſind ſechzehnfüßig, ſpindelförmig und ſehr lebhaft; die meiſten wohnen zwiſchen zuſammengezogenen Blättern (Blattwickler), manche auch in Knoſpen und Früchten, in der Rinde oder dem Marke. Sie verwandeln ſich an ihrem Wohnorte, manche auch in der Erde, in ſchlanke, am Hleibe mit Dorngürteln beſetzte Puppen.

Mehr als 400 d. A., welche ſich in zwei Abtheilungen bringen laſſen.
A. Medianader der Hfl. auf der Oberſeite an ihrer Wurzelhälfte nicht be= haart. Gen. 1—6.

1. **Teras** Tr.

Vfl. von typiſcher Form, mit einzelnen aufgeworfenen Schuppen oder Schuppenhöckern, ihr Brand meiſt durch abſtehende Schuppen gefranſt; Hfl. am Innenwinkel ſehr lang gefranſt. Ader 7 der Vfl. läuft in den Brand aus. Die Falter erſcheinen vom Aug. bis in den Herbſt und überwintern größten= theils. — Die R. leben meiſt an Holzgewächſen.
A. Vfl. am Brande tief ausgenagt (Rhacodia *H.*).

Caudana *F.* Vfl. röthlichgrau, mit verloſchenen, dunkeln Oſtricheln, oder (Var. **Emargana** *F.*) gelb, braun gegittert; die Saumhälfte größtentheils veilbraun. 19—21. — R. auf Weiden und Pappeln.

B. Vfl. am Rande nicht ausgenagt.

Sponsana *F.* (Favillaceana *H.*). Vfl. sehr abändernd: heller oder dunkler veilgrau, mit rostrothen oder dunkelgrauen Binden oder Wischen, die mehr oder minder ausgedehnt sind, zuweilen fast verschwinden. 20—24. — R. auf Buchen und Eichen.

Variegana *WV.* (Abildgaardana *Tr.*). Kopf und Halskragen schwarzbraun, Rücken und Wurzelhälfte der Vfl. weiß, Saumhälfte derselben zimmtbraun und schieferblau. 16—20. — R. auf Obst- u. a. Bäumen.

Literana *L.* Vfl. rauhschuppig, schmal, grün, mit tiefschwarzen Zeichnungen, oder (Var. Squamana *F.*) graugrün, mit bräunlichen und schwarzen Zeichnungen. 18—22. — R. auf Eichen.

Niveana *F.* (Treueriana *H.*). Vfl. glänzend weiß, fein dunkel gesprenkelt, zuweilen mit schwärzlichen Flecken. 20. — R. auf Birken.

Ferrugana *WV.* Vfl. okergelb bis lichtrostroth, dunkel gesprenkelt, mit drei dunklen, zuweilen zu einem Dreieck vereinigten, öfters sehr undeutlichen Brandsflecken. Sehr abändernd. — R. auf Laubholz. Häufig.

2. Tortrix *L.*

Vfl. meist breit und von typischer Form, ohne aufgeworfene Schuppen; die Fransen der Hfl. am Innenwinkel nicht auffallend lang. Ast 7 der Vfl. fast immer in den Saum mündend. Eine große, aus sehr verschiedenartigen Arten gebildete Gattung.

Podana *Scop.* (Ameriana *Tr.*). Vfl. unter der gerundeten Spitze tief ausgeschwungen und brandbraun gesäumt; beim ♂ am Rande umgeschlagen, rostgelb und veilroth, mit verwaschenen braunen Qbinden; bei dem viel größern ♀ einfarbiger, mit dunklen Qlinien und Adern; Hfl. grau, an der Spitzenhälfte rostgelb. 20—27. Juli, Aug. — R. auf Laubholz, Obstbäumen.

Corylana *F.* F. des ♂ mit einer Ausnagung hinter dem Wurzelgliede; P. vorgestreckt, doppelt so lang als der Kopf. Vfl. breit, mit schwach geschwungenem Saume, rothgelb oder okergelb, rostbraun gegittert, mit braunen Qstreifen; Hfl. grau, an der Spitze blaßgelb. 18—22. Aug. — R. auf Laubholz.

Heparana *WV.* Der Corylana ähnlich, aber die Vfl. dunkler, undeutlich gegittert, mit dunkler Wurzel, Schrägbinde und Brandsfleck; Hfl. einfarbig grau. 20—22. Juli, Aug. — R. an Schlehen u. a. Laubholz.

Lecheana *L.* Kopf klein, P. kurz; Vfl. (beim ♂ mit umgeschlagenem Rande) dunkelbraun, goldgelb bestäubt, mit zwei bleiglänzenden Qlinien. 19—23. Juni. — R. an Laubholz.

Ministrana *L.* P. kurz; Vfl. gerundet, glänzend okergelb, grünlichrostbraun schattirt, rostroth gesäumt, mit weißlichem Mittelfleckchen. 20—24. Mai, Juni. — R. an Laubholz. Häufig.

Viridana *L.*, der Eichenwickler. Taf. XVI. fig. 9 a. b. Vfl. einfarbig lichtapfelgrün, Hfl. grau. 21—25. Juni, Juli. — R. im Mai und Juni auf Eichen, welche sie zuweilen entblättert. Gemein.

Bergmanniana *L.* Vfl. glänzend citrongelb, roſtgelb gegittert, roſtbraun geſäumt, mit bleigrauen Oſtreifen. 14. — R. im Mai an Roſen.

3. **Sciaphila** Tr.

Vfl. geſtreckt, an der Wurzel des Brands weniger bogenförmig, mit ſchrägem Saum und ſehr flachem Hwinkel.

Osseana *Scop.* (Pratana *H.*). Vfl. ſchmal, mit ſehr ſchrägem Saume, ſchilfſtrohfarbig, mehr oder minder ſtark ſchwärzlich geſprenkelt. 18—22. Juli. Auf feuchten Grasplätzen der Gebirgsgegenden zahlreich.

Wahlbomiana *L.* Vfl. hellaſchgrau, mit feinen dunklen Oſtricheln und drei zackigen graubraunen Obinden, deren innerſte vor dem Innenrande abbricht, die mittlere in drei Zacken gegen den Hwinkel läuft. Sehr abändernd. 17—22. Juli, Aug. — R. an n. Pfl.

4. **Cheimatophila** Stph.

Der vorigen Gattung ähnlich, aber die Hfl. ohne Aſt 4. Nur eine Art:

Tortricella (Hyemana) *H.* Vfl. grau, mit einzelnen ſchwärzlichen Sprenkeln, breiter, verwaſchener, roſtbrauner Mittelbinde und ſolchen Flecken an der Wurzel und gegen die Spitze. 20—22. März, April; an Eichen.

5. **Exapate** H.

Ohne S. Vfl. des ♂ geſtreckt, mit geradem Brande und gerundetem Saume; P. und Sporen ſehr kurz. ♀ mit verkümmerten Fln. Nur eine Art:

Gelatella *L.* (Congelatella *Cl.*). Vfl. des ♂ röthlichgrau, in der M3., zwiſchen zwei ſchwärzlichen Flecken vor und hinter der Mitte, weißlich. 20. Die Flſtümpfe des ♀ weißgrau, mit dunkelbraunen Fleckchen. Oct., Nov. — R. an Laubholz.

6. **Conchylis** Tr.

Eine artenreiche Gattung meiſt kleiner, lebhaft gefärbter Wickler; die Vfl. oft gelb oder weißlich, häufig mit perlmutterglänzenden Zeichnungen. Aſt 2 der Vfl. entſpringt aus dem letzten Drittel der Medianader (bei den vorhergehenden Gattungen aus dem mittlern) und convergirt mit Aſt 1.

Hamana *L.* Taf. XVI. fig. 10. P. lang, vorgeſtreckt; Vfl. citrongelb, mit roſtbraunen Flecken oder wenigſtens einem roſtbraunen Schrägſtreif aus der Mitte in den Hwinkel. 18—23. Juli, Aug. Auf Feldern häufig.

Ambiguella *H.* (Roserana *Tr.*). Vfl. glänzend ſtrohgelb, otergelb gemiſcht, mit breiter, gegen den Innenrand verengter, veilbrauner Mittelbinde. 12—14. Juni, Juli. — R. beſonders auf Weinreben, in manchen Jahren ſchädlich.

Baumanniana *W V.* Vfl. otergelb, mit zerriſſenen roſtfarbigen Obinden, welche von vielen ſilberglänzenden Fleckchen begrenzt werden. 17—20. Juli.

B. Medianader der Hfl. an der Wurzel abſtehend behaart. Bei dieſer Abtheilung finden ſich in der Regel deutliche lichte Häkchenpaare am Brande der Vfl. und damit in Verbindung ſtehende Metalllinien oder glänzende Wellen. Gen. 7—11.

7. Retinia Gn.

Der folgenden Gattung ähnlich, von ihr aber dadurch verschieden, daß Ast 4 und 5 der Vfl. aus einem Punkte entspringen. — Die Rn leben sämmtlich an Nadelholz, oft in schädlicher Menge.

Turionana *H.* Kopf und Thorax rostgelb; Vfl. bleigrau, braungrau gewässert, im Saumfelde rostgelb. 18—19. Mai bis Juli. — Die R. lebt vom Herbst bis in den April in den Knospen der Kiefern, die sie schon während des Winters aushöhlt.

Resinella *L.* (Resinana *H.*). Vfl. schwarzbraun, dicht mit glänzend bleigrauen Wellenstreifen bedeckt; der Kopf braungrau. 17—19. Mai, Juni. — Die R. lebt in den Harzbeulen der Kiefern, unter dem Quirl, ist zweijährig und im April oder Mai erwachsen.

Buoliana *WV.* Taf. XVI. fig. 11. Vfl. orange= oder hellziegelroth, mit breiten silberweißen, zum Theil zusammenfließenden Clinien. 19—21. Juni, Juli. — Die R. vom Herbst bis Mai in den Knospen der Kiefern, frißt die Maitriebe aus, die sich dann bogenförmig krümmen oder abfallen, und verpuppt sich an der Basis des angefressenen Triebes. An jungen Kiefernbeständen zuweilen sehr schädlich.

8. Grapholitha Tr.

Der Mittelast der Vfl. gesondert von Ast 4 entspringend: Ast 6 und 7 der Hfl. gestielt oder dicht an einander entspringend, saumwärts aus einander tretend. Eine sehr große, mehr als 200 d. A. umfassende Gattung, die in viele (von Andern als eigene Gattungen angesehene) Untergattungen zerfällt. Die ♂ haben bei einigen derselben einen Haarpinsel an den Hschienen oder einen häutigen Umschlag am Grande der Vfl. (Costalfalte). Die meisten Arten führen am Hwinkel der Vfl. einen von zwei lichten, oft bleiglänzenden Clinien eingefaßten, rundlichen oder stumpf viereckigen, mehr oder minder deutlichen Fleck (Spiegel), in dem meist einige tiefschwarze Punkte oder kurze Längsstriche stehen. Die Brandshäkchen sind fast immer deutlich; die Hfl. grau.

A. ♂ mit einem Pinsel an den Hschienen, ohne Costalfalte (Penthina *Tr.*).

Salicella *L.* Vfl. braun und glänzend bleigrau gemischt, an der Wurzel und am Innenrande, wie der Rücken, weiß, mit dunklen Fleckchen. 21—24. Juni, Juli. — R. auf Weiden.

Pruniana *H.* Taf. XVI. fig. 12. Vfl. breit, an der größern Wurzelhälfte braun, schwarz und bläulich gemischt, an der Saumhälfte weiß, bläulichgrau gewässert, in der äußersten Spitze schwarz. 17—18. Mai bis Juli. — R. an Schlehen. Sehr gemein.

Variegana *H.* Der Pruniana ähnlich, aber mit zwei tiefschwarzen Punkten in der Flmitte, an der Grenze des Wurzelfeldes. 20—22. Juni, Juli. — R. an Obstbäumen u. a.

Ochroleucana *H.* Den vorigen ähnlich, aber das Spitzendrittel der Vfl. blaßotergelb. — R. auf Rosen und Obstbäumen.

Rivulana *Scop.* (Conchana *H.*). Vfl. mit ziemlich scharfer Spitze und etwas geschwungenem Saume, olivenbraun oder rostbraun, mit zwei lichten, von glänzend weißen Linien eingefaßten Qbinden, deren hintere sich gegen den Innenrand gabelt und am Qast wurzelwärts vortritt. 15 (♀) — 18 (♂). Juli. Auf Wiesen häufig.

Arcuana *L.* (— ella *Clerck*). Vfl. stumpf, orangefarbig, mit dicken, bleiglänzenden Qstreifen; die Mitte bleichgelb, mit einer tiefschwarzen Strieme, fein schwarzen Adern und glänzenden Bleipunkten. 16—18. Juni. — R. auf Haseln.

Botrana *WV.* (Reliquana *Tr.*). Vfl. olivenbraun, mit einer breiten, gelblichweißen, am Innenrande bleigrau ausgefüllten Binde vor und einem stark geschwungenen bleigrauen, weißlich gesäumten Qstreif hinter der Mitte. 12—14. Mai, Aug. — Die R. im Süden an den Blüten des Weinstocks, zuweilen schädlich.

B. ♂ ohne Haarpinsel an den Hschienen.

Lanceolana *H.* Vfl. schmal, mit scharfer Spitze und schrägem Saume, schilfstrohfarbig oder rostbräunlich; ein Winkelfleck in der Mitte und ein Schräg= strich in der Spitze dunkler. 14—19. Juni, Juli: auf Binsenplätzen häufig.

Foenella *L.* ♂ mit Costalfalte. Vfl. dunkelbraun, mit großem, stiefel= förmigem, weißem Innenrandsfleck und glänzend grauem Spiegel. 16—20. Juni, Juli. — R. in den Stengeln und Wurzeln des Beifußes (Artemisia).

Tripunctana *F.* (Cynosbana *Tr.*). ♂ mit Costalfalte. Vfl. weiß, das Wurzelfeld schwarzgrau, die Flspitze und der schwarz punktirte Spiegel grau eingefaßt; P. rothgelb. 18—19. Juni. — R. auf Rosen.

Roborana *WV.* Der vorigen ähnlich, aber die P. rostbraun, die Vfl. bläulichgrau gewässert, das Wurzelfeld schwarzbraun, die Flspitze rostgelb und bläulich. 18—20. Juli. — R. an Rosen.

Taedella *L.* (Comitana *WV.*). Vfl. oliven= oder dunkelbraun, mit vielen, zu unregelmäßigen Qbinden vereinigten silberweißen Wellenlinien und einem weißen Punkt unter der Flspitze auf der Saumlinie; Gesicht und P. weißlich. Sehr abändernd. 12—13. Mai bis Juli. — Die R. im Aug. und Sept. an den Nadeln der Fichten. Sehr gemein und schädlich.

Hypericana *H.* Vfl. rostgelb bis zimmtbraun, der Spiegel bleiglänzend eingefaßt, mit feinen, kurzen, schwarzen Strichen. 15—17. Juni, Juli. — R. auf Hypericum perforatum.

Funebrana *Tr.* Vfl. stumpf, schwärzlichbraun und aschgrau gemischt, die Fransen mehr rothbräunlich, der Spiegel grau mit schwarzen Pünktchen, die Brandshäkchen undeutlich. 14—16. — Die R. ist der Wurm in den Zwetschen.

Tenebrosana *Dup.* Vfl. olivengrau, mit gelblichweißen und schwarzen Brandshäkchen, zwei matten Metalllinien und schwarz punktirtem Spiegel. 12—14. Juni, Juli. — R. in den Schoten der Erbsen, deren Samen sie ausfrißt, im Juli und Aug. Dieselbe Nahrung hat die sehr ähnliche **Nebritana** *Tr.*

Strobilella *L.* (—ana *H.*). Vfl. stumpf, schwärzlicholivenbraun, mit blei= glänzenden Doppelstreifen und schwarzer, von zwei weißlichen Punkten unterbrochener Saumlinie; Hfl. schwarzgrau, mit weißlichen Fransen. 17—19. Mai. — Die R. im Herbst in Fichtenzapfen.

Ocellana *WV.* F. des ♂ mit einem Ausschnitt über der Wurzel. Vfl. weiß, mehr oder minder stark grau schattirt, mit schwarzbraunem Wurzelfelde und solchem dreieckigem Fleck vor dem Hwinkel; das Saumfeld blaugrau, mit einer Reihe schwarzer Längsstrichelchen. 15—17. Juni, Juli. — R. an Laubholz, Rosen und Obstbäumen.

9. Carpocapsa Tr.

Kräftig gebaute Wickler, mit breiten, stumpfen Vfln, deren Saum unter der Spitze seicht eingedrückt ist; ♂ mit einer muldenförmigen Vertiefung am Innenrande der Hfl. in Z. 1 c. Sonst wie Grapholitha. — Die Rn leben von Fruchtkernen und werden dadurch schädlich.

Pomonella *L.* (—ana *H.*), der Apfelwickler. Taf. XVI. fig. 13a. b. Vfl. bläulichgrau, braun gewässert; das Wurzel= und Saumfeld verdunkelt; der Spiegel groß, ungefleckt, von zwei starken, rothgoldenen Ostreifen eingefaßt, wurzelwärts tiefschwarz begrenzt. 16—20. — Die R. ist der Wurm in den Aepfeln und Birnen; um sich zu verpuppen, bohrt sie sich aus der Frucht heraus und spinnt sich in den Rindespalten oder dergl. ein, bleibt aber im Gespinnste bis zum Frühjahr unverpuppt liegen. Die Falter erscheinen im Juni und Juli.

Von den übrigen Arten dieser Gattung lebt **Splendana** *H.* in Eicheln, **Grossana** *Haw.* (Fagiglandana *Z.*) in Buchecken, **Réaumurana** *Hein.* in zahmen Kastanien, **Amplana** *H.* in Haselnüssen und Eicheln.

10. Phoxopteris Tr.

Wie Grapholitha, aber die Vfl. mit scharf sichelförmiger Spitze, in deren Höhlung die Fransen weiß und von einem schwarzen Längsstriche durch= schnitten sind.

Mitterbacheriana *WV.* (Penkleriana *Tr.*). Vfl. rostroth, mit gegen den Brand verwaschenem, saumwärts von einer weißen Olinie begrenztem, rost= braunem Wurzelfelde. 14—16. Mai, Juni. — R. auf Eichen.

Unguicella *L.* (—ana *Tr.*). Vfl. glänzend aschgrau, dunkler gewässert, ein eckiges Schrägband hinter der Mitte und die Flspitze rostbraun. 14—17. Mai, Juni. Auf trockenen Haideplätzen häufig.

Uncana *H.* auf Haide, **Myrtillana** *Tr.* auf Heidelbeeren, **Siculana** *H.* auf Rhamnus frangula, **Lundana** *F.* (Badiana *Tr.*) an Eichen, **Harpana** *H.* an Espen, u. a. A.

11. Dichrorhampha Gn.

Kräftig gebaute, meist kleinere Wickler, mit stumpfen Vfln, ausgezeichnet dadurch, daß Ast 6 der Hfl. nicht aus der Ecke der MZ., sondern eine Strecke unter derselben aus dem Caste entspringt und sich saumwärts nur wenig von Ast 7 entfernt.

Petiverella *L.* ♂ mit Costalumschlag. Vfl. olivenbraun, mit einfachen gelben Brandshäkchen, zwei Bleilinien und einem scharf begrenzten, gelben Mondfleck am Innenrande. 11—12. Mai bis Juli. — R. auf Schafgarbe. Gemein.

Plumbana *Scop.* (Zachana *Tr.*). ♂ ohne Costalumschlag. Vfl. oliven= grau bis dunkelolivenbraun, mit gelbem Staube, einer lichtern Stelle auf der Mitte des Innenrands und bleiglänzenden, aus kleinen gelblichen Brands= häkchen entspringenden Olinien. Sehr abändernd. 12—14. Mai, Juni. Gemein.

25. Fam. Tineina, Motten.

Die Motten oder Schaben bilden die an Zahl der Arten und Mannig=
faltigkeit der Formen reichste Schmetterlingsfamilie. Es ist deshalb schwer,
allgemein gültige Kennzeichen für sie anzugeben. Sie unterscheiden sich von
den Pyralidinen durch die gesonderte Costalader der Hfl. und die gleichweite
Entfernung der Pfläste 4—7 von einander; von den Tortricinen theils durch
die P., deren Endglied entweder aufsteigt oder in der Richtung des Mittelgliedes
vorsteht, theils durch viel schmalere Fl., besonders Hfl., welche häufig lanzett=
förmig werden; von den Mikropteryginen und Pterophoriden durch die bei diesen
angegebenen Merkmale.

Die Tineinen sind, mit wenigen Ausnahmen, Mikrolepidopteren von
schwächlichem Bau und zarten Fln; die Bfl. länglich und schmal, die Hfl. oval,
trapezoïdisch oder lanzettlich, oft fast bis zur Borstenform verschmälert. Je
schmaler aber die häutige Flfläche wird, um so breiter werden die Franzen. Die
Hfl. sind fast immer zeichnungslos, meistens grau; ihre Costalader ist getrennt
und entfernt von Ast 7. Die Beine sind lang, besonders die hintern, und stark
gespornt. Die Bildung der P. ist sehr verschieden, zuweilen fehlen sie ganz.
Die Maxillarp. sind, wenn vorhanden, meist wenig entwickelt, bei einigen
Gattungen aber länger als die Labialp., vielgliederig, abwärts geknickt oder zu=
sammengeschlagen, wie bei den Mikropteryginen (Tin. plicipalpia).

Die Rn der Motten sind der Regel nach sechzehnfüßig, doch kommen auch
vierzehnfüßige, ganz fußlose und sogar achtzehnfüßige Rn (Nepticula) vor. Die
meisten leben verborgen, als Blattwickler, Sackträger, im Innern von Pflanzen=
theilen (viele kleine Arten zwischen den Blatthäuten, minirend), einige auch von
thierischen Stoffen. Sie verpuppen sich entweder an ihrem Wohnorte oder in
der Erde, Rindespalten u. s. w. in feinen Geweben. Die Schmetterlinge fliegen
nur ausnahmsweise bei Tage, die meisten werden erst nach Sonnenuntergang
munter.

Die Tineinen enthalten die kleinsten aller Schmetterlinge, aber auch und
zum Theil gerade unter den kleinsten Formen fast die prächtigsten, besonders
durch ihre glänzenden Metallfarben. Es gibt unter ihnen Gruppen, deren Fl=
form jener der Wickler gleicht; andere, welche sich durch sanfte Uebergänge an
die Psychiden anschließen (Talaeporia, Solenobia), und eine, deren kräftiger Bau
und Habitus überhaupt an die Zygäniden erinnert (Atychia). In der nach
folgenden systematischen Anordnung sind die breitflügeligern Gattungen voran=
gestellt, die schmalflügeligen, mit unvollkommenem Flgeäder, bilden den Schluß.
Wir können hier nur die wichtigsten Gruppen (Tribus), Gattungen und Arten
(deren in Deutschland bereits gegen 1200 bekannt sind) beschreiben.

1. Choreutidae. Gen. 1—2.

Eine kleine Gruppe, die aber, wie die folgende, wegen ihres abweichenden
Habitus auch wohl als besondere Familie von den Tineinen abgesondert wird.
Sie unterscheidet sich besonders durch ihre breiten, fast wicklerförmigen und dabei
kurz gefransten Fl., die sich der Dreieckform nähern. Die P. sind mäßig lang,
aufgebogen, die F. fein, fadenförmig, die Nebenaugen deutlich. Sie fliegen bei

Tage und halten die Fl. im Sitzen halb erhoben und offen. — Die Rn leben zwischen zusammengesponnenen Blättern. Nur 2 Gattungen.

1. Choreutis H.

P. mit langen Stachelborsten an den beiden ersten Gliedern, das Endglied dünn zugespitzt.

Myllerana *F.* (Scintilulana *H.*). Vfl. mit eckiger Spitze, schwärzlich-olivenbraun, im Mittelfelde weißlich bestäubt, mit violettsilbernen Punkten und Linien. 11—13. Juni, Sept. — R. auf Scutellaria galericulata.

2. Simaethis Leach.

P. an den beiden ersten Gliedern unten rauh beschuppt, das Endglied zusammengedrückt, mit stumpfer Spitze. ·

Oxyacanthella *L.* (Fabriciana *Stph.*). Vfl. schwarzbraun, veilgrau bestäubt, mit hellgelber, eckiger Clinie hinter der Mitte, welche auf der Innenrandshälfte der schwarzgrauen Hfl. wiedererscheint; Fransen hellgelb, auf den Vfln mit drei schwarzen Flecken. 13—14. Mai bis Sept. — R. auf Nesseln. Gemein.

2. Atychidae. Gen. 3.

Ausgezeichnet durch ihren kräftigen Bau. Der Körper lang und stark, die Vfl. schmal, gleichbreit, die Hfl. viertelkreisförmig; Dorsalader der Vfl. wurzelwärts lang gegabelt; Fransen ziemlich kurz. Nebenaugen groß, F. ziemlich kurz, keine Maxillarp. ♂ und ♀ sind sehr verschieden. Nur eine Gattung:

3. Atychia Latr.

und nur eine d. A.:

Appendiculata *E.* F. des ♂ mit kurzen Kammzähnen; Vfl. auf schwarzem Grunde dicht olivengelb bestäubt, mit hellolergelber Strieme aus der Wurzel; Hfl. schwarz, mit weißer Binde nahe der Wurzel und weißen Fransen. ♀ schmalflügeliger, mit sehr langem Hleibe, einfarbig schwarzbraun. 15—18. Bei Brünn und Wien. — R. zwischen Graswurzeln.

3. Talaeporidae. Gen. 4—5.

Kopf des ♂ wollig, ohne Maxillarp. und S., P. klein oder fehlend, F. kurz, beim ♂ sein gewimpert; Vfl. des ♂ länglich, stumpf dreieckig, Hfl. länglich eiförmig. ♀ flügellos, mit kurzen Fn und Beinen, wolligem After und langer Legeröhre. — Die Rn sind Sackträger. Diese Gruppe steht den Psychiden nahe, unterscheidet sich aber von denselben durch die nicht gekämmten F. des ♂, sowie dadurch, daß die Puppe des ♀ beim Ausschlüpfen des Falters fast ganz aus dem Sacke hervortritt.

4. Talaeporia H.

♂ mit P. und Nebenaugen. — Die Rn leben in cylindrischen Säcken.

Pseudobombycella *H.* ♂ mit gelbem Kopfhaar und glänzend staubgrauen, durch mehr oder minder deutliche blaßgelbe Fleckchen gegitterten Vfln. 17—18. ♀ mit dicker, weißgrauer Afterwolle. Juni, Juli. Der Sack lang, mit feinen Erdkörnchen bekleidet. — Die R. im April und Mai erwachsen an Baumstämmen.

5. Solenobia Z.

♂ ohne P. und Nebenaugen. Der Sack kurz, mit Sand, Flechtenstückchen oder Abfällen bekleidet. Die Fl. des ♂ sind sehr zart, gerundet, die Vfl. haar= schuppig, die Hfl. nur mit Härchen bekleidet, durchscheinend; alle grau, die Vfl. mehr oder minder deutlich gegittert. — Die Rn überwintern erwachsen; die Schmetterlinge im April.

Einige Arten dieser merkwürdigen Gattung pflanzen sich im weiblichen Geschlecht auch ohne Befruchtung fort: die ♀ legen ihre Eier gleich nach dem Ausschlüpfen in den leeren Sack ab und aus den Eiern entstehen Rn, die sich wieder zu lauter ♀ entwickeln u. s. f. (parthenogenetische Form). Sollen ♂ entstehen, so bedarf es aber der Befruchtung.

Triquetrella Z. Vfl. des ♂ länglich, aschgrau, durch lichtere Fleckchen gegittert, der Oast verdunkelt; der Kopf klein, vorn braun behaart, der Hleib schwärzlich. 15. ♀ dunkelbraun, mit weißlicher Afterwolle. Der Sack breit, dreikantig, bauchig, mit Erdkörnchen, oft noch mit allerlei Abfällen bekleidet; an Felsen, Baumstämmen, Zäunen u. s. w.

Lichenella L. ist vielleicht die parthenogenetische Form von Triquetrella; sie ist in vielen Gegenden als R. gemein; Sack und ♀ gleichen denen von Triquetrella, das ♂ aber ist noch nicht sicher bekannt.

4. Tineidae. Gen. 6—10.

Kopf überall oder doch im Nacken behaart; P. deutlich, Maxillarp. ent= weder vielgliederig und eingeschlagen oder fehlend; Vfl. gestreckt, mit wurzelwärts stark gegabelter Dorsalader; Hfl. breit eiförmig bis breit lanzettförmig. ♀ ge= flügelt. — Die Rn leben und verpuppen sich in Säcken oder seidenen Röhren und die Puppe dringt beim Ausschlüpfen des Schmetterlings fast ganz hervor. In diese Gruppe gehören neben vielen kleinen auch die größten Arten der Motten.

6. Euplocamus Latr.

Kopf dicht wollhaarig; P. groß, vorstehend, das Mittelglied unten mit langem, vorstehendem Haarbusch, das Endglied fadenförmig, aufgerichtet. Ohne Maxillarp. und Nebenaugen. F. des ♂ gekämmt. Nur eine d. A.:

Anthracinalis *Scop.* (—ella *W. V.*). Taf. XVI. fig. 14. Tiefschwarz, Kopf und Schulterdecken rostgelb, die Vfl. mit weißen Tröpfchen. 28—31. Mai, Juni. — Die R. in alten Buchenstrunken.

7. Tinea Z.

Kopf überall dicht wollig; P. geneigt, das Mittelglied mit einigen Haar= borsten am Ende; Maxillarp. vielgliederig, eingeschlagen; F. kürzer als die Vfl.; S. rudimentär; keine Nebenaugen; Hfl. lang gefranst. — Die Rn leben in faulem Holz, trockenen Früchten, Schwämmen, Kleiderstoffen u. dgl. und werden zum Theil dadurch sehr schädlich.

Tapetiella (—etzella) L., die Tapetenmotte. Kopfhaar weiß; Vfl. gelblichweiß, mit grauen Fleckchen, das Wurzeldrittel dunkelbraun. 15—18. — Die R. lebt als Hausthier an Fellen, Pelzwerk u. dgl. in röhrigen Gängen.

Granella *L.*, die Kornmotte. Sehr abändernd. Kopfhaar gelblich=weiß; Vfl. weißlich, mehr oder minder dicht dunkler gemischt und bestäubt, an den Rändern schwarzbraun gefleckt; ein größerer Fleck in der Mitte des Brands, einer an der Wurzel und einer in der Flfalte am deutlichsten; Hfl. schmal und spitz. 11—13. Frühling und Sommer. — Die R. ist unter dem Namen weißer Kornwurm durch ihre Verwüstungen an den aufgespeicherten Getreide=körnern berüchtigt, lebt aber auch an getrockneten Früchten und Schwämmen.

Pellionella *L.*, die Kleider= oder Pelzmotte. Taf. XVI. fig. 15. Kopf=haar lehmgelb; Vfl. glänzend lehmgelblichgrau, mit einem größern dunkeln Punkte auf dem Caste und meist noch zwei kleinern davor; Hfl. hellgrau, mit gelblichem Schimmer. 12—15. Juni, Juli. — Die R. lebt an Pelzwerk, wollenen Zeugen u. dgl., aus deren Fasern sie sich einen etwas breitgedrückten Sack verfertigt, und richtet oft großen Schaden an.

8. Tineola HS.

Wie Tinea, aber ohne Maxillarp. Nur eine d. A.:

Biselliella *Z.* (Crinella *Tr.*). Kopfhaar rostgelb; Vfl. stark glänzend, einfarbig hellokergelb, der Brand an der Wurzel braun angelaufen; Hfl. lang zugespitzt. 12—14. Mai bis Aug. — Die R. lebt in seidenen Gängen an Federn, Papier, getrockneten Häuten und besonders in dem sogenannten Kroll=haar, welches zum Polstern der Möbel dient und wird gerade an diesem, wo sie im Verborgenen lebt, häufig sehr schädlich.

9. Incurvaria Haw.

Wie Tinea, aber die Fl. meist breiter, die Hfl. eiförmig, kürzer gefranst, meist haarschuppig.

Muscalella *F.* (Masculella *H.*). F. des ♂ mit 1 Reihe langer Kammzähne; Kopfhaar rostgelb; Vfl. violettbraun, mit zwei weißen, dreieckigen Flecken am Innenrande. 14—16. Mai, Juni; in Laubhölzern häufig.

10. Nemophora H.

Kopf überall abstehend behaart; F. viel länger als die Vfl.; P. klein, fadenförmig; Maxillarp. groß, fünfgliederig, eingeschlagen; S. kurz; Hfl. läng=lich eiförmig.

Swammerdamella *L.* F. weißlich, ungeringelt, beim ♂ mehr als doppelt, beim ♀ 1½ mal so lang als die Vfl.; Vfl. gestreckt, rohseidenfarbig, verloschen dunkler gegittert; Hfl. sehr licht grau, mit gelblichen Franzen. 17—20. Mai; in Laubgehölzen häufig.

Aehnliche Arten sind **Panzerella**, mit deutlich braun gegitterten Fln und geringelten Fn; **Schwarziella** u. a. A.

5. Adelidae. Gen. 11—12.

Kopf wenigstens oben rauh behaart; F. länger (selten kaum kürzer) als die Vfl.; P. kurz, fadenförmig, unten borstig behaart; ohne Maxillarp.; S. gerollt; Vfl. länglich, Hfl. eiförmig. Meist prächtig metallglänzende Thierchen, welche im Sonnenschein fliegen. — Die Rn leben in flachen, an beiden Enden offenen Säcken, meist an krautartigen Pflanzen.

11. Adela Latr.

Augen in beiden Geschlechtern weit von einander getrennt; die letzten Hleibssegmente des ♀ glattschuppig.

Degeerella *L.* F. des ♂ fast dreimal so lang als die Vfl., die des ♀ viel türzer, bis über die Mitte schuppig verdickt. Vfl. goldgelb, mit schwarzen Längsstrahlen und einer goldenen, violett gerandeten Qbinde hinter der Mitte. 16(♀) —20(♂). Juni; in Laubgehölzen.

Croesella *Scop.* (Sulzella *WV.*). Der vorigen ähnlich, aber viel kleiner, die F. türzer, die Binde der Vfl. in deren Mitte. Juni.

Viridella *Scop.* F. des ♂ fast dreimal so lang als die Vfl., beim ♀ türzer; Kopfhaar schwarz, beim ♀ oft lehmgelb gemischt; Vfl. dunkelgrün oder goldgrün, lebhaft metallglänzend; Hfl. violettschwarz. 14—17. April, Mai; um die Zweige der Eichen, Birken u. s. w. oft in der Sonne mückenartig tanzend. Häufig.

12. Nemotoïs H.

Augen des ♂ groß, auf dem Scheitel fast zusammenstoßend, die des ♀ klein, weit getrennt; die letzten Hleibssegmente des ♀ kahl, hornig, zusammengedrückt und zugespitzt.

Scabiosellus *Scop.* F. des ♂ 2¹⁄₂mal so lang als die Vfl., über der Wurzel abstehend schuppig. des ♀ türzer; Vfl. einfarbig grünlicherzfarbig, zuweilen in Kupferroth ziehend. 16—18. Juli, Aug. Auf Scabiosenblüten häufig.

6. Hyponomentidae. Gen. 13—14.

F. mäßig lang, fadenförmig; P. turz, fadenförmig, anliegend beschuppt; Marillarp. klein oder fehlend; S. gerollt; Vfl. länglich; Hfl. lang eiförmig, an der Wurzel des Brands bis zur Mitte desselben mehr oder minder erweitert. — Die Rn sind sechzehnfüßig und leben meist gesellig in großen Geweben an Bäumen und Sträuchern.

13. Scythropia H.

Kopf überall rauh wollig; P. hängend; Hfl. zugespitzt, ohne durchsichtigen Fleck.

Crataegella *L.* Kopfhaar und Vfl. graulichweiß, letztere dunkler gesprenkelt, mit zwei braunen Qbinden. 14—15. Juli. — R. im Juni gesellig in einem lockern Gewebe an Weißdornhecken.

14. Hyponomeuta Latr.

Kopf mit dicker, anliegender Behaarung; P. schwach aufgebogen, Marillarp. sehr klein; Vfl. lang, Hfl. mit einem durchsichtigen Fleck an der Wurzel zwischen der Median- und innern Dorsalader. Die Vfl. weiß oder grau, meist mit schwarzen Punkten. — Die R. leben gesellschaftlich in großen Geweben im Mai und Juni, meist an Holzgewächsen, die sie oft kahl fressen, und verpuppen sich auch daselbst in dichten Cocons. Die Falter erscheinen im Juli und Aug.

Variabilis *Z.* (Padella *L.*). Vfl. weiß, mehr oder minder deutlich bräunlichgrau angeflogen, mit drei unregelmäßigen Längsreihen schwarzer Punkte; unten mit den Fransen graubraun. 20. — R. an Schlehen, Weißdorn und Vogelbeeren.

Malinellus *Z.* Taf. XVI. fig. 16. Der vorigen ähnlich, aber die Vfl. oben rein weiß, unten am Rande schmal weiß, mit weißen, grau angeflogenen Fransen. — R. an Apfelbäumen, schädlich.

Evonymi *Z.* (Cognatella *Tr.*). Wie Malinellus, aber größer, die Vfl. unten mit rein weißen Fransen. 23. — R. an Evonymus, den sie oft ganz mit ihren Gespinnsten überzieht und entblättert.

Padi *Z.* (Evonymella *L.*). Vfl. weiß, mit zahlreichern und feinern schwarzen Punkten. 23. — R. an Prunus padus.

7. Plutellidae. Gen. 15—16.

Kopf dicht wollig; F. in der Ruhe nicht zurückgelegt, sondern gerade vorgestreckt; Mittelglied der P. unten mit einem darüber hinausragenden Schuppenbusch überzogen, aus welchem das pfriemenförmige Endglied aufsteigt; Hfl. länglich eiförmig.

15. Plutella Schr.

P. vorstehend, mit spitzem Haarbusch; Ast 6 und 7 der Hfl. gesondert.

Cruciferarum *Z.* (Xylostella *Il.*). P., Kopf und Rücken, sowie eine buchtige Innenrandstrieme der graubraunen Vfl. braungelb; F. weiß, dunkel geringelt, mit einigen schwarzen Gürteln an der Spitzenhälfte. 14—16. Den ganzen Sommer hindurch und (überwintert) auch im Frühjahr überall gemein. — Die R. an Rübsaat und andern Cruciferen.

Porrectella *L.* R. auf Hesperis matronalis in Gärten häufig.

16. Cerostoma Latr.

P. vorstehend, mit breitem Haarbusch; Ast 6 und 7 der Hfl. gestielt. Mehrere Arten mit sichelförmiger Spitze der Vfl.

Radiatella *Donovan* (Fissella *Il.*). Vfl. ohne sichelförmige Spitze, in Farbe und Zeichnung sehr veränderlich: schmal, bräunlich, grau oder rostfarbig, mehr oder minder schwärzlich gesprenkelt, oft mit schwärzlicher Mittelstrieme, fast immer mit einem solchen Fleckchen über dem Innenwinkel. 16—19. Vom Juli bis zum Herbst und (überwintert) im Frühlinge, häufig. — R. auf Eichen.

Asperella *L.* Vfl. mit sichelförmiger Spitze, weißlich lichtolivenbräunlich gewölbt, mit zwei schwärzlichen Innenrandsflecken und aufgeworfenen Schuppenbüschchen. 20—23. Aug. bis Oct. — R. auf Apfelbäumen.

Xylostella *L.* (Harpella *WV.*). Vfl. mit stark zurückgebogener Sichelspitze, zimmtbraun, mit hellgelber Innenrandstrieme. 18—20. — R. an Lonicera.

8. Chimabacchidae. Gen. 17.

Kopf locker abstehend behaart; ohne Maxillarp.; S. rudimentär; Vfl. breit, mit schrägem Saum, Hfl. breit eiförmig, kurz gefranst. Die Fl. des ♀ mehr oder minder verkümmert.

17. Chimabacche Z.

P. anliegend beschuppt; Fl. des ♀ fast von Körperlänge, lanzettförmig, scharf zugespitzt. — Die Rn leben wicklerartig auf Laubholz und sind durch eine kolbige Verdickung am letzten Paare der Brustfüße ausgezeichnet.

Fagella *F.* Taf. XVI. fig. 17. Vfl. weißgrau, mehr oder minder dicht schwärzlich bestäubt, mit schwärzlichen Oſtreifen und aufgeworfen beſchuppten schwärzlichen Punkten in der MZ. P. vorgeſtreckt, die des ♀ ſehr lang. 20 (♀) — 27 (♂). April, an Baumſtämmen. — R. im Sommer und Herbſt auf Laubholz. Gemein.

Phryganella *H.* F. des ♂ lang pinſelig gewimpert; Vfl. rehfarben, mit zwei roſtbräunlichen Schrägſtreifen und weißem Anfluge im Mittelfelde. 20 (♀) — 26 (♀). Oct.; das ♂ fliegt bei Tage. — R. im Mai und Juni auf Buchen und Eichen.

9. Gelechidae. Gen. 18—27.

Kopf anliegend behaart oder beſchuppt; F. mäßig lang; P. ſtark entwickelt, lang vorſtehend oder aufgebogen; S. gerollt.

Eine ſehr umfangreiche Gruppe, die ſich im Allgemeinen durch die ſtark entwickelten P. und meiſt eine eigenthümliche Form der Hfl. auszeichnet. Dieſe bilden nämlich in der Regel ein längliches Viereck, deſſen hintere Seite ſchräg und geſchwungen und deſſen Spitze mehr oder weniger vorgezogen iſt.

18. Semioscopis H.

P. fadenförmig, Vfl. länglich dreiedig, Hfl. breit, gerundet. Die Falter fliegen im erſten Frühlinge an Laubholz; ſie haben den Habitus von Chimabacche, die ♀ ſind kleiner als die ♂, aber vollkommen geflügelt.

Avellanella mit ſtaubig grauen, **Anella** mit veilgrau und roſtfarbig gemiſchten Vfln, beide an Birken. **Steinkellneriana** *WV.*, mit breiten, wicklerartig geformten Fln, an Weißdorn und Vogelbeeren.

19. Depressaria Haw.

P. groß, ſtark aufgebogen, das Mittelglied vorn mit einer gefurchten Schuppenbürſte, das Endglied lang und ſpitz; Vfl. geſtreckt; Hfl. unter der rundlichen Spitze nicht eingezogen, am Saume zwiſchen Aſt 2 und dem Innenwinkel flach ausgeſchweift; Hleib flach gedrückt. Die Schmetterlinge fliegen vom Juli bis zum Herbſt, überwintern häufig und manche kommen zu dem Ende in unſere Wohnungen. — Die Rn leben größtentheils an Umbelliferen und Compoſiten. Es ſind etwa 70 d. A. bekannt, die ſich in 2 Gruppen bringen laſſen.

A. Aſt 2 und 3 der Vfl. entſpringen auf gemeinſchaftlichem Stiele.

Kaekeritziana *L.* (Flavella *H.*). F. ſchwarz; Vfl. otergelb, meiſt mit einigen roſtfarbigen Wiſchen, zwei ſchwarzen Punkten (einem vor, einem hinter der Mitte) und einem roſtbraunen Fleck unter dem hintern derſelben. 20—22. — R. im Juni zwiſchen zuſammengeſponnenen Blättern von Centaurea jacea.

Applana *F.*, R. auf Anthriscus, Chaerophyllum u. a. Toldenpflanzen; **Ocellana** *F.* R. auf Weiden; **Laterella** *WV.*, R. an Centaurea cyanus; **Hypericella** *Tr.*, R. auf Hypericum; u. a. A.

B. Aſt 2 und 3 der Vfl. geſondert.

Heracliana *Z.* Vfl. geſtreckt, mit gerundeter Spitze, bleichgelblichbraun, mit ſchwarzen Längsſtrichelchen, die meiſt vor und hinter dem lichtern, ſcharf gebrochenen h. Oſtreif zwei Reihen bilden; das Endglied der P. doppelt ſchwarz geringt. 24—26. — R. an Pastinaca und Heracleum.

Albipunctella *H.* Vfl. kupferrothbraun, mit einem weißen, schwarz gesäumten Punkt am Qast; Kopf und Rücken rothbraun. 17—20. — R. an Anthriscus und Chaerophyllum.

Olerella *Z.*, R. an Schafgarbe; **Depressella** *H.*, R. an Möhren, Pastinak und Pimpinella; **Pimpinellae** *Z.*, R. an Pastinat; u. a. A.

20. Gelechia Z.

P. aufgebogen, das Mittelglied unten durch lockere oder dichte Beschuppung erweitert, das Endglied aufgerichtet, fast immer nadelförmig; Vfl. meist schmal; Hfl. trapezoïdisch oder länglich viereckig, fast immer mit vorgezogener Spitze, bald breiter, bald schmaler als die Vfl. Die Gattung ist eine der größten (an 150 d. A.) und neuerdings in viele kleinere Gattungen aufgelöst worden.

Ericetella *H.* (Gallinella *Tr.*). Vfl. schmal, mit sehr schrägem Saume, aschgrau oder schiefergrau, mit schwarzen Saumpunkten und zwei Längsreihen schwarzer, weiß aufgeblickter Punkte oder kurzer Striche im Mittelfelde. Die Zeichnung ist mehr oder minder deutlich; eine Var. hat lichtgraue Vfl. mit schwarzen Längsstrahlen. 15—17. Von Ende April bis zum Juni auf Haide= plätzen sehr häufig. — Die R. auf Haidekraut.

Terrella *WV.* Vfl. lehmgelblichgrau bis tief erdbraun, mit zwei ver= loschenen schwärzlichen Punkten vor, einem hinter der Mitte und einem lichten, gebrochenen Qstreif im letzten Drittel; Hfl. grau, vor der verlängerten Spitze ziemlich tief ausgeschweift. 14—16. Im Juni und Juli auf trockenen Gras= plätzen. Gemein.

Populella *L.* Taf. XVI. fig. 18. P. schlank, stark zurückgebogen, mit sehr langem Endgliede; Vfl. sehr abändernd, lichtgrau bis fast schwarz, mit drei schwarzen, mehr oder minder deutlichen Punkten im Mittelfelde, von denen der hintere meist weißlich umzogen ist, und einem lichten Qstreif in $^3/_4$ der Länge, welcher vor der Mitte einen spitzen Winkel wurzelwärts bildet. 16—18. Juli, Aug. — Die R. rollt die Blätter der Pappeln und Sahlweiden zusammen. Gemein.

21. Hypsolophus (Ypsol.) F.

P. divergirend, das Mittelglied mit langem, vorstehendem Haarbusch, das Endglied aufgebogen, haarfein. Mit Nebenaugen. Vfl. länglich, mit etwas vortretender Spitze und schrägem Saum; Hfl. trapezoïdisch, unter der Spitze schwach eingezogen.

Fasciellus *H.* Vfl. rostfarbig, mit einem dunklen Strich auf dem Qast und zwei dunklen, verloschenen Qstreifen. 20—23. Mai, Juni. — R. auf Schlehen, zwischen zusammengesponnenen Blättern.

22. Nothris H.

P. vorstehend, das Mittelglied mit dreieckigem, abwärts gerichtetem Schuppen= busch, das Endglied aufgebogen, pfriemenförmig. Ohne Nebenaugen. Vfl. länglich, stumpf; Hfl. wie Hypsolophus.

Verbascella *H.* Vfl. lehmgelb, mit schwarzen Atomen, einem starken schwarzen Punkt auf dem Qast, schwärzlichen Saumpunkten und 1—2 schwarzen Pünktchen vor der Mitte. 20—23. Juli bis Oct. — R. auf allen Verbascum= Arten häufig.

23. Pleurota H.

P. halb so lang als der Körper, mit sehr langem, geradem, vorstehendem, breit mit abstehenden Haarschuppen bekleidetem Mittel- und kurzem Endgliede; Vfl. länglich, mit schrägem, schwach geschwungenem Saume.

Bicostella *L.* Vfl. lichtgrau, staubig, mit weißer, breit braun begrenzter Brandstrieme und einem schwarzen Punkt hinter der Mitte. 20—22. Mai, Juni. Gemein.

24. Carcina H.

F. länger als die Vfl., dick, beim ♂ zusammengedrückt; P. lang, aufgebogen; Vfl. länglich viereckig, wicklerförmig. Nur eine Art:

Quercana *F.* (Fagana *WV.*). Vfl. trüb violett, mit hochgelben Flecken an der Wurzel, am Brande und solchen Fransen. 17—21. Juli, Aug. — R. auf Eichen und Buchen.

25. Harpella Schk.

P. mindestens so lang als Kopf und Thorax, vorstehend, Mittelglied breit, zusammengedrückt, Endglied kürzer, pfriemenförmig, aufsteigend. Vfl. länglich, mit gerundeter Spitze; Hfl. länglich eirund. Lebhaft gefärbte Motten, die Vfl. mit gelben Flecken, meist auch mit Metalllinien. — Die Rn leben in morschem Holz und unter der Rinde.

Forficella *Scop.* (Majorella *WV.*). Vfl. zimmtbraun, eine breite, buchtige Strieme aus der Wurzel zum Hwinkel, ein Fleck am Brande, zuweilen auch das ganze Saumfeld gelb. 21—24. Juli, Aug.

26. Oecophora Z.

P. sichelförmig, das Endglied etwas kürzer oder länger als das Mittelglied; Vfl. länglich, mit deutlicher Spitze, Hfl. spitz eiförmig oder breit lanzettlich.

Minutella *L.* (Oppositella *H.*). Vfl. glänzend schwärzlichveilbraun, mit zwei gelben Flecken: 1 am Hwinkel, 1 darüber am Brande. 13—14. Mai, Juni, nicht selten in Häusern. — Die R. an Sämereien.

Stipella *L.* Vfl. braungrau, schwefelgelb bestäubt und gefleckt; an Fichten. **Tinctella, Flavifrontella** u. a. A.

27. Endrosis H.

P. lang und dünn, sichelförmig; Vfl. schmal, lang zugespitzt; Hfl. gleichmäßig zugespitzt, mit einer schuppenlosen Stelle an der Wurzel in Z. 1 c. und d. Nur eine Art:

Lacteella *WV.* (Betulinella *H.*). Kopf und Rücken weiß; Vfl. glänzend grau, dunkler gewölkt, mit drei schwarzen Punkten in einer Längsreihe und röthlichgrauen Fransen. 14—19. Ein Hausthier, dessen R. von getrockneten Früchten und Insekten, auch von Zeugstoffen lebt. Häufig.

10. Butalidae. Gen. 28.

Kräftig, zum Theil plump gebaute Motten mit anliegend behaartem Kopfe, mäßig langen Fn und aufgebogenen P. mit spitzem Endgliede; Vfl. länglich, langfransig; Hfl. lanzettförmig, lang gefranst; die Mittelporen der Hichienen hinter der Mitte. Sie fliegen bei Tage, träge und niedrig.

28. Butalis Tr.

Das Mittelglied der P. glatt beschuppt; Vfl. dunkelfarbig, meist zeich=
nungslos. Viele, zum Theil schwer zu unterscheidende Arten.

Fallacella *Schläger*. Vfl. glänzend erzgrün, Hfl. wenig schmaler; Hleib
sehr dick, beim ♂ vor dem After aufgetrieben, mit stumpfem Afterbusch, beim ♀
unten vor dem Ende bis an die Seiten des Rückens hinauf gelblichweiß. 13—14.
Mai, Juni; an trockenen Stellen.

11. Elachistidae. Gen. 29.

Kleine, meist zarte Thierchen. Kopf anliegend beschuppt; F. mäßig lang;
P. so lang oder kürzer als der Thorax, dünn, glattschuppig, divergirend; Vfl.
länglich, langfransig; Hfl. lanzettförmig, lang gefranst; Vschienen kürzer als die
Schenkel; die Mittelsporen der Hschienen vor der Mitte. Die Falter fliegen
um Sonnenuntergang; die Rn sind sechzehnfüßig und miniren.

29. Elachista Stainton.

P. so lang oder fast so lang als der Thorax, geneigt oder hängend.
Zahlreiche kleine Arten, deren Rn die Blätter der Gräser miniren, überwintern
und sich im Mai oder Juni (zuweilen nochmals im Aug.) zum Falter entwickeln.

Argentella *Clerck* (Cygnipennella *H.*). Vfl. einfarbig weiß, ziemlich
breit; Hfl. des ♂ grau, mit lichtern Fransen, des ♀ weiß. 10—12. Häufig.

12. Coleophoridae. Gen. 30.

Kopf anliegend beschuppt, ohne Nebenp.; F. mäßig lang; P. kürzer als
der Thorax, vorgestreckt; Vfl. lang und schmal, langfransig; Hfl. schmal, lanzett=
förmig, mit sehr langen Fransen; Vschienen so lang wie die Schenkel, ohne
Schienblatt. — Die Rn leben in der ersten Jugend minirend in Blättern oder
Fruchtkapseln, später in Säcken, in welchen sie sich auch verwandeln; überwintern,
verpuppen sich im Frühling und liefern die Schmetterlinge vom Mai bis Aug.
Diese fliegen besonders gegen Abend. Die Puppe bleibt beim Ausschlüpfen des
Falters ganz im Sacke zurück.

30. Coleophora Z.

Eine ungemein artenreiche Gattung (an 140 d. A.), die mit den Plutelliden
die Eigenheit gemein hat, die F. in der Ruhe gerade vorzustrecken. Viele Arten
sind sich sehr ähnlich und fast nur durch Lebensweise, Nahrung und abweichende
Form des Raupensacks von einander zu unterscheiden. Das Wurzelglied der F.
ist verdickt, unten meist mit abstehenden Schuppenhaaren, die oft einen langen
Busch oder Pinsel bilden, besetzt. Die Vfl. sind entweder zeichnungslos, bis=
weilen metallglänzend, oder sie haben lichte oder dunkle Längslinien oder
Striemen.

Laricella *H.*, die Lärchenmotte. Taf. XVI. fig. 19. F. ohne Haar=
pinsel am Wurzelgliede; Vfl. einfarbig, glänzend grau. 9—10. — Die R.
lebt vom Herbst bis Mai an den Nadeln der Lärchen, oft in schädlicher Menge.
Der Sack ist rundlich, graugelb, hinten zweiklappig.

Alcyonipennella Z. Vfl. glänzend messinggrün, gegen die Spitze kupfer-
farbig; F. schwarzbraun, an der Spitze weiß. 12. Mai bis Aug. — R. an
Flockenblumen.

Lixella Z. F. mit einem Haarbusch am Wurzelgliede und bis gegen
die Mitte schuppenhaarig verdickter Geißel; Vfl. mit stark zurückgebogener, sichelförmiger Spitze, hellgelb, von silbernen, dunkel eingefaßten Längslinien durchzogen. 17. Juli, Aug.; an trockenen, kräuterreichen Stellen.

Caespititiella Z. Vfl. blaßlehmgelblich, mit erhabenen, kaum lichtern
Adern und bis über die Mitte hinaus schmal weißlichem Brande; F. weiß, oder
mehr oder minder deutlich dunkel geringelt, mit weißlicher Spitze; das zweite
Glied der P. mit einem spitzen, die Mitte des Endglieds erreichenden Haarbüschchen. Sehr abändernd. 11—13. Mai bis Juli. — R. an den Samen
von Juncus-Arten; häufig.

13. Gracilaridae. Gen. 31—32.

Schlanke Motten, mit langem, dünnem Körper, langen Fn, meist sehr
schmalen, langfransigen Vfln und lanzettlichen, sehr lang gefransten Hfln. Maxillarp. lang, fadenförmig, dreigliederig. Die Schmetterlinge sitzen mit hoch-
aufgerichtetem Körper. — Die Rn sind vierzehnfüßig, indem ihnen das vierte
Paar der Bauchfüße fehlt, miniren in der Jugend und rollen erwachsen gewöhnlich Blätter oder Blatttheile zu Röhren zusammen.

31. Gracilaria Haw.

Kopf glatt, P. ohne Haarbusch.

Alchimiella *Scop.* (Franckella *H.*). Vfl. glänzend ziegelroth, ins
Violette, mit einem großen, ein abgestumpftes Dreieck bildenden hellgoldgelben
Fleck am Brande. 12. Mai, Juni und Aug. — R. an Eichen.

Syringella *F.*, die Fliedermotte. Vfl. rostbräunlich, mit weißlichen
Flecken am V- und Innenrande; Kopfhaar helllehmgelb. 11—13. Mai, Juli
und Aug. — Die R. lebt auf Flieder (Syringa vulgaris), oft in großer Menge.

32. Ornix Z.

Kopf wollig behaart.

Guttea *Haw.* (Guttiferella *Z.*). Vfl. violettbraun, mit vier glänzenden
gelblichweißen Flecken am V- und zwei am Innenrande; Kopfhaar rostgelb. 11.
Mai, Juli und Aug. — Die R. an Apfelblättern.

14. Argyresthidae. Gen. 33.

Kopf oben rauhhaarig, im Gesicht glatt; F. mäßig lang; P. kürzer als
der Thorax, geneigt; Vfl. länglich, langfransig; Hfl. breit lanzettlich, scharf zugespitzt, lang gefranst. — Die sechzehnfüßigen Rn leben in Knospen, Beeren, in
der Borke oder an den Nadeln der Nadelhölzer.

33. Argyresthia H.

P. dünn und glatt; ohne Nebenaugen. Zahlreiche, zum Theil sehr gemeine, kleine Arten, die als Rn meist in Knospen leben; die Falter fliegen in
den Sommermonaten.

Ephippella *F.* (Pruniella *H.*). Vfl. roftbraun, am Brande bleicher, dunkel gepünktelt; der Innenrand weiß, hinter der Mitte von einer wenig jchrägen zimmtbraunen Binde unterbrochen. Der Kopf und die Mitte des Rückens jchneeweiß. 10—11. — R. in den Knospen der Kirjchbäume und Schlehen. Häufig.

Goedartella *L.* Kopfhaar gelblichweiß, Rücken hellgolden; Vfl. golden, mit glänzend gelblichweißen, oft zum Theil zu Obinden zujammenfließenden Flecken. 11—13. — Die R. in den Kätzchen und Knospen der Birken und Erlen. Häufig.

15. Lithocolletidae. Gen. 34—35.

Kopf oben rauh, im Gejichte anliegend behaart; F. ohne Augendeckel; P. kurz und dünn, hängend; Vfl. länglich, langfranjig; Hfl. jchmal lanzettlich, jehr lang gefranjt. — Die Rn leben zwijchen Blatthäuten in fleckenartigen Minen.

34. Lithocolletis Z.

F. einfach, Stirn glatt. — Die Rn jind wegen Mangels des letzten Bauchfußpaars vierzehnfüßig, die Falter haben eine doppelte Generation, im Frühling und im Juli und Aug. Eine große Gattung von meijt lebhaft gefärbten und zierlich gezeichneten kleinen Thierchen.

Faginella *Z.* Vfl. glänzend blaßgoldgelb, öfters in Grau ziehend, mit einer geraden weißen Längslinie an der Wurzel, vier weißen Flecken am V- und drei am Innenrande; in der Flipitze ein kurzer jchwarzer Strich; die Beine weißlich, ungefleckt. 7—9. — Die R. an Buchen, häufig.

Cramerella *F.* Vfl. glänzend weiß, nach hinten blaßgoldgelb; am V-rande drei, am Innenrande zwei feine braune, weiß gerandete Strichelchen (die erjten jehr jchräg); in der Spitze ein runder jchwarzer Punkt. 6—8. — Die R. an Eichen, häufig.

35. Tischeria Z.

F. am Wurzelgliede mit einem Haarzöpfchen, beim ♂ lang gewimpert. — Die Rn jind jechzehnfüßig, die Bauchfüße aber wenig entwickelt. Sie leben und verpuppen jich in großen, flachen, oberjeitigen Blattminen.

Complanella *H.* Vfl. einfarbig trübdottergelb, am Brande und Saume jchwach gebräunt, bejonders beim ♂. 9—11. — Die R. im Herbſt in Eichen-blättern. Häufig.

16. Phyllocnistidae. Gen. 36.

Kopf anliegend bejchuppt oder mit aufgerichteten Scheitelhaaren; ohne Maxillarp.; Labialp. fadenförmig oder fehlend. Die F. haben Augendeckel, d. h. einen flachen, mujchelförmigen, den Augen gleichjam als Schirm dienenden Schuppenbejatz am Wurzelgliede. Vfl. lang gefranjt, Hfl. jchmal, mit jehr langen Franjen. — Die Rn miniren, wenigjtens in der Jugend.

36. Cemiostoma Z.

Ohne P.; Vfl. fein gejchwänzt, glatt und glänzend bejchuppt. — Rn jechzehnfüßig. Sehr kleine, glänzend weiße oder graue, zierlich gezeichnete Möttchen.

Scitella *Z.* Vfl. glänzend bleigrau, die Spitzenhälfte goldgelb, mit zwei weißen Flecken am Brande und schwärzlichen Strahlen in der Spitze; am H= winkel ein großer schwarzer, golden getheilter Fleck. 6. — Die R. lebt im Juni und Juli in großen, rundlichen Minen zwischen den Blatthäuten des Weißdorns, der Prunus-Arten und besonders der Apfel= und Birnbäume, zu= weilen in so großer Zahl, daß fast das ganze Laub derselben abstirbt. Sie verpuppt sich außerhalb der Mine in einem weißen Seidencocon; der Falter fliegt im Aug.

17. Nepticulidae. Gen. 37.

Kopf abstehend behaart, ohne Nebenaugen; P. hängend; Maxillarp. lang, mehrgliederig; F. mit Augendeckeln; Hfl. schmal lanzettlich. Sehr kleine, durch das Vorhandensein der Maxillarp. von den vorhergehenden Gruppen verschiedene Thierchen.

37. Nepticula Z.

Kopf überall rauhhaarig, F. ziemlich dick, kürzer als die Vfl. Die Nepti- cula-Arten sind die kleinsten aller Schmetterlinge und die einzigen, deren Rn achtzehn, doch wenig entwickelte Füße besitzen. — Die Rn leben zwischen Blatt= häuten in mannigfach gestalteten Minen, verpuppen sich aber meist außerhalb derselben in ziemlich festen Cocons. Die meisten Arten haben zwei Generationen, im Frühjahr und Sommer, deren erste aus überwinterten Puppen stammt. Die Schmetterlinge haben dunkel gefärbte, zuweilen einfarbige, in der Regel aber von einer hellen, oft metallglänzenden Qbinde durchzogene Vfl. Durch emsige Raupenzucht hat man schon gegen 100 d. A. kennen gelernt.

Tityrella *Staint* (Basalella *HS.*). Vfl. glänzend olivengrau, mit einer etwas schrägen blaßgoldenen Qbinde hinter der Mitte; Kopfhaar hellokergelb. 5—6.

Microtheriella *Staint*, deren R. die Blätter der Hainbuche und des Haselstrauchs minirt, hat nur 4—5 mm Flügelspannung.

26. Fam. Micropterygina.

Kopf wollig behaart, aber der obere Augenrand kahl und geglättet; Neben= augen deutlich, weit von den Augen entfernt; P. kurz; Maxillarp. lang, fünf= bis sechsgliederig, borstig behaart; S. kurz; F. kürzer als die Vfl., fadenförmig; Vfl. länglich eiförmig, stumpf zugespitzt; Hfl. ziemlich breit, ihr Geäder dem der Vfl. ähnlich.

Kleine mottenähnliche Thierchen, mit metallisch glänzenden, einfarbigen oder golden und purpurn gezeichneten Vfln, ausgezeichnet durch die große Zahl der Adern der Hfl., 11—12, bei 11—13 der Vfl.

1. Eriocephala Curt.

Die Glieder der F. kürzer als breit; Thorax mehr anliegend beschuppt; Vschienen verdickt, Hschienen mit zwei Sporen in einem Kranze wenig schwächerer Dornen. Die Falter fliegen im Sonnenschein auf Blumen und Blättern.

Aureatella *Scop.* (Allionella *HS.*). Vfl. purpurviolett, mit zwei goldenen Qbinden und einem goldenen Fleck am Brande; Kopf rostgelb. 10. — Aehnlich **Anderschella** *HS.* und die kleinere, golden und purpurn gesprenkelte **Thun- bergella** *F.* Alle drei im Mai in Buchenwäldern.

2. **Micropteryx** H.

Die Glieder der F. länger als breit; Thorax wollig behaart; Vschienen kaum verdickt, Hschienen nur mit zwei Endsporen. — Die Rn sind ganz fußlos und miniren in den Blättern von Laubhölzern; die Falter fliegen im ersten Frühling.

Sparmannella *F.* Kopfhaar grau; Vfl. breit und kurz, glänzend bleich= goldgelb, stahlblau oder violett gegittert; Hfl. eiförmig, spitz, braungrau, violett glänzend. 11. — R. in Birkenblättern.

27. Fam. **Pterophorina, Federmotten**.

Diese und die folgende Familie sind durch ihre tief gespaltenen Fl. von allen andern Schmetterlingen leicht zu unterscheiden. Nur die Gattung Agdistis macht davon eine Ausnahme, stimmt aber im Uebrigen völlig mit den Ptero= phoriden überein. Bei der gegenwärtigen Familie, den Federmotten oder Geistchen, sind die Vfl. zweispaltig, die Hfl. dreitheilig. Es sind sehr schlanke, langbeinige, schnakenähnliche Thierchen, mit langen Sporen und schmalen, spitzen Fln, welche in der Ruhe armförmig ausgestreckt werden, wobei die Hfl. ganz von den Vfln bedeckt sind. Die Theilungen der Vfl. werden Zipfel (laciniae), die der Hfl. Federn (digiti) genannt. — Die Rn sind sechzehnfüßig und leben theils frei, theils im Innern von Pflanzentheilen. 55 d. A.

1. Agdistis H.

Fl. ungetheilt, lanzettförmig.

Adactyla *H.* Vfl. rauchgrau, am Innenrande weißgrau bestäubt, die Brandsfransen weiß, mit drei schwarzen Fleckchen. 22. Juli; in Sandgegenden, nicht überall.

2. Platyptilia H.

Stirn mit einem Haarbusch; Vfl. weniger als $\frac{1}{3}$ ihrer Länge gespalten, die Zipfel breit, mit deutlichen Hwinkeln.

Ochrodactyla *H.* Vfl. mit sichelförmiger Spitze, bleichokergelb, mit rostbraunen Flecken und Wischen. 25—28. Juli, Aug. — Die R. in den Stengeln von Tanacetum vulgare. — Aehnlich **Bertrami** *Rössl.*, deren R. in Achillea ptarmica lebt.

3. Oxyptilus Z.

Stirn ohne Haarbusch; Vfl. bis über $\frac{1}{3}$ gespalten, der Vzipfel ohne, der Hzipfel mit deutlichem Hwinkel; die dritte Feder linienförmig, vor oder an der Spitze auf den Fransen schwarzschuppig.

Pilosellae *Z.* Vfl. zimmtbraun, die Zipfel mit zwei weißen Qlinien; der Hzipfel mit einer undeutlichen weißen Linie an der Fransenwurzel; die dritte Feder zimmtbraun, kurz vor der Spitze beiderseits schwarzschuppig. 18—19. Juni, Juli. — R. auf Hieracium pilosella. — Sehr ähnlich sind **Hieracii** *Z.*, **Ericetorum** *Z.*, **Didactylus** *L.* u. a. A.

4. Mimaeseoptilus Wallgr.

P. länger als der Kopf; die Mittelsporen der Hschienen gleich lang; Vfl. bis $\frac{1}{3}$ gespalten, die Zipfel schlank, der vordere mit deutlichem Hwinkel; Hfl=

federn schlank, die zweite löffelförmig erweitert, die dritte ohne dunkle Schuppen am Saume.

Pterodactylus *L.* (Ptilodactylus *H.*). Vfl. korkbraun, am Innenrande breit fahlröthlich, mit zwei braunen Punkten vor der Spalte; Brand an der Außenhälfte sehr schmal weiß gesäumt. 20—23. Juni bis Aug. — R. im Mai auf Veronica chamaedrys. Häufig.

5. **Pterophorus** Wallgr.

Der vorigen Gattung ähnlich, aber die P. kürzer als der Kopf, die Mittel= sporen der Hschienen von sehr ungleicher Länge, der Vzipfel ohne deutlichen H= winkel; die dritte Feder am Innenrande sehr lang gefranst. Nur eine Art:

Monodactylus *L.* (Pterodactylus *H.*). Vfl. lang gestreckt, röthlichgrau, gelbgrau oder fahl, in wechselnder Mischung, mit einem braunen Punkt an der Spalte und einigen kleinern am Hrande; der Vzipfel oft mit einem strichförmigen hellbraunen Fleckchen am Brande. 25—28. Vom Juli bis zum Herbst und (überwintert) im Frühling, überall gemein. — R. auf Ackerwinden.

6. **Aciptilia** H.

Vfl. bis zur Mitte gespalten, die Zipfel schmal, linienförmig; die Federn sehr lang und schmal, linear.

Tetradactyla *L.* Vfl. gelblichweiß, am Brande gelbbräunlich, die B= randsfransen bis kurz vor die Spitze braun; Kopf zimmtbraun. 18—22. Juni, Juli. — R. an Quendel.

Pentadactyla *L.* Taf. XVI. fig. 20. Ganz schneeweiß. 28—30. Juni bis Aug. — R. auf Winden. Gemein.

28. Fam. **Alucitina, Fächerfalter.**

Jeder Fl. in sechs Federn getheilt. Nur eine Gattung:

Alucita L.

Kleine Thierchen von zünslerähnlichem Habitus, mit deutlichen Nebenaugen, langen, vorstehenden P. und im Umriß (von den Spaltungen abgesehen) breiten, bunten Fln, die in der Ruhe flach ausgebreitet werden. — Die Rn sind sech= zehnfüßig und leben in Blüten, Stengeln und Zweigen. 5 d. A.

Hexadactyla *L.* (Polydactyla *H.*). Taf. XVI. fig. 21. Fl. blaßgelbgrau, die Vfl. mit zwei dunkelgrauen, weißlich gerandeten Qbinden, welche sich nicht auf die Hfl. fortsetzen und deren äußere am Brande mit einem einfachen Flecke anfängt; Endglied der P. aufsteigend, fast so lang als das Mittelglied. 15—18. Juli bis Herbst und (überwintert) im Frühling. — Die R. lebt in den Blüten des Geißblatts, deren Stauborgane und Stempel sie ausfrißt. Gemein.

Alphabetisches Register

der in der „Systematischen Uebersicht" vorkommenden Namen.

Erklärung der Tafeln.

Tafel I.
Fig. 1. Melanargia galatea ♀.
„ 2a—b. Erebia ligea ♂.
„ 3. Satyrus circe ♂.
„ 4. Satyrus phaedra ♀.
„ 5. Pararge megaera, der Mauerfuchs,
a—b. Falter, c. Raupe.
„ 6a—b. Coenonympha arcania.

Tafel II.
Fig. 1. Melitaea cinxia, a—b. Falter,
c. Raupe, d. Puppe.
„ 2. Argynnis selene.
„ 3. Argynnis aglaja.

Fig. 4. Argynnis paphia, der Silberstrich,
a—b. der männliche Falter, c. die
Puppe.
„ 5. Vanessa c album, der C-Falter.
„ 6. Vanessa antiopa, der Trauermantel,
a. Falter, b. Raupe.
„ 7. Vanessa io, das Pfauenauge.

Tafel III.
Fig. 1. Vanessa polychloros, der große
Fuchs.
„ 2. Vanessa urticae, der kleine Fuchs,
a. Falter, b. Raupe.
„ 3. Vanessa atalanta, der Admiral.

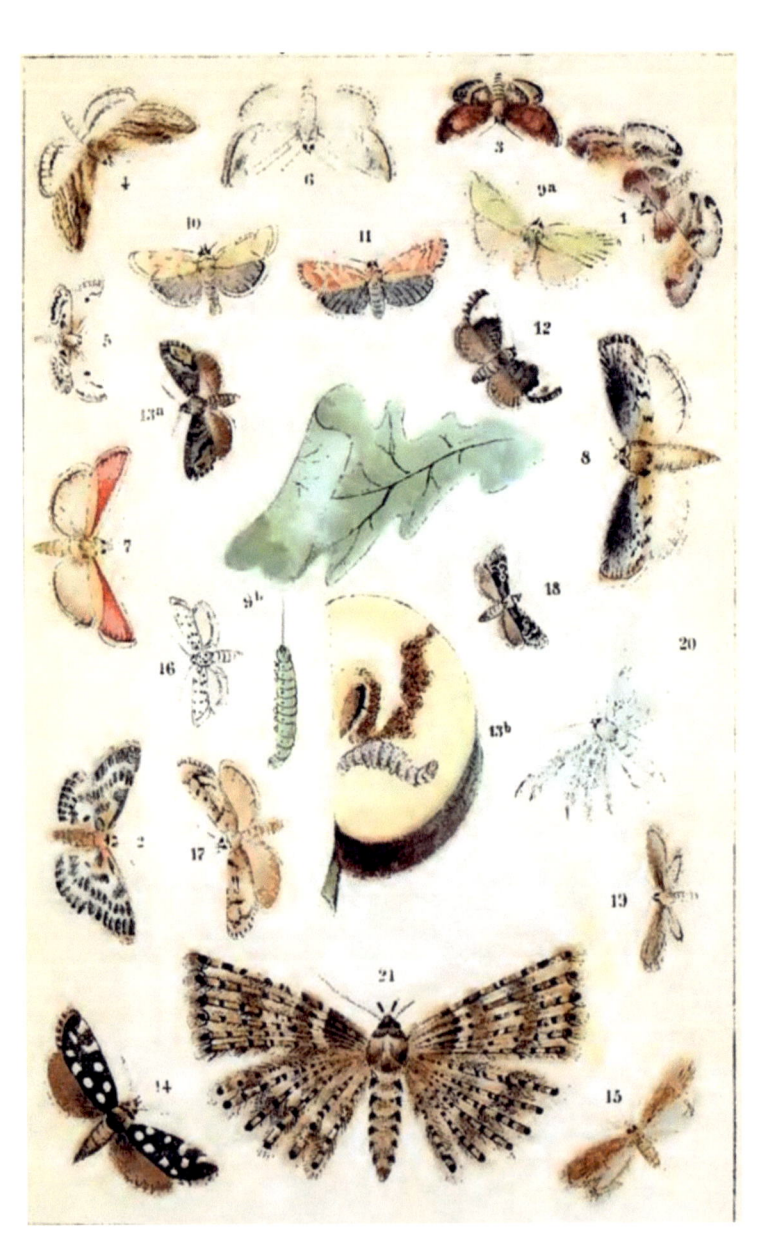

Zusätze und Verbesserungen.

Seite   1. Den hier zwischen Zeile 15 und 16 von oben eingeschalteten, vergrößerte Fühlertheile darstellenden Figuren sind von links nach rechts **die Ziffern 6, 5, 4, 3 und 2 beizusetzen.**
              Zeile 9 von unten setze hinter „Schwärmern" ein **Komma.**

Seite 12. Zeile 11 von oben füge hinter „(ramus transversus)" hinzu: auch **Discocellularader** genannt.
       „   Zeile 1 von unten und

Seite 13. Zeile 1 und 2 von oben lies statt „und von einem (zuweilen mehreren) a: u. s. w.: **und bei mehreren Familien der ersteren von einem aus i. Costalader entspringenden gebogenen Aederchen durchzogen: der Pr costalader (v. praecostalis). Bei einigen Spinnern (Gastropacha finden sich mehrere solcher Aederchen.**

Seite 17. Zeile 24 von oben lies: der Seitenstreif, die **Seiten= oder Stigmalinie** (linea lateralis s. stigmatalis).
       „   Zeile 26 von oben füge hinter „Seitenlinie" hinzu: **oder Subdorsallinie** (l. subdorsalis).
       „   Zeile 16 von unten lies: (**pupa** s. chrysalis).

Seite 23. Zeile 1 von oben lies: **Hautskelett** statt Hauptskelett.

Seite 26. Zeile 34 von oben lies: **Kißchen** statt Kistchen.

Seite 42. Zeile 19 von oben ist statt des Marszeichens ☿ zur Bezeichnung des Männchens das der Erde ☿ gesetzt und letzteres dann auch weiterhin beibehalten worden

Seite 47. Zeile 22 von unten lies: **Hfl.** statt Vfl.

Seite 49. Zeile 6 von oben lies: **Vfl.** statt Hfl. Ebenso in der folgenden Zeile.

Seite 52. Zeile 14 von oben lies: **letztern** statt letztere.

Seite 55. Zeile 2 von unten lies: **nicht** statt meist.

Seite 56. Zeile 13 von oben lies: **inneren und äußeren** statt innere und äußere.

Seite 59. Zeile 2 von unten lies: **R. im Mai** auf Schlehen.

Seite 73. Zeile 10 von oben lies: **der Segmente** statt die S.

Seite 85. Zeile 23 von oben lies: **Nackenschilde** statt Packenschilde.

Seite 110. Zeile 3 von unten füge hinter „38" hinzu: **Apr., Mai.**

Seite 112. Zeile 13 von unten **streiche:** a. b.

Seite 114. Zeile 13 von unten lies: **Fig. 8 (Raupe).**

Seite 115. Zeile 9 von oben füge hinter „Psi L." hinzu **Taf. XII. Fig. 9.**

Seite 116. Zeile 7 von unten lies: **leben meist** von u. s. w.

Seite 127. Zeile 20 von oben lies: **Hadena** statt Hadäne.
       „   Zeile 12 von unten lies: **auch** statt auf.

Seite 160. Zeile 8 von unten lies: **Fig. 6a. b.**

Seite 169. Zeile 11 von oben lies: **schwärzlichen** statt schwärzlichem.

Seite 170. Zeile 7 von unten lies: **Wurzelfeld** statt Mittelfeld.

Seite 179. Zeile 25 von oben lies: **Wauaria** statt Wawaria.

Seite 184. Zeile 16 von oben füge hinter „Vfl." hinzu: **die Adern im Mittelfelde schwarz**

Seite 191. Zeile 24 von oben füge hinter „bestäubt" hinzu: **Schildchen weiß.**

Seite 196. Zeile 2 von oben setze hinter „(Margaritalis *WV.*)": **Taf. XVI. Fig. 6.**

Seite 199. Zeile 1 von oben **lösche:** Taf. XVI. Fig. 6.

Seite 201. Zeile 8 von oben setze: ♀ statt ♂.

Seite 212. Zeile 13 von unten setze ein **Komma** hinter „weißlich".

Seite 219. Zeile 25 von oben füge am Ende der Zeile hinzu: **R. in Buchenblättern.**

Druck von Emil Stephan, Plagwitz-Leipzig.